Tercera edición

IBEROAMÉRICA

HISTORIA DE SU CIVILIZACIÓN Y CULTURA

Carlos A. Loprete

Prentice Hall
Upper Saddle River, NJ 07458

Editor-in-Chief: Steve Debow
Director of Development: Marian Wassner
Assistant Editor: María F. García
Editorial Assistant: Brian Wheel

Managing Editor: Deborah Brennan
Manufacturing Buyer: Tricia Kenny
Cover Direction: Chris Wolf
Cover Art: "Las dudas de los tres mundos" by Roberto Matta;
  photo by Jean-Claude Bernath
Cover and Interior Design: The Strategic Design Group, Inc.

© 1965, 1974, 1995 by Prentice-Hall, Inc.
A Simon & Schuster Company
Upper Saddle River, New Jersey 07458

Printed in the United States of America

10 9 8 7 6 5 4 3 2

ISBN   0-13-323445-2

Prentice Hall International (UK) Limited, *London*
Prentice Hall of Australia Pty. Limited, *Sydney*
Prentice Hall Canada, Inc., *Toronto*
Prentice Hall Hispanoamericana, S.A., *México*
Prentice Hall of India Private Limited, *New Delhi*
Prentice Hall of Japan, Inc., *Tokyo*
Simon & Schuster Asia Pte. Ltd., *Singapore*
Editora Prentice Hall do Brasil, Ltda., *Rio de Janeiro*

ÍNDICE

IBEROAMÉRICA COLONIAL

IBEROAMÉRICA INDEPENDIENTE

9 EL CAMBIO Y EL MODERNISMO

IBEROAMÉRICA ACTUAL

10 LA ACTUALIDAD: POLÍTICA Y ECONOMÍA

11 SOCIEDAD Y EDUCACIÓN 265

12 LA LITERATURA 287

13 LAS ARTES 329

14 BRASIL IMPERIAL Y BRASIL REPUBLICANO   357

PREFACIO

Entrego este libro sobre la civilización y cultura iberoamericana como resultado de la experiencia recogida en las dos ediciones anteriores, la cátedra universitaria, estudios especializados y la permanencia en los países del continente.

El texto ha sido concebido con el propósito de ofrecer a estudiantes universitarios de quinto y sexto semestre de lengua española una visión global de Iberoamérica. También puede ser utilizado para cursos avanzados en escuelas secundarias.

A pesar de las particularidades locales de cada una de las naciones involucradas, Iberoamérica es una unidad homogénea, como no se repite en otros conjuntos continentales, incluida la misma Europa, donde la diversidad humana, lingüística y cultural dificulta una sistematización totalizadora.

El volumen está compuesto sobre la base de los sucesos históricos más importantes, las obras capitales de la cultura producidas y las figuras individuales que la tradición y la crítica han consagrado como más significativas a través de los años.

Por supuesto, este criterio ha requerido la prescindencia de algunos nombres propios y de hechos de menor relevancia histórica, implícitos no obstante en las unidades mayores: Iberoamérica aborigen, Iberoamérica colonial, Iberoamérica independiente e Iberoamérica actual.

Al separar explícitamente en el subtítulo los términos "civilización" y "cultura", he tenido en cuenta la diferencia semántica entre uno y otro, así como las diferentes interpretaciones filosóficas y antropológicas que se les han asignado. En esta obra el vocablo "civilización" ha de interpretarse como equivalente al conjunto de sucesos, en especial exteriores y materiales, que han servido de marco al desarrollo de la "cultura" entendida como modos de vida, conocimientos y grados de desarrollo artístico, científico, religioso y económico, de una época o grupo social determinado.

Este fundamento explica la organización interna del libro y de cada capítulo, en los cuales cada etapa de civilización provee los hechos sobre los cuales o dentro de los cuales han ocurrido los actos propiamente culturales, como por ejemplo "La organización de las naciones y el romanticismo" o "El cambio y el modernismo". La conjunción de civilización y cultura —aunque a veces sus límites sean imprecisos— permite interpretar, en mi opinión, más razonadamente la totalidad de la vida de la región.

La suma del "iberoamericanismo" puede abordarse desde varios ángulos metodológicos: por temas, por países, por contemporaneidad o historicidad, por áreas de intereses culturales, por finalidades didácticas, etc. Resultaría superfluo alegar sobre las conveniencias o inconveniencias de cada criterio. Cualquiera de ellos presenta ventajas y desventajas docentes. He optado por el método cronológico lineal porque me ha parecido más idóneo para fines didácticos, ya que permite una visión global y consecuente de la realidad, sin correr el riesgo de una información fragmentaria y asistemática.

Desde otro punto de vista, el criterio empleado es particularmente flexible, porque permite al profesor seleccionar los contenidos más adecuados para los objetivos de cada clase o grupo de estudiantes, brindándole una amplia gama de posibilidades para confeccionar su sílabo o programa de enseñanza en cada situación concreta, conforme a las actuales tendencias de la ciencia de la educación.

Este enfoque globalizador requería la ampliación de ciertos modelos prevalecientes por tradición en el estudio de Iberoamérica, que reducían el fenómeno del iberoamericanismo a límites geográficos reducidos o exageradamente regionales, con descuido de las manifestaciones culturales de países situados al sur del Ecuador o sin grandes expresiones indígenas. Confío en que esta afirmación será interpretada como un requerimiento científico y no como una preferencia personal. Mutilar una historia cultural por cualquier razón, me ha parecido una torpeza intelectual.

La inclusión de los dos capítulos dedicados al Brasil, obedece a estas mismas razones. Un país de la importancia del Brasil, con una extensión territorial computable entre las mayores del mundo, una población holgadamente superior a los cien millones de habitantes, reservas naturales y biológicas de gran magnitud, una cultura original y diferenciada, y una voluntad nacional de grandeza inquebrantable, no podía estar ausente de este libro. Habría resultado una incongruencia científica, por otro lado, prescindir de esa nación en un volumen sobre Iberoamérica.

En otros aspectos, la extensión de este libro no compromete al profesor a su desarrollo estricto, puesto que no lo priva de su derecho a adaptarlo a la peculiaridad de sus grupos universitarios, a sus propias pautas de selección, a sus necesidades prácticas o a sus disponibilidades de tiempo.

Los temas de conversación, exposición, y composición, responden a una tradición escolar no desarraigada todavía del proceso enseñanza-aprendizaje, y doy por sobreentendido que cada educador los interpretará como meras sugerencias y no como alternativas únicas.

He tratado de reflexionar y exponer con la máxima objetividad posible cada asunto del libro por encima de todo personalismo, como conviene a la dignidad de la tarea universitaria. Abrigo la esperanza de que los pensamientos expuestos satisfagan esta intención y permitan proyectar una luz más en algunos enclaves conceptuales ya superados a esta altura de los tiempos.

Finalmente, hago expresa manifestación de mi agradecimiento a los colegas que me han hecho llegar sus valiosas opiniones, y a los editores por la confianza demostrada al encomendarme la elaboración de este libro.

C.A.L.
Buenos Aires, 1994

CRONOLOGÍA BÁSICA

IBEROAMÉRICA ABORIGEN

ANTES DE CRISTO:

20.000–10.000	Inmigración probable de los primitivos habitantes al continente por el estrecho de Bering.
10.000	Aparición de las tribus de cazadores en la zona de México.
8.000	Culturas de tribus cazadoras en el Perú.
5.000–3.000	Descubrimiento del maíz y su uso doméstico.
2.000–1.000	Comienzos de la civilización en Centroamérica y el Perú.
1.300 a.C.–700 d.C.	Olmecas en México.
1.200 a.C.–400 d.C.	Chimús en el norte del Perú.
1.100 a.C.–200 d.C.	Civilización de Paracas en el Perú.
600 a.C.–1.200 d.C.	Toltecas en el valle de México.
200 a.C.	Cultura Nazca en el Perú.
200 a.C.–700 d.C.	Mochicas en el norte del Perú.

DESPUÉS DE CRISTO:

100–800	Chibchas en Colombia.
200–700	Cultura de San Agustín en Colombia.
300–800	Mayas en América Central.
800–1500	Fusión cultural maya–tolteca.
300–1200	Tiahuanacotas en el Altiplano de Bolivia.
1200–1300	Llegada de los aztecas al valle de México.
1200–1500	Imperio de los incas en el Perú.

IBEROAMÉRICA COLONIAL

1492	Descubrimiento de América por Colón.
1494	Fundación por Colón de la primera ciudad hispanoamericana, la Isabela, en la isla Hispaniola.
1497	Juan Caboto llega a Norteamérica.
1498	Vasco da Gama descubre el Cabo de Buena Esperanza.
1500	Descubrimiento del Brasil por Pedro Álvarez Cabral.
1503	Establecimiento de la Casa de Contratación en España.
1513	Núñez de Balboa descubre el Océano Pacífico. Ponce de León descubre la Florida.
1517	Carlos V, emperador de España y las Indias.
1519	Hernán Cortés entra en Tenochtitlán.
1520	Hernando de Magallanes descubre el estrecho que une el Atlántico con el Pacífico.
1521	Descubrimiento de las Filipinas.
1522	Elcano concluye el viaje de circunvalación del mundo.
1524	Fundación en España del Consejo de Indias.

1532	Pizarro emprende la conquista del Perú.
1534	División del Brasil en quince Capitanías Generales.
	Jean Cartier llega a la desembocadura del río San Lorenzo.
1535	Establecimiento del Virreinato de Nueva España (México).
	Francisco Pizarro funda la Ciudad de los Reyes (Lima).
1536	Pedro de Mendoza funda la ciudad de Santa María de los Buenos Aires, luego destruida por los indios.
	Jiménez de Quesada se enfrenta a los indios chibchas de Colombia.
	Introducción de la imprenta en México.
1538	Fundación de Santa Fe de Bogotá.
	Fundación de la Universidad de Santo Tomás, primera en el continente, en Santo Domingo.
1539	Fundación de Asunción del Paraguay.
1540	Pedro de Valdivia se enfrenta con los araucanos de Chile.
1541	Fundación de Santiago de Chile.
	Hernando de Soto descubre el río Mississippi.
1542	Establecimiento de la Inquisición.
1544	Establecimiento del Virreinato del Perú.
	Concilio de Trento de la Iglesia Católica en Italia (Contrarreforma).
1549	Tomé de Souza es designado gobernador del Brasil.
	Fundación de Salvador (Bahía), primera capital de Brasil.
1553	Fundación de las universidades de México y de San Marcos de Lima.
1555	El aventurero francés Villegagnon ocupa la bahía de Río de Janeiro y erige un fuerte. Comienzos de la *France antarctique*.
1556	Felipe II, rey de España.
1562	John Hawkins introduce un cargamento de negros en las Antillas bajo bandera inglesa.
1565	Fundación de Río de Janeiro.
1567	Los brasileños expulsan definitivamente a los franceses del país.
1570	Establecimiento del Tribunal de la Fe en Lima.
1572	El pirata Sir Francis Drake ataca la ciudad de Nombre de Dios en el istmo de Panamá y da la vuelta al mundo.
1580	Segunda y definitiva fundación de Buenos Aires.
	España y Portugal unidas en un solo reino bajo Felipe II.
1587	Thomas Cavendish captura frente a las costas de California a un galeón español de la ruta de Manila.
1591	Establecimiento del Tribunal de la Fe en México.
1608	Fundación de Quebec por Samuel Champlain.
1610	Fundación del Tribunal de la Fe en Cartagena, Colombia.
1612	Los holandeses llegan al río Hudson y fundan la factoría de Nueva Amsterdam.
1620	Los Peregrinos desembarcan del *Mayflower* cerca de Virginia.
1624	Los holandeses desembarcan en Bahía (Brasil) y toman la ciudad.
1631	Los holandeses ocupan la ciudad de Pernambuco (Brasil) y designan al príncipe de Nassau gobernador, quien pone al lugar el nombre de Nueva Holanda.
1640	Disolución del reino común de España y Portugal: Brasil nuevamente portugués.

1700	Advenimiento de los Borbones de origen francés al gobierno de España: Felipe V.
1717–21	Establecimiento del Virreinato de Nueva Granada.
1767	Expulsión de los jesuitas de América por España y Portugal.
1776	Establecimiento del Virreinato del Río de la Plata.
	Independencia de los Estados Unidos de América.
1780–81	Rebelión de Túpac Amaru en Perú.
1789	Washington, primer presidente de Estados Unidos.
	Revolución Francesa.
	Revolución de Tiradentes en Brasil.
1791	Revuelta de los negros y mulatos en Haití.
1796	Guerra de España contra Gran Bretaña.
1797	Constitución de la Logia Americana en Londres.
1798	Francisco de Miranda en Inglaterra.

SIGLO XIX

1804	Proclamación de la independencia de Haití.
1806–07	Primera invasión inglesa a Buenos Aires.
	Fracaso de la expedición de Miranda para liberar a Venezuela.
1807	Invasión de Napoleón Bonaparte a España y Portugal.
	La Corte portuguesa se traslada a Brasil ante la invasión.
1808	José Bonaparte, hermano de Napoleón, proclamado rey de España y las Indias.
	Supresión de la Inquisición en España por José Bonaparte.
1810	Comienzo de las guerras de la Independencia.
	El Cabildo de Buenos Aires destituye al Virrey y nombra una Junta de Gobierno. En Venezuela se aplica similar criterio.
	Revuelta de Hidalgo en México.
1813	Independencia de México.
	Independencia de Paraguay.
1815	Bolívar redacta su famosa Carta de Jamaica.
	Brasil se convierte en reino unido a Portugal.
1816	Bolívar y el Congreso de Angostura.
	Independencia de las Provincias Unidas del Río de la Plata.
1817	Cruce de los Andes por las tropas de San Martín.
1818	Batalla de Maipú en Chile.
	Independencia de Chile.
1819	Bolívar cruza los Andes, derrota a los españoles en la batalla de Boyacá y liberta a Colombia.
1820–21	San Martín parte de Chile por mar al Perú y ocupa Lima.
1821	Independencia de Santo Domingo.
	Formación de la Gran Colombia.
	Bolívar derrota a los españoles en la batalla de Carabobo para libertar a Venezuela.
1822	Liberación de Ecuador.
	Reunión de Bolívar y San Martín en Guayaquil.

	Brasil se proclama independiente de Portugal por decisión de Pedro I, que se convierte en su emperador.
	Agustín de Iturbide se proclama emperador de México.
1823	Proclamación en Estados Unidos de la Doctrina Monroe.
1824	Batalla de Ayacucho.
1825	Independencia de Bolivia.
1826	Primer Congreso Panamericano.
1829	Uruguay se separa de la Provincias Unidas del Río de la Plata y proclama su independencia.
1829–30	Ecuador, Colombia y Venezuela se separan de la Gran Colombia.
1831	Abdicación en Brasil de don Pedro I en favor de su hijo, luego coronado emperador con el título de Pedro II.
1835–52	Gobierno de Juan Manuel de Rosas en Argentina.
1845	Texas se separa de México.
1846–48	Guerra entre México y Estados Unidos.
1847–89	Imperio de Pedro II en Brasil.
1848	Tratado de Guadalupe Hidalgo: México cede a Estados Unidos la mayor parte de Arizona, Nuevo México y Alta California y acepta la escisión de Texas.
1853–80	La Organización Nacional en Argentina.
1855	Comienzo de la Reforma en México.
1856	Ley Lerdo de Tejada en México.
1861	Buenos Aires se integra a la Confederación Argentina.
	Francia interviene en México: Maximiliano y Carlota, emperadores de México.
1865–70	Guerra de la Triple Alianza entre Paraguay por una parte, y Argentina, Uruguay y Brasil conjuntamente, por otra.
1867	Ejecución del emperador Maximiliano en México.
1876–1911	Gobierno de Porfirio Díaz en México.
1879–83	Guerra del Pacífico entre Chile por un lado, y Bolivia y Perú, por el otro.
1888	Abolición de la esclavitud en Brasil.
1889	Fin del Imperio en el Brasil: instauración de la República.
	Renacimiento del panamericanismo bajo el liderazgo de Estados Unidos: Primera Conferencia Internacional de los Estados Americanos en Washington, D.C.
1898	Guerra entre España y Estados Unidos: España pierde Cuba, Puerto Rico y las Filipinas.

SIGLO XX

1902	Cuba se convierte en estado independiente.
1903	Panamá se independiza de Colombia.
1908–35	Gobierno de Juan Vicente Gómez en Venezuela.
1910–20	Revolución Mexicana.
1914	Apertura del Canal de Panamá.
	Primera Guerra Mundial (1914–1918).
1918	La Reforma Universitaria en Argentina.

1924	Creación del APRA en Perú por Víctor Raúl Haya de la Torre.
1929–31	La Gran Depresión o crisis mundial.
1930	Gobierno de Getulio Vargas en Brasil.
1933–38	Guerra del Chaco entre Bolivia y Paraguay.
1933	El presidente Franklin D. Roosevelt anuncia la Política del Buen Vecino.
1934	El general Lázaro Cárdenas da carácter socialista al gobierno del Partido Revolucionario Institucional.
1939–45	Segunda Guerra Mundial.
1943–55	Período del Justicialismo de Juan D. Perón en Argentina.
1944	Comienzo de la revolución socialista en Guatemala.
1946–1955	Período gubernamental de Perón en Argentina.
1952	Triunfo del Movimiento Nacionalista Revolucionario en Bolivia.
1955	Derrocamiento de Perón.
1958	El presidente Juscelino Kubitschek, de Brasil, propone la Operación Panamericana en el continente.
1960	Brasilia se convierte en la nueva capital de Brasil.
	Establecimiento del Mercado Común Centroamericano.
1961	Plan de Alianza para el Progreso del presidente John F. Kennedy.
1962	Crisis de los misiles entre la URSS y Estados Unidos.
1965	Estados Unidos interviene en la República Dominicana.
1966	Se inician los gobiernos militares en Argentina.
1967	Encíclica *Populorum Progress* del Papa Pablo VI.
1968	Revolución militar en Perú y gobierno del general Velasco Alvarado.
	Segunda Conferencia General del Episcopado Latinoamericano en Medellín, Colombia.
1969	Los militares toman el poder en Bolivia.
	El astronauta Armstrong desciende en la Luna.
1970–73	Gobierno marxista de Salvador Allende en Chile.
1973	Nuevo gobierno de Juan D. Perón en Argentina.
	Golpe militar en Chile: muerte de Salvador Allende.
1982	Guerra de las Malvinas entre Argentina y Gran Bretaña.
1983	Restablecimiento de la democracia en Argentina con el presidente Raúl Alfonsín.
1989	Tropas norteamericanas invaden a Panamá.
1991	Firma en Asunción del Paraguay del Tratado del Mercosur.
1993	Firma del NAFTA o TLC entre Estados Unidos, Canadá y México.

CAPÍTULO UNO

L OS PROTAGONISTAS Y SU ESCENARIO

Delimitación de Iberoamérica

Iberoamérica está constituida por diecinueve países que se extienden en el continente americano desde el Río Grande al norte, hasta el Cabo de Hornos al sur, y cuyas lenguas oficiales son en la actualidad el español y el portugués, aunque en algunas regiones sobreviven idiomas indígenas. El único país considerado bilingüe es Paraguay, en el cual una gran parte de la población se comunica casi indistintamente en español o guaraní.

Dentro de la denominación iberoamericana no se incluye a la república de Haití, país independiente desde 1804, antigua colonia francesa, con un 50% de población negra, que comparte como lenguas oficiales el francés y *creole* o dialecto mezcla de francés y africano. Su población está constituida predominantemente por negros (90%) y mulatos franco-africanos.

Tampoco está incluida Belice, antigua colonia británica desprendida de Honduras e independiente desde 1981, cuyo idioma oficial es el inglés, aunque se hablan además el español y varios dialectos indígenas.

No la integran, tampoco, Trinidad y Tobago, país insular independiente desde 1962, de idioma oficial inglés aunque gran parte de la población habla el español y algunas lenguas de procedencia asiática. Está poblado por africanos negroides (43%), asiáticos (40%) y europeos (17%).

Por razones culturales y lingüísticas queda excluida, además, Surinam o Guayana Francesa, país independiente desde 1975 y originalmente colonia inglesa y holandesa. Allí se hablan otros idiomas europeos y asiáticos, y tiene sólo un 3,8% de población europea, el resto son criollos, asiáticos, negros y amerindios.

En el continente sudamericano está también otro nuevo país independizado, Guyana (1966), antigua colonia británica de idioma oficial inglés, donde se hablan asimismo varios

1

dialectos regionales, y cuya población está constituida por un 50% de población indígena, un 41% de negros africanos y un 7% de criollos.

Puerto Rico, forma parte de los Estados Unidos de Norteamérica desde el punto de vista jurídico internacional, pero por su origen colonial español, su sustrato cultural y la extensión de la lengua española entre sus habitantes, es un caso particular dentro del mundo iberoamericano.

En síntesis, las fronteras entre una Hispanoamérica cultural y lingüística, y una Hispanoamérica jurídica no coinciden, de manera que la definición última del área queda librada al criterio personal de cada historiador de la cultura. Esto es consecuencia de los hechos políticos ocurridos desde el Descubrimiento. Lo prudente es aceptar como componentes de la civilización y cultura iberoamericana actuales a los elementos hispánicos y portugueses, sumados a los sustratos indígenas y a otras aportaciones extranjeras a través del tiempo dondequiera que subsistan.

Algunos historiadores prefieren el nombre de *Latinoamérica* porque el término incluye además los aportes de Francia e Italia, Gran Bretaña y Holanda en esta parte del continente. En Estados Unidos es muy corriente esta denominación.

Otros historiadores, por lo general no hispanos, prefieren el vocablo *Hispanoamérica* o *América Hispánica* para caracterizar a los países de origen español y distinguirlos de los otros. Puerto Rico, antigua colonia española incorporada a Estados Unidos en 1898, formaría parte del conjunto hispanoamericano según dicho criterio.

Por su parte, algunos autores hispanoamericanos prefieren remitir los valores regionales hasta su antigüedad más remota, y utilizan el nombre de *Indoamérica* para dar cabida así a las antiguas culturas precolombinas.

Los europeos, desde la Conquista, denominaron a estas tierras *Nuevo Mundo* o *Indias Occidentales* por oposición a las *Indias Orientales*, criterio conservado en la expresión inglesa *West Indies*.

El nombre de América está relacionado con el del cartógrafo Américo Vespucio por un curioso azar. Algunos geógrafos europeos, a partir del alemán Martín Wadseemüller, estampaban en sus mapas de las nuevas tierras la denominación de *Amerige*, *Tierra de Américo* o *América*, quizás por haber creído erróneamente que Américo Vespucio fue quien las descubrió y no quien las recorrió.

En este libro adoptamos el nombre de Iberoamérica por ser más exacto para describir a los países hispanoamericanos y al Brasil conjuntamente.

Los países iberoamericanos ocupan en la actualidad un territorio de aproximadamente 8.000.000 de millas cuadradas, alrededor de un sexto de las tierras del mundo y el doble del territorio europeo. Esta extensión fue mayor en tiempos del imperio español y ha disminuido como consecuencia de las guerras continentales y de las conquistas de Gran Bretaña, Francia y Holanda en varios momentos de su historia.

Iberoamérica está formada por: México, situado en América del Norte; otros seis países en América Central: Guatemala, Honduras, El Salvador, Nicaragua, Costa Rica y Panamá; dos países insulares en el Caribe: Cuba y la República Dominicana; y diez en América del Sur: Brasil, Venezuela, Colombia, Ecuador, Perú, Bolivia, Paraguay, Chile, Argentina y Uruguay.

América del Sur

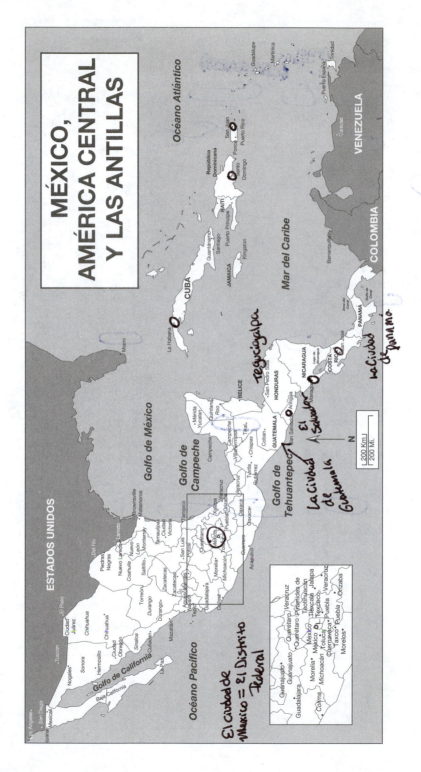

MÉXICO,
AMÉRICA CENTRAL
Y LAS ANTILLAS

Desde la frontera de México (al norte), hasta el Cabo de Hornos (al sur) en Argentina, hay una distancia de 7.000 millas. No todo el territorio al sur del Río Grande es iberoamericano, pues tanto en el norte, como en el centro y el sur, hay naciones y colonias que no lo integran.

Varios límites fronterizos están todavía en discusión entre vecinos, aparte del dominio final de la Antártida, sobre la cual reclaman derechos tanto naciones americanas (Chile y Argentina) como europeas y asiáticas.

En menor medida, otros países y territorios caribeños manifiestan parcialmente características hispánicas, pero jurídicamente no son parte de Iberoamérica.

A pesar de la semejanza de orígenes, religión y lengua, los países hispanoamericanos tienen conceptos diferentes sobre su propia identidad fundados en el nacionalismo y en el patriotismo. Un argentino y un uruguayo, por ejemplo, es posible que se sientan más hermanados entre sí que con un venezolano o un mexicano. Los países, como por ejemplo México y Perú, levantados sobre civilizaciones indígenas evolucionadas, de fuerte personalidad histórica en tiempos del virreinato, se perciben a sí mismos como algo diferentes de aquellos otros habitados originariamente por aborígenes recolectores y cazadores de las planicies y llanuras, nómadas en tierras sin piedras, oro ni plata, que se han organizado mediante importantes corrientes inmigratorias y manifiestan una personalidad nacional menos indigenista y menos hispánica, según es el caso de Argentina, Uruguay, sur de Brasil y Costa Rica.

Geografía

En forma simplificada, Iberoamérica puede concebirse como un subcontinente que se extiende desde el sur de Estados Unidos hasta la Patagonia argentina, recorrido de sur a norte por una zona alta de montañas (los Andes), muy cercana y paralela al Océano Pacífico, que se amplía en un extenso Altiplano (Argentina, Bolivia y Perú), se prolonga paralela a la costa hasta Panamá, con derivaciones internas en Perú, Ecuador, Colombia y Venezuela, se interna por todo Centroamérica y México, y se conecta con las altas montañas del oeste de Norteamérica. En las zonas meridionales, esas montañas alcanzan sus mayores alturas sin vegetación, mientras que a partir del Ecuador y siguiendo hacia el norte están cubiertas de árboles tropicales. Esta cordillera es geológicamente de formación reciente.

Desde la costa pacífica las tierras comienzan a descender hacia el Océano Atlántico, y antes de llegar al mar son interrumpidas por más bajas estribaciones montañosas de formación geológica más antigua. En varias partes de su extensión, la cordillera oriental encierra valles fecundos. En otras palabras, hay una Iberoamérica occidental, montañosa y elevada, y una Iberoamérica oriental de planicies. Las civilizaciones antiguas se instalaron en las zonas montañosas del oeste y allí sucedieron los hechos más importantes de la conquista; la otra Iberoamérica del este fue menos atractiva, pero compensó las diferencias con importantes llegadas de inmigración europea. En esencia, la zona del oeste fue más evolucionada si consideramos su cultura, los metales utilizados, su arte, su vida sedentaria y el virreinato en el período hispánico. Los habitantes del este eran agricultores, primitivos, nómadas y de escaso interés para España.

Tres cuartas partes de la América ibérica están dentro de la zona tropical y su clima es bastante cálido, salvo en las tierras altas o en las regiones litorales, donde la influencia de la altura y del mar atenúa el calor. La distribución de las lluvias es muy irregular, aunque la costa atlántica es más húmeda que la del Pacífico. Las primitivas civilizaciones indígenas de Occidente se establecieron en general a una altura de entre 2.000 y 3.000 metros.

Algunas zonas de América del Sur, particularmente las extensas y casi impenetrables selvas de Brasil, Venezuela, Colombia, Ecuador, Perú, Bolivia y Paraguay, son regiones consideradas por algunos geógrafos como zonas no incorporadas todavía al progreso nacional, y lo mismo acontece, aunque en menor grado, con parajes aislados de Centroamérica y otros países.

La naturaleza espectacular de Iberoamérica ha despertado la atención de viajeros y estudiosos, por la magnitud colosal de sus manifestaciones. La Cordillera de los Andes se extiende sin interrupción desde el estrecho de Magallanes hasta América del Norte por varios miles de millas, y es la barrera montañosa más larga del mundo. En ella se encuentran montes y volcanes y el pico más alto del hemisferio occidental, el Aconcagua (22.834 pies), en el sector argentino. El Altiplano, una meseta extensa entre Argentina, Bolivia, Chile y Perú, tiene una altura invariable de 12.000 a 14.000 pies, y en ella se encuentra el lago más elevado y navegable del mundo, el Titicaca, con una extensión de 3.205 millas cuadradas a 12.500 pies de

Cataratas del Iguazú, en la provincia argentina de Misiones, lindante con Paraguay y Brasil. Tienen un desnivel de 70 metros y presentan un total de 275 saltos. Fueron descubiertas en 1541 por el adelantado Álvar Núñez Cabeza de Vaca, y a ellas se refiere en el libro *Naufragios y comentarios*.

altura. La parte meridional de la cordillera entre Chile y Argentina está cubierta de hielo y nieves perpetuas, y sus enormes glaciares descienden desde las alturas hasta las costas del mar en algunos puntos.

Existen tres grandes sistemas o cuencas fluviales en Sudamérica. El río Amazonas, segundo en longitud en el mundo (3.900 millas) después del Nilo, cruza casi todo el continente de oeste a este. En torno a esta vía se sitúa la mayor selva tropical del mundo, la Amazonia, considerada como la principal fuente vegetal generadora de oxígeno del mundo. El sistema del Río de la Plata incluye tres importantes ríos: el Uruguay, el Paraná y el Paraguay, y lleva sus aguas dulces muchísimas millas adentro del Océano Atlántico. El sistema del río Orinoco es el tercero en importancia. Otros ríos importantes son el San Francisco, en Brasil, y el complejo del Magdalena y el Cauca, en Colombia.

La Pampa argentina, de suelo fértil y húmedo, cubierta de pastos naturales, avanza con horizontalidad sorprendente desde el Río de la Plata hasta el interior del país, en una expansión de un cuarto de millón de millas cuadradas. Monótona y fascinante al mismo tiempo, es una de las zonas del mundo más apta para la ganadería y la agricultura, sin necesidad de riego artificial. En Venezuela y Colombia los llanos ofrecen características similares, aunque ocupan menor superficie.

Curiosa formación geológica llamada el Valle de la Luna, en Catamarca, Argentina.

En Perú, Ecuador, Colombia y Venezuela las montañas determinan en gran parte la economía y la vida de las poblaciones, fundadas casi todas entre montañas. En Centroamérica y México, se da una interesante combinación de montañas, valles, tierras bajas y playas.

La fauna de Iberoamérica es bastante diferente de la europea y la asiática. Muchos animales, como el caballo, el cerdo, la mula, el asno, el ganado ovino y el ganado vacuno no existían en estas regiones y fueron traídos por los conquistadores españoles y portugueses. La llama, la alpaca, la vicuña y el guanaco eran utilizados por los aborígenes en sus faenas, y en ciertas regiones andinas todavía se los utiliza. En cambio, era muy variada la fauna en reptiles, insectos y cuadrúpedos vertebrados, al punto que los exploradores coloniales tenían dificultades idiomáticas para nombrarlos en español, a falta de palabras específicas.

El caso de la flora es análogo. Muchas plantas, conocidas por los europeos en sus países, no crecían en América: trigo, arroz, cebada, avena, centeno, caña de azúcar y café. Fueron también introducidos por ellos. Inversamente, el suelo producía otras especies desconocidas en el viejo continente: maíz, tabaco, cacao, maní, mandioca, patata y batata, sin mencionar las innumerables plantas frutales.

Iberoamérica ha sido considerada desde el Descubrimiento y la Conquista como una reserva mundial de materias primas y riquezas naturales. A este antiguo criterio se le ha agregado en el último siglo la idea de considerarla también como un eventual mercado para los artículos industriales de la producción mundial.

Recursos naturales

El hallazgo de abundantes minas de oro, plata y cobre suscitó la ambición de riqueza entre españoles y portugueses, sin descontar los novedosos productos vegetales y animales de que carecían los descubridores y demás naciones europeas. La América colonial estuvo sometida durante esos siglos al beneficio económico de las metrópolis, España y Portugal. Las naciones competidoras, en complicidad con algunos sectores criollos, recurrieron al contrabando para compensar en parte dicha servidumbre. En cierta medida esa característica distingue todavía a las economías de los países más pequeños y de monocultivos.

La transferencia de riquezas a Europa produjo en sus comienzos ingentes ganancias a las metrópolis, que las empleaban en el mantenimiento de la Corona y la nobleza, y en la compra de artículos de lujo en el resto del Viejo Mundo (Florencia, Génova, Holanda, Bélgica y Oriente), lo que condujo al descuido de sus industrias y manufacturas internas y al ocio especulativo, que en definitiva concluyó con la decadencia del Imperio.

Venezuela, Chile y Brasil poseen importantes reservas de mineral de hierro; Bolivia figura entre los mayores productores mundiales de estaño; Chile tiene cobre y nitratos; México extrae gran parte del plomo y la plata del mundo; Argentina es uno de los mayores productores de trigo, maíz, carne vacuna, lana y cueros; Brasil es el mayor productor de café, y conjuntamente con Colombia y otros países iberoamericanos, abastece casi toda la demanda mundial. Brasil comercia también algodón a escala mundial.

A estos productos se han agregado en el siglo XX las reservas petrolíferas de gran magnitud existentes, sobre todo, en Colombia, México y Venezuela, pero presentes en casi todos los demás países. Si bien las reservas y la explotación de ese recurso no alcanzan las cifras de los países típicamente petroleros del Medio Oriente, la exploración y refinamiento del crudo se incrementa día a día.

La economía de varios países iberoamericanos depende casi exclusivamente de uno o dos productos básicos. Guatemala, El Salvador, Colombia y Brasil tienen como producción principal el café; Cuba, el azúcar; Venezuela, el petróleo; Uruguay, las carnes y lanas; Chile, el cobre. El proceso de industrialización creciente, sobre todo a partir de la década del cincuenta, tiende a modificar esta situación que, sin embargo, no es la ideal.

En la industria manufacturera, Brasil, México, Colombia y Argentina han logrado un moderado desarrollo. Con todo, Iberoamérica es en la mentalidad de muchos observadores y economistas todavía un subcontinente proveedor de materias primas a pesar de que los citados países, a los que se han sumado otros en los últimos años, como Chile, realizan encomiables esfuerzos para incorporarse a la etapa industrial. La participación de Iberoamérica en el comercio mundial es todavía mínima, apenas un 10%; esto se debe no sólo a causas particulares de cada nación, sino también a interferencias internacionales.

Población

La población de Iberoamérica asciende a unos 400 millones de habitantes. Desde el año 1920 es la población que más crece en el mundo, a una tasa cercana al 2,5% anual, muy elevada en relación con la de Europa (1,5%), Estados Unidos y otros continentes. Se ha relacionado el crecimiento poblacional con el nivel de cultura de los pueblos, criterio que no es compartido por los religiosos y algunos especialistas, quienes consideran que la limitación de los nacimientos por razones económicas o de otra consideración es contraria a la naturaleza, a los derechos humanos y al destino de la especie humana.

La mezcla racial y cultural es una de las características humanas de la América española y portuguesa: los elementos originarios son el indio, el blanco y el negro. Sobre un primitivo fondo aborigen, de muy diferentes clases y procedencias, se sobrepuso el elemento blanco, y algunos años más tarde el negro, procedente de África. De estos tres grupos raciales, combinados en toda forma y proporción, surgieron los mestizos (hijos de blancos e indígenas), los mulatos (hijos de blancos y negros), y los zambos (hijos de indígenas y negros). Existen además iberoamericanos de origen oriental que se aposentaron en las costas del Pacífico (Perú en especial), y representantes de otros grupos extranjeros al punto que apenas son discernibles las características originarias. En tiempos de la Colonia se denominaba *criollos* a los descendientes de europeos nacidos en suelo americano, término que aún subsiste en algunas naciones o se lo sustituye por el de *ladinos*, deformación de *latinos*.

En materia de mezclas raciales, la variedad regional es tan grande que resulta imposible identificarlos en una sola morfología. Algunos mestizos conservan los rasgos mongoloides, mientras otros reflejan rasgos caucásicos.

Estados Unidos y Canadá, así como el sur de Brasil, Uruguay y Argentina han resultado casi prolongaciones raciales de Europa. El porcentaje de blancos desde México hasta Argentina y Uruguay varía desde el 2% en Honduras hasta el 30% en Chile, (excepto Costa Rica con el 80% y Brasil con el 62%). El elemento caucásico no mezclado sube en Uruguay al 90% y en Argentina al 97%.

Los indígenas componen el 26% de la población en México, el 60% en Ecuador, el 46% en Perú y el 53% en Bolivia. Se considera que, en cifras generales, un 11% o menos es indígena en América Latina. Los mestizos sobrepasan a los caucásicos en casi todos los países, menos en Ecuador, Perú y Bolivia, donde prevalecen los indígenas.

Es posible que el mestizo sea el representante racial más típico de Iberoamérica, y algunos países con profunda tradición indigenista se enorgullecen de esta condición, y hasta censuran a los países del sur en su europeísmo racial y cultural.

Desde principios del siglo XX hasta la actualidad, los países del mundo más receptores de inmigrantes fueron los del Cono Sur, mientras que con posterioridad a la Segunda Guerra Mundial, las corrientes europeas inmigratorias escogieron Australia, Nueva Zelanda, Canadá, Estados Unidos, Argentina y Venezuela. México tuvo una emigración de unos 250.000 personas, principalmente hacia Estados Unidos, lo que representó apenas un 3% de su crecimiento poblacional.

La tasa promedio de crecimiento anual de la población de Latinoamérica está calculada en un índice que se considera excesivo, si se piensa que con una tasa del 2,5% la población se duplica en una generación. Sin embargo, esta cifra es global y no refleja la situación particular de cada país. La densidad de población por kilómetro cuadrado es muy diferente entre uno y otro: Guatemala y Costa Rica cuentan con más de 30 personas por kilómetro cuadrado, Cuba y la República Dominicana con 60 aproximadamente, mientras que Argentina, Bolivia y Paraguay no sobrepasan los 8.

En Iberoamérica las capitales son desmesuradamente grandes en relación con la población total del territorio. Las ciudades más grandes son Ciudad de México, Río de Janeiro, San Pablo y Buenos Aires. Hay unas treinta ciudades con un millón de habitantes o más.

Origen del hombre americano

La ciencia no ha podido fijar con precisión el origen del hombre americano. A partir del concepto de la unidad del género humano, el problema se reduce a tres interrogantes principales: la procedencia, la época y la posibilidad de que fuera autóctono del continente. Numerosas teorías se han propuesto sobre estos temas con mayor o menor fundamento, pero por el momento carecen de suficientes pruebas.

Con respecto a las hipótesis inmigratorias, la más difundida afirma que el hombre americano procede de Asia y llegó a través del estrecho de Bering hace unos 10.000 ó 20.000 años, en estado de civilización paleolítica (piedra sin pulir) o neolítica (piedra tallada), y que una vez en el continente, desarrolló su propia cultura. Los grupos inmigratorios habrían descendido de Alaska por el oeste de Estados Unidos, en dirección al sudeste, y sucesivamente por todo el continente hasta llegar a la Patagonia. Sin embargo, no se ha podido demostrar la relación entre las lenguas primitivas y las asiáticas.

CORRIENTES DE POBLAMIENTO DE AMÉRICA

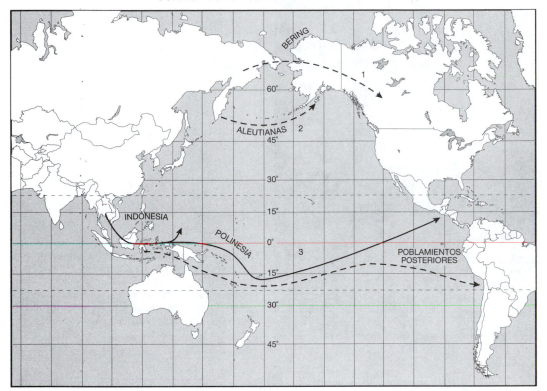

América habría sido poblada en la prehistoria por asiáticos que cruzaron por el estrecho de Bering y las islas Aleutianas *(teoría unilateral)*. Otros antropólogos sostienen que también llegaron más tarde corrientes de la Polinesia y aun de Indonesia *(teoría multilateral)*.

　· Otra teoría supone que hubo una procedencia asiático-pacífica, de isla en isla en frágiles embarcaciones hasta la costa occidental americana. Una firme convicción entre ciertos antropólogos intenta suplantar la hipótesis primera con esta nueva, apoyándose en ciertos paralelismos culturales. Queda por resolver, en uno y otro caso, si la incursión se hizo en una sola o en varias oleadas sucesivas. Las argumentaciones se extraen de la lingüística, la arqueología y la paleontología, cuyos resultados hasta el presente no manifiestan un categórico acuerdo. A estas escuelas del origen asiático, único o múltiple, se oponen las que sostienen que el hombre americano es autóctono del continente, aunque esta última tiene menos partidarios. Tienen todavía menos pruebas las que proponen un origen europeo o africano. La más curiosa y menos científica de las explicaciones es la que habla de un antiguo continente, la Atlántida, hundido en alguna época geológica en el océano, y desde donde podrían haber llegado los hombres.

　　Se puede afirmar, sin embargo, que la aparición del hombre americano es posterior a la de los habitantes de Asia y de Europa, como lo demuestra la antigüedad de los restos arqueológicos encontrados y fechados científicamente. Igualmente, la hipótesis de que la raza americana es el resultado de distintas invasiones ganó la aceptación de muchos científicos.

Chile puede dividirse en una zona norte desértica con grandes reservas de cobre y nitrato; una central con tierras fértiles productora de frutas y productos vegetales; y una parte sur, de altas montañas y nieves eternas. La fotografía ilustra sobre la naturaleza del sur, Peúlla, por donde la carretera internacional llega a la frontera con Argentina.

En base a los restos antropológicos, se ha pensado que el primitivo hombre americano era fuerte, erguido, de complexión delgada, piel oscura, cabello negro, pómulos salientes y ojos mongoloides de tipo oriental.

El gran descubrimiento americano: El maíz

Los primitivos habitantes eran, en los tiempos remotos, recolectores de frutos, cazadores y pescadores, según la región donde se establecían. Una vez instalados se convertían en agricultores y cultivaban diversos productos vegetales, en particular el maíz, que es un producto típico y básico de las civilizaciones aborígenes, desde Estados Unidos hasta la Patagonia.

Estas civilizaciones fueron fundamentalmente civilizaciones agrícolas y los innumerables productos alimenticios que los europeos encontraron a su llegada fueron una contribución de la América indígena a la civilización mundial. Esos pueblos invasores trajeron consigo el hierro, el perro, el caballo y la rueda; y la rudimentaria cultura indígena de tejidos, alfarería, cestería y el trabajo de la piedra y la madera evolucionó con el correr de los siglos hacia formas propias y más sofisticadas.

La civilización del Viejo Mundo se caracterizó por la presencia del cultivo de trigo panificado, la utilización de los grandes cuadrúpedos, la rueda y el arado, desconocidos en estas tierras. Los indígenas americanos no conocieron los animales de tiro ni de montar, y por consiguiente, no tuvieron ningún tipo de carruaje. En modo genérico puede

Volcán del Barú, el pico más alto de Panamá (3.478 m.), en la provincia de Chiriquí. En la cordillera andina hay varias regiones de actividad volcánica, originadas por diversas razones: Chile, Nicaragua y proximidades, Guatemala y valle de México. El vulcanismo es un proceso natural que se manifiesta asociado con temblores de tierra, terremotos, erupciones de lava y residuos ígneos, lluvia de cenizas, fumarolas y géiseres. Debido a este fenómeno poblados enteros han desaparecido en la zona cordillerana desde los tiempos precolombinos.

afirmarse que desarrollaron la agricultura, arquitectura, técnicas textiles, astronomía y otras ciencias, el uso de los metales preciosos y del cobre y otras habilidades como la cerámica y la cestería.

El gran aporte cultural de los primitivos americanos fue el descubrimiento del maíz. No se conoce exactamente el lugar donde se obtuvo por primera vez este cereal, pues se han encontrado restos fósiles de maíz en Perú, México y Estados Unidos. El maíz es un vegetal híbrido obtenido por sucesivas cruzas de especies, muy probablemente a partir del *teocinte*, una planta que crece en México y Guatemala. El maíz está presente todavía en la mentalidad, costumbres e industrias indígenas. Sirve como base para varios tipos de bebidas alcohólicas y con su harina se fabrican tortillas, sustituto del pan en muchísimas partes.

El poblamiento de América: Los amerindios

Las primitivas culturas de América surgieron hace unos tres mil o cuatro mil años, a miles de kilómetros de distancia de las de Egipto y Mesopotamia.

Los primitivos habitantes pasaron de cazadores nómadas a agricultores sedentarios, adoraban los astros, levantaban túmulos de tierra para enterrar a sus muertos, tenían leyes y códigos morales, criaban animales domésticos, cultivaban el maíz, la patata y varias clases de frutas y hortalizas. Se agrupaban en pueblos o

Típica población de mediana importancia en las montañas hispanoamericanas, situada en valles de la cordillera. El valle asegura la provisión de agua, los cultivos y la moderación del clima en la zona tórrida. Esta población es venezolana, pero como ella pueden encontrarse muchísimas en Colombia, Centroamérica y zonas andinas de Sudámerica.

tribus, establecieron clases sociales, inventaron distintos tipos de cálculos numéricos y de escritura sin llegar a la alfabética, fabricaron papel, practicaron la cerámica, la alfarería, las manualidades textiles; y en el campo artístico, desarrollaron la escultura, la arquitectura, la música, los bailes y la literatura. Por supuesto, crearon sus propias cosmogonías y creencias religiosas, y no todos alcanzaron el mismo grado de civilización.

Los antiguos amerindios se diferenciaron entre sí por los rasgos corporales y las lenguas, sin dejar por eso de constituir esencialmente un grupo humano homogéneo. Se ha conjeturado que llegaron al continente en dos oleadas inmigratorias; la primera comprendió a quienes descendieron hacia el sur y evolucionaron sin mayor contacto entre sí, adaptándose a las condiciones del ambiente. Posteriormente habríase producido otra invasión en el extremo norte, la cual incluía a los esquimales. Los restos óseos que se van descubriendo provocan nuevas dudas e hipótesis. Por ejemplo, se han encontrado cráneos, puntas de flechas y otros restos de asentamientos, aparentemente coetáneos, en muy diferentes estadios de civilización tanto en Norteamérica como en América Central y América del Sur.

Por de pronto, se conoce que en el subcontinente norte hubo dos culturas arcaicas: una establecida en los desiertos del oeste y otra en los bosques del este. La primera se especializaba en la recolección de semillas y raíces, confeccionaba calzados, vestimentas y cestos con fibras vegetales, tenía un cierto tipo de cerámica y no superó la condición de hordas. Es probable que fueran los antecesores de las culturas mexicanas. La segunda, basó su vida primitiva en la caza; elaboró una cerámica tosca, conoció las prácticas funerarias y decoraba sus vestidos con perlas y dientes de animales.

Algunos antropólogos sostienen que sólo en el caso de los indios pueblos, su herencia fue recogida y transmitida de generación en generación.

Las primitivas culturas arcaicas

Desde las épocas prehistóricas hasta la llegada de los españoles en el siglo XV, hubo frecuentes migraciones de pueblos hacia Mesoamérica, en distinto grado de evolución cultural, que se afincaron en diferentes regiones e influyeron unas en otras por medio del comercio y las guerras, o se fundieron en un solo pueblo.

Los olmecas. Entre los más pueblos importantes se encuentran los *olmecas* (1150 a. C.– 800 d. C.), establecidos en el oeste. Son famosos por sus colosales cabezas humanas de unos dos metros y medio de altura y más de treinta toneladas de peso, de fisonomía negroide, asentadas sobre tierra, cuya función se desconoce aunque puede suponerse que tuvieran un propósito religioso, pues se han encontrado altares (La Venta) cerca de ellos. Es notable que tanto estas cabezas como las que aparecen en figurillas, estatuillas y máscaras de jade, muestren bocas despectivas, con las comisuras labiales hacia abajo, como fauces de felinos. Sus notables estatuas pequeñas de bailarines y luchadores eran de contornos puros, muy estilizadas, en actitudes dinámicas, que causan asombro por su realismo. Los olmecas están considerados como el primer pueblo de cultura elaborada establecido en Mesoamérica.

El estilo olmeca se extendió más tarde por el valle de México y aun América Central, quizás debido a razones políticas, religiosas o comerciales. Se ha especulado que por sus monumentos y construcciones, así como por su estilizado arte, no fue una sociedad igualitaria. Su influencia desapareció hacia el año 800, antes del desembarco español, y paulatinamente dejó de ser el conductor cultural de la región.

Teotihuacán. Teotihuacán alcanzó su mayor esplendor entre los siglos IV y IX y culminó en el XI, después de haberse extendido a los estados vecinos. Sus ruinas son de gran valor y una de las más imponentes de toda América. Tienen una extensión de dos kilómetros en sentido longitudinal y están atravesadas de norte a sur por la Calle de los Muertos. En uno de sus extremos se abre una plaza con la pirámide de la Luna; a un lado de la calle, cerca de la plaza, se levanta la pirámide del Sol, de sesenta metros de alto, más antigua, construida probablemente hace unos dos mil años, a cuya cúspide se asciende por más de trescientos peldaños. Ésta era el centro religioso de la ciudad.

La arquitectura se distingue por la monumentalidad de sus edificios, sus pórticos imponentes, las columnas con serpientes, las estatuas, el empleo de la piedra tallada y los animales y figuras humanas como elementos decorativos. Practicaban también la escultura, la pintura y la orfebrería en metales. En Teotihuacán existe una gran plaza cuadrada llamada la Ciudadela, formada por cuatro terrazas superpuestas, que rodean un patio interior, en cuyo fondo se levanta otra pirámide de tabiques escalonados que se denomina santuario de Quetzalcóatl.

Esculturas gigantes de piedra o atlantes, pertenecientes a la cultura tolteca, levantadas en Tula, México. Este pueblo se distinguió por su habilidad en las artesanías de metal, los pórticos monumentales, las serpientes en las columnas, las estatuas verticales con figuras humanas y las esculturas animalísticas y humanas. Los atlantes estaban formados por cuatro piedras talladas, de una altura de cuatro metros y medio, encajadas una encima de otra, algunas con tallas en los cuatro costados. Se les ha atribuido a los toltecas la introducción de las principales manifestaciones culturales anteriores a los aztecas.

Los toltecas. Los toltecas fundaron el culto de Quetzalcóatl, cuyo símbolo fue la "serpiente emplumada", la cual puede apreciarse en las ruinas mencionadas. Al producirse la invasión de los toltecas a la civilización maya, este símbolo fue unánimemente adoptado y celebrado, así como lo fue, tiempo después, por los aztecas.

Según la tradición tolteca, Quetzalcóatl era un hombre blanco de barba grande. Había predicado nueva religión de virtud, amor y penitencia, e introdujo en el país las artes útiles y de ornato. Predijo que, con los años, llegarían del oriente unos hombres blancos y con barba, que como él, conquistarían el país.

El ingreso de los toltecas en el Valle de México marca el comienzo del militarismo en la región, la creación de castas guerreras, la decoración externa de los edificios monumentales y los sacrificios humanos. Los toltecas se expandieron sobre los pueblos mayas —a quienes denominaron *itzás*— e impusieron su dios Quetzalcóatl, que pasó a llamarse Kukulcán. A su vez, los toltecas fueron conquistados por los *chichimecas* y posteriormente por los *aztecas*, que destruyeron a esta cultura hacia mediados del siglo XII.

Los chimús. En el Perú, con anterioridad a los *incas* hubo varias culturas que se desplegaron con relativa independencia unas de otras. En el período de formación, unos 1.200 años antes de Cristo, se desarrollaron diversas culturas andinas, entre las que

Cultura mochica. Este pueblo del norte de Perú, muchos años antes que los incas, cultivó preferentemente la cerámica y levantó algunos templos piramidales al Sol y a la Luna. Sus cerámicas eran de estilo realista, con figuras de seres humanos, animales y vegetales. Esta vasija de arcilla, con asa, representa un felino, mientras otras representaban rostros humanos.

sobresale la de los *chimús*, con su floreciente capital Chan Chan, y considerados los señores del más importante reino del Perú arcaico, a unos quinientos kilómetros al norte de la actual Lima. Su lenguaje no guarda relación con el incaico y desapareció el siglo pasado. Su cerámica era admirada en la zona de la costa, así como la construcción de canales de riego en esa zona árida y la construcción de ciudades; se difundieron por las regiones cercanas, pero terminaron dominados por los incas. Fue una sociedad muy estratificada y de alta cultura, una parte de la cual adoptaron los invasores incas.

Los mochicas. Otro pueblo, los mochicas, fueron grandes ingenieros y constructores. Su cerámica negra con incisiones blancas tuvo gran relevancia. Son los fabricantes de los llamados "vasos retratos", los cuales representan con precisión anatómica los rasgos faciales y los estados de ánimo. Otros imitan formas animales, en especial felinos, y casi todos tienen la típica asa en forma de estribos, característica de esa artesanía. Por los restos conservados hasta la actualidad, se presume que practicaban la amputación de miembros y la circuncisión.

En la zona de Paracas, Pisco, Ica y Nazca, se radicaron grupos que se distinguieron por sus conocimientos de agricultura y de textiles. Restos de estos tejidos se han encontrado en tumbas y sitios donde se enterraba a los muertos, y están confeccionados con variedad de colores y elementos decorativos geométricos. Se supone que estos pueblos llegaron por vía marítima desde América Central. Otra de sus habilidades características fue la cerámica.

Los tiahuanacotas. En Bolivia, otra cultura encierra un misterio no descifrado aún. Es la de Tiahuanaco, cuyas ruinas principales se encuentran en la meseta del Alto Perú (Altiplano), en torno del lago Titicaca. Son los antecesores de los actuales indios bolivianos, los *aimaras*. Se caracterizaron por el empleo de enormes piedras en sus construcciones, algunas de varias toneladas de peso.

La más atractiva de las ruinas es el inmenso recinto de Kalasasaya, cercano a La Paz, Bolivia, que es un conjunto cuadrangular, con una ancha escalinata de entrada y otros edificios a los costados. En varias partes se pueden ver grandes rocas

Cultura de Tiahuanaco, Bolivia, Puerta del Sol. Portada monolítica de 3 metros de altura y 4 de ancho, con un friso indescifrado en la parte superior. En el centro de él, una divinidad esculpida, con un cetro en la mano. Una inexplicada relación hasta ahora se ha pretendido encontrar con la estatuaria de Mesoamérica y aun con los monolitos *(moais)* de la Isla de Pascua.

abandonadas, que se transportaban a tracción humana y que se denominan "piedras cansadas", para indicar que no se sabe el motivo de su abandono. Muy notable, entre los restos, es la famosa Puerta del Sol, situada dentro de dicho recinto. Está construida con un solo bloque de piedra, con una excavación a modo de puerta, y un friso superior con una inscripción todavía no descifrada.

Su cerámica fue igualmente de gran mérito y estaba representada por vasos de base plana y labios plegados hacia afuera. En la decoración, de tipo animalístico, sobresalen el jaguar, el puma, el cóndor y el halcón.

Según parece, ya hacia el año 8000 a.C. el hombre americano había alcanzado el estrecho de Magallanes buscando la caza de animales para la alimentación. El caso es que además de los grandes o pequeños pueblos primitivos, la zona comprendida entre los Andes y el Atlántico y la del mar Caribe, también estuvieron pobladas. Pero esos pueblos que vivían en selvas y tierras bajas y tórridas tuvieron, en general, culturas muy primitivas, muy atrasadas y en condiciones casi de barbarie. Los del sur de Argentina, por ejemplo, vivían bajo enramadas o toldos de cueros, cubiertos de pieles. Los del mar Caribe tampoco llegaron a un grado de evolución cultural digno de destacar.

Algunos indicadores comparativos hacia 1994

País	Área (en km²)	Población (en millones de habitantes)	(Illitracy) Analfabetismo (%)	Producto Bruto Nacional (en millones U$S)	Ingreso Per Cápita Anual (en U$S)
Argentina	2.779.221	32,60	4,7	86.395	2.370
Bolivia	1.098.581	6,34	22,5	4.219	630
Brasil	8.511.996	153,32	21,0	348.965	2.680
Colombia	1.141.748	33,61	13,3	41.337	1.200
Chile	736.902	13,38	6,6	21.923	1.940
Costa Rica	51.100	3,06	7,2	4.973	1.900
Cuba	110.922	10,73	6,0	20.020	2.000
República Dominicana	43.308	7,31	16,7	5.481	830
Ecuador	275.830	10,85	14,2	12.039	980
El Salvador	21.040	5,37	27,0	4.876	1.110
Guatemala	108.899	10,02	44,9	7.928	900
Honduras	112.088	5,26	26,9	4.462	590
México	1.958.201	87,83	12,7	156.152	2.490
Nicaragua	130.700	3,99	13,0	2.267	830
Panamá	75.517	2,46	11,9	2.893	1.830
Paraguay	406.752	4,39	9,9	5.071	1.110
Perú	1.285.216	22,90	10,7	22.579	1.160
Uruguay	176.215	3,11	3,8	7.579	2.560
Venezuela	916.445	20,26	11,9	64.484	2.560
EE.UU.	9.372.614	252,68	4,5	4.961.434	21.790

Algunas cifras de este cuadro deben considerarse estimativas por las siguientes razones: 1) falta, en algunos casos, de información oficial; 2) diferencias entre las diversas fuentes utilizadas; 3) no coincidencia estricta de los períodos de relevamiento; 4) diferentes criterios nacionales en los censos; 5) cambios bruscos de un año a otro en los datos económicos por las variaciones en las políticas aplicadas; 6) cuestiones limítrofes.

FUENTES: *Statistical Yearbook 1991 (UNESCO)* y *Almanaque Mundial 1994.*

Temas de conversación

1. ¿Qué diferencia existe entre los términos Hispanoamérica, Iberoamérica y Latinoamérica?
2. ¿Qué elementos hispanoamericanos existen en Puerto Rico?
3. Mencione y describa brevemente algunos de los accidentes geográficos más importantes de Iberoamérica.
4. ¿Qué animales son originarios de América?
5. ¿Cuales son los productos vegetales más característicos de Iberoamérica?
6. ¿Qué es un indígena, un criollo, un mestizo y un zambo?
7. ¿Qué elementos humanos, según su procedencia racial, componen la población de Iberoamérica?
8. ¿Qué teorías conoce sobre el origen del hombre americano?
9. ¿Cómo obtuvieron el maíz comestible los antiguos americanos?
10. ¿Por qué se distingue el arte olmeca?
11. ¿Quiénes crearon el culto de Quetzalcóatl?
12. ¿Qué es un "vaso retrato"?
13. Describa la arquitectura de Teotihuacán.
14. ¿Cómo se supone que era físicamente el primitivo americano?

Temas especiales de exposición y composición

1. La geografía de Hispanoamérica.
2. El pueblo de Hispanoamérica.
3. El origen del hombre americano.
4. La primitiva cultura de los toltecas.
5. La cultura de los mochicas.
6. Las corrientes del poblamiento de América.

CAPÍTULO DOS

LAS PRINCIPALES CULTURAS INDIAS

Correlación entre ellas

Desde el momento del Descubrimiento, españoles y portugueses se toparon en América con civilizaciones de diferente valor y en distinto grado de evolución. Las tres más importantes —la maya, la azteca y la incaica— estaban radicadas en la zona montañosa occidental, que se extiende desde México hasta la parte septentrional de Chile y Argentina. Desde allí hacia el este y sur del continente, había pueblos que se encontraban en una etapa más primitiva, próxima en algunos casos con el salvajismo, como en el Caribe, las zonas selváticas, llanuras y extremos insulares y cubiertos de nieve del estrecho de Magallanes.

Las principales culturas de la montaña tuvieron algunos rasgos comunes que no dejan lugar a dudas sobre su relación: el uso común de la piedra, las construcciones megalíticas, la prioridad de los templos y adoratorios, la escultura ornamental con representación de figuras antropomórficas y animales (serpientes, jaguares y otros felinos, aves, llamas y peces) y la cerámica de barro. Hasta el presente no se han podido establecer con certeza los medios y momentos de esta relación, pero la correlación tampoco ha podido ser desmentida. Algunos arqueólogos e historiadores del arte han creído encontrar una coincidencia entre el progresivo grado de "barroquización" o complejidad en estas culturas, así como también en el empleo de formas realísticas para expresar lo invisible.

Los mayas

El origen de los mayas es un misterio. Se desconoce de dónde provienen. Probablemente, durante muchos años o siglos llevaron una vida nómada, en busca de una región propia, hasta que se asentaron en la región de las actuales Yucatán (México), Guatemala, parte de Honduras y El Salvador. Es probable que recorrieran tierras muy frías y muy cálidas y que el descubrimiento del maíz en la zona les diera la oportunidad de quedarse allí y dedicarse a su cultivo.

El pueblo maya contó con excelentes artistas, hombres de ciencia, astrónomos y arquitectos. Es posible que por el refinamiento estético de su arte y arquitectura, la precisión de su sistema astronómico, la complejidad de sus calendarios y el desarrollo de su matemática y su escritura, no hayan sido superados por ninguna otra civilización del Nuevo Mundo y apenas igualados por muy pocas del Viejo Mundo. Están considerados como "los griegos" de América.

Edificio denominado Las Monjas, en la ciudad maya-tolteca de Chichén-Itzá. Dibujo hecho por Frederick Catherwood, que acompañó a John Lloyd Stephens, un entusiasta abogado de Nueva York que recorrió el mundo maya en 1840 y escribió varios tomos sobre sus hallazgos. El estilo de Las Monjas y numerosas construcciones de Chichén-Itzá ha incorporado las bellas esculturas y decoraciones a la primitiva arquitectura indígena.

Los mayas se establecieron en Centroamérica hacia los años 2000 ó 1500 antes de Jesucristo. Durante varios siglos vivieron en un estado de formación cultural, hasta que, aproximadamente en el año 300 d.C, lograron las características esenciales de su civilización, en la región denominada El Petén, en el norte de Guatemala.

Esta civilización estuvo integrada por numerosas ciudades-estados, que hablaban una lengua común, aunque con ligeras variantes dialectales, y tenían similares rasgos culturales. Sin embargo, no parecen haber tenido una unidad política ni una ciudad capital. En distintas etapas, fueron levantando grandes ciudades: Tikal (la más antigua y la mayor) y Uaxactún, en Guatemala; Chichén-Itzá (abandonada y reconstruida tres veces) y Palenque, en México; y Copán, en Honduras.

Viene luego una época de inexplicable silencio, en que las ciudades son abandonadas y cesan de erigirse monumentos: palacios, templos, casas de los gobernantes y el clero, pirámides y monolitos son devorados por la selva.

Hacia el año 900, aproximadamente, la civilización maya estaba ubicada, sin que se sepa cómo, en la península de Yucatán. Entran entonces en estrecho contacto con los toltecas de México y se produce un importante intercambio comercial en la frontera.

Comienza así un renacimiento de la nueva cultura maya-tolteca, bajo el signo de Kukulcán (exacta transcripción maya del nombre tolteca Quetzalcóatl). El arte y la arquitectura se perfeccionan con la introducción de motivos toltecas, como la serpiente emplumada, y otros elementos decorativos. En esta época de Renacimiento maya, se levanta la más bella ciudad de la región, Uxmal, se reconstruyen y se extienden las carreteras, y florecen la arquitectura y el arte.

Hacia fines del siglo XII, estalla una guerra civil, y más tarde otra, en el siglo XV, entre mayas e itzás, descendientes de los antiguos conquistadores toltecas. Finalmente, en esta situación de decadencia, el pueblo maya cae bajo los conquistadores españoles, en los siglos XVI y XVII.

La ciudad-estado. Se cree que la ciudad maya no era un centro urbano, en el sentido moderno de la palabra, sino más bien un centro ceremonial. En las ciudades descubiertas, la mayor parte de los edificios son templos, palacios y recintos para ceremonias: una plaza central, rodeada de esos tipos de construcciones que se levantaban sobre grandes plataformas o terrazas en forma de pirámides truncadas, con largas escalinatas para el ascenso. Los templos tenían a menudo forma rectangular, con una sola cámara, o raras veces, con varias. Ocupaba un lugar importante en la ciudad el recinto para el juego de la pelota, de forma rectangular, con asientos de piedra a los costados para los espectadores. Se piensa que dicho deporte se practicaba con una pelota de caucho y se jugaba con las piernas, codos y muñecas.

En torno a la ciudad se extendían las *milpas* o campos de maíz y las tierras de labranza y cría de animales, y rodeando al conjunto, la selva imponente y majestuosa.

Al frente de la organización política estaba un oficial o jefe cuyo cargo era hereditario en la familia. Tenía amplios poderes, políticos y religiosos, y probablemente establecía las normas con la ayuda de un consejo de jefes principales, sacerdotes y consejeros especiales. Designaba a los jefes de las ciudades y las aldeas, quienes estaban en una especie de relación feudal con él y eran, por lo general, personas de su misma sangre. Al mismo tiempo, era la más alta autoridad religiosa, pues el estado maya tenía caracteres teocráticos. Era considerado como un semidiós. Todos le debían sumisión y obediencia. Tenía una esposa legítima y varias concubinas.

La sociedad. La antigua sociedad maya consistía en cuatro clases sociales: los nobles, los sacerdotes, el pueblo común y los esclavos. La nobleza era hereditaria y la constituían los magistrados de las ciudades y aldeas, quienes además de gobernar, ejercían la justicia y, en tiempos de guerra, mandaban sus propios soldados.

Los sacerdotes provenían de la nobleza y su posición se adquiría también por herencia. Además de administrar la religión y el culto, eran eruditos, astrónomos y matemáticos. Constituían una clase sumamente respetada y poderosa por su sabiduría, sus predicciones y la superstición del hombre común.

El pueblo común estaba integrado por los agricultores de maíz y demás trabajadores, que sostenían al jefe supremo, a los señores locales y a los sacerdotes. La clase inferior estaba constituida por los esclavos. Según parece, los esclavos eran los prisioneros, los huérfanos, los hijos de los esclavos, los condenados por robo, y los individuos comprados o intercambiados. En algunos casos, ciertos esclavos podían redimirse. Los prisioneros de guerra importantes eran sacrificados, mientras que los otros quedaban como esclavos en poder de los soldados que los habían capturado.

La religión. La religión de los mayas fue politeísta e idolátrica, basada en la personificación de la naturaleza y la adoración de los cuerpos celestes y del tiempo. Esta religión era esotérica y su interpretación estaba a cargo de los sacerdotes. Incluía también una cosmogonía u origen del mundo. Las ceremonias del culto fueron muy importantes, e iban desde el simple ofrecimiento de alimentos a los dioses hasta la práctica de sacrificios humanos, aunque no con la frecuencia y el rigor de los aztecas.

La escritura y los libros. No tuvieron los mayas un alfabeto comparable al nuestro. Su lenguaje escrito consistía en jeroglíficos o escritos con dibujos. Inventaron, para escribir sus libros, un papel a base de fibras vegetales. Los volúmenes eran largas tiras de papel, dobladas y plegadas varias veces, que se desplegaban para leer. Las cubiertas eran generalmente de madera muy decorada.

Los mayas debieron de haber escrito muchos libros, pero fueron quemados por los españoles para acabar con la superstición y la idolatría.

El desciframiento de la escritura maya. En tiempos recientes el lingüista ruso Yuri Knorozov ha elaborado un sorprendente método para el desciframiento de la escritura maya. Apoyándose en el libro de Diego de Landa, primer provincial y luego obispo de Chiapas, titulado *Relación de las cosas de Yucatán* (1566) y los *Libros de Chilam Balam*, escritos en caracteres latinos en los siglos XVI y XVII, creó un procedimiento denominado "estadística proposicional", que le permitió descifrar gran cantidad de textos, fechas y dibujos de los códices existentes en Dresde, Madrid y París. Publicó su descubrimiento en *La escritura de los indios mayas* (1963) y *Los manuscritos jeroglíficos mayas* (1975). Según Knorozov, la escritura maya antigua no coincide con el idioma de los actuales mayas. Los manuscritos hasta ahora conocidos no son libros en el sentido moderno de término, sino guías o enciclopedias referidas a los aspectos de la vida y tradiciones del pueblo antiguo, que servían de consulta a los sacerdotes de aldea, no se leían en forma continuada y les permitían orientarse en las ceremonias.

Descubrió que la primitiva escritura era un sistema mixto y coherente compuesto por: unos 300 signos *ideográficos* que transmiten las raíces de las palabras; otros signos *fonéticos* agregados que expresan un sonido; y finalmente, signos *diacríticos* que precisan el sentido de la palabra pero no se leen. De esta manera, podía saberse si un signo dibujado era un sustantivo común (*león*) o un sustantivo propio (*León*) y la función que desempeñaba.

Se expone con fundamento que es posible que puedan encontrarse todavía otros libros mayas, además de inscripciones mayas en estelas, edificios, pinturas murales, bajorrelieves, etc., que permitan nuevos adelantos. En esta tarea de desciframiento trabajan lingüistas de todo el mundo, especialmente los científicos del Centro de Estudios Mayas de la Universidad Nacional Autónoma de México.

La aritmética, la astronomía y los calendarios. Los mayas adoptaron en su numeración un sistema de veinte unidades que representaba la suma de los dedos de las manos y los pies. Los números iban del 1 al 19 y la serie terminaba con el cero, inventado por los mayas. El 1 se representaba con un punto y el 5 con una raya. De las combinaciones y repeticiones de estos símbolos surgían los demás números. Pero paralelamente a este sistema numeral tenían otro, que se ha denominado "variantes de cabeza", y que consistía en la representación de los mismos números básicos citados mediante la figura de cabezas humanas con caracteres distintos.

Es muy conocida la extraordinaria capacidad de los mayas para la astronomía. Realizaban observaciones desde edificios especiales y se distinguieron por la predicción de los eclipses, lo cual presupone una ciencia evolucionada. Conocieron asimismo los períodos de varios astros.

El calendario maya. Aparte del calendario solar, los mayas disponían de un calendario litúrgico, el *Tzolkin*, de doscientos sesenta días. Se componía de los nombres de veinte días, repetidos trece veces, y de una serie de los trece primeros números, reiterada veinte veces. Ambos sistemas de calendario solar y *Tzolkin* se combinaban. Los signos mayas correspondientes a los veinte días se muestran en la ilustración.

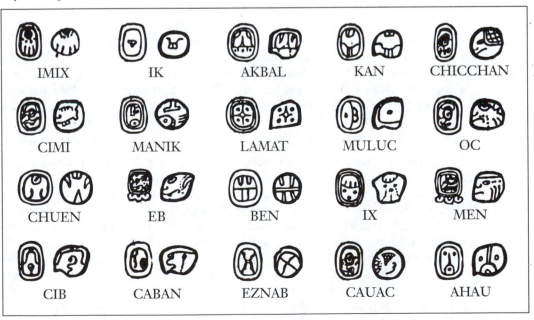

Calendario litúrgico azteca. Las ceremonias religiosas se atenían a un calendario litúrgico denominado *Tonalpohualli*. A cada mes le correspondía una divinidad. Existen varias versiones de dicho calendario, entre las cuales se cuenta el *Codex Borbonicus* existente en la Biblioteca Nacional de París. Carecen de texto y se reducen a imágenes complicadas y difíciles de interpretar. El grabado muestra los signos de los días en el calendario azteca.

CIPACTLI Cocodrilo	**EHECATL** Viento	**CALLI** Casa	**CUETZPALIN** Lagarto	**COATL** Serpiente
MIQUIZTLI Muerte	**MAZATL** Corzo	**TOCHTLI** Conejo	**ATL** Agua	**ITZCUINTLI** Perro
OZOMATLI Mono	**MALINALLI** Hierba	**ACATL** Caña	**OCELOTL** Jaguar	**QUAUHTLI** Águila
COZCAQUAUHTLI Cóndor	**OLIN** Movimiento	**TECPATL** Sílice	**QUIAHUITL** Lluvia	**XOCHITL** Flor

El calendario, considerado como uno de los más grandes adelantos del mundo antiguo, comprendía 365 días, como en nuestros tiempos, divididos en 18 meses de 20 días cada uno, y un período final de 5 días. Al lado de este calendario civil, tenían otro, el religioso, que constaba de 260 días. También tenían otro de tipo perpetual, es decir, que marcaba el tiempo desde el 3113 a.C. El sistema de fechas conocido como "la larga cuenta" se basa en este calendario. Comúnmente se cree que los mayas inventaron sus calendarios, pero es muy posible que heredaran algo de sus posibles antecesores, los olmecas.

La arquitectura, escultura y pintura. La arquitectura maya sorprendió en su tiempo a los conquistadores españoles y continúa sorprendiendo en la actualidad al investigador moderno, por la belleza de la construcción y el conocimiento técnico que representa. Resulta misterioso comprender cómo pudieron vencer la piedra: cortarla, pulirla, grabarla y subirla a grandes alturas, sin poseer instrumentos de hierro ni conocer la rueda. Conocieron, eso sí, el compás, la escuadra y la plomada.

Los techos eran siempre planos, hasta que con el tiempo inventaron la denominada "media bóveda maya". Los mayas, como otras civilizaciones antiguas americanas, no conocieron el arco de medio punto o semicircular, pero, en lugar de él, crearon una especie de arco muy característico, de forma trapezoidal. Es posible que la estructura de la cabaña inspirara la forma de los edificios monumentales que probablemente servían para fines religiosos o gubernamentales. Muy característicos de la arquitectura maya

El Castillo, la construcción más notable de Chichén-Itzá, templo en honor de Quetzalcóatl-Kukulcán o según otra interpretación, templo del culto solar. En forma de pirámide cuadrada, tiene nueve cuerpos horizontales escalonados y cuatro escalinatas en sus cuatro costados, que conducen a la construcción superior. Cada escalinata tiene 91 peldaños que sumados al último escalón de la plataforma alta totalizan en 364, coincidentes con el año solar de esa civilización.

son los frisos, de notable buen gusto. Utilizaron mucho las columnas rectangulares y cilíndricas. Las ventanas sólo servían como medios de ventilación, y tanto éstas como las puertas poseían dinteles muy adornados y horizontales. Emplearon también un cemento especial y el estuco en los muros.

La escultura fue complementaria de la arquitectura, y con el tiempo prosperó y produjo obras de tal valor artístico, que algunos la consideran superior a la egipcia y a la caldea. Uno de los motivos más frecuentes de la escultura fue la serpiente emplumada (Kukulcán), divinidad principal en las mitologías azteca y tolteca. Lograron gran dominio en el esculpido de la forma humana: generalmente guerreros y sacerdotes con complicadas y suntuosas vestimentas.

Los mayas también desarrollaron la pintura, aunque en menor grado que las otras artes. Muchos templos y palacios mayas son famosos por los murales pintados en ellos. Después de un primer bosquejo, aplicaban los colores y contorneaban las figuras con líneas fuertes y decididas. Las pinturas se fabricaban con sustancias minerales y vegetales, en forma de polvos o líquidos y se les agregaba una sustancia viscosa para fijar los colores. Los preferidos eran el rojo, el amarillo, el azul, el blanco y el negro, en diferentes intensidades, pero el color más característico de la paleta maya fue el cobrizo. La pintura sobre objetos de cerámica fue su otra especialidad.

Música, danza y teatro. En música, los mayas no alcanzaron grandes progresos debido a sus instrumentos demasiado primitivos: flautas y pitos de caña, hueso o barro; tambores y clarines; y trompetas de caracoles y cuernos. Las melodías eran monótonas. Las danzas, en cambio, eran muy variadas y vistosas. Practicaban el baile en conjunto y las principales danzas eran: la de las banderas, de carácter marcial; la de las candelas, ritual y más bien religiosa, con antorchas; y la de las cintas, en la que un gran número de bailarines entrelazaban artísticamente al son de la música unas cintas que pendían de una estrella colocada en la punta de un mástil.

Hay bastantes razones para creer que los mayas conocieron las representaciones dramáticas y tuvieron un buen teatro. Las obras se representaban en las plazas públicas y a veces, en los templos. Se conserva una pieza dramática, el *Rabinal Achí*, perteneciente a los *quichés*, una nación del pueblo maya.

La literatura. Las obras literarias que se conservan provienen de textos escritos en lengua maya pero transcriptos en caracteres latinos por nativos de la zona, en épocas posteriores a la Conquista misma. Uno de ellos, *El libro de Chilam Balam*, escrito por un maya de Yucatán, expresa la desesperación de los indígenas ante la invasión de los españoles, profetizada por un sacerdote. Es una de las obras literarias famosas. En la región de Guatemala, se escribieron algunos libros después de la Conquista, también en lengua maya y caracteres latinos. El *Popol Vuh* es un libro sagrado de los quichés, una especie de Biblia maya, donde se mezclan cosmogonía, religión, mitología e historia del pueblo.

En general, los libros mayas que se conservan no son de fácil comprensión, pero revelan una alta inspiración poética, un profundo patriotismo, y una constante apelación al mundo científico y religioso del pueblo.

Los aztecas

Los aztecas, llamados también *tenochcas* o *mexicas*, fueron los creadores de la más valiosa de las culturas del centro y sur de México. Llegaron a la región del valle central a principios del siglo XIII, desde un lugar del norte llamado Aztlán, desconocido hasta ahora por los historiadores.

Dirigió esta peregrinación, desde el norte, un caudillo y sacerdote llamado Tenoch. Como el territorio del valle estaba ya ocupado por otras tribus nahuas, vivieron sucesivamente en varios lugares, luchando a veces contra algunos pueblos, y soportando, otras veces, la dominación o las hostilidades. Se calcula que duró un poco más de 100 años este período de peregrinaje. Por fin, en el año 1312, lograron tomar posesión de un islote situado dentro del lago Texcoco, donde en cierto modo podían estar al resguardo de los ataque enemigos.

La leyenda refiere que uno de sus dioses, Huitzilopochtli, les había indicado al partir en peregrinación que debían constituir su nuevo hogar en el sitio donde encontraran a una serpiente asentada sobre un cactus y devorando a otra serpiente. Los aztecas, después de sufridas, travesías encontraron el lugar.

Levantaron allí una choza destinada al dios Huitzilopochtli, y en torno de ella, sus viviendas de cañas y juncos. El pueblo se llamó Tenochtitlán, y con los años, vino a convertirse en la fabulosa ciudad que más tarde deslumbró por su grandeza a los conquistadores españoles: la ciudad de México.

Como el terreno agrícola era insuficiente en el valle de México para mantener la creciente población, los aztecas construyeron huertos llamados *chinampas*, donde cultivaron maíz, frijoles, legumbres, calabazas y chile. Éstas consistían en estacas clavadas en el lago, sobre las cuales colocaban un tendido de césped y una capa de limo extraído del fondo de la laguna, tal como puede apreciarse hoy en día en Xochimilco.

En forma progresiva, los emperadores o jefes aztecas fueron conquistando a los pueblos vecinos, y después de apoderarse de todo el Anáhuac o valle central, extendieron el imperio hacia el Océano Pacífico, el Golfo de México y Guatemala.

Hacia principios del siglo XVI, llegó al territorio Hernán Cortés con sus hombres y a pesar de la feroz resistencia de los aztecas, tomó Tenochtitlán (1519) y luego su imperio. Así comenzó a levantarse la colonia que se denominó después Nueva España.

El imperio azteca. El pueblo no estaba organizado en un imperio absoluto. Teóricamente, tuvo un régimen democrático militar de gobierno, y el imperio constituía una especie de confederación. No hubo propiamente clases sociales, sino más bien rangos: los nobles, los sacerdotes, los militares, el pueblo común y los esclavos.

Varias familias formaban un clan y veinte clanes constituían una tribu. Cada clan se administraba por sí mismo mediante un jefe civil, otro jefe militar y un consejo, que elegía a los dos primeros. Los representantes de cada clan constituían el consejo de la tribu azteca. De estos veinte consejeros, los cuatro más experimentados y sabios eran seleccionados para formar otro consejo menor que aconsejaba al jefe del estado, al cual los españoles llamaron en su lengua "emperador" o "rey". Este cargo era, a la vez, electivo y hereditario, pues se adjudicaba entre los hermanos del gobernante anterior, o en su defecto, entre los sobrinos. En casos excepcionales, el jefe del estado podía ser desposeído de su mando, como sucedió con Moctezuma. Al lado de este jefe supremo, que unía a sus funciones militares las sacerdotales, había un jefe civil.

Los esclavos eran las personas expulsadas de los clanes por mala conducta o por dejar de trabajar la tierra que tenían asignada. Si persistían en la indolencia, se los castigaba con penas mayores y, en última instancia, se los entregaba a los sacerdotes para el sacrificio.

Tenochtitlán. La actual ciudad de México se llamó en tiempos antiguos Tenochtitlán. Los españoles la llamaron "Venecia de América", porque estaba construida en el lago Texcoco y atravesada por canales que servían de calles. Se comunicaba con tierra firme por medio de calzadas especiales. El suelo del antiguo islote se fue ampliando con las chinampas y el dominio de otra isla, Tlatelolco. En la época de apogeo en que la encuentran Hernán Cortés y sus soldados, la ciudad estaba dividida en cuatro secciones mayores y veinte menores. El centro cívico y ceremonial era la Plaza Mayor. Allí estaba la gran pirámide dedicada a Huitzilopochtli y a Tláloc, de doscientos pies de altura, con un doble templo encima. Al final de las gradas se encontraba la piedra del sacrificio. También estaba allí el templo de Quetzalcóatl, de estructura redondeada; el recinto del juego de la pelota; la residencia de los sacerdotes; el edificio donde se colgaban los cráneos de las víctimas sacrificadas (*tzompantli*); y otra numerosa serie de construcciones públicas y oficiales.

De igual importancia arquitectónica eran otras obras: el mercado (*tiaquiz*), la piedra sagrada de la guerra, la piedra del calendario, el palacio de Moctezuma, el aviario real, arsenales, escuelas, etc. Tenochtitlán fue una de las ciudades mejor planeadas y más extraordinarias de todas las culturas antiguas, y prácticamente inexpugnable para las tribus de la época.

Plano de la antigua ciudad de Tenochtitlán atribuido a Hernán Cortés. La capital de los aztecas se construyó en una isla inicial del lago Texcoco, unida a tierra firme por calzadas. Con el andar del tiempo, su ciudad cubrió todo el lago.

El ejército y la guerra. Los aztecas fueron un pueblo fundamentalmente guerrero y agricultor. Su ejército logró un alto grado de organización y disciplina y los varones recibían, desde niños, una esmerada educación para el ejercicio de las armas y de la guerra. Los altos oficiales de la tribu, el jefe de guerra y los jefes de sección y clanes comandaban los ejércitos. Los otros cargos se encomendaban a los miembros de las órdenes guerreras, como los Caballeros Águilas, los Caballeros Tigres y una tercera orden, los Caballeros Flechas.

La guerra tenía un concepto ritual, y los conflictos económicos y políticos con otros pueblos eran bien recibidos, pues brindaban la ocasión para luchar, poniendo en práctica, de esta manera, su concepción de la lucha entre las fuerzas de la naturaleza y el hombre. Practicaban a veces un tipo especial de guerra, llamada "guerra florida", para cautivar enemigos y sacrificarlos a sus dioses que necesitaban saciar. Estas costumbres y creencias fueron motivo de gran repugnancia para los españoles.

Los aztecas creían que el bienestar de su pueblo dependía de la buena voluntad de los dioses, quienes reclamaban sacrificios humanos y ofrendas. La vida humana era la más apreciada de esas ofrendas por ser el mayor de los bienes posibles. La guerra era entonces el mejor medio de procurar víctimas en el número necesario. Se recurría a ellas en estas contingencias, de modo que tomaban así un carácter religioso exclusivo. Las guerras por razones económicas y políticas, existían no obstante por sus propias razones.

La educación, usos y costumbres. Dedicaron particular atención a la educación de los hijos, que comenzaba en el hogar y continuaba en las escuelas de los templos principales. La educación comenzaba a los tres años, y el fin era conducir a los niños lo más pronto posible al conocimiento de las técnicas y obligaciones de la vida adulta. En el hogar, los padres enseñaban a los hijos varones, y las madres, a las mujeres. Hasta los seis años, el método consistía en el consejo, pero más tarde se cambiaba por el castigo severo.

Después de los quince o dieciséis años, asistían a dos clases de escuelas: una para la enseñanza general, y otra para la instrucción de las obligaciones religiosas. La primera pertenecía al clan y en ella se enseñaba ciudadanía, uso de las armas, artes, oficios, historia, tradición y cumplimiento de la religión; la segunda era una especie de seminario para formar a los futuros sacerdotes y jefes, y parece haber sido una continuación de la anterior.

La casa del hombre común era de adobe pintado y su interior se dividía en una cocina y un dormitorio. No tenía chimeneas, ni ventanas, ni fogones. Muchas viviendas tenían un baño de vapor *(temascal)*, que se producía echando agua sobre piedras calientes. Las mujeres realizaban las tareas domésticas mientras los hombres salían a las milpas para trabajar.

Fueron diestros comerciantes, y el mercado era un importante centro en cada ciudad, con jueces para los conflictos entre compradores y vendedores, y secciones especiales para cada tipo de producto.

Tenían muchos días festivos, unos ceremoniales y otros seculares, durante el año. Muy típico fue el juego ceremonial denominado "volador", en que hombres vestidos como pájaros se colgaban con cordeles atados a la cintura (cabeza abajo y los brazos abiertos) de una rueda giratoria colocada horizontalmente en el extremo de un alto palo, y así daban vueltas. Otro juego famoso fue el de la pelota *(tlachtli)*, que se practicaba en un patio rectangular: los jugadores debían hacer pasar por un anillo de piedra o madera, empotrado verticalmente en uno de los muros laterales, una pelota de caucho. En la pugna contra los adversarios, los equipos sólo podían usar las piernas, las caderas o los codos. El juego también tenía carácter ritual.

Arquitectura y otras artes. La arquitectura azteca fue soberbia y majestuosa, y junto con la escultura, son las dos artes en que sobresalió el genio de ese pueblo. El símbolo fue la pirámide truncada *(teocalli)*, y todo lo importante en arquitectura tuvo relación con la religión. Las estructuras más importantes estaban en Tenochtitlán, pero había otras en muchos centros poblados.

El templo azteca se construía sobre una terraza, generalmente de tres partes superpuestas. Largas escalinatas a veces flanqueadas por balaustradas, conducían a la cima. Bloques de piedra tallada, representando por lo común cabezas de serpientes, se colocaban en varias partes como ornamento. En la parte alta de la terraza estaba la piedra del sacrificio donde se ejecutaba a las víctimas. Detrás de la piedra del sacrificio se encontraba el templo del dios.

La escultura era un complemento de la arquitectura. Todas las piezas aztecas tienen un particular aspecto de dignidad. La serpiente, símbolo de Quetzalcóatl, era el tema más grabado. La piedra conocida como "El calendario" es una obra maestra de la escultura de todos los tiempos.

La pintura y el dibujo se usaron con preferencia para fijar hechos históricos. Los pocos frescos aztecas que quedan revelan un arte no inferior al dibujo de sus códices y manuscritos. El diseño es hermoso y fascinante.

La música parece haber sido rica en ritmo aunque escasa en melodías y tonos, mientras que la danza se piensa que tuvo gran repercusión en la vida pública: tuvieron varios bailes en los que participaba el pueblo entero. Los reforzaba el canto. Como en otros pueblos antiguos, los actos religiosos cumplían la función del drama. Se supone que ejercitaron con maestría la oratoria y tuvieron buen talento poético.

La religión y los calendarios. La vida de los aztecas no puede ser concebida sin su religión. Ésta fue una de las más sangrientas del mundo, ya que requería el sacrificio de seres humanos para hacer felices a sus dioses y lograr su buena voluntad. Los ritos eran de gran colorido y misterio y se realizaban con la participación del sacerdote, vestido en forma ostentosa, bailarines y música. Eran presenciados por el emperador y el pueblo, en un ambiente de flores y perfumes. La víctima era anestesiada y sacrificada en la piedra ceremonial por el sacerdote, quien extraía el corazón de la víctima con un cuchillo de obsidiana, lo ofrecía a la imagen del ídolo y lo quemaba más tarde. Las cabezas de los sacrificados se desplegaban colgadas en dispositivos especiales al frente de los templos.

Tuvieron dos calendarios: el solar y el ritual. El año solar estaba dividido en 18 meses de 20 días cada uno, con un período final de 5 días. Cada 52 años finalizaba un ciclo. Los calendarios tienen una importancia básica en la vida de los aztecas y fueron uno de los hallazgos más perfectos de ese pueblo. Hacia el final de cada ciclo de 52 años, en que se dividía el tiempo, los aztecas temían grandes calamidades y desgracias, y por ello realizaban ceremonias especiales. La tradición decía que el mundo había sido destruido ya cuatro veces, por animales salvajes, por huracanes, por lluvia de fuego y por inundación —siempre al fin de un ciclo— y se esperaba una quinta destrucción que sería por terremotos. Para evitar esta desgracia, se realizaba la ceremonia del "Fuego Nuevo".

La víspera de cada nuevo ciclo, que comprendía los últimos cinco días del ciclo actual, se quemaban todos los utensilios y muebles de las casas y los templos, y todos los fuegos se apagaban una hora antes de concluir el ciclo. Al crepúsculo de ese día, los sacerdotes subían a una colina sagrada cerca de Tenochtitlán y escudriñaban el cielo, esperando distinguir ciertas estrellas. Si esto ocurría, era señal de que el mundo continuaría, y entonces los sacerdotes encendían un nuevo fuego con un leño en el pecho de una víctima recién sacrificada y otros individuos encendían allí antorchas y corrían a prender los fuegos de los altares, mientras los dueños de casa encendían a su vez los suyos. Al día siguiente, se comenzaba a renovar todo lo quemado.

Calendario azteca o Piedra del Sol, tallado presumiblemente hacia fines del siglo XV, relacionado con la religión solar y cultos de carácter agrícola. Indicaba el principio y el fin de los ciclos históricos. Dos serpientes rodean el calendario y representan el universo que rodea todo. El rostro central es todavía motivo de diversas interpretaciones, aunque se supone que representa al Sol. Los cuatro rectángulos que lo rodean simbolizan las cuatro épocas o edades: en la primera, la Tierra acabó devorada por jaguares; en la segunda, fue arrastrada por vientos; en la tercera cayó fuego del cielo; y en la cuarta, el diluvio acabó con todo lo existente. En casi todas las culturas de Mesoamérica, la Tierra ha pasado por distintas edades. La Piedra del Sol pesa unas 24 toneladas y se conserva en un museo de la Ciudad de México.

Literatura. Los aztecas lograron fabricar un papel de muy buena calidad e hicieron un gran consumo de él. Ya antes que ellos, los mayas, los toltecas y otros pueblos lo habían fabricado con fibras vegetales. El papel era utilizado por los sacerdotes, escritores y artistas, y se vendía luego en los mercados. En papel escribieron sus genealogías, registros de juicios y varios otros asuntos relativos a su existencia.

Tuvieron una literatura propia, quizás no exactamente en el sentido moderno de esa palabra, pero sí fundamentalmente histórica: anales, libros de días y horas, mitología, acontecimientos astronómicos, observaciones celestiales, almanaques sagrados, etc.

La literatura propiamente dicha fue oral y era conservada por individuos de muy buena memoria: éstos la transmitieron a los españoles a su llegada, en forma de relatos, himnos, cantos, elegías, y es por esta razón que se conservan transcriptos en lengua castellana. Otras obras literarias se conservaron por tradición oral hasta nuestros tiempos o fueron reescritas por los españoles, mestizos o sus descendientes. Los textos conocidos expresan sutiles y delicados pensamientos y sentimientos.

Los incas

Los *quechuas* (o *quichuas*) constituían el imperio más civilizado de América del Sur a la llegada de los españoles en el siglo XVI. Sus soberanos se llamaban Incas y este nombre fue posteriormente aplicado por los historiadores a todo el pueblo.

Estos indígenas hicieron su aparición en el continente en el siglo XI. Ocuparon inicialmente la región del valle del Cuzco, y en sucesivas épocas, conquistaron y ocuparon los territorios de los pueblos vecinos, hasta formar un colosal imperio que cubría la mitad sur del Ecuador actual, Perú, Bolivia, la mitad norte de Chile y el noroeste argentino.

Según la leyenda de los propios incas, Manco Capac fue el fundador de la dinastía. El Sol creó a Manco Capac y a su hermana Mama Ocllo en una isla del lago Titicaca, y les ordenó enseñar a los demás pueblos la civilización. Para ello, debían establecerse en una región fértil, donde pudiera enterrarse un bastón dorado. Manco Capac y su hermana comenzaron la peregrinación y al llegar al valle del Cuzco, encontraron que ése era el lugar de las características señaladas. Así nació la ciudad de Cuzco, en un primitivo valle deshabitado.

El Tahuantinsuyu o Imperio Inca. Cuzco fue la capital del imperio. La ciudad, situada en las altas montañas, estaba rodeada de varias fortalezas (Sacsahuamán, Ollantaytambo, Pisac, Machu Picchu), estratégicamente situadas en las alturas y a pocas millas de distancia, que la protegían como un cinturón de defensa inexpugnable contra los eventuales ataques de los indígenas enemigos.

La plaza central de Cuzco era el punto de salida de una vastísima red de caminos, que se extendió hasta el ultimo rincón del imperio. Este ingenioso sistema de caminos interconectados permitía el rápido desplazamiento de los funcionarios en viajes de inspección, los ejércitos y los viandantes, así como también un eficiente servicio de correos. Los transportes se hacían a lo largo de ellos por medio de llamas. Cada cierta distancia, se construían al lado del camino mesones o ventas, llamados *tampus*, que servían para el reposo. Algunos tenían corrales anexos para las llamas. Los mensajeros (*chasquis*) eran corredores entrenados desde la niñez y alimentados especialmente a base de maíz tostado. Estos pasaban los mensajes de posta en posta, a través de todo el imperio con una celeridad increíble.

La ingeniería de los caminos alcanzó notable maestría. No eludían los obstáculos naturales, sino que los enfrentaban. Cruzaban desiertos arenosos, altiplanos, páramos, bosques tropicales, ríos y precipicios, y su técnica se ajustaba a las condiciones de cada lugar. El cruce de los ríos y precipicios se hacía por intermedio de puentes, sostenidos sobre pilares, de los cuales colgaban gruesos cables de fibra. La técnica de los puentes fue de inigualable excelencia.

La administración de tan fabuloso imperio fue posible gracias al desarrollo de procedimientos estadísticos. Todo estaba perfectamente contado y calculado. Como los quechuas no tuvieron escritura, utilizaban en sus cómputos y registros los famosos *quipus*. Éstos consistían en un sistema de memorización a base de cordeles con nudos, de diferentes tamaños, formas y colores, que sólo podían ser interpretados y leídos por funcionarios iniciados. El color negro significaba tiempo, el azul, religión y el amarillo, oro. Posiblemente, el nudo indicaba la cantidad, y el color el contenido. La contabilidad la llevaban funcionarios especializados, pues el quipu requería el comentario y la interpretación verbal de los técnicos. Si un funcionario no recordaba lo que debía recordar frente al quipu o si mentía en su comentario, se lo mataba.

La economía de tipo social. El *ayllu* fue la forma social y básica del mundo quechua. Consistía en un grupo humano, con un antepasado común, cuyo cuerpo se conservaba por lo general momificado y se le rendía culto. Cada ayllu tenía además su tótem propio. Cada grupo de esta clase tenía sus terrenos de labranza, campos de pastoreo y bosques comunes, de manera que la explotación de la tierra era de tipo colectivista. El trabajo era obligatorio para todas las personas, entre los 25 y los 50 años de edad.

El suelo se dividía en tres partes: una correspondiente al dios Sol, otra al Inca y la tercera a la comunidad. La extensión estaba relacionada con el rendimiento del terreno. La tierra de la comunidad era dividida por funcionarios del gobierno, en nombre del soberano, entre los jefes de familia. A cada pareja le correspondía una parcela, otra por cada hijo varón y media por cada hija. Esta distribución se renovaba cada año.

Los trabajos de la tierra eran obligatorios para el campesino u hombre común. El pueblo común realizaba los trabajos de agricultura, ganadería y demás estipulados por el plan estatal. Los productos de su trabajo se distribuían entre el gobierno, el templo y el propio productor. El Inca, los miembros de las clases aristocráticas y los funcionarios gubernamentales y religiosos tenían sus obligaciones específicas, y por ello no estaban obligados al trabajo de la tierra.

El Inca se preocupaba por el bienestar del pueblo y devolvía parte de sus bienes en forma de donaciones anuales, usando parte de sus reservas, o efectuando distribuciones a súbditos de méritos extraordinarios. Aparte de la propiedad del Estado (edificios públicos, tierras de labranza, campos de pastoreo, plantaciones de coca y minas), y de la propiedad de la comunidad, existía la privada. Ésta consistía en la casa y tierras provenientes de donaciones, muebles y utensilios domésticos. Actualmente algunos han calificado, este sistema como "socialista".

La sociedad. La sociedad estuvo dividida en clases bien diferenciadas unas de otras, y la actividad de todas ellas se ajustaba a una estricta reglamentación. Presidía la organización social el Inca y su familia. El Inca era polígamo: su esposa principal *(colla)* era su hermana, una prima o una sobrina, para conservar la pureza de la sangre de los hijos del Sol y la tradición de Manco Capac y Mama Ocllo. Sus otras esposas podían ser de sangre real *(pallas)* o vírgenes del Sol. Les seguían en importancia las otras mujeres o concubinas. El heredero del imperio debía ser hijo de la colla, y si no lo había, el hijo de otra de las mujeres.

Por debajo de la realeza y alta aristocracia, estaba la baja aristocracia de los *curacas.* Estos pertenecían a la antigua nobleza de los distintos pueblos conquistados por los incas. Concurrían con frecuencia a la corte de Cuzco, lo mismo que sus hijos. La clase sacerdotal era también privilegiada y estaba organizada en jerarquías. El sumo sacerdote residía en Cuzco y era hermano, tío u otro pariente del soberano.

Otro grupo social estaba constituido por los hombres sabios *(amautas)*, que cumplían tareas de poetas, historiadores, cantantes, maestros de los jóvenes pertenecientes a la clase dirigente, y consejeros. La educación se cumplía en cuatro años y comprendía: el primer año, idioma; el segundo, religión y culto; el tercero, interpretación de los quipus, y el cuarto, historia.

Aparte de los anteriores, había otros dos grupos que estaban en una situación especial: los *yanaconas* y los *mitimaes.* Los primeros habían sido primitivamente los únicos esclavos del imperio, pero con el tiempo habían pasado a ser una especie de "criados perpetuos". Los mitimaes servían para poblar las regiones nuevas, ocupar las fortalezas y las regiones fronterizas peligrosas, y para establecer los primeros núcleos incas en las provincias y regiones que acababan de conquistarse.

La arquitectura. Los incas fueron constructores y arquitectos muy hábiles. Los materiales dependían de la naturaleza de cada región. En la costa edificaban con ladrillos de adobe secados al sol, pero cuando disponían de piedras, hacían con ellas muros, uniéndolas sin cemento. Estos muros *(pircas)* son típicos de la cultura incaica. En la montaña, las construcciones mayores se hacían de piedra, con ángulos rectos. El ajuste de los bloques era perfecto, y las piedras disminuían de tamaño a medida que el muro ascendía.

Son famosas las murallas gigantescas que han dejado los incas. Tuvieron distintos tipos de arquitectura: militar, palaciega, religiosa, funeraria, administrativa y popular. Entre los mayores ejemplos de construcción monumental figuran Machu Picchu, la ciudadela fortificada de los incas cerca de Cuzco, el Templo del Sol y la fortaleza de Sacsahuamán. El elemento característico de la arquitectura y estilo inca es la abertura en forma trapezoidal, que adoptaron para las puertas, ventanas y nichos pues no conocieron el arco semicircular ni los techos en bóveda. Los hacían en planos y de madera.

Religión. El dios supremo y creador del universo se llamaba, entre los incas, *Viracocha,* y tuvo un templo especial en Cuzco. Es probable que el culto a este dios fuera exclusivo de la minoría educada. El pueblo común rendía culto a los antepasados legendarios y mitológicos. Puesto que *Inti*, el Sol, era el progenitor y antepasado de los incas, en cada ayllu se lo adoraba, y lo seguían en jerarquía, los antepasados propios del lugar. El Templo del Sol construido en Cuzco se conocía con el nombre de *Coracancha* y fue famoso en su época. Era inmenso y su interior estaba decorado con oro.

El clero era muy respetado y tenía mucha importancia en varias decisiones del gobierno además de tener su consejo propio. Llevaba una vida ascética. Existían también adivinos. Una institución muy peculiar dentro del cuadro religioso de los incas fueron las "vírgenes del Sol". Eran jóvenes educadas cuidadosamente en edificios especiales muy vigilados. Aprendían música, tejeduría, cocina y otras artes durante tres años. Se encargaban de mantener permanentemente encendido el fuego sagrado en honor de Inti. Cuando terminaban su noviciado, el Inca escogía para sí y para los nobles algunas de estas jóvenes, mientras que las demás se convertían para siempre en vírgenes del Sol y eran encerradas en el templo hasta el fin de sus días.

Literatura, artes y ciencias. Los quechuas no tuvieron escritura pero por lo que se sabe hasta ahora, tuvieron una literatura oral. Han llegado hasta nosotros algunos fragmentos de literatura quechua en las obras de varios cronistas e historiadores españoles. Otras manifestaciones literarias han sido recogidas en tiempos modernos de boca de indígenas descendientes de los antiguos quechuas.

Los incas tuvieron cantores profesionales *(haravecs)* que recitaban composiciones en festividades públicas o ante la corte. En general, los principales fragmentos conocidos son poéticos. Se sabe, también, que ejercitaron cierto tipo de representaciones teatrales, con mimos, bailarines y bardos.

Una obra dramática relacionada con la civilización quechua es *Ollantay*. No se trata precisamente de una pieza incaica, pues fue escrita en Perú en el siglo XVIII, en quechua, siguiendo el modelo y la técnica de las obras dramáticas españolas. Desarrolla la historia de los amores ilícitos del legendario Ollantay, jefe heroico de Ollantaytambo, con Cusi Coyllur, hermosa princesa inca.

Otros ejemplos del talento inca en las artes son la cerámica y los trabajos en oro, plata y cobre. Practicaron con eficiencia también la cestería y la tejeduría. Su arte militar fue notablemente superior al de cualquier otro pueblo aborigen de América.

La ciencia médica fue espectacular, pues llegaron a practicar amputaciones de miembros y trepanaciones de cráneo. Mucho de su instrumental quirúrgico ha llegado hasta nosotros como testimonio de su habilidad de cirujanos. Emplearon varias drogas de origen vegetal y consiguieron obtener narcóticos y anestésicos.

Los chibchas

Fue el cuarto pueblo en importancia en tiempos del Descubrimiento. Estos indígenas habitaron primitivamente la meseta de Bogotá, pero luego se extendieron por casi toda Colombia. Al parecer, los *chibchas* se rozaron en sus fronteras con los incas y estuvieron a punto de entrar en guerra cuando llegaron los españoles.

Los chibchas estaban divididos en la época en que los encuentra el conquistador Gonzalo Jiménez de Quesada (1536–1538) en varios estados, algunos todavía independientes, pero la mayoría de ellos sometidos a la autoridad de dos jefes, llamados el *zipa* y el *zaque*. El primero dominaba sobre las dos quintas partes del territorio de la actual Colombia, en el sur, y las ciudades principales de su reino eran Bacatá (Bogotá) y Muequetá (Funzha). El segundo imperaba sobre el centro del país y residía en Hunsa (Tunja).

El poder del jefe no se transmitía al hijo sino al sobrino materno. Los jefes eran objeto de homenajes de respeto y reverencia por parte de sus súbditos, y nadie podía mirarlos cara a cara, sino con la cabeza inclinada. La saliva del zipa se consideraba sagrada.

Los caciques de las tribus vasallas se seleccionaban entre las familias principales de la aristocracia. Los jefes eran polígamos y el zipa tenía de doscientas a trescientas mujeres o concubinas, gobernadas por la favorita. En caso de tener hijos mellizos, el segundo de ellos era condenado a muerte, por considerarse a los mellizos fruto del adulterio. Si enviudaba la esposa, ésta debía guardar abstinencia por cinco años.

Las ceremonias nupciales estaban reglamentadas con cuidado. El sistema penal era riguroso: el homicidio, el rapto y el incesto se castigaban con la ejecución del condenado. En algunos casos, el reo, antes de ir a la muerte, era torturado con azotes, sed, comidas con ají o encierro en habitaciones subterráneas con sabandijas, reptiles e insectos venenosos.

El culto religioso de los chibchas estaba presidido por el zipa o el zaque, jefes de la religión, y atendido por una casta sacerdotal muy selecta: los *xeques*. Éstos realizaban las diversas ceremonias del culto y los sacrificios rituales. También existían médicos brujos y adivinos, cuyas artes adivinatorias se hacían por intermedio de la masticación de una planta narcótica.

Las artes. Los chibchas gozaban de fama entre todos los pueblos aborígenes por su técnica en el trabajo del oro y el cobre, que empleaban solos o en aleaciones. Solían colorear el cobre por un procedimiento desconocido hasta el presente.

Conocían la fundición en crisoles de barro, y muchas piezas se confeccionaban en moldes hechos a base de arcilla y cera. Otras veces, se hacían los objetos de láminas de metal, logradas a golpe de martillo, con adornos de hilos metálicos fundidos sin soldadura.

Tan expertos como en metalurgia fueron en alfarería. El arte se caracteriza por su belleza. Fabricaban grandes vasos con pie, sin asas, y grandes vasijas de cuello alto y elegante; urnas funerarias, ollas, potes, cántaros y otros objetos de uso doméstico. Usaban como decoración motivos generalmente humanos y realistas, y con menos frecuencia, dibujos geométricos. Complementaba este arte, el labrado de objetos en piedra: hachas, morteros, y principalmente, grandes estatuas y monolitos, de más de dos metros de altura. Los monolitos eran rígidos y hieráticos.

Los tejidos de algodón eran de uso personal entre los chibchas y se fabricaban en rústicos telares. Para el colorido empleaban plantas tintóreas regionales y llegaron a practicar el decorado de telas mediante el uso de rodillos entintados o de planchuelas que aplicaban sobre los tejidos extendidos en el suelo.

Las culturas menores

Coetáneamente con estas civilizaciones, existieron otros pueblos. Eran habitantes de la selva, islas, llanuras o litorales marítimos. Vivían en un nivel inferior a una civilización, adaptados a las características de la naturaleza regional, en estado de primitivismo elemental.

Los araucanos. Los *araucanos*, o *aucas*, estaban asentados en la región media del actual territorio de Chile cuando se produjo la conquista española por Pedro de Valdivia (1540–1541). Anteriormente habían vivido más hacia el norte, pero debieron ceder territorio ante el avance de los incas. Los araucanos, a su vez, se extendieron por los valles andinos y penetraron en la Patagonia argentina. Como los seminolas de Florida, Estados Unidos, no pudieron ser totalmente conquistados por la fuerza.

El famoso cacique Lautaro acaudilló a las distintas tribus araucanas en su oposición a los conquistadores, hasta que murió en el campo de batalla. Lo sucedió Caupolicán, elegido por su valor, astucia y fuerza. Los araucanos y sus descendientes lograron la calidad y los derechos de ciudadanía en Chile y constituyeron un ponderable aporte a la grandeza de ese país.

En general, fueron pueblos agricultores y ganaderos. Llevaron una vida sedentaria. Se alimentaban de patatas y otros vegetales, preparaban una bebida fermentada a base de maíz y consumían sus alimentos crudos o semicocidos. Vivían en casas colectivas (*rucas*) construidas con vigas y varillas de madera, amarradas por una especie de fibra de enredadera.

No construyeron ciudades, ni templos ni carreteras. Vivían en grupos independientes y cada tribu tenía su jefe o cacique. Sólo en los casos de guerra se reunían para deliberar y elegir un jefe militar común y constituir una federación de tribus.

La hilandería y la tejeduría fueron muy desarrolladas a base de pelos de guanaco o vicuña, o lana de oveja. Los tejidos araucanos eran de muy buena calidad y colorido, sobre todo las mantas y las alfombras.

También desarrollaron desde épocas muy antiguas la metalurgia, y en contacto con los españoles, llegaron a ser muy buenos plateros. Fundían la plata y confeccionaban ornamentos de toda clase: cadenas, prendedores, pendientes, collares y pulseras. Completaban su artesanía el trabajo en piedra y hueso, y la industria del cuero.

Una particular característica de este pueblo fue la oratoria. Los araucanos se educaban desde jóvenes en este arte, y los más famosos solían ser viejos narradores y algunas veces poetas. Referían las historias de los antepasados, o historias de magia, misterio y amor, frente a grandes auditorios.

Practicaron asimismo la música, con pitos de caña y tambores, al compás de los cuales danzaban y cantaban.

Su religión, según parece, no fue formal y no conocieron el concepto de un dios supremo. Reverenciaban a divinidades totémicas y tenían un culto de los muertos; creían en varios dioses o fuerzas naturales.

Los pampas. Habitaron las llanuras o Pampa argentina desde tiempos anteriores a la Conquista hasta el siglo XIX, y en diversos momentos de su historia debieron ceder terreno a los araucanos procedentes de Chile.

Los indios pampas, llamados también *puelches*, fueron nómadas y dominaron el uso del caballo traído por los conquistadores. No practicaron la agricultura organizada, pues vivían de la caza del avestruz, ciervos, liebres, caballos salvajes y otros animales de la región. Sus casas, o *toldos*, eran rústicos y consistían en soportes de troncos, de diversas combinaciones, con techos y paredes de cuero.

Practicaron la cerámica, sin ornamentación de color, pero sí con ornamentación incisa. Lo más típico de su artesanía de piedra son las *boleadoras*, que usaban en la caza y en la guerra. Muy excepcionalmente trabajaban la madera o el hueso.

Socialmente, estaban organizados en grupos o tribus, con caciques propios, y sólo se aliaban para hacer la guerra en común o para defenderse. Su técnica consistía en el *malón*, o ataque sorpresivo en masa con caballos lanzados a la carrera contra el enemigo. Las armas eran el arco y la flecha, la lanza y la boleadora.

Tuvieron creencias religiosas muy primitivas sin un sistema organizado. Creían en la inmortalidad del alma.

Los patagones. Llamados también *tehuelches*, habitaban el sur del actual territorio argentino, desde el río Negro hasta el estrecho de Magallanes. Fueron denominados así por Magallanes y sus hombres, que inventaron en 1520 la leyenda de su gigantismo.

Su civilización fue muy precaria y simple: eran principalmente recolectores de frutos, raíces y otros vegetales, y obtenían la carne de la caza. Sus viviendas fueron sencillas mamparas de troncos y cueros. No desarrollaron el arte del tejido y se cubrían con mantas de pieles con el pelo para adentro. Practicaron la alfarería sin llegar a extremos artísticos.

Los caribes. Los pueblos caribes están vinculados con los indígenas de la región del Amazonas, desde donde se extendieron luego por las Guayanas, Venezuela y las Antillas. Estas tribus practicaban la antropofagia ritual. Su ferocidad es legendaria. Tenían gran afición a la música, los bailes y los cantos. Se pintaban la cara y se horadaban las orejas y la nariz. Tenían ritos mágicos y religiosos, ofrendaban maíz al sol y a la luna, y cremaban cadáveres en ceremonias. En la guerra, empleaban flechas envenenadas que con sólo rasgar la piel producían la muerte.

Los aborígenes del Brasil. El territorio del actual Brasil estuvo ocupado primitivamente por tres grandes grupos aborígenes: los *tupí-guaraníes*, los *ges* y los *arahuacos*.

Los *tupí-guaraníes* ocupaban la costa de Brasil y algunas zonas del interior, y en general vivían en los espacios abiertos dentro de plena selva, donde practicaban la agricultura, en particular la de la mandioca, el maíz, las patatas y la caña de azúcar. Agregaban a su alimentación las bananas y la piña, y una fuerte bebida alcohólica obtenida por la fermentación del fruto de la caoba. Cazaban animales tropicales con arco y flecha, y además con cerbatanas.

Vivían en casas colectivas (*malocas*), en grupos de cuatro a siete por pueblo, dispuestas en torno a una plaza cuadrangular. En el interior de la casa colectiva, sin divisiones, las familias se acomodaban en un mismo lugar. La hamaca fue el elemento más característico del mobiliario. Los indios de esta cultura andaban por lo general desnudos o semidesnudos, a causa de la temperatura tropical. Muy pocos pueblos usaban algunas prendas de algodón: un delantal, una banda entre las piernas o una túnica. A veces usaban sandalias. Algo muy peculiar de estos aborígenes fueron los ornamentos de plumas de vivos colores, que a veces se pegaban al cuerpo con resina y miel, o eran utilizados como pelucas, collares o armaduras. Practicaron mucho la alfarería, la tejeduría y la cestería, y en menor escala, el trabajo en piedra.

Las tribus estaban ligadas entre sí por parentesco, y en situaciones excepcionales, sobre todo en la guerra, se unían en confederaciones. Estas alianzas fueron empleadas en la lucha contra los invasores portugueses. Una rara costumbre fue la *couvade*, que consistía en que el marido tomaba en la hamaca el puesto de la mujer después del parto, para recibir así las felicitaciones y regalos. Tuvieron vagas y difusas ideas religiosas, y entre sus ritos se destaca la antropofagia ritual, o sea comer los restos humanos de sus enemigos en medio de danzas y fiestas. Otro uso singular fue la salutación lacrimosa, o sea recibir a los extraños con grandes llantos, en señal de alegría. La divinidad se llamaba *Tupá*, un dios misterioso que se manifestaba, en su opinión, en el fuego y el relámpago. Tenían también otros dioses menores.

Los *ges* constituyen otra de las grandes razas de Brasil, y se cree que tuvieron su asiento inicial en las regiones del Amazonas antes de la llegada de los tupí-guaraníes y de los arahuacos. Luego se dispersaron, por razones desconocidas, por diversos puntos del país. El nombre de estos pueblos se basa en la preponderancia del sonido de la letra **g** en su vocabulario. Los ges fueron también principalmente agricultores, cazadores y pescadores. Fueron polígamos, tenían ciertos ritos religiosos y funerarios y les gustaba la danza y la música.

Los *arahuacos* son tal vez la familia lingüística más numerosa de toda América del Sur. Se los conoce también como *aruacas* y otros nombres, pero el nombre parece provenir de una tribu venezolana a la que los españoles llamaron *araguacos*. En épocas remotas habitaron el delta del Amazonas y luego se extendieron por la costa y el interior del continente, para ceder más tarde terreno ante los avances de los caribes.

Estos pueblos sufrieron numerosas aculturaciones a causa de su relación con otros pueblos vecinos. Fueron agricultores y la mandioca fue la base de su alimentación.

El mapa racial de Iberoamérica fue mucho más amplio y diversificado en tiempos precolombinos y aun en la época de la conquista y la colonización. Algunas culturas indígenas han sido intensamente estudiadas, pero quedan aún cantidad de asuntos sin conocer ni dilucidar.

Recientes hallazgos arqueológicos. Los arqueólogos de Iberoamérica tienen fundadas razones para suponer que quedan todavía sin descubrir numerosos yacimientos de los tiempos precolombinos, cubiertos por el polvo de los siglos. Los gobiernos de los países andinos mantienen permanentes organizaciones de expertos que investigan sin descanso—y muchas veces con escasos recursos presupuestarios— en el terreno, restos de esas culturas.

Las excavaciones en el norte de Perú realizadas por Walter Alva y su equipo han permitido descubrir en marzo de 1988 la tumba de un gobernante de la civilización preincaica de los mochicas. Este descubrimiento está considerado como el más importante de los últimos cincuenta años.

El análisis de esa tumba real y su contenido de ornamentos de oro, plata, cobre y otros materiales, ha confirmado muchos datos acerca de la riqueza del hombre sepultado y del extraordinario desarrollo artístico y tecnológico del perdido pueblo.

Los restos se encontraron sepultados en un sarcófago de madera de aproximadamente 1.700 años de antigüedad, en una plataforma funeraria cubierta de tierra, delante de dos colosales pirámides truncadas edificadas con adobe o ladrillo crudo y que debieron constituir un santuario religioso. Desde entonces se han descubierto otras nuevas tumbas con restos de siete personajes, un sacerdote, un guerrero y otros no precisados, según los ornamentos y armas halladas en cada tumba. Se puso al hallazgo el nombre de *El viejo señor de Sipán*, en alusión a su mayor antigüedad y al lugar donde se lo encontró.

Más recientemente, en mayo de 1994, el gobierno mexicano anunció públicamente otro hallazgo de un sarcófago rojo y otros agregados, descubiertos por otro equipo de investigación arqueológica en el estado de Chiapas.

En el caso peruano, las informaciones dan a conocer que los restos del Señor de Sipán fueron expuestos en la Exposición de Sevilla de 1992. Los arqueólogos declaran que los dos enemigos principales de su profesión son la carencia de recursos suficientes y la avidez de los ladrones de tumbas.

El legado indígena

Los indígenas latinoamericanos han hecho un innegable aporte a la formación de la civilización de esta parte del continente. La importancia de esta contribución ha trascendido en algunos casos a Europa y a la cultura universal, conforme a un proceso natural de la historia. Sin embargo, el criterio de evaluación de este aporte no es unánime, pues mientras algunos críticos lo consideran mínimo o irrelevante en el panorama universal, otros lo encuentran muy original. Por supuesto, el criterio de estas interpretaciones está a veces contaminado por argumentos ideológicos o concepciones de la cultura.

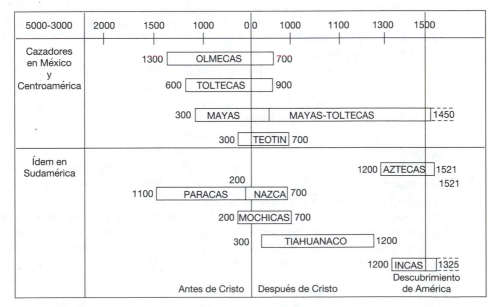

CRONOLOGÍA APROXIMADA DE LAS CULTURAS INDIAS

En primer lugar, los aborígenes han aportado el suelo mismo de la nueva civilización, por más que a su vez haya pertenecido a anteriores pueblos prehistóricos o protohistóricos. Al menos, el trasplante de la cultura de Europa a América se hizo a un continente ajeno y desconocido en sus tiempos. En segundo lugar, América aportó la sangre de sus hombres para la formación de la nueva raza. Con el avance de los nuevos criterios antropológicos la sangre se considera como una contribución en la formación de un nuevo hombre latinoamericano, de constitución física, psicológica y mental algo diferente del clásico ejemplar europeo. Varios países se jactan de ser primordialmente mestizos y lo son en efecto.

Stephen Clissold ha considerado que en la América Latina la cuestión indígena o indigenismo, no es tanto un asunto racial sino más bien un hecho cultural, económico y social. Iberoamérica es un crisol de razas, sin prejuicios de sangre. En su tradición secular, la Iglesia no reconoce razas superiores ni inferiores, y ve en el indio un ser humano semejante a otros, cuya alma se debe salvar.

Una tercera contribución valiosa han sido las artes, representada por las construcciones megalíticas, el uso de la piedra tallada, la ornamentación de las fachadas, la preferencia por los colores fuertes y contrastantes, la originalidad de la orfebrería del oro y la plata, ya que no contaron con el hierro y el carbón de piedra. La verticalidad de las grandes construcciones ceremoniales y el valor del espacio envolvente de ellos, contrasta con los principios arquitectónicos de otros pueblos, y sólo se aproxima a la verticalidad del estilo gótico. En materia lingüística, la América indígena ha enriquecido la lengua con miles de hispanismos, e incluso se ha introducido en el inglés y alguna otra lengua moderna.

Un último elemento, quizás no suficientemente estudiado hasta nuestros tiempos es el aporte espiritual. Si bien es cierto que la mentalidad y la cultura europea han sofocado bastante el alma indígena antigua, también es verdad que han sobrevivido, tal vez en forma irreconocible, ciertos matices indígenas. Hay que considerar que el esquematismo histórico tradicional ha menoscabado el alma indígena atribuyéndole simplificaciones inmerecidas en la mayor parte de los calificativos: taciturno, vengativo, deshonesto, supersticioso, inclinado a las fiestas, los bailes, los colores y las borracheras, indolente y perezoso. En la actualidad, algunos economistas y políticos consideran que esto es un impedimento para la modernización y desarrollo de las naciones.

Hay que reconocer, sin embargo, otros aspectos: nadie se atiene hoy en día a los calendarios maya y azteca; la ciencia de los naturales fue precaria y elemental; el imperio incaico no es comparable al romano; el elogiado genio maya no es equiparable al griego que varios siglos antes había producido a un Sócrates y Platón; en otras palabras, el indigenismo cultural debe considerarse con imparcialidad, pues las excelencias de los mayas, aztecas e incas no guardan relación con la de los indios caribes, guaraníes, araucanos o patagónicos. El sacrificio de seres humanos a los dioses, las guerras de conquistas, la idolatría, la antropofagia, la crueldad hacia el semejante o enemigo, formaban parte también de algunas de esas civilizaciones.

Sin embargo, Iberoamérica no puede explicarse sin indios, mestizos, o mulatos, del mismo modo que sin europeos, criollos e inmigrantes. José Vasconcelos, ensayista mexicano de este siglo, puede considerarse un portavoz de estos conceptos indigenistas, mestizos y criollos: "Por raza hablará mi espíritu".

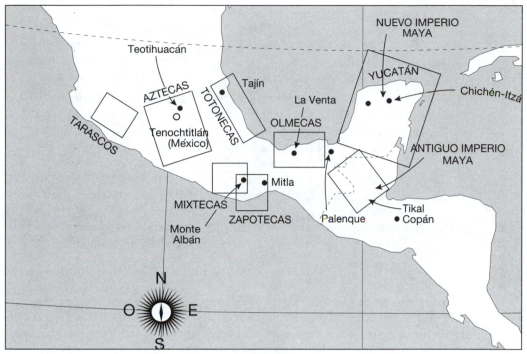

Principales culturas aborígenes en México y Centroamérica.

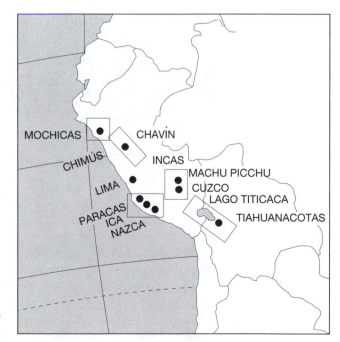

Principales culturas aborígenes andinas
en Sudamérica.

LITERATURAS ABORÍGENES

MAYA: POPOL VHU (FRAGMENTO)

He aquí, pues, el principio de cuando se dispuso hacer el hombre, y cuando se buscó lo que debía entrar en la carne del hombre.

Y dijeron los Progenitores, los Creadores y Formadores, que se llaman Tepeu y Gucumatz: "Ha llegado el tiempo del amanecer, de que se termine la obra y que aparezcan los que nos han de sustentar[1] y nutrir, los hijos esclarecidos[2], los vasallos civilizados; que aparezca el hombre, la humanidad, sobre la superficie de la tierra". Así dijeron. Se juntaron, llegaron y celebraron consejo[3] en la oscuridad y en la noche; luego buscaron y discutieron, y aquí reflexionaron y pensaron. De esta manera salieron a luz claramente sus decisiones y encontraron y descubrieron lo que debía entrar en la carne del hombre.

(Primera parte, cap. I)
(Según Adrián Recinos)

---

1. *sostener, adorar*   2. *iluminados*   3. *reunión, junta*

El *Popol Vuh* está considerado como el libro más notable de la antigüedad americana. Tiene una interesante historia, desde que fue descubierto en el siglo XVIII por un religioso dominico. Pertenece a los mayas de la etnia quiché de Guatemala. En una primera parte, a la que pertenece el fragmento transcripto, se narra la creación y origen del hombre, que los dioses resolvieron al final hacer del maíz. En la segunda parte se refiere la historia particular de dos semidioses jóvenes (Hunahpú e Ixbalanqué), y en la tercera se relatan diversas noticias sobre la historia de dicho pueblo hasta afincarse en Guatemala.

AZTECA: ÁNIMO

¡No te amedrentes[1], corazón mío!
Allá en el campo de batalla
ansío morir a filo de obsidiana[2].
Oh, los que estáis en la lucha:
Yo ansío morir a filo de obsidiana[3].
Sólo quieren nuestros corazones la muerte gloriosa.

(Según Ángel M. Garibay)

---

1. *asustes.*   2. *piedra de origen volcánico, vítrea, de color verde oscuro o negro; las flechas, cuchillos y lanzas solían emplear ese mineral.*   3. *estribillo o retornelo.*

❦ ❦ ❦

Como el resto de la literatura azteca, esta pieza ha sido conservada por la tradición oral; de allí se ha traducido al español. Debido a que su escritura era todavía pictográfica o jeroglífica, y a que muchos códices fueron destruidos, es difícil formarse una idea exacta de su poesía. Gran parte de ella se acompañaba de canto y danzas. Los temas eran poco variados (los dioses, la guerra, el mundo del más allá, la fugacidad del goce y de la vida), y repetitivos. Con frecuencia recurrían al paralelismo o construcciones expresivas similares, y al difrasismo o sea la fusión de dos imágenes. Cultivaron también la épica, los himnos religiosos y cierta forma de teatro. La poesía transcripta es la manifestación de un guerrero.

❦ ❦ ❦

Incaica: Himno Religioso (fragmento)

Del mundo de arriba,
del mundo de abajo,
del océano extendido,
el hacedor, (eres)
Del vencedor de todas las cosas,
del que mira espléndidamente,
del que hierve intensamente,
que sea este hombre,
que sea esta mujer,
diciendo, ordenando,
a la mujer verdadera,
te formé (dijiste),
¿Quién eres?
¿Dónde estás?
¿Qué arguyes?
¡Habla ya!

(Transcripto por el cronista indio Santa Cruz Pachacuti y reconstruido en verso castellano por José María Arguedas.)

❦ ❦ ❦

Los quechuas tuvieron dos clases de literatura: la oficial que incluía los himnos del culto y pensamientos filosóficos; y la popular, sobre asuntos amatorios, humanos y sociales. La poesía anterior es una de las varias versiones disponibles sobre un himno al dios Viracocha o Wiracocha, divinidad suprema. Pese a la elementalidad del texto, se comprende que una persona pregunta al Dios quién es él.

Temas de conversación

1. ¿Cuáles fueron algunas obras artísticas en que sobresalieron los mayas?
2. ¿Cómo era una típica ciudad maya?
3. ¿En qué consistía la escritura jeroglífica de los mayas?
4. ¿Cómo eran sus murales?
5. ¿De dónde llegaron los aztecas al valle central de México y cómo construyeron la capital Tenochtitlán?
6. ¿Cómo era dicha ciudad a la llegada de los españoles?
7. ¿Por qué se hacía la "guerra florida"?
8. ¿De dónde provenían los incas?
9. ¿Qué fue el Tahuantinsuyu? ¿Qué es un quipu?
10. ¿Cómo era la arquitectura inca?
11. ¿Cuál fue el arte característico de los chibchas? Descríbalo.
12. Describa algunas de las civilizaciones denominadas "primitivas".
13. ¿Qué es la antropofagia ritual?
14. ¿Cuál considera usted que fue el principal aporte de las culturas indígenas?
15. Mencione algunos de los argumentos que explican que la contribución indígena a la cultura universal fue importante.

Temas especiales de exposición y composición

1. El pueblo maya.
2. Descripción de la ciudad de Tenochtitlán.
3. La organización estatal incaica.
4. Los sacrificios humanos en la civilización azteca y la maya.
5. Reflexiones sobre el indigenismo.

CAPÍTULO TRES

EL ENCUENTRO DE DOS MUNDOS

Las fantasías antiguas

Cristóbal Colón está considerado oficialmente como el descubridor de América pues permitió a los europeos reconocer de modo fehaciente la existencia de un mundo hasta entonces sospechado pero desconocido.

Hay pruebas convincentes de que no fue el primer navegante en arribar a esas tierras. Su llegada al continente permitió acabar con viejos mitos y leyendas elaborados en la antigüedad y en la Edad Media sobre otro mundo imaginario y fantástico, y al mismo tiempo, confirmar las suposiciones que ya los griegos y latinos habían formulado sobre la esfericidad de la Tierra y la existencia de otras civilizaciones. Los pueblos precolombinos, en cambio, ignoraban la existencia de otro mundo.

Ya Aristóteles había intuido la esfericidad de la Tierra basándose en la sombra del planeta proyectada en los eclipses. Platón, en uno de sus famosos diálogos *(Timeo)*, había imaginado la existencia de un continente occidental, la *Atlántida*, situado más allá de las Columnas de Hércules (Estrecho de Gibraltar), en base a versiones de los egipcios. Los romanos continuaron estas especulaciones y el filósofo Séneca planteó, en una conocida estrofa, su tesis de que el mundo no terminaba en la isla de Tule, considerada hasta entonces como el extremo del mundo, sino que debían existir otras tierras más allá.

Las fantasías medievales

Entre las fantasías elaboradas en la Edad Media sobresale la de San Brandán, sobre una misteriosa isla prometida de los Santos, especie de paraíso donde Judas purgaba su traición y adonde se llegaba después de una dificultosa navegación y se disfrutaba de un cielo límpido y un aire purísimo. San Brandán habría celebrado en ella la primera misa, que en definitiva no resultó tierra firme, sino el lomo de una gigantesca ballena.

Los europeos medievales forjaron también la leyenda de las Siete Ciudades (de Cíbola), islas fabulosas donde siete religiosos fugitivos de los sarracenos, habrían fundado siete obispados. Estas míticas ciudades fueron buscadas sin resultados en tiempos posteriores a Colón por los exploradores.

Una tercera leyenda, más conectada con la realidad, fue la de un fabuloso Preste Juan, monarca cristiano que reinaba con una corte de religiosos en un país oriental, probablemente la actual Etiopía u otro país cercano, a quien habría escrito una carta un pontífice romano. Este hipotético reino movió a muchos príncipes cristianos a salir en su busca, en especial al rey portugués Enrique el Navegante en el siglo XV.

Fantasía medieval sobre un Nuevo Mundo: La ballena de San Brandán.

No eran menos fantasiosas las leyendas sobre el Oriente derivadas en gran parte de las versiones recogidas durante las Cruzadas, que hablaban de las tierras del Gengis Kan y su reino mongol.

La suma de éstos y otros mitos influyeron en la mentalidad de los aventureros de España y Portugal, quienes dentro de las experiencias reales de sus incursiones, fabulaban sobre la posibilidad de encontrar esos imaginarios países. Transmitidos por vía oral a través de los tiempos, los mitos sufrieron cambios y se les agregaron fantasías acerca de personas y animales fabulosos, como las amazonas, los dragones, los cocodrilos y otras especies. Dejando de lado lo inverosímil de esas fábulas, lo cierto es que fueron un ingrediente más en la motivación de las aventuras exploradoras.

Los predescubrimientos

En la prehistoria y protohistoria hubo ciertamente movilizaciones de pueblos tanto en Oriente como en Occidente. Una de ellas pudo haber sido la de orientales que cruzaron desde Asia a pie por el congelado estrecho de Bering, o incluso navegantes polinesios que llegaron a las costas orientales de América por vía marítima.

Con anterioridad a los portugueses y españoles hubo viajes que prepararon las condiciones para el de Colón. Según se dice, los genoveses navegaban hacia el sur por el Atlántico, mientras los venecianos lo hacían por el norte del mismo océano. Lancellotto Marocello descubrió las islas del archipiélago canario próximo a España que se conoce en la actualidad por su nombre, Lanzarote; y Nicolosso da Recco exploró las Islas Afortunadas y llegó probablemente a las actuales Azores (1341). Otras dos expediciones por tierra permitieron traer a Europa noticias sobre el Imperio Tártaro y China.

Las noticias (como las de Marco Polo) sobre otros países lejanos, al este de Europa, fueron conocidas por Colón y algunos cartógrafos y geógrafos. Marco Polo, viajero veneciano, llegó a China y trabajó al servicio del Gran Kan. Relató sus viajes (1271–1295) en un su divulgada obra *El libro de Marco Polo*. Mientras tanto, los pueblos costeros de Europa, navegantes y pescadores, habían abierto el camino marítimo. Escandinavos, escoceses, irlandeses, ingleses, bretones, vascos, nórdicos y otros pudieron haber llegado a tierras americanas, aunque sus incursiones no quedaran registradas en la historia.

Los vikingos, a partir del siglo VII, en frágiles embarcaciones de vela y remo se establecieron en la Normandía francesa y en Inglaterra. Por las rutas del norte arribaron a Islandia (861) y años después, Groenlandia fue explorada por Erik el Rojo (986), hecho considerado por algunos historiadores como el "primer descubrimiento de América". Dos hijos de este noruego continuaron pocos años después las expediciones y llegaron a las costas americanas, penetraron en la bahía de Baffin, reconocieron la península del Labrador y costearon la región continental, Vinlandia y Karlandia, posiblemente la actual Nueva Jersey. Los tres navegantes lucharon con indígenas identificados como *esquimales* o *algonquinos*, según se indica en las sagas literarias. Se sabe también que los vascos que practicaban la pesca de ballenas y bacalaos llegaron a una isla que aparece en un mapa de la época como *Terra Nova* (1436).

En definitiva, el camino para el descubrimiento oficial de Cristóbal Colón estaba abierto en el siglo XV. La toma de la ciudad de Constantinopla por los turcos (1453) cerró a los europeos el paso por tierra al Oriente. Españoles y portugueses, en competencia, optaron por la busca de rutas marítimas sustitutas.

Oriente era proveedor de mercaderías necesarias: sedas, porcelanas, piedras preciosas, perlas, marfil, joyas y otros artículos de lujo. Pero con igual avidez, los europeos se interesan por clavo de olor, canela, jengibre, pimienta, nuez moscada, azafrán y otras especias, con las cuales condimentaban sus comidas y tenían un precio comercial muy remunerativo, aparte de permitir la conservación de las carnes. Una nueva ruta por mar les permitiría desprenderse del monopolio compartido por los árabes, genoveses y venecianos.

Portugal descubrió la costa e islas africanas a principios del siglo XV: Porto Santo y Madera (1418–1419), Azores (1427–1431) y Cabo Verde (1443–1444). El monarca portugués Enrique el Navegante obtuvo del Papa el reconocimiento del derecho lusitano a las zonas costeras de África, privilegio que luego fue modificado por el Pontificado y el Tratado de Alcaçovas-Toledo, por el cual se reconocía a España también el derecho de explorar las costas del continente a partir del cabo Bojador. En esta competencia de descubrimientos, Bartolomé Díaz llegó al Cabo de las Tormentas o Cabo de la Buena Esperanza, extremo sur de África (1487), años antes que Colón cumpliera su hazaña.

La diferencia del criterio estratégico entre España y Portugal determinó, de esta manera, que España se levantara con la gloria del descubrimiento de América: los portugueses optaron por buscar el paso por el sur, bordeando África, mientras que los españoles se decidieron por el norte, afrontando los riesgos de lo desconocido. Los primeros escogieron la navegación costera; los segundos, la de mar adentro.

España y Portugal en tiempos del descubrimiento

Los sucesos que acontecieron en España y Portugal, y por extensión en Europa, determinaron algunos aspectos de las campañas en América. La conquista española y portuguesa no pueden explicarse independientemente de las ideas imperantes por ese entonces, y mucho menos con los criterios contemporáneos, muy evolucionados en materia de derechos humanos, igualdad jurídica y libre determinación de los pueblos, justicia social y libertad de conciencia.

La conquista de América está relacionada más con las ideas medievales y renacentistas que con las contemporáneas.

Los Reyes Católicos. En tiempos de los Reyes Católicos, Fernando e Isabel, la unión de los reinos de Castilla y Aragón fue el resultado de luchas y forcejeos diplomáticos en los que no dejaron de tener participación los caudillos de la propia España, Francia, Austria y el Papa. Las luchas de los monarcas españoles culminó con la derrota definitiva de los moros en la península y la toma de la ciudad de Granada (1492), que habían invadido los musulmanes y ocupado durante casi ochocientos años. A partir de entonces el reino se constituyó en una unidad política poderosa, y los monarcas adoptaron múltiples disposiciones para afianzar su política de unidad. Atrajeron a los nobles rebeldes y descontentos, anularon sus castillos feudales, y crearon un cuerpo de policía interna denominado la Santa Hermandad (1476), encargado de mantener el orden en todo el reino.

La unidad religiosa. Faltaba, sin embargo, la unidad religiosa. Los árabes que se quedaron en España se adaptaron al régimen religioso oficial (*moriscos*), convirtiéndose en algunos casos o continuando su fe secretamente sin crear problemas de convivencia.

Los judíos constituían a criterio de los monarcas un obstáculo en esta circunstancia, y por lo tanto los Reyes Católicos decretaron la expulsión de quienes no quisieran convertirse al cristianismo (1492). Millares de judíos debieron emigrar a Grecia, Asia Menor y Marruecos, donde algunos de sus descendientes, los *sefaradíes*, conservan como lengua doméstica el español de aquellos años denominado *judeo-español*. El celo religioso de los soberanos los llevó a crear el Tribunal de la Inquisición (1478), con la finalidad de vigilar a quienes practicaban ocultamente otra religión o profesaban ideas heréticas.

Hubo también conflictos bélicos en Italia contra los franceses, oportunidad en que se hizo famoso el general Gonzalo Fernández de Córdoba, conocido como el Gran Capitán. En esa época fue también célebre el cardenal Cisneros, defensor de las manifestaciones culturales de todo tipo, fundador de la Universidad de Alcalá de Henares (1508), quien hizo imprimir en 1517 una *Biblia Políglota Complutense* (por el nombre antiguo de Henares, *Complutum*), creó una milicia permanente de 30.000 hombres, puso en ejecución una buena política de hacienda, reorganizó el ejército y la marina y combatió a los franceses y a los piratas que asolaban las costas del sur de España.

Carlos V. Después de los Reyes Católicos ascendió al trono el nieto Carlos I, quien poco después fue elegido también emperador de Alemania con el título de Carlos V (1519). Al principio fue recibido con recelo porque había sido educado en Flandes y no conocía la lengua española. Pertenecía a la Casa de Austria y gobernó por casi 30 años, hasta 1556. Fue enemigo irreconciliable del rey de Francia, Francisco I, que también aspiraba a la primacía en Europa. Como consecuencia de sus activas campañas militares se transformó en la figura más poderosa, y el Papa lo proclamó emperador de Occidente en Bolonia (1530). En asuntos religiosos se declaró ferviente defensor del catolicismo y enemigo de los protestantes, a quienes hizo la guerra y se opuso toda vez que pudo. Por fin llegó a un acuerdo con ellos en Augsburgo (1555), por el cual se reconocía la igualdad religiosa a católicos y protestantes alemanes. Cansado de las guerras y una vida agitada que lo mantenía en continuos viajes, abdicó en favor de su hijo Felipe II (1556) y se retiró a vivir en un convento.

Felipe II. Felipe II heredó únicamente la corona de España, pues la de Alemania la había transferido Carlos V a su hermano Fernando. Igual que su padre, fue el monarca más poderoso de su época. Además del territorio peninsular, poseía los inmensos territorios conquistados en América, las Filipinas y algunas islas de Oceanía, aparte de sus dominios de Milán, Nápoles, Sicilia, los Países Bajos, el Franco Condado, el norte de África y las islas Canarias. Más tarde se convirtió por vía matrimonial en rey de Portugal también (1580–1640) y entraron a formar parte de su gobierno las extensas colonias portuguesas en el Extremo Oriente, Asia, África y América (Brasil). Su reinado se considera el más brillante de toda la historia de España.

Realizó asimismo otras campañas guerreras para dominar tan vasto y disputado territorio. Fue un firme defensor de la religión católica, y en su reinado tuvo lugar el movimiento de la Contrarreforma o de resistencia al luteranismo, reacción que se había iniciado en el Concilio de Trento (1545–1563). En su época se fundó la Compañía de Jesús u Orden de los Jesuitas. Su resuelta acción contra los protestantes duró cuarenta y dos años, y en virtud de ella el protestantismo no prosperó en España y el país se mantuvo al margen de las cruentas guerras de religión que asolaron a Europa. Venció definitivamente a los turcos que merodeaban con actos de pillaje en el mar Mediterráneo, en la batalla de Lepanto (1571). En su política de religión chocó con Inglaterra, a la que tenía por enemiga a causa de su protestantismo oficial, la persecución de los católicos, las correrías del corsario Drake y otras contingencias. Organizó contra Inglaterra la famosa Armada Invencible, pero por ineptitud del comandante y a causa de un fuerte temporal, ésta no logró sus objetivos y quedó destruida (1588).

Ambos gobernantes determinaron de modo categórico la política de España en su imperio. Carlos V ha sido reconocido en la historia como un monarca glorioso y un activo militar, mientras su hijo Felipe II ha sido objeto de juicios contradictorios. Desde su palacio y monasterio de El Escorial, Felipe II dirigía personalmente todo el imperio. Fue un trabajador incansable, inconmovible en su opinión de que era un deber de su conciencia luchar contra quienes profesaban creencias diferentes.

El Concilio de Trento (1545–1563), reunido en esa ciudad del norte de Italia, tuvo como uno de sus objetivos proveer las disposiciones para detener el avance del luteranismo, creado inmediatamente después del Descubrimiento. Los padres franciscanos, dominicos, agustinianos, jerónimos, jesuitas y otros, bien entrenados y dispuestos al gran esfuerzo, fueron a todo lugar acompañando a los españoles y portugueses. Puesto que su misión era la salvación de las almas de los indígenas, pudieron atenuar en parte los atropellos de quienes únicamente iban en busca de bienes materiales. En diversas ocasiones debieron enfrentarse al poder político.

El Concilio ecuménico contribuyó a la clarificación del concepto de Iglesia Católica y asentó con plenitud la autoridad del Papa. El rey Carlos V se convirtió en el más firme opositor de Martín Lutero y prohibió el traslado de los protestantes a las tierras descubiertas. La historia universal reconoce a estas reacciones bajo el nombre genérico de Contrarreforma y bajo su signo se realizó la obra del Descubrimiento, Conquista y Colonización. Este concilio ha marcado en parte la vida hispanoamericana hasta nuestros días, en que la autoridad del Papa es aceptada en materia religiosa por casi 170 millones de habitantes.

La actitud de Portugal fue similar a la española. Muchas instituciones se establecieron sobre el ejemplo español. El rey portugués Juan II, abandonó la idea de conquistar el norte de África (Marruecos) y dirigió sus esfuerzos en beneficio de la exploración africana. Se transformó en el jefe de una importante empresa mercantil, convirtió a los nobles en funcionarios civiles y militares, consolidó el régimen de la monarquía absoluta y se preocupó más por la creación de factorías o puertos y enclaves coloniales, que le proporcionarían oro y especias, que por adentrarse en África o la India para colonizar. Dedicó su talento al progreso de la ciencia náutica fundando la famosa Escuela Náutica de Sagres, donde educó a la mayor parte de los pilotos, cosmógrafos y cartógrafos del reino, perfeccionó los instrumentos y cartas marítimas y atrajo a su país a célebres marinos extranjeros. Creó también una Casa de India, establecida en el palacio real, desde donde dirigió las acciones militares y comerciales y convirtió a su país en un gran emporio comercial por su fructífero intercambio con el Oriente.

Las grandes invenciones constituyeron otra de las causas determinantes de la navegación. La brújula, el astrolabio y las cartas marinas o portolanos y se perfeccionaron, así como la técnica de construcción de grandes navíos. Se aplicó la pólvora a las armas ofensivas, se desarrolló la imprenta de tipos móviles y se perfeccionó la fabricación del papel. La investigación científica se encaminó hacia nuevos campos del saber: biología, botánica, astronomía, geografía, física, matemáticas, ciencias políticas y teología.

CRISTÓBAL COLÓN

DIARIO DE VIAJE (FRAGMENTO)

[El descubrimiento de América]

A las dos horas después de media noche pareció[1] la tierra, de la cual estarían dos leguas[2]. Amañaron[3] todas las velas, y quedaron con el treo[4], que es la vela grande sin bonetas[5], y pusiéronse a la corda[6], temporizando hasta el día viernes, que llegaron a una isla de los Lucayos, que se llamaba en lengua de indios Guanahaní. Luego vieron gente desnuda, y el Almirante salió a tierra en la barca[8] armada, y Martín Alonso Pinzón y Vicente Anés[9], su hermano, que era capitán de la Niña[10]. Sacó el Almirante la bandera real y los capitanes con dos banderas de la Cruz Verde, que llevaba el Almirante en todos los navíos por seña con una F y una Y, encima de cada letra su corona, una de un cabo de la una y otra de otro. Puestos en tierra vieron árboles muy verdes y aguas muchas y frutas de diversas maneras. El Almirante llamó a los dos capitanes y a los demás que saltaron en tierra, y a Rodrigo Sánchez de Segovia, y dijo que le diesen por fe y testimonio como él por ante todo, tomaba, como de hecho tomó, posesión de dicha isla por el Rey y por la Reina sus señores, haciendo las protestaciones[11] que se requerían, como más largo se contiene en los testimonios que allí se hicieron por escrito. Luego se ayuntó[12] allí mucha gente de la isla. Esto que se sigue son palabras formales del Almirante, en su libro de su primera navegación y descubrimiento[13] de las Indias. "Yo (dice él), porque nos tuviesen mucha amistad, porque conocí que era gente que mejor se libraría y convertiría a nuestra Santa Fe con amor que no por fuerza, les di a algunos de ellos unos bonetes[14] colorados y unas cuentas[15] de vidrio que se ponían al pescuezo[16], y otras cosas muchas de poco valor, con que hubieron[17] mucho placer y quedaron tanto a nuestros que era maravilla. Los cuales después venían a las barcas de los navíos adonde nos estábamos nadando y nos traían papagayos y hilo[18] de algodón en ovillos y azagayas[19] y otras cosas muchas, y nos las trocaban por otras cosas que nos les dábamos, como cuentecillas de vidrio y cascabeles[20]. En fin, todo tomaban y daban de aquello que tenían de buena voluntad. Mas me pareció que era gente muy pobre de todo. Ellos andaban todos desnudos como su madre los parió[21], y también las mujeres, aunque no vi más de una harto moza[22]. Y todos los que yo vi eran todos mancebos[23], que ninguno vi de edad de más de treinta años: muy bien hechos, de muy hermosos cuerpos y muy buenas caras: los cabellos gruesos casi como sedas de cola de caballos y cortos: los cabellos traen por encima de las cejas, salvo unos pocos de tras que traen largos, que jamás cortan. Algunos de ellos se pintan prieto[24], y ellos son de la color de los canarios[25], ni negros ni blancos, y otros se pintan de blanco, y otros de colorado. Ellos no traen armas ni las conocen, porque les mostré espadas y las tomaban por el filo y se cortaban...

---

1. apreció   2 medida de longitud antigua, equivalente a 5.572 metros   3. acomodaron, bajaron   4. vela cuadrada que sustituye a la vela latina cuando ha marejada   5. velas menores que se agregan en determinadas circunstancias   6. esperaron   7. según criterio de algunos historiadores, habría sido la actual Watling Island, del grupo de las Bahamas   8. bote, barcaza   9. realmente Yáñez; los hermanos Pinzón, fueron estrechos colaboradores de Colón en la empresa   10. las carabelas se denominaron Santa María (la capitana), La Pinta y La Niña   11. declaraciones formales   12. juntó   13. El Diario de Colón se ha perdido; la parte que se conserva es la transcripta por el padre Bartolomé de las Casas, compendiada en su Historia de las Indias   14. gorros   15. bolillas ensartadas en un hilo   16. cuello   17. uso antiguo del verbo, significa tener   18. arcaísmo: e hilo   19. lanzas arrojadizas cortas   20. sonajeros huecos con metales internos para hacerlos sonar   21. engendró   22. demasiado joven   23. jóvenes, adolescentes   24. negro, oscuro   25. especie de pájaro amarillo

❧ ❧ ❧

En su *Diario de viaje*, Colón relató las peripecias del primer viaje.
No se conserva el texto pero figura reproducido en partes en la *Historia de las Indias* del padre Bartolomé de las Casas. Otros fragmentos aparecen meramente comentados. Hasta ahora se considera confiable la citada versión. El texto reproducido corresponde al día jueves 11 de octubre.

Cristóbal Colón

Colón fue uno de los más grandes marinos de su siglo y uno de los más celebrados de todos los tiempos, y su figura es colocada por algunos historiadores en la galería de los hombres más geniales e intuitivos de la historia. La hazaña de América fue suya, y España sólo proveyó la ayuda y los hombres para cumplirla. A pesar de la negativa primera a patrocinarlo, le brindó todo su apoyo cuando éste decidió emprender la empresa. La Corona cumplió con él todos los compromisos contraídos, le reconoció sus rentas, y pese a algunos altibajos reales, cuando se propalaron acusaciones contra el descubridor, lo defendió decididamente contra los calumniadores.

La vida de Cristóbal Colón es incierta en algunos puntos y ha motivado algunas páginas adversas, pasiones, intereses y vanidades nacionales. Se sostiene que Colón encubrió intencionalmente su origen personal, y pocas veces se mostró explícito sobre ciertos aspectos de su vida y de sus ideas, acaso por temperamento o por desconfianza. Se sabe muy poco de su infancia y adolescencia, pero consta que actuó cuando joven como marino de una flota principesca que recorría el Mediterráneo, y estuvo en un viaje comercial al archipiélago de Madeira, salvó milagrosamente su vida al ser atacada su nave por corsarios franceses y llegó en seguida a Portugal. Realizó un viaje comercial a Islandia (1477) y se casó con la hija del gobernador de Porto Santo.

En esos círculos de comerciantes marítimos concibió su proyecto de llegar a las Indias navegando hacia el oeste, convencido de la hipótesis sostenida por el italiano Toscanelli. Se lo propuso al rey de Portugal, pero éste lo rechazó. Abandonó el territorio portugués y se dirigió a España. Después de dificultosas negociaciones, firmó una capitulación con los Reyes Católicos, mediante la cual se le otorgaba el título hereditario de almirante y el cargo de virrey y gobernador de las tierras e islas que descubriera, además de un diezmo de los metales y piedras preciosas que obtuviera en las ignoradas tierras. Colón, por su parte, debía aportar una octava parte de los gastos de la expedición, los cuales fueron cubiertos por varios amigos suyos, entre ellos los hermanos Pinzón, conocidos navegantes del país.

En el primero de los viajes (1492) llegó con unos 120 hombres a la isla de Guanahaní (12 de octubre), después de poco más de dos meses de difícil navegación y contrariedades con su tripulación atemorizada y descontenta. Tres viajes más realizó Colón (1493, 1498 y 1502), después de haber regresado por primera vez a España con productos del Nuevo Mundo y algunos indios, en prueba de su descubrimiento. Fue recibido con toda clase de honores y su hazaña deslumbró al Viejo Continente.

En sus exploraciones y viajes descubrió la isla de Cuba, Haití (que bautizó como *Hispaniola* o *Española*), Puerto Rico, Jamaica, las Vírgenes, y otras más, y reconoció la *Tierra Firme* o costa continental desde Venezuela hasta Honduras. El más importante de sus viajes, desde el punto de vista de la fusión de los dos continentes fue el segundo, pues vino ya con ideas de colonización. En esa oportunidad fundó la primera ciudad americana, la Isabela (1494), en homenaje a la reina Isabel de Castilla. En esa expedición llegaron por primera vez al continente mulas, caballos, vacas, toros, puercos, gallinas y otros animales útiles, así como la caña de azúcar, semillas y plantas de Europa, en un verdadero traspaso de civilización a través del océano.

Los reyes le habían encomendado antes de dicho viaje que hiciera todo lo posible por convertir a los naturales al cristianismo y así vinieron con él, Fray Buil y otros once religiosos. Como los monarcas deseaban también llevar a las nuevas tierras a hombres de bien y de trabajo, a partir de esta ocasión se transportaron labriegos y artesanos junto a los hombres de armas, y fue necesario que demostraran condiciones idóneas para embarcarse.

La hazaña de Colón, así como su personalidad y su actitud durante el Descubrimiento, su capacidad de comerciante y sus intenciones, han sido objeto de reparos o sospechas desde la misma época de los sucesos, con diferentes argumentaciones difíciles de cotejar tantos años después. De todos modos, el Descubrimiento de América fue posiblemente el acontecimiento más importante de la humanidad realizado por hombre alguno hasta ese momento.

Convento de La Rábida, Huelva, España, donde Cristóbal Colón dejó en custodia a su hijo Diego, mientras hacía por segunda vez gestiones ante los Reyes Católicos para la gran aventura. Mientras tanto, el hermano del descubridor, Bartolomé, hacía lo propio en Francia e Inglaterra. Gran apoyo tuvo Colón del prior del convento, fray Juan Pérez, partidario de su teoría de la esfericidad de la Tierra.

Colón abrió el camino a millares de descubridores, exploradores, conquistadores, colonizadores y misioneros que llegaron tras él y crearon un imperio casi dos veces más grande que Europa, con una valentía y un desborde de vitalidad no visto hasta entonces. Una oleada de navegantes se lanzó a explorar y conquistar las tierras recién descubiertas, no sólo desde España, sino también desde Portugal, Francia, Inglaterra y Holanda. Juan Caboto, o Cabot, desde Inglaterra, llegó a Norteamérica (1497) y Pedro Álvarez Cabral, de Portugal, descubrió Brasil (1500).

Los portugueses, fieles a su política de explorar por el oriente, no quedaron a la zaga de los españoles: Vasco da Gama pasó por el Cabo de Buena Esperanza y llegó a la India en el año 1498. "Los conquistadores fueron una generación de hombres nunca sobrepasados por su coraje, sufrimientos e inextinguible energía", ha dicho el historiador Stephen Clissold.

Ninguno de los retratos hechos de Colón se considera fehaciente. Sin embargo, no es éste un hecho inquietante. Sobre su personalidad moral y profesional es posible elaborar una semblanza en base a escritos propios y de testigos. La historia lo recuerda como un individuo tenaz, de una fuerte imaginación, inclinado a las fantasías y aventuras, lector asiduo de libros antiguos y coetáneos sobre viajes y países exóticos, grandilocuente a veces en sus páginas, dotado de una gran sensibilidad, por la que reaccionaba

Retrato idealizado de Cristóbal Colón, muy reproducido en libros antiguos. No existe retrato alguno fidedigno de su figura, aunque varios artistas de distintas épocas han acometido este curioso intento. En su tercer viaje tocó tierra firme, la actual Sudamérica. Su descubrimiento cambió el curso de la historia mundial.

Cristóbal Colón desembarca en la isla de Guanahani (1492) con su tripulación y es recibido con regalos por los indígenas. Reproducción de un dibujo del grabador flamenco Teodoro de Bry, tal como imaginó el acontecimiento unos cien años después.

en ocasiones de manera exagerada, y una pertinacia y obstinación infinitas en procura de sus objetivos. Se supone que fue genovés de nacionalidad, nacido probablemente en 1451, de padres humildes. Al regreso de su viaje, los monarcas españoles le otorgaron el privilegio de usar un escudo de armas, con la siguiente inscripción:

> *Por Castilla y por León,*
> *Nuevo Mundo halló Colón.*

Murió en Valladolid, casi olvidado, en 1506. En conmemoración del día del desembarco de Colón en la isla que denominó San Salvador, algunos países de habla hispánica han instituido al 12 de octubre como el *Día de la Raza*, cuestionado en este siglo por grupos opuestos a esta celebración, que proponen darle otros nombres, entre ellos el *Día del Encuentro*. Murió sin haber sabido que las tierras por él descubiertas eran un nuevo continente, y no el extremo Oriente. Como remate de las dudas, se ha suscitado la discusión sobre el lugar donde descansan sus restos, que en la actualidad se disputan Sevilla y Santo Domingo.

Después de su muerte en Valladolid, su cadáver fue trasladado a Sevilla y de allí se lo envió a Santo Domingo entre 1537 y 1547.

Hernando de Magallanes

Hernando de Magallanes (1480–1521) fue el segundo gran descubridor que completó la obra de Colón. Intentaba llegar al extremo Oriente sin hacer escala en los dominios portugueses. De nacionalidad portuguesa pero resentido con su rey, ofreció sus servicios al rey de España y firmó las capitulaciones respectivas. Partió del puerto de Sanlúcar de Barrameda (1519), recorrió la costa atlántica del Brasil, llegó a la altura del estuario del Río de la Plata y lo recorrió durante tres semanas, pensando que era el buscado paso entre los dos océanos.

Prosiguió su camino a lo largo del sur argentino y en una de sus paradas hizo ajusticiar al capitán Luis de Mendoza que se había puesto al frente de un grupo de marinos que deseaban volver a España. Vio a unos indios que lo acogieron en paz y los denominó *patagones* por las anchas huellas que sus pies dejaban en la nieve.

Continuó su viaje bordeando la costa y descubrió por fin el estrecho que hoy lleva su nombre y une el Atlántico con el Pacífico. Atravesó el Pacífico, descubrió las islas de los Ladrones (ahora Marianas) y el archipiélago de las Filipinas (1521), donde murió en una lucha con los indios.

El segundo de la expedición, Juan Sebastián El Cano, asumió el comando de la única nave que le quedaba, enfiló hasta el extremo meridional de África, y regresó por el Atlántico a España (1522), después de una ausencia de casi tres años. El rey Carlos V lo recibió con los poquísimos navegantes que volvieron de los naufragios, motines y luchas contra los aborígenes, y lo autorizó a usar un escudo con la inscripción latina *Primus circumdedisti me* (El primero que me ha circundado), rodeando un globo terráqueo.

Desde entonces el mundo fue uno y la gloria de España única.

Los otros descubrimientos

La historia detallada de los descubrimientos se caracteriza por una complejísima trama y cronología. En forma de síntesis, las exploraciones españolas pueden estudiarse en cuatro grupos: 1) descubrimiento de la costa atlántica; 2) descubrimiento del Istmo de Panamá y la costa del Pacífico; 3) descubrimiento del Golfo de México y 4) descubrimiento de los territorios del Plata. Algunos de los exploradores fueron: Vasco Núñez de Balboa (Océano Pacífico, 1513); Juan Díaz de Solís (Río de la Plata, 1509); Juan Ponce de León (Florida, 1513); Hernando de Soto (río Mississippi, 1541); Francisco Hernández de Córdoba (Yucatán, 1517); Alonso Pineda (costa del Golfo de México, 1519); Juan Rodríguez Cabrillo (California, 1542); Álvar Núñez Cabeza de Vaca (de Florida hasta México, 1528–1536, y Paraguay, 1542).

Mapa de Sudamérica, que ilustra una edición holandesa de 1707 del libro *Viaje al Río de la Plata*, del soldado bávaro Ulrico Schmidel, que se embarcó en la expedición de Pedro de Mendoza, fundador de la primera Buenos Aires, pronto destruida por los indios.

Las exploraciones en Norteamérica

Las exploraciones de los españoles no se limitaron a Centroamérica y Sudamérica. Se extendieron además al actual territorio de Estados Unidos, por el este y el oeste. Algunos expedicionarios partieron de las Indias Occidentales por mar y abordaron el sudeste, como Juan Ponce de León, que intentó con unos doscientos hombres tomar la Florida, pero fue vencido por los indios y muerto en combate (1521).

Hernando de Soto desembarcó en la bahía de Tampa (1539) al frente de unos seiscientos expedicionarios y cerca de doscientos caballos. Por cuatro años recorrió los actuales estados de Georgia, las Carolinas, Alabama, Mississippi, Arkansas y Luisiana, sin encontrar riquezas. Murió en esa empresa y los sobrevivientes, al mando de Luis de Moscoso regresaron por el Mississippi, cruzaron el Golfo de México y volvieron a la tierra de partida.

La segunda corriente exploradora actuó por la parte occidental, por tierra y por mar. Francisco Vázquez de Coronado, comisionado por el virrey de México (1540), recorrió por espacio de dos años los territorios de Nuevo México, Arizona, Texas, Oklahoma y Kansas, para retornar finalmente a México sin haber encontrado las míticas Siete Ciudades de Cíbola.

Por agua se verificaron varias incursiones a las costas californianas (de 1533 en adelante), hasta que Juan Rodríguez de Cabrillo costeó la región y llegó hasta el norte de San Francisco. Murió antes de regresar a México. Algunas expediciones salieron también rumbo al Oriente y tocaron las Filipinas (1542) por donde ya había pasado Magallanes unos veinte años atrás, y en una de ellas fundaron Manila como ciudad española.

Un curioso caso de exploración lo protagonizó Álvar Núñez Cabeza de Vaca, un fabuloso caminador que recorrió el norte y el sur del continente. Álvar Núñez había sobrevivido al naufragio de la expedición de Pánfilo de Narváez en la Florida (1529), y con tres compañeros recorrió por espacio de siete años el territorio norteamericano en busca de auxilio, hasta llegar de regreso a Michoacán, luego de una odisea casi novelesca, atacado ferozmente unas veces, e idolatrado como mago otras.

Años después fue designado gobernador de la provincia de Asunción del Paraguay. Partió de España con su comitiva y tocó tierra en la isla de Santa Catalina, frente a las costas de Brasil. Despachó entonces una parte de la expedición al Río de la Plata, mientras él personalmente desembarcó en la costa brasileña y por tierra cruzó el país hasta Asunción (1542), donde se reunió con la otra parte de la expedición que había entrado por el Río de la Plata y continuado por el río Paraná hasta dicha ciudad.

Su importancia en la historia de las exploraciones radica en los testimonios personales sobre sus expediciones en el norte y en el sur del continente (*Naufragios* y *Comentarios*, respectivamente), muy leídos en Europa en su tiempo, y que permiten una comparación.

La partición de América entre españoles y portugueses

Concluido el primer viaje de Colón, España se interesó por obtener del Papa Alejandro VI, el español Rodrigo de Borja, el reconocimiento de sus derechos jurídicos sobre las tierras descubiertas, pues el Sumo Pontífice era por aquellos tiempos la única autoridad que podía dictaminar una cuestión de esta naturaleza, en razón de que a la Iglesia se le reconocía jurisdicción en lo espiritual y terrenal.

Después de trámites y reclamaciones de una y otra parte, el Pontífice suscribió una Bula de Donación, la *Intercaetera* (3 de mayo de 1493), la cual concedía a los Reyes Católicos y a sus descendientes, el derecho de poseer "las tierras firmes descubiertas y por descubrir, halladas y por hallar hacia Oriente y Mediodía", que no perteneciesen a ningún príncipe cristiano. Los títulos de Portugal no fueron afectados, pues se declaró expresamente que los privilegios concedidos anteriormente no quedaban derogados en forma alguna, presente o futura, por estas nuevas mercedes concedidas a otro monarca.

Ante reclamaciones de Portugal, el Papa expidió una segunda *Intercaetera*, en junio de ese mismo año (aunque fechada al día siguiente de la anterior para hacer aparecer el dictamen como una decisión voluntaria del Papado), en virtud de la cual le concedió las comarcas descubiertas o por descubrirse que se hallasen al Oriente o al Mediodía, en dirección a la India, siempre que estuviesen situadas más allá de una línea que fuese de polo a polo, ubicada a cien leguas, y no estuviesen en poder de ningún príncipe cristiano hacia la Navidad de 1492. Esta bula es conocida como la Bula de partición del mundo.

Al cabo de reclamaciones y discusiones sobre los territorios amparados por la donación papal, España y Portugal firmaron el Tratado de Tordesillas (1494), por el que ambos estados adoptaron una línea imaginaria de sur a norte a 370 leguas al oeste de las islas de Cabo Verde y establecieron que toda tierra que se hallase al occidente de esa línea divisoria sería española, y que el lado oriental quedaba reservado al dominio portugués.

Pocos años después, Portugal descubría Brasil (1500), que quedó en sus dominios.

Esta partición del mundo, que hoy parecería inexplicable, se fundaba en principios religiosos superiores, reconocidos y aceptados en todas las partes cristianas, de acuerdo con los cuales el Papa tenía potestad civil y militar sobre todo el orbe.

El espíritu de exploración

Cincuenta años después del Descubrimiento los exploradores españoles habían recorrido prácticamente por tierra y mar las tres Américas, con escasas excepciones. Fueron proseguidas por personas nacidas en las Américas, que por consiguiente eran criollos cuando no mestizos.

El extraordinario espíritu de aquellos hombres deslumbró a Europa y deslumbra aún, si se consideran los precarios y rudimentarios elementos con que se cumplieron.

En débiles barcos de vela, de veinte o treinta metros de longitud, con capacidad para unos pocos cientos de marinos y soldados, se lanzaban contra la furia de la naturaleza, en viajes de meses y meses de duración.

Por tierra caminaban meses y años, en ocasiones en grupos de veinte o treinta hombres, afrontando el desierto, las nieves, las montañas, las sequías, la sed y el hambre, las enfermedades, los ataques de animales carnívoros, el embate furioso de los indios, y sobre todo, del trópico agresivo. Muchísimos se perdieron en las selvas, se ahogaron en las corrientes de agua, se despeñaron o perecieron ante las armas arrojadas por los indios. Por mar, las angustias y riesgos no fueron menores. Todavía se realizan en los mares y costas, búsquedas y hallazgos de restos de navíos hundidos por la impetuosidad de las tormentas o el combate con los piratas y filibusteros. Carlos F. Lummis, hispanista norteamericano, ha dicho sobre el particular: "Aquel temprano anhelo español de explorar era verdaderamente sobrehumano".

Las leyendas y los mitos sobre regiones fabulosas acompañaron muchas veces su ambición. América era un mundo fabuloso para esos europeos que soñaban con riquezas fantásticas, tesoros ocultos, personas anormales, animales inverosímiles, serpientes gigantes, monstruos marinos, mujeres amazonas, gigantes, pigmeos, que pueden confirmarse en la literatura de los navegantes.

Colón y sus hombres esperaban llegar a las fabulosas costas de *Cipango* (China), visitadas años atrás por Marco Polo. Cuando arribó a las bocas del Orinoco (Venezuela actual) y vio la Tierra firme, escribió a los reyes diciéndoles que había llegado a la entrada del Paraíso Terrenal.

Fray Marcos de Niza oyó hablar de las *Siete Ciudades de Cíbola*, que se suponía estaban al norte de México, fundadas por siete obispos escapados de Portugal ante la invasión de los musulmanes. Más tarde, Francisco Vázquez de Coronado recorrió el sudeste de Estados Unidos en la misma búsqueda.

El propio sir Walter Raleigh y algunos alemanes buscaron en Venezuela una ciudad imaginaria llamada *Manoa*. Caboto, Mendoza y otros navegantes trataron de localizar la *Sierra de Plata* remontando los ríos de la Plata y Paraná. Martín Alonso de Souza envió gente para buscar en el interior de Brasil el imperio del *Rey Blanco*.

En Chile, Perú y Argentina se buscó afanosamente la *Ciudad de los Césares*, donde se suponía que estaban atesoradas extraordinarias riquezas. Juan Ponce de León creía que en la Florida se encontraba la *Fuente de la Juventud*, cuyas aguas hacían rejuvenecer a quienes las tocaban o bebían.

El Dorado, legendario rey en tierras de Venezuela o Colombia, movió la tentación de los expedicionarios que culminaron con el descubrimiento de los chibchas y la fundación de Bogotá. Un país con un monarca recubierto de oro que arrojaba una vez por año impresionantes cantidades de oro a una laguna, era superstición capaz de entusiasmar a cualquier hombre de la época.

La fusión de dos culturas

El descubrimimiento de América significó el fin de la Edad Media. A partir de entonces, el interés de Europa se alejó de Oriente y se proyectó hacia el Nuevo Mundo, preferencia que parece persistir hasta nuestros días. España y Portugal convirtieron al cristianismo a millones de seres humanos, obra que aún perdura después de cinco siglos. Se terminaron las viejas hipótesis sobre el globo terrestre y las ciencias se ampliaron. El arte de la navegación logró progresos increíbles para la época. Dentro de los mismos estados peninsulares, se acabaron las inveteradas luchas feudales entre nobles, y surgió el sentido nacional de los estados modernos.

Europa sufrió además los efectos de una nueva economía y se activaron las artesanías que pasaron a constituirse en incipientes industrias en el sentido moderno del vocablo. Millares de desocupados y desclasados vinieron a tentar fortuna en el nuevo continente y el panorama social del occidente europeo se modificó: el rico pasó a ocupar el lugar del noble y la burguesía se convirtió en la clase progresista y productiva de la nueva sociedad.

La literatura vio nacer un novedoso género literario, la crónica de Indias, y la arquitectura europea adoptó el oro como motivo ornamental, al modo indígena. Los arquitectos diseñaron templos y edificios para América y gran cantidad de artistas encontraron nuevas fuentes de trabajo.

Botánicos, zoólogos, astrónomos, geógrafos, y hasta teólogos, hallaron nuevos temas de reflexión. Según la expresión del historiador argentino Ricardo Levene, América fue "la tierra de los hombres nuevos, nacida para los desheredados del mundo antiguo".

Para los americanos, significó su integración con las culturas europeas, y por intermedio de ellas, con la asiática y en menor grado con las africanas. España y Portugal trasladaron al Nuevo Mundo todo cuanto tenían, y mediante la fusión con los elementos culturales y humanos indígenas, nació una forma de civilización original, distinta, en cuanto era combinación de ambas. Lo que se había iniciado como utopía, aventura, ambición o sentido misional, culminó en un progreso del ser humano.

Fantasías de los exploradores e historiadores. Dejaron escritas descripciones y relatos de animales y plantas fabulosas. En algunos casos eran increíbles, pero en otros eran ejemplares realmente existentes, desconocidos por ellos en Europa, aunque presentados con exageración. Entre ellos eran mencionadas con frecuencia las serpientes. Ulrico Schmidel refiere que en el Paraná encontraron una vez una serpiente gruesa como el cuerpo de un hombre, que se enroscaba en los cuerpos humanos y los sumergía en el agua para ahogarlos.

Vera historia,
ADMIRANDÆ CVIVS
dam nauigationis, quam Hul-
dericus Schmidel, Straubingensis, ab Anno 1534.
usque ad annum 1554, in Americam vel nouum
Mundum, iuxta Brasiliam & Rio della Plata, confecit Quid
per hosce annos 19, sustinuerit, quam varias & quam mirandas
regiones ac homines viderit. Ab ipso Schmidelio Germanice,
descripta: Nunc vero, emendatis & correctis Vibium, Regio-
num & Fluminum nominibus, Adiecta etiam tabula
Geographica, figuris & aliis notationi-
bus quibusdam in hanc for-
mam reducta,

NORIBERGÆ,
Impensis Levini Hulsii. 1599.

Ulrico Schmidel, germano, formó parte de la expedición de don Pedro de Mendoza al Río de la Plata y estuvo en la conquista de la región durante veinte años. De regreso en su país, escribió una relación de los hechos en alemán que fue traducida varias veces al castellano con los títulos de *Viaje al Río de la Plata* y *Derrotero y viaje a España y las Indias*. La ilustración muestra la portada reproducida de una edición de 1599.

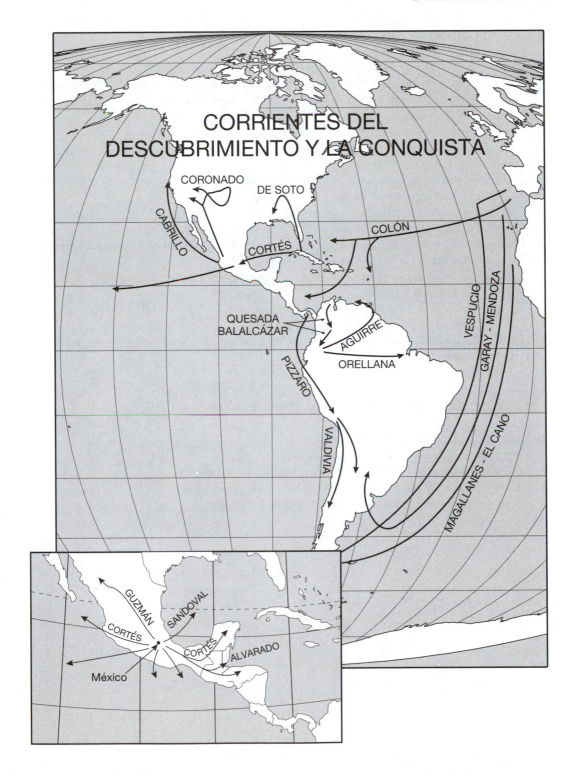

CORRIENTES DEL
DESCUBRIMIENTO Y LA CONQUISTA

Temas de conversación

1. ¿Cómo era la situación de España en la época del Descubrimiento?
2. Relate alguna de las fantasías o mitos medievales sobre el mundo más allá del mar conocido.
3. ¿Fue realmente Cristóbal Colón el primer descubridor del Nuevo Mundo o fue precedido por otros exploradores?
4. ¿En qué sentido se considera a Colón como el descubridor de América? Explicar.
5. ¿Con qué antecedentes y conocimientos contaba Cristóbal Colón al proyectar su famoso viaje?
6. ¿Qué establecía la capitulación que el navegante firmó con los Reyes Católicos?
7. ¿Cuál fue el más importante de sus viajes y por qué?
8. ¿Cuál fue la primera ciudad fundada por los españoles en América?
9. ¿Quién dividió a América entre España y Portugal, y sobre qué principio?
10. ¿Qué repercusión tuvo el Concilio de Trento en la política de los reyes y descubridores?
11. ¿En qué consistió la obra de Hernando de Magallanes?
12. ¿Cuáles fueron las exploraciones principales efectuadas por los españoles en el actual territorio de Estados Unidos?
13. ¿En qué consistió la Bula de partición del Papa Alejandro VI?
14. ¿Cuál fue el contenido del Tratado de Tordesillas?
15. ¿Qué leyendas fabulosas motivaron, en parte, a los españoles para realizar en sus exploraciones?

Temas especiales de exposición y composición

1. Vida y viajes de Cristóbal Colón.
2. Hernando de Magallanes y su vuelta al mundo.
3. Los descubrimientos denominados "menores" de los españoles.
4. Las expediciones y aventuras de Álvar Núñez Cabeza de Vaca.
5. Dé su opinión sobre el encuentro de las dos civilizaciones.

CAPÍTULO CUATRO

LA CONQUISTA Y LA COLONIZACIÓN

bulas de donación disposiciones reales

El régimen de la conquista y colonización

Al mismo tiempo que se desarrollaban las expediciones de exploración, los españoles y portugueses iniciaron las luchas por la posesión de los territorios descubiertos, amparados por las bulas de donación y disposiciones reales que les otorgaban títulos legítimos para la ocupación.

La Conquista no fue, como a veces suele creerse, una empresa totalmente oficial de la corona española. Salvo casos especiales, estuvo a cargo de individuos u organizaciones comerciales que convenían con los reyes, mediante una *capitulación* o contrato, las obligaciones y los derechos de las partes. Ni bien descubierta América, la Corona española se planteó diversas cuestiones de soberanía, jurisdicción, administración y finalidad acerca de la tarea por realizar. Por estos factores, la conquista española ha sido considerada una obra de carácter popular y colectivo y no una empresa del Estado, aunque él participara desde la metrópoli con apoyos de variada naturaleza. En tal sentido, hubo en los comienzos frecuentes quejas porque el Estado no gastaba suficiente dinero en las expediciones. En otras palabras, el régimen de la Conquista no admite comparación con las guerras militares de España y sus vecinos de Europa o del norte de África. Se ha notado también que las clases nobles o económicamente fuertes no se interesaron mayormente por las misiones y más bien las relegaron a los segundones.

El rey solía conceder, según los casos, títulos honoríficos, funciones de gobierno, propiedad sobre las tierras, repartimientos de indios, parte de las rentas o beneficios pecuniarios obtenidos, derechos sobre las minas y otras regalías a los actores. Con el transcurso del tiempo, y una vez afianzada la Conquista, el rey envió virreyes, gobernadores y adelantados de origen nobiliario.

El descubridor o *adelantado* debía a su vez pagar los gastos de la expedición, para lo cual se asociaba con personas de fortuna, ofreciendo parte de sus eventuales beneficios a soldados, marinos o colonos. En casos imprevistos, los interesados podían efectuar peticiones al rey con el objeto de obtener nuevas franquicias.

La Conquista no fue un acto de exterminio deliberado, como se ha dicho en alguna oportunidad quizás por razones ideológicas, pues en todos los casos el adelantado o *conquistador* procuraba respetar la autoridad de los caciques establecidos y les proponía reconocer al rey de España como su nuevo soberano y aceptar la fe católica. En la eventualidad de una negativa del señor natural de la tierra se producía inevitablemente el choque armado. En el fondo de esta actitud se encerraba el concepto de constituir pueblos de indios con *alcaldes* del lugar y soberanía imperial a cargo del monarca español.

No faltaron, claro está, individuos irresponsables o aventureros de mal vivir en la conquista. La pobreza, la codicia, el ansia de gloria, el espíritu de aventura, la necesidad de escapar a la justicia peninsular, la vocación misionera de los religiosos, el sentido de justicia humana en muchos gobernantes, el afán de búsqueda de nuevos motivos artísticos de pintores, escultores y arquitectos, la obtención de trabajo para los desocupados y el hallazgo de nuevas oportunidades por comerciantes honestos, se entremezclaron en la empresa.

En un principio el monarca encomendó el gobierno de los nuevos territorios a los adelantados o jefes de las expediciones. Ellos acumulaban en su persona la autoridad militar, la superioridad política y la conducción administrativa, en general con carácter vitalicio y en ocasiones, hereditario.

A medida que la Conquista se extendió, se designaron *gobernadores* o *adelantados gobernadores*, que se diferenciaban de los anteriores en que sus funciones eran más civiles y menos militares. Éstos, además, eran designados por el rey y representaban al rey, no así los expedicionarios privados.

Los más importantes conquistadores españoles fueron cuatro: Hernán Cortés, Francisco Pizarro, Gonzalo Jiménez de Quesada y Pedro Valdivia.

Hernán Cortés

Hernán Cortés provenía de una familia noble y había estudiado en la Universidad de Salamanca. Se encontraba en Cuba adonde había acompañado al gobernador Velázquez en la conquista de la isla. En esos años había tomado conocimiento de anteriores expediciones menores al continente, y solicitó autorización al gobernador Velázquez, quien se la negó, por desconfianza y codicia personal. Desobedeciendo la orden recibida de no partir, Cortés zarpó con unos 600 hombres a los treinta y tres años de edad. Desembarcó en la isla de Cozumel, donde se encontró con un compatriota, Jerónimo de Aguilar, quien había sobrevivido de un naufragio anterior y conocía la lengua maya. Cortés recogió de él antecedentes sobre los pueblos que iba encontrar.

De allí prosiguió su itinerario por mar hasta desembarcar en la costa de Tabasco, donde tuvo su primer encuentro con los indios, de cuyo pueblo se apoderó, ya que

Hernán Cortés, conquistador de México y de casi toda Centroamérica. Estudió leyes en Salamanca durante dos años y a los 19 años se radicó en la Hispaniola como granjero. Viajó luego a Cuba y navegó con Diego de Velázquez por las Antillas. El gobernador de Cuba le encomendó una expedición a Tierra Firme. Después de desembarcar en México, destruyó sus naves para impedir el regreso de sus soldados. Fue objeto de intrigas y otras peripecias hasta ser honrado por Carlos V como Marqués del Valle de Oaxaca.

estos últimos estaban, asustados por la presencia de los caballos y las naves de gran porte desconocidas por ellos. Pactó con los tabasqueños, que le regalaron veinte esclavos en señal de amistad, entre ellos una joven de sangre indígena, Marina o la Malinche, que entendía la lengua aborigen y la española, y sirvió fielmente de intérprete a Cortés en toda su carrera. Cortés siguió su campaña por tierra y atravesó el suelo hasta llegar a Tenochtitlán (1519), capital del imperio de los aztecas, tomó prisionero al emperador Moctezuma y más tarde al valiente caudillo Cuauhtémoc. Las peripecias de la hazaña de Cortés fueron múltiples y no faltaron asesinatos, victorias y derrotas, alianzas con indígenas, matanzas horribles, luchas internas entre los expedicionarios. En determinado momento, a poco de apoderarse de Tenochtitlán, dejó allí un destacamento para ir a luchar contra las tropas de Pánfilo Narváez que habían llegado de Cuba enviadas por el gobernador para castigar a Cortés por su desobediencia. El conquistador venció a su adversario, pero al regresar a la capital azteca, fue sitiado por los naturales. En la imposibilidad de derrotarlos, abandonó la ciudad una noche en medio de terribles ataques de los naturales, en los que murió la mitad de sus soldados. La historia de este sangriento episodio se conoce en la historia como "la Noche Triste". Conquistó definitivamente a México, lo que le valió el reconocimiento del rey, quien legitimó su situación y lo nombró Capitán General y Justicia Mayor de la Nueva España (1522), y más tarde, lo ennobleció con el título de Marqués del Valle de Oaxaca. México fue establecido como virreinato de la Nueva España en 1535, constituyéndose así en el primer virreinato del imperio español.

Francisco Pizarro, conquistador de Perú, según un dibujo que ilustraba el libro *Nuevo Mundo desconocido*, de Dapper, publicado en Amsterdam en 1673. Fundó la ciudad de Lima (1535) con el nombre de Ciudad de los Reyes.

Francisco Pizarro

Francisco Pizarro fue hijo ilegítimo de un coronel español y pasó su infancia en la pobreza y la ignorancia, criando cerdos. Anduvo por el Caribe participando en varias expediciones, incluso con el mismo Balboa. Asociado con Diego de Almagro, solda- do aventurero de dudosa responsabilidad, y con el clérigo Hernando de Luque, que se ofreció para financiar la expedición, conquistó el imperio de los Incas. Partió de Panamá con unos 183 hombres y 37 caballos, y se aprovechó de la lucha civil que existía en esos momentos entre los incas Atahualpa y su hermano Huáscar por el dominio del imperio, para tomar la región. Mediante una ingeniosa y arriesgada estratagema encarceló a Atahualpa, en Cajamarca, la ciudad imperial (1532). El con- quistador le había ofrecido una Biblia y exhortado a aceptar la religión católica, pero el inca arrojó al suelo el libro sagrado y se aprestó a atacarlo con sus hombres. Merced a un golpe de audacia, Pizarro lo capturó. A cambio de su libertad el inca le ofreció una habitación llena de oro hasta la altura de su mano levantada. El empera- dor indígena pagó el tributo ofrecido, pero Pizarro, amenazado por una posible revancha lo sometió a juicio y el tribunal ordenó su muerte a manos de un verdugo. El jefe español, por su parte, siguió su camino hacia Cuzco, la ciudad sagrada de los incas, la cual ocupó en 1533. Los españoles saquearon la ciudad y se repartieron las enormes riquezas en oro que allí había.

Establecido en la ciudad, Pizarro tuvo diversos problemas con incas y españoles, y decidió trasladarse desde las montañas a la costa y fundar una nueva capital en el valle del Rímac, la Ciudad de los Reyes, más tarde capital del Virreinato del Perú (1544), y actual Lima. Hubo más tarde una lucha civil entre Pizarro y su socio Almagro, quien se había apoderado de la ciudad de Cuzco y hecho prisioneros a Gonzalo y Hernando Pizarro. Los seguidores de Pizarro atacaron a Almagro en su reducto, y tras un precipitado proceso le dieron muerte.

Diego de Almagro, llamado el Mozo, hijo del ajusticiado, se refugió en las montañas y al cabo de un tiempo, tejió una conspiración contra Pizarro, a causa de la cual el conquistador del Perú, anciano ya, fue atacado y asesinado en su habitación por una estocada en la garganta (1541).

Gonzalo Jiménez de Quesada

Este conquistador, de familia nobiliaria, había estudiado leyes en España. Llegó a ser magistrado en Santa Marta, ciudad de la costa de Colombia, y desde allí dirigió una expedición de 600 soldados y 200 marinos que, por tierra y por el río Magdalena en barco, llegaron al interior del país después de agotadoras jornadas. El conquistado tomó prisionero a algunos de los caudillos chibchas y fundó la ciudad de Santa Fe de Bogotá (1538). La corona española le concedió el cargo de gobernador de las tierras conquistadas, las que más tarde, en el siglo XVIII, formaron el Virreinato de Nueva Granada (1717).

Pedro de Valdivia

Pedro de Valdivia, también de origen noble, había intervenido en las guerras de Carlos V contra Italia. Se radicó en el Perú, donde llegó a ser un rico propietario de minas. Con unos 200 españoles y un millar de indios se dirigió a conquistar a Chile, región donde antes había fracasado Almagro frente a los imbatibles araucanos. Después de motines entre sus propios soldados y feroces luchas contra los indios, fundó la ciudad de Santiago (1541) y varias otras, ocupando el país hasta el río Bío-Bío. Despachó algunas expediciones a la Argentina actual a través de los Andes. Valdivia encontró en Caupolicán y Lautaro, los dos héroes de la resistencia, a sus más temibles enemigos. Hizo ejecutar cruelmente a Caupolicán sentándolo sobre un poste puntiagudo. Pedro de Valdivia murió en una de las luchas contra los nativos en lugar y fecha no conocidas con exactitud.

La lucha contra los indios

En los primeros tiempos del Descubrimiento y la Conquista, los españoles, lejos de toda vigilancia real, y comprometidos en una guerra peligrosa y cruel, actuaron librados a su propio albedrío. Se cometieron abusos contra los indígenas, se destruyeron templos, reductos militares y hasta pueblos enteros, y se quemaron documentos y exponentes del culto bárbaro. Cortés hizo matar al héroe azteca Cuauhtémoc;

Valdivia, a Caupolicán, y Pizarro, a Atahualpa. Entre los mismos españoles hubo traiciones, ejecuciones, y hasta luchas civiles por la ambición de poder.

Habrá que reconocer objetivamente, a esta altura de los tiempos, el carácter propio de toda conquista militar, justa o injusta en términos jurídicos, en la que muchos actores exaltados, ambiciosos, fanáticos, atemorizados o sencillamente perversos, cometen atropellos y crímenes de cualquier naturaleza en situaciones extremas, cuando el peligro de muerte, el hambre, la carencia de pareja femenina, o el descontrol emocional los acosan. Los conquistadores y colonizadores no pudieron resistir a las tentaciones de la riqueza, afán de poder y demás debilidades propias del ser humano. Pero tampoco fueron todos inhumanos ni lo fueron en toda oportunidad. Al lado de los crueles, estuvieron también los pacíficos, los justos y los sinceramente empeñados en la salvación de las almas. Bastaría leer únicamente el ilustrativo libro de Bernal Díaz del Castillo, soldado de Hernán Cortés, *Verdadera historia de la conquista de la Nueva España*, para internarse en la inagotable mina psicológica de los hombres de armas en aquellos años, donde hubo de todo.

Por otra parte, el fenómeno de la Conquista no fue únicamente español, ni siquiera típico del siglo XVI, pues en la historia, las conquistas humanas son bastante similares entre sí.

Los indios, por su parte, conocieron también estas prácticas: Atahualpa mandó a matar a su hermano Huáscar, en épocas de la invasión española, en su lucha por el

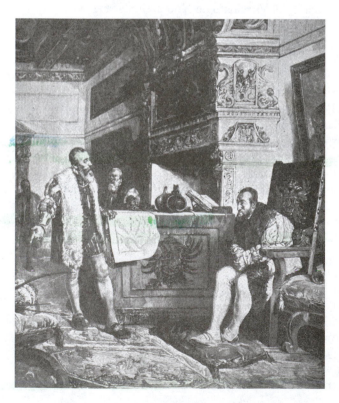

Francisco Pizarro informa al rey Carlos V sobre las Indias, después de su primera exploración en el Perú, con el objeto de obtener la autorización real para la conquista. Consiguió firmar la capitulación con la Corona y fue nombrado gobernador, adelantado y capitán general de la provincia del Perú o Nueva Castilla en forma vitalicia.

poder en el imperio inca, y en varios países tribus indias acompañaron a los invasores como soldados para vengarse de sus opresores o enemigos aborígenes.

Una vez descubierto el Nuevo Mundo hubo que reconocerlo, dominarlo, organizarlo en nuevos estados, catequizarlo, y esto se hizo por consentimiento o por la fuerza de las armas y sobre todo, sobre la base de los principios y criterios imperantes en la época, y que de ninguna manera son los aceptados hoy en día. El testimonio espontáneo y sencillo de Bernal Díaz del Castillo es conmovedor y demostrativo: sintió piedad por ellos, lo entristecía su equivocada fe, los odió cuando mataban a sus compañeros de campaña arrojándolos en pedazos desde la cúspide de los templos, y mató a sus adversarios cuando su vida estuvo en peligro o tuvo miedo.

La "leyenda negra"

Se ha dicho que Fray Bartolomé de las Casas fue el iniciador de la llamada "leyenda negra" o sea la interpretación antiespañola de la Conquista. El fraile dominico habló de matanzas inauditas, violaciones de mujeres, incendio de poblaciones, robos de propiedades ajenas, esclavitud de los indios, explotación ruinosa en minas y plantaciones, exterminios de la población y calamidades infinitas.

Fray Bartolomé de las Casas, fraile dominico, llamado el "Apóstol de los Indios". Llegó a ser obispo de Chiapas, desde cuya sede continuó su infatigable obra de defensa de los derechos aborígenes, en alegatos personales ante el rey de España y numerosos libros. Sobresale entre ellos la *Brevísima relación de la destrucción de las Indias* (1552), en la que denuncia toda clase de atropellos cometidos contra los indígenas, de estilo vehemente y cálculos numéricos increíbles. Algunos lo consideran el creador de la "leyenda negra" que sirvió a otros historiadores europeos para denigrar la obra de España. Curiosamente, se mostró favorable a la importación de negros de África.

La expresión "leyenda negra" es relativamente moderna y fue popularizada en un libro escrito en 1914 por el historiador español Julián Juderías, titulado *La leyenda negra*. Sin embargo, la leyenda está asociada al nombre de varios historiadores y escritores antihispánicos, a menudo indignados por la política antiprotestante de Felipe II. Por otro lado, los archivos y documentos españoles sugieren que esa Conquista no fue peor que la de otras naciones, y declinó cuando el celo de los dominicos dio paso a la nueva orden de los jesuitas, protectores de los indios hasta su expulsión del imperio en 1767. Los jesuitas tomaron a su cargo la conversión de los aborígenes por medios pacíficos y su agrupamiento en misiones o pueblos mixtos, organizados bajo un régimen paternalista, principalmente en el Virreinato del Río de la Plata.

Está probado que el padre las Casas, por apasionamiento en sus buenas intenciones, para influir más dramáticamente ante las autoridades españolas o por error aritmético, exageró los números y hasta entró en contradicción consigo mismo. De todas maneras, es cierto que hubo una disminución en la población de las Indias durante un largo período, que se atribuye a las guerras, pero también a las epidemias de viruela, la miseria, la alimentación deficiente, la disminución de la agricultura, el trabajo en las minas, la falta de comercio e intercambio y el alcoholismo.

Las opiniones de los historiadores están muy divididas sobre este particular, tanto entre españoles como entre hispanoamericanos. Lewis Hanke, un historiador conocido por su imparcialidad, ha sostenido al respecto que nadie defendería hoy las estadísticas que proporcionó las Casas, pero pocos negarían que sus cargos eran verdaderos en gran parte.

Américo Castro, ilustrado profesor español, ha afirmado: "La conquista fue cruel, sin duda, y los demás europeos procedieron del mismo modo antes del siglo XIX... pero la diferencia esencial fue que los españoles se mezclaron con la población indígena..."

La polémica sobre la cuestión indígena

En muy pocas ocasiones un país se planteó con tanta libertad como España los fundamentos morales sobre la conquista y el derecho que tenía a realizarla. Este hecho se ha considerado en sí mismo como una demostración del contenido espiritual y cristiano de su empresa.

La polémica se entabló entre indigenistas y colonialistas. Los primeros desconocían los títulos o derecho de la Corona para ocupar las tierras de los indios y someterlos a su jurisdicción, tanto política como religiosa. Los segundos, por el contrario, pretendían justificar la empresa religiosamente.

En líneas generales, entre los primeros se contaban los teólogos, moralistas, juristas y políticos defensores de los indios; entre los segundos, los *encomenderos*, funcionarios gubernamentales de la Metrópoli, beneficiarios de repartimientos y gobernantes del Nuevo Mundo.

Hasta la aparición del padre Francisco de Vitoria (1486–1546) se habían denunciado ya ante el monarca español muchos abusos de los conquistadores llevados a cabo con el pretexto de conducir a los indios al conocimiento del verdadero Dios cristiano, y aun por meras ambiciones personales.

Los indígenas naturales de América no se sometieron sin luchar al dominio español. Este grabado del siglo XVII ilustra el asalto de los indios *timbúes* al fuerte de Corpus Christi. Los indígenas, una rama de los guaraníes, atacaron la precaria fortificación construida sobre el río Paraná, en las proximidades de la actual ciudad de Santa Fe, Argentina. El combate, ocurrido en 1538, terminó con la derrota de los naturales. Poco después, los indígenas asaltaron y destruyeron la primera ciudad de Buenos Aires.

En la polémica se enfrentaron el padre Vitoria y Bartolomé de las Casas contra el eminente jurista Juan Ginés de Sepúlveda (1490–1573). Este jurisconsulto había publicado un libro reivindicando la legitimidad de las donaciones papales y era por tanto favorable a los actos cumplidos por los reyes españoles. Partía, en esencia, de la tesis de que el Papa era el *Dominus Orbis* (Señor del Mundo), y por lo tanto estaba en su derecho adjudicar el dominio de las tierras. Dios condenó a la perdición a esos bárbaros por sus abominaciones y los entregó a los españoles, como entregó los cananeos a los judíos.

El padre Vitoria, religioso dominico profesor de la Universidad de Salamanca, sostuvo en cambio, desde su cátedra, la necesidad de revisar los alcances de los cuestionados títulos en tres famosas lecciones en la Universidad (1539), que luego se conocieron en su versión castellana como *Relecciones sobre los indios*. Fue así el primero en negar que las bulas papales de Alejandro VI fuesen título suficiente para dominar las nuevas tierras.

Su tesis sostenía que el Emperador no es el Señor del Mundo y el Papa no tiene potestad civil o temporal sobre todo el orbe, y en todo caso, no podría transferirla, ni siquiera a los príncipes cristianos, quienes no pueden por consiguiente castigar a los bárbaros o constreñirlos por sus pecados contra naturaleza (sodomía en especial) y que el Papa tampoco tiene jurisdicción sobre los infieles, sino sobre los cristianos.

Primitivo trabajo de moler caña de azúcar en la Cuba colonial. Grabado antiguo.

Completaba esta tesis con la referencia a las guerras contra los indios: los bárbaros no están obligados a creer al primer anuncio que se les haga de la fe; luego, si no creen, no puede hacérseles tampoco la guerra. La fe de Cristo debe ser propuesta en forma pacífica, con argumentos razonables y con el ejemplo de los predicadores, diligencia y esmero. Los indios tampoco están obligados a reconocer dominio alguno al Papa, y no pueden los españoles, por esta creencia, hacer la guerra ni ocupar sus bienes. A estos títulos alegados por los colonialistas, el padre Vitoria los consideraba títulos ilegítimos. Éste admitía únicamente ocho títulos legítimos para invadir sus tierras: 1) los españoles tienen derecho a viajar y a permanecer en aquellas provincias, mientras no causen daño; 2) es lícito a los españoles comerciar con ellos, proveyéndose de los productos que carecen, y ningún príncipe bárbaro puede prohibírselo a sus súbditos; 3) si hay entre los bárbaros cosas que sean comunes a los ciudadanos y a los extranjeros, no es lícito que los bárbaros prohíban a los españoles la comunicación y participación de las mismas; 4) si a algún español le nacen allí hijos y éstos quisieran ser ciudadanos del lugar, habitar allí o gozar del derecho de los restantes ciudadanos, no corresponde prohibirles el hacerlo, siempre que los padres hayan tenido allí su domicilio; 5) si los bárbaros quisieran prohibir a los españoles los derechos anteriores, éstos pueden defenderse y hacer lo que crean conveniente para su seguridad y usar de los derechos de guerra; 6) si intentados todos los medios, los españoles no pueden conseguir su seguridad, pueden ocupar sus ciudades y someterlos; 7) si después de todas las diligencias posibles los bárbaros no quieren vivir pacíficamente y perseveran en sus malicias, puede hacérseles sentir todo el rigor de los derechos de guerra, reduciéndolos al cautiverio y destituyendo a los señores, pero todo con moderación y en proporción a las injurias recibidas; 8) los cristianos tienen el derecho de predicar y anunciar el Evangelio en las provincias de los bárbaros. Este último título se argumenta por religión: se ordenó a los cristianos ir y predicar el Evangelio por todo el mundo.

Si así no fuera, los indios quedarían fuera del estado de salvación, y ellos son nuestros prójimos.

Aclara el padre Vitoria: "...aunque esto sea común a todos los cristianos, pudo, sin embargo el Papa encomendar esta misión a los españoles y prohibírsela a todos los demás". Y agrega: "Si los bárbaros permitieran a los españoles predicar el Evangelio libremente y sin obstáculo, no sería lícito, tanto si reciben como si no reciben su fe, declararles la guerra, ni tampoco ocupar sus tierras". Dentro de esta afirmación el religioso dominico especifica todas las posibilidades derivadas de esta proposición.

Don Ramón Menéndez Pidal, medievalista y literato español, ha escrito sobre el tema: "Si los caciques, los Moctezumas, los Atahualpas, hubiesen sido conservados inconmovibles a perpetuidad en sus descendientes, y si los ingleses hubiesen seguido las mismas normas jurídicas, América sería hoy un continente de pueblos con numerosas lenguas y religiones, pues los misioneros de las Indias Occidentales no habrían tenido mejores éxitos que los de las Indias Orientales, como lo probaron los muchos fracasos de catequesis pacífica hechos sin la vigilancia o al amparo de las armas". En su opinión, las Leyes de Indias y los Reyes Católicos unieron América a Europa, apartándose del Este asiático. En tan controvertida materia, toca a cada uno la propia definición.

Francisco de Vitoria está considerado como el precursor y fundador del derecho internacional. Se le atribuye la creación del concepto de "guerra justa".

Las leyes de Indias

Como consecuencia de esta controversia, la Corona fue perfeccionando sucesivamente la legislación sobre la materia para mitigar la situación dolorosa de los indios. Al principio se emitieron *reales cédulas* e *instrucciones* para los adelantados. La reina Isabel, por ejemplo, ordenaba a los hombres en su testamento que "no se consientan ni den lugar a que los indios vecinos y moradores de dichas Islas y Tierra Firme, ganadas y por ganar, reciban agravio alguno en sus personas y bienes; mas que sean bien y justamente tratados, y si algún agravio han recibido, lo remedien...". Carlos V prohibió enviarlos a las minas o a las pesquerías de perlas, o cargarlos y que allí donde no se pudiese prescindir de su trabajo, se les pagase.

En 1542 el rey Carlos V envió a Nueva España las llamadas *Nuevas Leyes* inspiradas en las teorías del padre Vitoria, en virtud de las cuales se anulaban los antiguos *requerimientos*. El requerimiento era una petición que los reyes de España y Portugal efectuaban al Papa con el fin de que les reconociese un derecho pretendido. El Papa decidía sobre el caso particular. Por supuesto, las controversias entre los aspirantes a ese reconocimiento eran arduas y complicadas.

Estas Nuevas Leyes se extendieron a todos los territorios ocupados y provocaron gran descontento e incluso sublevaciones de quienes en América se sentían perjudicados en sus intereses. En definitiva, el Consejo de Indias, asistido por una comisión de teólogos y jurisconsultos, terminó por reconocer la teoría de los dominicos contraria a la autoridad temporal pontificia. En otras disposiciones reales se reconoció que la única fuente válida de la conquista era la evangelización. En ordenanzas posteriores se aceptó que los pecados *contra natura* de los indios, la infidelidad o la negativa de ellos a recibir la fe cristiana eran también títulos aceptables. Se fijó entonces que los lndios eran vasallos del rey de España y no esclavos.

La disputa colonial sobre estos asuntos fue larga y copiosa. En este campo fue muy importante la opinión de Juan de Solórzano Pereira (1575–1655), cuya defensa de la teoría regalista fue difundida en castellano con el título de *Política Indiana*. Esta obra fue completada y perfeccionada posteriormente, pues más de diez mil leyes fueron reducidas a seis mil trescientas setenta y siete y publicadas bajo el título de *Recopilación de Indias* (1680), admirable documento jurídico.

Sin embargo, las leyes se dictaban pero no siempre se cumplían: La fórmula era: "Se acatan, pero no se cumplen".

Si bien los indios no eran esclavos sino vasallos del rey, la corona española no podía prescindir del trabajo y la colonización indígena en la gigantesca tarea de la conquista. Por su parte, los indios, ignorantes de la idea de la propiedad privada y acostumbrados por tradición a otro tipo de vida, se negaban a trabajar para los conquistadores y se fugaban a los montes y las montañas. Se los denominaba entonces *cimarrones* o *alzados*.

Así las cosas, desde un comienzo los indios eran integrados en *repartimientos*, ya que se los repartía entre importantes personajes españoles en aldeas o predios, colocándolos bajo sus órdenes y con obligación de trabajar. En el Perú los *mitayos* eran repartidos para trabajar por semanas o meses, y los *yanaconas*, en cambio, eran repartidos para siempre, y eran ocupados en todo tipo de tareas.

Al lado de este sistema existió el de la *encomienda*, otorgada a individuos distinguidos o que habían prestado un servicio importante a España. La encomienda implicaba que el español era dueño no sólo del territorio ocupado, sino también señor absoluto de los habitantes. En esencia, consistía en un premio por haber guerreado y conquistado. Este poder se concedió, en sus comienzos, de por vida al beneficiario, plazo que con el tiempo se extendió a los herederos o por dos vidas. Tanto el encomendero como sus herederos tenían el derecho de percibir para sí los tributos de los indios, pero no tenían ningún derecho de propiedad sobre ellos. No podían especular con las tierras ni venderlas.

Los abusos fueron naturalmente graves y frecuentes. Sería absurdo negarlo. A millares de kilómetros de distancia y en tan apartadas regiones, las leyes sucumbían con impunidad y la justicia quedaba reducida a un problema de conciencia personal.

En síntesis, la cuestión indígena ha continuado sin consenso histórico y acaso no lo logre en un futuro inmediato, pues su naturaleza remite inevitablemente a razonamientos de índole filosófica. El historiador argentino Ricardo Levene ha afirmado al respecto: "Es absurdo imaginar que los españoles por sí podían realizar la colonización —como los ingleses en el norte— con prescindencia de los indios que constituían la inmensa mayoría. En todo el proceso de la colonización hispánica esta contribución de los indígenas constituye su base."

La política de la colonización

La colonización de América no se efectuó sin concierto y al acaso. Desde los primeros tiempos la Corona se preocupó porque su obra tuviera un régimen coherente y acorde con su conceptos políticos y religiosos. De manera sostenida los monarcas de la casa de Austria concentraron en sus disposiciones los derechos y las obligaciones de sus súbditos.

Las Indias no se consideraban colonias, sino parte integrante de la Corona, la cual era propietaria de las tierras, islas y aguas, se comprometía a mantenerlas unidas, defenderlas y no enajenarlas. El rey de España era al mismo tiempo el rey de las Indias, Islas y Tierra Firme del Mar Océano y ejercía una autoridad absoluta, y sin limitaciones. Podía a su criterio premiar con tierras a sus hombres.

Dada la inmensidad del dominio "donde nunca se ponía el sol" era posible dar la vuelta al mundo sin salir de territorio hispánico y estar en todos los casos sometido a las mismas leyes.

Hacia 1534, una parte de las tierras descubiertas habían sido concedidas bajo estrictas condiciones, sobre todo de no esclavizar a los naturales, pagarles su trabajo, educarlos y alfabetizarlos.

Las ordenanzas sobre poblaciones establecían que ninguna persona podía efectuar legalmente descubrimientos por su propia cuenta, entrar en una población indígena, ni fundar ciudad alguna, sin autorización.

Los gobernadores debían realizar previamente todas las averiguaciones sobre los lugares por descubrir o pacificar: habitantes, religión, culto, gobierno y economía sin enviar hombres de guerra ni hacer escándalo. Luego se podía tomar posesión en solemne acto público, poner nombre a la tierra, ciudades, pueblos, montes y ríos principales.

La fundación de ciudades estaba también reglamentada. Debía elegirse un lugar saludable, con cielo claro y aire puro, sin exceso de calor ni de frío, lo cual podía conocerse por la complexión de los habitantes, animales y plantas del lugar. Debían tener buenas entradas por tierra y por mar, y debía resolverse si tendría el carácter de ciudad o de pueblo.

El plano de la ciudad debía levantarse previamente en base a una Plaza Mayor, desde la cual se tirarían las calles hasta los caminos o entradas principales, denominados "caminos reales". Si la ciudad era costera (como Santa María de los Buenos Aires), dicha plaza debía estar situada cerca del desembarcadero, y si no, había de edificársela en el centro del lugar (como Santa Fe de Bogotá). En torno de la plaza no podían concederse terrenos o solares a los individuos particulares, pues éstos debían reservarse para la iglesia, la casa real, el cabildo o ayuntamiento, casas de las autoridades, comercios y tiendas. Los demás solares debían repartirse entre los conquistadores o fundadores, según su jerarquía o méritos. Los restantes se entregaban a los soldados y entre los pobladores.

Fuera del ejido o perímetro de la ciudad se fijaban los lugares para los trabajos de agricultura y ganadería, en cantidad proporcional a los terrenos de la ciudad. Otras disposiciones regulaban la construcción de viviendas y el aprovechamiento de las tierras concedidas.

El régimen económico

Monopolio y regalías. En España, se establecieron, como instituciones especialmente dedicadas a la administración, la Casa de Contratación en 1503 (al principio en Sevilla y luego en Cádiz) y el Consejo de Indias en 1524, en la sede real.

La Casa de Contratación tenía un carácter complejo, pues allí se depositaban las mercaderías que iban a América o llegaban de allí, se instruía a los pilotos, se hacían estudios técnicos de navegación, se promovían descubrimientos y exploraciones, se atendían los pleitos comerciales y marítimos, y se dirigía y controlaba el monopolio comercial. Esta institución fue creada por Isabel la Católica y ella se encargó de la confección del Padrón Real o cartografía de las nuevas tierras. Dependía directamente del poder real y su gestión fue más adelante controlada por el Consejo de Indias.

La Corona tenía establecido un sistema de *regalías*, con el propósito de aumentar sus ingresos. Mediante este sistema concedía beneficios a individuos o compañías que tenían que aportar al tesoro español un quinto de los beneficios obtenidos en minas, oro, piedras preciosas, bienes vacantes, montes y pastos y otras labores de finalidad económica. El rey Carlos V otorgó, dentro de este régimen, a los banqueros alemanes Fugger (Fúcar) y Welser (Belzar) concesiones ventajosas por su participación en objetivos de la conquista.

España estableció un régimen de monopolio económico de los productos llamados *ultramarinos*, en particular especias, azúcar y tabaco. Estableció un sistema de *galeones* para el comercio monopólico con América, que partiendo de España llegaban a los puertos de Veracruz (México) y Nombre de Dios (Panamá). Desde allí, se distribuían los artículos importados al resto del imperio, y se enviaban de regreso a España los productos de América.

Excepcionalmente autorizó a Inglaterra a raíz del Tratado de Utrecht (1713) el envío de "navíos de registro" a las colonias, y a Francia en otra oportunidad a importar a América una partida de africanos mediante el denominado "asiento de negros".

El Consejo de Indias, por su parte, se estableció para hacerse cargo de los asuntos de justicia, peticiones de los gobernantes de las Indias, ciertas causas criminales y civiles, disposiciones de gobierno, otorgamiento de mercedes, y asesoramiento del rey.

La política económica tenía por finalidad explotar al máximo la tierra y fue primordialmente minera y agrícola. Las minas eran regalías, pero el cateo o prospección, libre. Nadie podía poseer más de seis minas. Para explorar, extranjeros, españoles y naturales tenían el mismo derecho, pero debían contar con una autorización previa. Se emitieron también diversas disposiciones sobre seguridad en el trabajo.

El sistema monopólico de comercio era también el adoptado por Inglaterra, Francia, Holanda y Portugal. Las flotas salían una vez por año de España, escoltadas en convoy por navíos de guerra. Al llegar al Caribe, la flota se dividía en dos partes: una iba a Tierra Firme, puertos de Cartagena (Colombia) y Portobelo (Panamá). La otra llegaba hasta Veracruz (México). De Portobelo las mercaderías cruzaban el Istmo: se embarcaban para Lima, y desde allí se transportaban por tierra a Buenos Aires y Montevideo. De Veracruz cruzaban por tierra, a través de México hasta el puerto de Acapulco, donde se reembarcaban con destino a las Filipinas. De regreso las flotas pasaban por La Habana.

Hacia mediados del siglo XVIII, con el advenimiento de los reyes Borbones, el régimen creado para monopolizar la actividad económica y evitar el ataque de los piratas, fue abolido. Se autorizó a los barcos a ir solos a América y se abrieron al comercio internacional otros puertos de España y de los dominios. La oficina económica respectiva en América se denominaba *Consulado*.

La piratería y el contrabando. Puesto que España no permitía el comercio de sus dominios con otros países rivales —Inglaterra, Francia y Holanda—, y enemigos tradicionales, estas naciones quebrantaban el monopolio mediante el contrabando, que al mismo tiempo interesaba a los comerciantes de América y a los criollos. En ciertos momentos, el comercio ilegal llegó a tener tanta importancia como el legal.

La piratería fue muy intensa durante casi tres siglos. El pirata actuaba protegido por el gobierno de su nación y prestaba un servicio patriótico cuando saqueaba una ciudad costera o atracaba un galeón. En la práctica, era una forma de guerra en tiempos de paz. Los piratas se dedicaron además al tráfico de esclavos africanos. John Hawkins empezó su carrera como *negrero* y más tarde fue pirata. Sir Francis Drake fue uno de los más temidos: en 1572 dio la vuelta al mundo en su barco, atacó las costas de América y tomó la ciudad Nombre de Dios (Panamá). La reina Isabel de Inglaterra lo nombró caballero por sus hazañas. Thomas Cavendish realizó la proeza de capturar el galeón de la ruta a Manila frente a las costas de California en 1587. Henry Morgan tomó y saqueó a Panamá. Entre los holandeses, fueron muy temidos Piet Heyn y Henrik Brouwer.

Los *filibusteros* eran los aventureros y bandidos que actuaban bajo su propia responsabilidad y tenían sus bases de operaciones en puntos del Caribe.

El régimen administrativo

En las Indias, el gobierno estuvo primero en manos de los adelantados y gobernadores, pero más tarde el Imperio fue encomendado a los *virreyes* y *capitanes generales*, que gobernaban como representantes del rey.

Los virreyes fueron instituidos por Carlos V (1542) con vastas atribuciones. Eran la encarnación misma del soberano. Gobernaban por medio de instrucciones reales que transmitían a sus súbditos, y en caso de urgencia, podían gobernar sin dichas instrucciones. En peligro de muerte, tenía poderes para nombrar incluso a su propio sucesor. En un principio su nombramiento era de por vida, pero con el tiempo se redujo a tres o cinco años. Sus atribuciones se vieron poco a poco limitadas por la acción de las *audiencias* y *capitanías generales*, que resistían a su poderes cuando los consideraban injustificados.

Las facultades de los capitanes generales, que gobernaban en zonas alejadas de cada capital del virreinato, se asemejaban a las de los virreyes, pero valían en zonas de jurisdicción más pequeña. Su misión era más combativa que la de los virreyes, puesto que debían mantener las fronteras con los indígenas. Guatemala, era una capitanía de Nueva España, lo mismo que Cuba y demás islas, y se llamaba Capitanía General de Santo Domingo; Venezuela era Capitanía de la Nueva Granada (Colombia), y Chile lo era del Virreinato del Perú.

La corona española controlaba cada tanto la actividad de los virreyes y demás funcionarios mediante el envío desde España de *pesquisidores* o inspectores cuya misión consistía en investigar e informarse de la correcta aplicación de las leyes en los territorios de las Indias.

Al término de sus mandatos, los virreyes debían someterse a un *juicio de residencia*, generalmente a cargo de las audiencias, sobre el cumplimiento de las obligaciones encomendadas. El Consejo de Indias dictaba la sentencia final en cada caso.

En tierras de ultramar actuaba también la *Audiencia*, con amplias atribuciones, que podía desempeñar, llegado el caso, las funciones de organismo legislativo.

Las audiencias fueron en un principio instituciones judiciales, pero con el tiempo su presidente asumió también funciones administrativas, en ausencia de la autoridad política. El virrey o capitán general presidía las reuniones, pero no tenía voz ni voto.

En la práctica constituyeron un valioso elemento de equilibrio institucional, ya que además de sus funciones específicas, controlaban las decisiones superiores, revocaban sus resoluciones, y cubrían las ausencias o vacantes ocasionales. En más de una oportunidad hubo conflictos entre las autoridades ejecutivas y las judiciales.

La audiencia estaba constituida por un número variable de *oidores*, según la importancia del lugar, y para su funcionamiento se dividía en salas, donde actuaban alcaldes del crimen, fiscales, asesores, alguaciles, procuradores, escribanos, etc. A ellas podían acudir quienes se sintieran afectados en sus derechos en busca de rectificaciones.

La primera Real Audiencia de la América española se estableció en Santo Domingo (1511), siguieron la de Cuba (1526), México (1527) y demás.

En las ciudades o municipios se establecieron *Cabildos*, con importantes funciones en asuntos de abastecimiento, obras públicas, higiene, educación primaria y policía. Los Cabildos están considerados como la base del federalismo en la historia de Hispanoamérica. Ciertas ciudades, consideradas "muy nobles y muy leales", fueron autorizadas a tener su propio escudo de armas. En esencia los cabildos constituían el centro de la vida municipal. Estaban constituidos por *regidores* ordinarios, un *alférez* portador del estandarte real, bajo la presidencia de un *alcalde* o *corregidor*. Funcionaban en sesiones ordinarias (cabildo cerrado) pero en circunstancias especiales o graves se constituían en cabildos abiertos, adonde se convocaba además a los vecinos notables de la ciudad.

Las poblaciones de indios alejadas o aisladas y que no estaban sometidas a encomenderos, vivían en *reducciones* o núcleos separados, que tenían una relativa independencia administrativa y estaban conducidas por un corregidor o funcionario quien cumplía una función tutelar. La reducción fue un tipo de comunidad indígena peculiar: los indios estaban organizados por familias, la tierra era propiedad común o colectiva, los trabajos eran gratuitos y por turnos, y dieron nacimiento a un sistema económico de tipo comunitario.

Otra institución típicamente española fue la *Real Hacienda*, un organismo encargado de la percepción de los impuestos, el reparto de los fondos de las arcas reales, el control de los barcos y mercaderías de España, el rendimiento de las explotaciones y las actividades rentables. Estaba asistida por un sinnúmero de fiscales, síndicos, alguaciles y veedores.

Una de las dos figuras virreinales de más prestigio en la historia colonial fue el virrey de México, Antonio de Mendoza, llegado al país en 1535, quien a pesar de la represión firme de las rebeliones indígenas, cumplió un gobierno beneficioso: reformó la administración de la Nueva España, abolió la esclavitud de los indios, derogó la perpetuidad de las encomiendas, favoreció la introducción de la imprenta, creó el Colegio de la Santa Cruz de Tlatelolco, la Casa de la Moneda, la Audiencia de Nueva Granada, reprimió abusos de los españoles y aplicó con rigor las Nuevas Leyes. En su época, el obispado de México consiguió la jerarquía de arzobispado.

El segundo virrey progresista fue don Francisco de Toledo, que gobernó en Perú entre 1569 y 1581, famoso por sus ordenanzas en favor de los aborígenes y en contra de los encomenderos abusivos y también de los propios caciques que explotaban a sus pueblos. Se rodeó de una corte de hábiles juristas y se mostró magnánimo. Impuso con extrema vigilancia la autoridad de la Corona, actitud que lo condujo a ordenar la ejecución de Túpac Amaru (1572), jefe indígena que organizó una rebelión contra la autoridad de España.

La iglesia y la evangelización

Desde la Edad Media la historia registra dos clases de conquista: con cristianización y sin cristianización. La de España perteneció al primer modelo. Otros países, como Inglaterra en el Oriente, escogieron el segundo. Esta elección ha diferenciado netamente a las conquistas de las Indias Occidentales de las Orientales, y de tal manera, que hasta nuestros días perduran sus consecuencias. Esta es la razón de que Iberoamérica sea mayoritariamente cristiana, y al mismo tiempo, el continente con mayor cantidad de católicos en el mundo. La propia Reina Isabel había ordenado desde el comienzo de la conquista que se aplicara el principio cristiano de igualdad de los hijos de Dios.

Los misioneros, para extirpar la idolatría, apelaron a distintos criterios. Los dominicos, por ejemplo, condenaban por entero las tradiciones religiosas de los indígenas y entendían que debía procederse a una erradicación de fondo. Los franciscanos, por su parte, coherentes con las ideas de su creador, San Francisco de Asís, recurrieron al método de convivencia pacífica con los nativos, la formación de un clero nativo y la persuasión amistosa en plena pobreza. Los agustinos, en cambio, se consagraron especialmente a organizar comunidades, construir monasterios agradables y brindar a los fieles una educación dogmática esencial.

En México, valga el caso, el arzobispo Juan de Zumárraga estimuló a todas las órdenes sin distinción, pues perseguían el mismo fin. Fray Bernardino de Sahagún propició una aproximación científica a las antiguas civilizaciones, y el franciscano Toribio de Benavente (*Motolinía*), escogió el camino de la pobreza y el ejemplo personal en su misión apostólica.

La historia catequística de América ofrece variadísimos ejemplos de apostolado y martirio. Los jesuitas se distinguieron en la enseñanza superior, mientras los salesianos, años más tarde en la Patagonia argentina, se especializaron en el establecimiento de escuelas primarias y secundarias.

Misión jesuita de la Concepción, en la región boliviana denominada la Gran Chiquitania, a unos 50 kilómetros de la actual Santa Cruz de la Sierra, en pleno corazón del continente sudamericano, de exuberante vegetación.

Individualmente, frailes y sacerdotes se distinguían a su vez por su propio llamado vocacional. San Francisco Solano convertía a los indios de Santiago del Estero (Argentina) con un violín, y el "pobre" Motolinía recorrió durante cuarenta años las tierras de México a Nicaragua, creando conventos, enseñando la doctrina, escribiendo libros, defendiendo a los indios en contra de los conquistadores y encomenderos.

En esta tarea la Iglesia católica perdió a muchísimos misioneros, exterminados por los aborígenes. El Santoral recuerda sus nombres. En las llamadas misiones se agrupaba a los indios, se les enseñaba la religión, y se les organizaba la vida y el trabajo en común. Hubo misiones en México (Sinaloa, Sonora, Chihuahua y Coahuila); en Venezuela (Caracas, Orinoco y Cumaná); en Colombia (Meta y Casanare), en Ecuador, Perú, Guayanas, Chile, Bolivia, Paraguay, Argentina, y en el actual territorio de Estados Unidos (Arizona, Nuevo México, Texas, Florida y California). Fray Junípero Serra fundó una cadena de misiones a lo largo del Camino Real desde San Diego hacia el norte.

Los *evangelizadores* no siempre cumplieron su obra con el consentimiento total de los españoles, dado que en muchísimas oportunidades debieron enfrentarse con encomenderos y autoridades políticas que se veían perjudicados en sus intereses por las prédicas de amor, justicia e igualdad. En 1767, el rey Carlos III expulsó a los jesuitas de España y de todos sus dominios; los de Brasil y Portugal, fueron expulsados por José I. La expulsión de los jesuitas es un asunto muy controversial, aún en nuestros días, pero hay valederas razones para suponer que los reyes temieron el poder de los religiosos. En el caso de las reducciones jesuíticas de Paraguay y Argentina, algunos historiadores les atribuyen el secreto designio de formar un estado independiente en la América meridional, comprendido entre los paralelos 20 y 32, desde la costa del Atlántico hasta la cordillera de Los Andes. "Aquel sistema económico basado en el comunismo era antagónico con la independencia de carácter individualista que el siglo XVIII iniciaba", ha dejado escrito Leopoldo Lugones.

El Patronato real. La Iglesia católica había concedido a los reyes de España la facultad de ocupar los territorios descubiertos y convertir a los naturales al catolicismo, y años más tarde, le reconoció el derecho del Patronato real. Por dicha resolución, los monarcas españoles se convertían en administradores de ciertos asuntos eclesiásticos: creaban obispados, nombraban y quitaban prelados, levantaban templos y monasterios, cobraban los diezmos y rentas eclesiásticas para sostener las obras religiosas, y debían dar primero su aprobación para que las bulas y otros documentos pontificios circularan en sus dominios. Aunque de esta manera la corona española ejercía poderes exclusivos de la Iglesia en sus territorios, hubo relativamente pocos conflictos con el Papado. Estas prerrogativas, ligeramente modificadas, han ido anulándose en la Iberoamérica moderna mediante convenios con la Santa Sede.

La Inquisición. La Inquisición existía ya en España, Portugal y otros países europeos antes del descubrimiento de América, y su objeto era el de mantener la pureza de la fe. Con posterioridad se crearon tres Tribunales de Fe en el Nuevo Mundo: Lima (1570), Ciudad de México (1591) y Cartagena (1610).

El tema de la Inquisición ha sido motivo de interminables polémicas en la historia americana y europea. Fue establecida en 1542 por el Papa Pablo III para combatir al protestantismo. Estuvo gobernada por seis cardenales y la Congregación del Santo Oficio y su acción, se extendía por todo el mundo católico en materia de fe. En España fue establecida por el Papado en el mismo siglo, a solicitud de los reyes, para combatir a los antiguos judíos y musulmanes que se mantenían reacios a cambiar de religión y practicaban secretamente sus cultos. El primer Gran Inquisidor fue el dominico Tomás de Torquemada, cuya figura se ha conservado como símbolo del inquisidor que recurrió a torturas y confiscación de bienes para aterrorizar a sus víctimas. La Inquisición fue suprimida en España en 1808 por José Bonaparte, hermano de Napoleón, a quien el último lo había designado rey en sustitución del español Fernando VII.

Estos tribunales actuaban en América contra los herejes, blasfemos, bígamos, brujos, hechiceros y otros individuos que pudieran poner en peligro la unidad religiosa. Los indios no caían dentro de su jurisdicción, porque se los consideraba nuevos en la religión y carentes de suficiente responsabilidad en materia religiosa. Si el culpable pedía perdón, se lo absolvía.

Un declarado culpable podía ser absuelto dos veces. Las penas corporales no las aplicaban los religiosos, quienes entregaban al reo a la autoridad judicial civil. En general, la Inquisición fue menos activa y rigurosa en América que en Europa. Según los historiadores A.Curtis Wilgus y Raul d'Eça, la Inquisición no ajustició a más de un centenar de personas en 377 años de funcionamiento en el Nuevo Mundo. Los pormenores relacionados con este tribunal son todavía motivo de polémicas, de las que no están ausentes interpretaciones sectoriales interesadas.

Temas de conversación

1. ¿Qué virreinatos hubo en el Nuevo Mundo y que capitanías generales tenían?
2. ¿En qué consiste la llamada "leyenda negra"?
3. ¿Quién fue Fray Bartolomé de las Casas y cuál fue su obra?
4. ¿Qué títulos consideraba Francisco de Vitoria que eran legítimos o ilegítimos para hacer la guerra a los indios?
5. ¿Qué eran las Leyes de Indias?
6. ¿Qué carácter tuvo la conquista española?
7. ¿Cuál es la opinión del historiador Lewis Hanke sobre la obra del padre las Casas?
8. ¿Qué opinión sostuvo Américo Castro sobre los hechos de la conquista?
9. ¿Qué diferencia existe entre la conquista española y las que se efectuaron en Asia, según el criterio del maestro Ramón Menéndez Pidal?
10. ¿Qué determinaban las ordenanzas sobre la fundación de ciudades?
11. ¿Qué eran la Casa de Contratación y el Consejo de Indias y qué asuntos atendían?
12. ¿En qué consistió el régimen de monopolio comercial español?
13. ¿Cómo actuaba la piratería y qué propósitos perseguía?
14. ¿Qué diferencia había entre un virrey, un capitán general y un corregidor?
15. ¿En qué consistió y cómo se realizó la evangelización en el Nuevo Mundo?

Temas especiales de exposición y composición

1. El régimen de la conquista y la colonización.
2. La "leyenda negra" sobre la conquista hispánica.
3. La polémica sobre el indigenismo y el colonialismo en América.
4. Legitimidad e ilegitimidad de la guerra contra los indios en la teoría de Francisco Vitoria.
5. El régimen administrativo.

CAPÍTULO CINCO

*L*A CULTURA COLONIAL

En busca de la identidad

La cultura colonial iberoamericana es una original combinación o cruzamiento de elementos americanos y europeos. En un principio fue aborigen-ibérica, y más tarde, criollo-europea. Europa trajo con sus hombres, su raza, su lengua, su religión, sus instituciones, sus ciencias y artes y su concepto de la vida misma, que eran los propios de la época. Muchos de esos elementos han perdido vigencia en la época contemporánea, mas pese a esta desactualización, se mantienen latentes en la realidad de Iberoamérica. Los pueblos iberoamericanos, en más proporción unos que otros, conservan en común la marca ibérica, perceptible a cada paso.

Los pensadores hispanoamericanos se han preocupado con sostenida persistencia en crear una identidad nacional propia. Es así como mientras unos se afanan por encontrar en sus raíces indígenas el fundamento de la creatividad artística e intelectual, otros consideran agotada esta posibilidad y procuran encontrar por nuevos caminos esa propia expresión. Dos opiniones extremas, entre un interminable repertorio de afirmaciones en este sentido, pueden dar una idea del problema. Alejo Carpentier, el conocido narrador cubano contemporáneo, ha expresado "Lo real maravilloso es patrimonio de toda nuestra América... América está lejos de haber agotado su caudal de mitologías". Por otro lado, contrasta la afirmación de Pedro Henríquez Ureña, dominicano: "Apresurémonos a conceder a los europeizantes todo lo que les pertenece, pero nada más, y a la vez tranquilicemos al criollista".

Esta oposición de criterios ha originado dos líneas de pensamiento constantemente repetidas en la historia cultural de América. La universalización cultural de fines del siglo XX , la "aldea global" según la expresión de Marshall McLuhan, ha debilitado la posición de unos y otros, al crear el nuevo criterio de futuridad. Para Jorge Luis Borges, argentino, el planteamiento de la vieja opción no es más que una superstición hispanoamericana.

Es evidente que Iberoamérica tiene manifestaciones estéticas propias. Esta originalidad es particularmente perceptible en las artes plásticas, arquitectura y pintura, en la poesía, en la narrativa, en las ideas filosóficas y en las artesanías. Un factor determinante de este hecho debe buscarse en el mestizaje de razas, en el contorno proveedor de materiales, y en la mayor o menor lejanía de los centros de irradiación cultural del mundo. En un principio, Iberoamérica miró hacia España y Portugal; luego lo hizo hacia Francia y Estados Unidos, pero actualmente tiene al mundo en transformación por delante. Para el artista y el pensador iberoamericano parece no haber otra salida que combinar esos materiales extraños con los suyos propios, si procura lograr una forma propia de expresión.

Refiriéndonos en este lugar al arte colonial específicamente, es evidente que el arte precolombino ejerció una palpable influencia en los productos artísticos e intelectuales que los ibéricos traían desde la península. Este razonamiento es verificable si se consideran en especial la arquitectura, la pintura y la literatura. Como ejemplo simbólico pueden mencionarse las famosas catedrales de toda América, en las que los peninsulares aportaron sus experiencias en cuanto a la planta de los edificios, la monumentalidad de la edificación, el estilo y las técnicas de construcción. Los americanos aportaron los materiales pétreos, la complejidad de la decoración, su destreza en el labrado de las piedras y el gusto por el color. El artista español concibió y dirigió en los primeros tiempos estas obras dignas de admiración, hasta que sus discípulos mestizos, indios o criollos las aprendieron y siguieron sus propios caminos. Desde el siglo XVI, esta fusión ha producido quizás las mejores manifestaciones artísticas de la América iberoamericana.

En otras palabras, Iberoamérica tiene la marca indígena, ibérica y europea contemporánea.

Las entradas culturales

América atrajo siempre el interés de los europeos. En diversos momentos del período colonial, viajaron por estas tierras hombres de negocios, observadores extranjeros y hombres de ciencia, que luego escribieron estudios o memorias sobre Iberoamérica, su naturaleza, sus gentes, sus costumbres y su cultura. Son los denominados *viajeros*.

Algunas de esas obras, por su excelente calidad literaria y la abundancia de información, se han convertido en verdaderos documentos de valor. Muy conocidas son la de C. Marie de La Condamine, *Viaje a la América Meridional*, y la del barón Alejandro von Humboldt, *Ensayo político sobre la Nueva España*. El primero había venido con una comisión de sabios franceses en 1726 para medir sobre la línea del Ecuador un grado de meridiano terrestre, y el segundo era un científico alemán que recorrió buena parte de América en un viaje de investigación, a principios del siglo XIX.

Pero no sólo vinieron arquitectos, pintores, escultores y hombres de ciencia, sino que también lo hicieron escritores afamados. Entre ellos figuran: Mateo Alemán (1547–1614) uno de los iniciadores de la novela picaresca, con su *Guzmán de Alfarache;* el dramaturgo Tirso de Molina (1571–1648) creador del personaje de Don Juan en su pieza *El burlador de Sevilla y convidado de piedra;* Gutierre de Cetina (1526–1557), célebre lírico español, que estuvo en México; Alonso de Ercilla y Zúñiga (1533–1594), quien estuvo en Chile como soldado de las huestes de España en su lucha con los araucanos, escribió el inmortal poema épico *La araucana.* El camino contrario lo recorrieron ilustrados mestizos y criollos que vivieron parte de sus vida en la península y escribieron allí conocidas obras, como el dramaturgo Juan Ruiz de Alarcón (1581–1639), comediante mexicano que completó sus estudios en la península y estrenó sus comedias, entre ellas *La verdad sospechosa,* imitada en Francia por Corneille; y el Inca Garcilaso de la Vega (1539–1616), hijo de un capitán español y una princesa inca, historiador y cronista peruano autor de los *Comentarios reales.*

La imprenta y los libros. En la apacible y limitada vida colonial, la gente con estudios era muy afecta a la lectura, las veladas culturales y las representaciones teatrales. México en primer lugar, y en segundo Lima, eran centros culturales de gran actividad debido a que en esos países se habían establecido cortes virreinales, donde se llevaba una vida aristocrática y pomposa, a imitación de la corte española. Se leía el latín, el francés y el italiano, como correspondía a una persona instruida por aquellos años, antecedentes que pueden rastrearse en las listas de libros importados o en las referencias y citas de las obras escritas.

La imprenta fue introducida por primera vez en México en 1536, y hacia mediados del siglo XVI había siete impresores en esa ciudad que se dedicaban a imprimir catecismos, libros religiosos, gramáticas de lenguas aborígenes, diccionarios y obras técnicas y científicas. En épocas sucesivas se introdujo la imprenta en otros países iberoamericanos. En algunos su introducción fue tardía porque resultaba más barato imprimir los libros en España. Ésta es la razón por la cual muchas obras de autores hispanoamericanos aparecieron en Europa.

La imprenta sirvió sobre todo para la obra de catequesis, y además, para necesidades del gobierno. Otras obras de la época impresas en América fueron panegíricos, tratados jurídicos y teológicos, certámenes literarios, catecismos, hojas volantes, bandos del gobierno y gacetas.

A la par de estos viajeros provenientes de Europa, muchos criollos de condición pudiente se trasladaron a España en busca de una mejor educación y aprendizaje de las artes.

El periodismo en América hizo su aparición poco después de haber sido creado en Europa. Se inició bajo la forma de hojas volantes, sin fecha fija, con resúmenes de las principales noticias del mundo, y avisos sobre comercio, flotas, etc. La *Gaceta de México* comenzó su aparición regular en 1722 y luego hubo otras gacetas en Guatemala, Lima, Buenos Aires, y otras ciudades.

En España existían desde tiempos antiguos leyes rigurosas sobre la impresión, introducción y venta de libros, que en síntesis se reducían a disponer previamente de una licencia real. Esta vigilancia se había establecido con el doble propósito de evitar la difusión de doctrinas heréticas y de desalentar la literatura deshonesta. Muchos libros heréticos fueron quemados en hogueras de la Inquisición.

En las Indias se prohibió introducir, vender o imprimir libro alguno que tratara sobre asuntos del Nuevo Mundo, sin la autorización previa del Consejo de Indias y las autoridades eclesiásticas. Los autores americanos debían enviar sus manuscritos a España, y muchas veces no llegaba la esperada aprobación. Costearse el viaje hasta allí resultaba muy caro.

Carlos V prohibió, en 1543, la circulación de las novelas y obras de imaginación en América, para que ningún español o indio leyera libros de materias profanas y fabulosas, o historias fingidas, por ser un peligro espiritual. La Casa de Contratación debía revisar los cajones en España antes de su despacho a las Indias para evitar violaciones a esta resolución. Dentro de esta prohibición, cayó naturalmente el *Quijote* que, sin embargo, entró en América poco después de su publicación en España, al igual que otras obras novelescas.

Muchos manuscritos de la época colonial se perdieron en naufragios o quedaron sepultados entre el polvo de los archivos españoles o americanos. No obstante, la tarea intelectual fue activísima. Gran número de obras literarias de esa época han sido descubiertas en nuestros tiempos.

Las ciudades importantes tuvieron muy buenas bibliotecas, algunas con varios millares de libros. Las universidades, colegios, y algunos eruditos, reunieron riquísimas colecciones que han sobrevivido hasta los tiempos modernos y han permitido reconstruir con precisión los intereses culturales de los hombres de la colonia.

En el siglo XVIII comenzaron a circular por América los libros de los autores liberales: Bacon, Descartes, Leibniz, Locke, Rousseau, Montesquieu y hasta Voltaire. Se leían obras en español y portugués, y además en latín, italiano y francés.

Escuelas y universidades. En consonancia con el espíritu renacentista reinante en España y otros estados europeos occidentales, los españoles y portugueses de las clases altas relacionadas con las fuentes de poder, se esmeraban por no desentonar frente a sus equivalentes peninsulares y frecuentaron las escuelas y universidades para ilustrarse con maestros regionales o llegados del extranjero. Las escuelas de primera enseñanza, en cambio, respondían al compromiso de educar a los nativos y evangelizarlos.

Al principio los españoles intentaron imponer a todos los indígenas su lengua, pero luego renunciaron a este propósito y fomentaron el aprendizaje de las lenguas aborígenes. No cedieron, en cambio, en su decisión de convertir a los naturales al catolicismo.

Escuela primaria hubo desde 1505 en la ciudad de Santo Domingo. Las escuelas eran generalmente conventuales pero hubo además algunas municipales y particulares. En ellas se enseñaban la lectura, escritura, aritmética y religión. En muchas poblaciones no existía escuela primaria de ninguna clase, y los hijos de españoles recibían instrucción particular en sus propias casas, de sus padres o de maestros particulares llamados *leccionistas*.

Los maestros de escuela generalmente carecían de título profesional.

No existió enseñanza secundaria en el sentido actual de la palabra. Este tipo de estudios se cumplía después de la escuela primaria en colegios especiales, y consistía en latín, gramática, retórica, filosofía natural y filosofía moral. Los autores más estudiados eran Aristóteles, San Agustín y Santo Tomás y en ciencias naturales Plinio el Antiguo. El sistema disciplinario era rígido y se imponían castigos corporales. Las obligaciones religiosas de los alumnos eran estrictas.

Lima, Parque Universitario de la Universidad de San Marcos, la más antigua del continente (1551). Anteriormente se le había reconocido al colegio de los dominicos en la ciudad de Santo Domingo el carácter de universidad, por lo cual en algunos tratados se la considera la primera del continente. Las instituciones realmente fundadas desde sus comienzos como universidades, según Carlos Pereyra, historiador mexicano, tuvieron este orden: después de las de México y de Lima (1551) vinieron las de Santa Fe de Bogotá (1575); Córdoba del Tucumán, Argentina (1613); Charcas o Sucre, Bolivia (1623); Guatemala (1551) como continuación de una escuela secundaria fundada en 1551; Cuzco (1692); Caracas (1721); Santiago de Chile (1738); La Habana (1782); Quito (1791). Muchas fueron construidas pero tuvieron peripecias varias de continuidad y funcionamiento.

Las universidades se crearon para vencer la ignorancia. Algunas habían sido colegios que llegaron a un nivel satisfactorio de estudios, y otras se iniciaron directamente como universidades. La primera fue la Universidad de Santo Tomás de Aquino, en la ciudad de Santo Domingo, que en 1538 adquirió ese carácter después de haber sido un colegio de dominicos. En 1551 se decidió fundar universidades en las dos capitales más importantes del imperio: la de México y la de San Marcos de Lima. Esta última no sufrió interrupción en su vida y es considerada por algunos historiadores como la más antigua del continente.

Aunque las universidades tenían por modelo a las españolas de Salamanca y de Alcalá de Henares, sus planes de estudio no eran exactamente iguales. Se enseñaban, en general, artes (humanidades), teología, derecho (canónico y civil) y medicina. Además, algunas tenían cátedras de lenguas aborígenes. Más tarde, también se enseñaron matemáticas y física en algunos centros. Se otorgaban los grados de bachiller, maestro (o licenciado) y doctor. El título de bachiller exigía por lo menos tres cursos de seis meses cada uno. El método de enseñanza consistía en la conferencia del profesor, que el alumno debía recoger en sus cuadernos. Había exámenes finales. El grado de doctor se otorgaba después de un pomposo y solemne examen, seguido de juramento por parte del estudiante graduado. Los jesuitas fueron el alma de la universidad iberoamericana.

La ciencia y la técnica

Españoles y portugueses trajeron a América la ciencia europea imperante en ese estadio histórico: el Renacimiento. Por supuesto, la milenaria tradición occidental de aquellos pueblos contrastaba notablemente con la imperante entre los aborígenes, valiosa y original en algunos aspectos, pero muy retrasada en comparación.

En Europa, el Renacimiento fue primordialmente un regreso a las letras, las artes arquitectónicas, la escultura, la orfebrería y la filosofía griega y romana.

Las ciencias se introdujeron en el Nuevo Mundo por el norte, México y Perú, mientras las pobres tierras del sur eran descuidadas por su carencia de civilizaciones colosales, el estado casi salvaje de sus indios y la escasa importancia económica. Fue menester esperar hasta el siglo XIX para que los países del Cono Sur despertaran el interés español.

Pero tampoco ha de exagerarse en cuanto al valor científico de las principales civilizaciones precolombinas, pues aunque algunas reflejaban un notorio grado de civilización, no representaban un adelanto científico con respecto a Europa. La sabiduría maya y azteca en materia astronómica, calendárica y matemática era sorpendente en pueblos aborígenes, pero de ninguna manera más exacta que la de Kepler, Newton, Galileo y el calendario gregoriano; los avances incas en materia medicinal y aun sus presuntas trepanaciones craneanas con propósitos terapéuticos, eran primitivas frente a los conocimientos de anatomía, fisiología, circulación sanguínea (Servet), el método experimental científico de Bacon en Inglaterra o las concepciones filosóficas de Descartes y los racionalistas.

Los españoles transportaron a América los conocimientos que poseían, fueran matemáticos, químicos, físicos, astronómicos, botánicos y zoológicos, provenientes de la ciencia, importada de países vecinos o transmitida en particular por árabes y judíos.

El Nuevo Mundo, eso sí, aportó una naturaleza totalmente ignorada por ellos, brindó nuevos campos de investigación, y contribuyó con el talento de algunos investigadores locales de la ciencia.

Los historiadores de la ciencia reconocen, que el nuevo concepto de ciencia es un resultado de las circunstancias contemporáneas. Distinguen, en este sentido, entre "actitud científica" frente a la realidad, y "resultados fácticos" de los trabajos.

Como no podía ser de otra manera, los europeos introdujeron en América un nuevo criterio de interpretación de la naturaleza, según la cual la actividad científica debía estar al servicio de la vida humana y su mejoramiento, y no en función teológica de agrado a los dioses y demandas de protección en las sequías, pestes, guerras y otras calamidades. Este hecho no puede interpretarse como una descalificación de la ciencia antigua, sino más bien como una exigencia metodológica de la nueva civilización.

Un postulado para hacer justicia a los precolombinos es reconocer que la ciencia en sí tampoco fue el interés primordial de los europeos de entonces. En tiempos del Descubrimiento, la Conquista y la Colonización, comenzaron a formularse ideas precursoras de la moderna ciencia.

Una visión panorámica de los hechos permite comprobar que españoles y portugueses, cuando comenzaron sus expediciones, desarrollaron las artes y técnicas de la navegación; descubrieron nuevas rutas al Oriente, por el sur de África y por el Nuevo Mundo; comprobaron la esfericidad de la Tierra; estimularon nuevos estudios de astronomía, matemática sideral e instrumental; perfeccionaron las técnicas hidrográficas; aportaron libros, sabios, viajeros, investigadores, lingüistas, historiadores, juristas, teólogos, médicos, naturalistas, en otras palabras, renovaron la mentalidad de los americanos, y ofrecieron la oportunidad de iniciarse en el conocimiento de la nueva verdad, sofocando la primitiva contaminada de agentes divinos, demoníacos y mágicos. Los naturales, por su lado, contribuyeron a esta renovación con nuevas lenguas, escrituras, experiencias vitales y técnicas varias.

Se fundaron academias (Bellas Artes, México en 1783 y Guatemala en 1797); jardines botánicos (México, 1790; Guatemala, 1796); museos (Historia Natural, Guatemala, 1796); observatorios (Observatorio Astronómico, Bogotá); academias técnico-científicas (Escuela de Náutica, Buenos Aires, 1799); y otras menores.

Los jesuitas hicieron venir al continente a ilustrados científicos de su orden, eruditos en lenguas y etnología, para efectuar estudios específicos, traducciones evangélicas a las lenguas nativas, y otras misiones. Los virreyes y gobernantes de la metrópoli apoyaron hombres de ciencia, como es el caso de Amado Bonpland (1773–1858), francés, que en 1799 acompañó al barón de Humboldt en un viaje de cinco años por las regiones equinocciales de América y realizó con posterioridad diversos encargos científicos en la región del Río de la Plata por pedido del gobierno patriota. Otro caso importante es el del naturalista español Félix de Azara (1746–1821), que realizó con una comisión la demarcación de los límites entre España y Portugal en la zona de Paraguay, recorrió la región chaqueña y publicó el importante volumen *Viajes por la América Meridional*, donde compiló sus comprobaciones y observaciones sobre el hombre y la naturaleza de la región.

La literatura: Los historiadores de Indias

La literatura en Hispanoamérica nace con los denominados genéricamente "historiadores de Indias", a partir del momento del descubrimiento del continente. Fueron escritores de distinta nacionalidad y escribieron en lenguas diferentes, aunque en su gran mayoría lo hicieron en español. Con el tiempo aparecieron los artistas naturales de las Indias y mestizos que se dedicaron a las letras. Su característica común es haber tratado temas hispanoamericanos (hechos, sucesos, aventuras, indios, culturas, animales y plantas).

Se distinguen en este grupo inicial los *cronistas*, que intervinieron como actores o testigos de los acontecimientos. Uno de ellos fue Bernal Díaz del Castillo, que en su divulgada *Historia verdadera de la conquista de la Nueva España* narra con vívido lenguaje

Publicación del discurso pronunciado en la Real Ciudad de Lima el 23 de enero de 1639 y dirigido al virrey, gobernador y capitán general de los Reinos de Tierra Firme y el Perú, don Luis Jerónimo de Cabrera y Bobadilla. Fue pronunciado por el padre Joseph de Zisneros, calificador de la Suprema y General Inquisición, e impreso en Lima por Jerónimo de Contreras, en 1639. Este documento testimonia un Auto de Fe cumplido en América.

y sorprendentes detalles sus experiencias como soldado de Hernán Cortés. Entre los cronistas se diferencian los que integran el ciclo mexicano, el ciclo peruano, el ciclo rioplatense, el ciclo antillano y el ciclo norteamericano.

Casi simultáneamente con los cronistas existieron numerosos *historiadores*, que sin haber intervenido en la conquista ni en la colonización, recopilaron materiales de actores, testigos y documentos oficiales, y escribieron, en España o en América, obras históricas de gran volumen sobre el nuevo continente. Unos desarrollaron historias de todas las Indias: Gonzálo Fernández de Oviedo (*Historia general y natural de las Indias*); José de Acosta (*Historia natural y moral de las Indias*); Francisco López de Gómara (*Historia general de las Indias*). Otro conjunto compuso historias de una determinada región: Antonio de Solís (*Historia de la conquista de Méjico*); Pedro Cieza de León (*La crónica del Perú*); Felipe Guamán Poma de Ayala (*Nueva crónica y buen gobierno*). Se imprimieron varias centenas de libros de esta naturaleza y valor.

Un tercer grupo de escritores han sido catalogados como *anticuarios* puesto que no escribieron narraciones de hechos o sucesos, sino recopilaciones y estudios sobre los pueblos aborígenes, costumbres, religión y demás aspectos de las culturas indias avasalladas. Se destacan entre ellos Fray Bernardino de Sahagún (1530–1590) con su libro, titulado *Historia general de las cosas de Nueva España*, y el padre Diego de Landa, autor de *Relación de las cosas de Yucatán*, que todavía tienen valor en la investigación de esas civilizaciones. De modo general, son obras monumentales y están escritas en un estilo pulido, pero carecen del atractivo de la prosa sorprendente y apasionada de los primeros cronistas que participaron en las luchas.

Los conquistadores solían informar a los reyes sobre sus actividades en América, en cartas que se denominaban *cartas de relación*. Escritas personalmente por el conquistador o por su secretario, no siempre eran completamente veraces, en vista del carácter burocrático que tenían, ni tampoco tenían valor literario en algunas ocasiones. No obstante, forman parte, de la literatura colonial.

Hernán Cortés, el conquistador de México, escribió cinco *Cartas de relación* al rey Carlos V, entre 1519 y 1526, que más tarde fueron publicadas. Son documentos interesantes por las revelaciones que hacen, y permiten apreciar el complejo mundo espiritual de un hombre de educación universitaria y gran genio político y militar, frente a un pueblo desconcertado y heroico, al que debe hacer la guerra para dominar.

Quizás el mejor libro de este género sea el del Bernal Díaz del Castillo. Las excelencias de este volumen son compartidas por críticos e historiadores de la literatura por la impresionante veracidad de los hechos narrados, la confesión sincera de su intimidad profesional como guerrero, la inocencia con que refiere los acontecimientos y la obstinada intención de mostrarse como un importante segundo de su jefe Hernán Cortés, y un ejecutor de primera línea en la definición de los combates, cuando en realidad no hay constancia de esa condición y algunos la han atribuido a un exceso de vanidad. Escribió el libro, que puede leerse sin menoscabo como novela de aventuras, en sus años de vejez en la encomienda que le había correspondido en Guatemala por sus heroicos servicios.

EL INCA GARCILASO DE LA VEGA

COMENTARIOS REALES (FRAGMENTO)

Proemio al lector:

Aunque ha habido españoles curioso que han escrito las repúblicas del Nuevo Mundo, como la de Méjico y la del Perú y las de otros reinos de aquella gentilidad[1], no ha sido con la relación entera[2] que de ellos se pudiera dar, que lo he notado particularmente en las cosas que del Perú he visto escritas, de las cuales, como es natural de la ciudad de Cosco[3], que fue otra Roma en aquel Imperio, tengo más larga y clara noticia que la que hasta ahora los escritores han dado. Verdad es que tocan muchas cosas de las muy grandes que aquella república tuvo, pero escríbenlas tan cortamente[4] que aun las muy notorias para mí (de la manera que las dicen) las entiendo mal. Por lo cual, forzado del amor natural de la patria, me ofrecí al trabajo de escribir estos Comentarios, donde clara y distintamente se verán las cosas que en aquella república había antes de los españoles, así en los ritos de su vana[5] religión como en el gobierno que en paz y en guerra sus Reyes tuvieron, y todo lo demás que de aquellos indios se puede decir, desde lo más íntimo[6] del ejercicio de los vasallos hasta lo más alto de la corona real.

---

1. *gente no cristiana*   2. *con comprensión total*   3. *arcaísmo por Cuzco, lugar de nacimiento del Inca y capital de Incanato*   4. *tan equivocadamente*   5. *vacía, falsa*   6. *minúsculo, menor*

❦ ❦ ❦

En este breve fragmento el Inca Garcilaso expresa su intención de poner en claro errores y omisiones que los historiadores españoles anteriores han cometido en sus libros, por mala información o interpretación incorrecta. El Inca escribió su obra durante su estadía en España, y lo publicó como una defensa de su país. Habla con amor de su pueblo, pero rechaza, como católico, sus creencias religiosas, "para que se den gracias a Nuestro Señor Jesucristo y a la Virgen María, su Madre, por cuyos méritos se dignó la Eterna Majestad de sacar del abismo de la idolatría tantas y tan grandes naciones".

❦ ❦ ❦

El Templo del Sol

Viniendo, pues, a la traza[1] del templo, es de saber que el aposento[2] del Sol era lo que ahora es la iglesia del divino Santo Domingo[3], que por no tener la precisa anchura y largura suya no la ponga aquí; la pieza, en cuanto su tamaño, vive hoy. Es labrada de cantería[4] llana, muy prima y pulida.

El altar mayor (digámoslo así para darnos a entender, aunque aquellos indios no supieron hacer altar) estaba al oriente; la techumbre era de madera muy alta, porque tuviese mucha corriente; la cobija[5] fue de paja, porque no alcanzaron a hacer teja. Todas las cuatro paredes del templo estaban cubiertas de arriba abajo de planchas y tablones de oro. En el testero[6] que llamamos altar mayor tenían puesta la figura del Sol, hecha de una plancha de oro al doble más gruesa que las otras planchas que cubrían las paredes.

La figura[7] estaba hecha con su rostro en redondo y con sus rayos y llamas de fuego todo de una pieza, ni más ni menos que la pintan los pintores. Era tan grande que tomaba todo el testero del templo, de pared a pared. No tuvieron los Incas otros ídolos suyos ni ajenos con la imagen del Sol en aquel templo ni otro alguno, porque no adoraban otros dioses sino al Sol, aunque no falta quien diga lo contrario.

Esta figura del Sol cupo[8] en suerte, cuando los españoles entraron en aquella ciudad, a un hombre noble, conquistador de los primeros, llamado Mancio Serra de Lequizamo, que yo conocí y dejé vivo cuando me vine a España, gran jugador de todos los juegos, que, con ser tan grande la imagen, la jugó y perdió en una noche. De donde podremos decir, siguiendo al padre Maestro Acosta[9], que nació el refrán que dice: "Juega el Sol antes que amanezca". Después, el tiempo adelante, viendo el Cabildo de aquella ciudad cuán perdido andaba este su hijo y por el juego, por apartarlo de él lo eligió un año por alcalde primero.

(Libro III, cap. 20)

1. plano, edificación   2. habitación, altar   3. la iglesia de Santo Domingo fue construida por los españoles encima de los restos del antiguo Templo del Sol   4. construida con piedras labradas. 5. la cubierta externa   6. fachada interna principal, cabecera   7. el dios Sol o Inti   8. le correspondió, le tocó   9. el padre Joseph de Acosta, autor de una Historia natural y moral de los Incas (1540–1600), anterior al libro de Garcilaso

❧ ❧ ❧

El Inca Garcilaso describe en este fragmento la majestuosidad del Templo del Sol, en Cuzco, de increíble riqueza, y centro de la religión.

El Inca Garcilaso de la Vega. Especial mención en esta serie merece la figura del Inca Garcilaso de la Vega, peruano (1539–1616), considerado como el mejor prosista de todo el período colonial y el primer "americanista". Por su condición de mestizo, hijo de un capitán español y una princesa incaica, y su dominio de la lengua incaica y del español, además de sus conocimientos humanísticos europeos, pudo penetrar con conocimiento de causa en el espíritu de los dos mundos. Al morir su padre fue a España en procura de la sucesión de sus bienes, pero fue recibido con indiferencia. Entró en el ejército y después de participar en algunas acciones, se retiró para dedicar el resto de sus días al estudio de las humanidades y la filosofía. Escribió casi de memoria sus experiencias infantiles en el Perú, y sus *Comentarios reales*, publicados en la península, no son una obra de historia en sentido estricto, sino más bien la primera obra narrativa del Nuevo Mundo. En el libro critica a los autores que han escrito sobre América sin haberla conocido en realidad. Un aspecto notable de su prosa es el conflicto permanente entre la idolatría incaica y su cristianismo. Se apena por la derrota indígena, rescata sus valores profundos, pero acepta la necesidad de la conquista para llevar a los peruanos a la verdadera religión de Cristo. Compuso su libro "no con otra intención que servir a la república cristiana", pero al mismo tiempo, la crítica ha señalado que la visión del Perú preincaico e incaico que expone, es una tierra idealizada, propia de su espíritu renacentista de educación europea, convirtiendo a su tierra de origen casi en un mito de estilo platónico.

La épica: Alonso de Ercilla

Muchos soldados españoles fueron también hombres de letras, educados en las humanides del Renacimiento, en que belleza y acción, religiosidad y vitalismo, eran valores que se cultivaban simultáneamente.

Uno de ellos, Alonso de Ercilla, (1533–1594) fue un gentilhombre que, deslumbrado por los relatos de la gran aventura americana, vino al Perú y luego se incorporó a una expedición despachada para combatir a los araucanos, empresa en la que ya había fracasado Almagro, y que Valdivia no había logrado completar.

Ercilla guerreó con tremendo valor, y en los momentos de ocio, se puso a escribir un largo poema heroico sobre estas luchas, utilizando los pedazos de papel, cartas o cueros que encontraba. En un momento estuvo a punto de ser ajusticiado por su jefe, que lo creyó envuelto en una supuesta rebeldía, pero le fue conmutada la pena y retornó a España, donde completó su famosa epopeya *La araucana*.

El poema describe la naturaleza de Chile, las costumbres de los araucanos, los combates de la conquista, pero sobre todo, retrata magníficamente a los jefes indígenas Caupolicán, Colocolo, Lautaro y Rengo, y describe las batallas con una maestría casi homérica.

Ercilla logró, con gran dignidad de su parte, su propósito de señalar el valor y las proezas de aquellos españoles sin desmerecer la valentía y el señorío bélico de los hombres del Arauco.

La prosa barroca

En literatura española se denomina *barroco* a la modalidad literaria que en el siglo XVII se caracterizó por el amaneramiento y la afectación expresiva. Algunos críticos han considerado al barroco como un "vicio literario" (Menéndez y Pelayo, Hurtado y Palencia), al tiempo que otros lo han estimado como un movimiento o escuela estética, con fines propios, producto de la mentalidad de una época (Pedro Henríquez Ureña).

La escisión de criterios es igualmente válida para el caso de las letras hispanoamericanas. Equivalente del vocablo "barroco" es el de "culteranismo", ya que era practicado por escritores cultos, que usaban temas, vocablos, expresiones, metáforas y otros recursos expresivos, ajenos a la comprensión, el sentir y el gusto del pueblo común. Otras manifestaciones de semejante fenómeno se usaron en los países europeos: *marinismo* en Italia, *preciosismo* en Francia, *eufuismo* en Inglaterra, e incluso *manierismo* en otros lugares.

No se conoce en qué medida estos movimientos pudieron haberse influido entre sí, pero es seguro que la prosa barroca entró en Hispanoamérica proveniente de España. Obedeció tanto a un caso de imitación, dado el prestigio de los cultores de esta modalidad en la península (Quevedo y Góngora en especial), como al afán de no quedar a la retaguardia de España, sumado al deliberado intento de los escritores de renovar la literatura en sus patrias, tal vez por su afán de demostrar su erudición y dominio de la lengua. En España coincidió este movimiento, en prosa y en verso, con la época de Felipe II, propicia según algunos historiadores para afirmar la grandeza anterior de la nación, que venía perdiendo paulatinamente su fuerza espiritual.

El *barroquismo* en la prosa o *culteranismo* se caracterizó, tanto en España como en Hispanoamérica por ciertas preferencias, a saber: 1) palabras nuevas de origen griego y latino o no usadas en el lenguaje habitual (*ámbito, congratular, escrupulizar, refrigerar, vivificar*); 2) uso de voces extranjeras, en especial latinas (*rara avis, longe*); 3) cambio de significado de las palabras con valor metafórico (*oro* por *cabello; cultura* por *cultivo; amado dueño mío* por *enamorado*); 4) alteración frecuente del orden regular de la oración (*Piramidal, funesta, de la tierra sombra nacida*); 5) abuso de las figuras retóricas (hipérbaton, elipsis, exageración, acumulación, paralelismo, antítesis, metáfora, etc.); 6) alusiones frecuentes a la mitología (*Talía, Polifemo, Venus*), la historia (*San Isidoro, Rey David, Plinio, Tito Livio*) y a la geografía clásica (Troya, Micenas, las columnas de Hércules, Tule); 7) tono afectado y pedante ("*Ni al primer imposible tengo más que responder que no ser nada digno de vuestros ojos*", Sor Juana).

Un representante típico de este modo de escribir fue el peruano Juan de Caviedes (1562–1695), que llevó sus escritos satíricos al colmo del sarcasmo y la burla de sus contemporáneos, y le valió el calificativo de *Diente del Parnaso*. Se mofó en modo particular de los médicos de su época, de las damas vanidosas buscadoras de regalos y dinero ajeno, y otros ejemplares propios de su sociedad y época.

El otro maestro del culteranismo barroco fue el mexicano Carlos de Sigüenza y Góngora (1645–1700), que escribió sobre temas ajenos a la literatura, astrología, matemáticas, etnografía, historia, geografía, etc., pero dejó algunas páginas brillantes, como la rebelión de los indios en México en 1692 por falta de trigo y hambre, o las aventuras de un criollo que fue apresado por los ingleses y padeció toda clase de humillaciones y peripecias hasta lograr su libertad. Esta obra, que lleva el título de *Infortunios que Alonso Ramírez padeció en poder de los ingleses* (1699), puede leerse con interés en nuestros días por su amenidad e interés del relato. Suele considerár-sela como un antecedente de la novela hispanoamericana.

Una tercera y meritoria personalidad literaria un poco posterior es el mexicano Fray Servando Teresa de Mier (1763–1827), personaje de inaudita personalidad (polígrafo también pero más próximo al período prerrevolucionario) que en sus páginas autobiográficas recogidas por sus editores bajo el título común de *Memorias*, se muestra como un sacerdote por votos pero rebelde por temperamento, por lo cual sufrió prisión y destierro, convirtiéndose a sí mismo en el protagonista sorprendente de sus páginas.

SOR JUANA INÉS DE LA CRUZ

ANTE UN RETRATO

Éste que ves, engaño colorido[1],
que del arte ostentando los primores[2],
con falsos silogismos[3] de colores
es cauteloso engaño del sentido[4]:
éste en quien la lisonja[5] ha pretendido

excusar[6] de los años los horrores
y venciendo del tiempo lo rigores
triunfar de la vejez y del olvido:

es un vano artificio del cuidado;
es una flor al viento delicada;
es un resguardo[7] inútil para el hado[8];

es una necia diligencia[9] errada;
es un afán caduco[10], y, bien mirado,
es cadáver, es polvo, es sombra, es nada.

---

1. *imagen pintada*   2. *hermosura, perfección*   3. *razonamientos, mentiras*   4. *de la vista*
5. *adulación*   6 *perdonar, disimular, omitir*   7. *cautela, precaución*   8. *destino*   9. *esfuerzo*
10. *perdido, muerto*

Este soneto (2 cuartetas más dos tercetos endecasílabos) está compuesto en estilo barroco o gongorino, característico por las formas rebuscadas o artificiosas de redacción. La metáfora y el lenguaje culto fueron atributos practicados en esa escuela. En esta composición la autora expresa que un retrato no es otra cosa que un engaño, la sombra de un cadáver, en definitiva, la nada ante la muerte.

REDONDILLAS (FRAGMENTO)

Hombres necios[1], que acusáis
a la mujer sin razón,
sin ver que sois la ocasión[2]
de lo mismo que culpáis;

si con ansia sin igual
solicitáis su desdén
¿por qué queréis que obren bien
si las incitáis al mal?

Combatís su resistencia,
y luego con gravedad[3],
decís que fue liviandad[4]
lo que hizo la diligencia[5].

Con el favor y el desdén
tenéis condición[6] igual,
quejándoos, si os tratan mal,
burlándoos, si os quieren bien.

Siempre tan necios andáis,
que con desigual nivel,
a una culpáis por cruel,
y a otra por fácil culpáis.

¿Pues cómo ha de estar templada[7]
la que vuestro amor pretende,
si la que es ingrata ofende
y la que es fácil enfada?

¿O cuál es más de culpar,
aunque cualquiera mal haga,
la que peca por la paga[8]
o el que paga por pecar?

¿Pues para qué os espantáis
de la culpa que tenéis?
Queredlas cual las hacéis
o hacedlas cual las buscáis.

---

1. ignorantes, sin juicio   2. causa   3. solemnidad, seriedad   4. conducta ligera, irresponsable 5. obstinación, insistencia   6. comportamiento, conducta   7. forjada, hecha constituida   8. dinero, pago

Esta es una de las poesías amatorias, de estilo clásico no barroco, más celebradas de Sor Juana. La redondilla es una estrofa formada por cuatro versos octosílabos con rima *abba*. En ellas "arguye de inconscientes el gusto y la censura de los hombres, que en las mujeres acusan lo que causan". Algunos contemporáneos suyos consideraron incompatibles este tipo de literatura profana con su condición de religiosa.

El gongorismo poético: Sor Juana

En poesía, el movimiento barroco es conocido como gongorismo, nombre derivado de don Luis de Góngora, figura capital dentro de esa línea estética en España. En materia literaria, el gongorismo responde a las mismas características de la prosa, aunque en modo más complicado. La figura más importante de dicho movimiento es una monja, Sor Juana Inés de la Cruz (1651–1695), extraordinario ejemplo de mujer sin par que escribió autos sacramentales, comedias, poesía lírica y prosa. Su poesía revela una inspiración verdaderamente múltiple, en virtud de la cual la crítica la ha colocado entre las más prominentes escritoras del mundo hispánico de todos los tiempos. En vida se la calificaba ya de "décima musa".

Dotada por naturaleza de una gran belleza física y una inteligencia excepcional, aprendió a leer y escribir a los tres años de edad, y más tarde aprendió también el latín en veinte lecciones. Su curiosidad la llevó estudiar varias ciencias, y el virrey de México, enterado de la precocidad de la niña, la incorporó a la corte, donde vivió mimada y festejada. En una ocasión, deslumbró a un grupo de catedráticos de la universidad, que la sometieron a un interrogatorio académico. Solía cortarse el cabello y

INVNDACION CASTALIDA
D E
LA VNICA POETISA, MVSA DEZIMA,
SOROR JVANA INES
DE LA CRVZ, RELIGIOSA PROFESSA EN
el Monasterio de San Geronimo de la Imperial
, Ciudad de Mexico.

Q V E
EN VARIOS METROS , IDIOMAS , Y ESTILOS,
Fertiliza varios assumptos:
C O N
ELEGANTES, SVTILES, CLAROS, INGENIOSOS,
VTILES VERSOS:

PARA ENSEÑANZA , RECREO, Y ADMIRACION

D E D I C A L O S

A LA EXCEL.ᴹᴬ SEÑORA. SEÑORA D. MARIA
Luisa Gonzaga Manrique de Lara, Condesa de Paredes,
Marquesa de la Laguna,

Y LOS SACA A LVZ
D. JVAN CAMACHO GAYNA, CAVALLERO DEL ORDEN
de Santiago, Mayordomo, y Cavallerizo que fue de su Excelencia,
Governador actual de la Ciudad del Puerto
de Santa MARIA.

CON PRIVILEGIO.

EN MADRID Por Jvan Garcia Infanzon. Año de 1689.
Portada de la primera edicion de las obras de Sor Juana Inés de la Cruz.

Portada del libro de Sor Juana titulado *Inundación Castálida*, impreso en Madrid en 1689, donde aparece ya la calificación lograda en su época de "la única poetisa, Musa décima". Agrega el largo título: "que en varios metros, idiomas y estilos fertiliza varios asuntos con elegantes, sutiles, claros, ingeniosos versos, para enseñanza, recreo y admiración". Lo dedica a la excelentísima señora D. María Luisa Gonzaga Manrique de Lara, y menciona sus títulos nobiliarios.

se fijaba obligaciones de estudio para cuando le creciera. De esta manera, regulaba sus progresos. Tuvo enormes dificultades para ingresar en la universidad, debido a que no se admitían entonces mujeres, y pensó en un momento en disfrazarse de hombre para ingresar, pero su madre la disuadió, según lo expresa la propia autora. Hastiada de la vida mundana y superficial de la corte, se hizo monja. En el convento se encerraba en su celda rodeada de libros y de aparatos científicos. Pero un día se desprendió también de ellos, dio el dinero de la venta a los pobres, y se consagró totalmente a su vocación religiosa. Murió durante una epidemia.

Fue un espíritu aristocrático y exquisito que incursionó en lo divino y lo humano. De ahí el doble carácter de su obra poética, que en algunas ocasiones ha suscitado dudas sobre su religiosidad. El tema de Dios, el alma y el misterio del destino humano ocupan en sus libros tanto espacio como el del amor apasionado, legítimo y doloroso, la separación de los amantes, la hermosura y la caducidad de la belleza corporal y la vanidad de la ciencia humana. La espontaneidad e inocencia con que se describen estos fenómenos es una condición particular de sus versos. Escribía con una naturalidad y rapidez sorprendente, que a ella misma la asombraba:

> *Y más cuando en esto corre*
> *el discurso tan aprisa,*
> *que no se tarda la pluma*
> *más que pudiera la lengua.*

En la prosa es donde Sor Juana vuelca más su vocación religiosa. Allí revela su potente organización intelectual y erudita, a través de alegorías y razonamientos lógicos, citas bíblicas, teológicas, análisis filosóficos y reminiscencias históricas y científicas. Sobresale entre sus prosas la famosa Respuesta a Sor Filotea, que es una carta que la monja dirige al arzobispo de Puebla —Manuel Fernández de Santa Cruz—, oculto bajo el seudónimo de Sor Filotea, en respuesta a una crítica que le había dirigido el mencionado prelado. En esta epístola la poetisa mexicana narra sus estudios y experiencias de vida, plantea el derecho a la independencia del escritor, y sostiene que su amor a la ciencia la llevaba a escribir y no podía refrenar esa vocación. Todos los conocimientos son un medio para el acercamiento a Dios. Por esta razón se ha llamado a esta carta "confesión laica".

En poesía usó variadas formas literarias. Las imágenes y el vocabulario, en cambio, son a menudo rebuscados e intelectuales: *engaño colorido* por *espejo*; *falsos silogismos de colores* por *combinaciones engañosas de colores*. Su versificación es impecable.

El divino Narciso, auto sacramental, es la máxima expresión de su talento teatral y está considerado como una de las obras más bellas que la literatura española ha producido en ese género.

El teatro: Ruiz de Alarcón

El teatro en el siglo XVI tenía principalmente finalidades religiosas. En los atrios de las iglesias se representaban pasajes de la Biblia, vidas de santos y obras alegóricas, con el objeto de evangelizar al pueblo. En los colegios religiosos eran habituales también las representaciones.

En los dos siglos siguientes, continuó esta costumbre, pero se agregaron obras de los autores españoles más famosos, y algunas de autores nativos, en teatros estables. Las obras eran unas veces de carácter culto, y otras de carácter popular.

En México gozó de gran fama en su tiempo Fernán González de Eslava (h. 1534–h. 1601), de quien se conservan dieciséis *Coloquios espirituales* y un festejado *Entremés entre dos rufianes*, divulgado también con el título de *Entremés del ahorcado*, en lenguaje popular. Se trata de un chispeante diálogo que entablan dos pendencieros con motivo de un bofetón. Uno de ellos finge estar ahorcado para evitar las estocadas del ofendido y así lo burla; al retirarse el engañado, el supuesto ahorcado se levanta y parodia burlonamente el desafío promovido.

El más alto exponente del teatro hispanoamericano es Juan Ruiz de Alarcón (1581–1639), cuya gloria comparten España y México. Una joroba de nacimiento le valió burlas de sus rivales de profesión y le dificultó su carrera en la península, adonde se había dirigido para estudiar. Por no poder solventar los gastos universitarios, no alcanzó a obtener las borlas académicas de doctor. La producción dramática de Alarcón es poco copiosa en comparación con las de sus competidores, Calderón de la Barca y Tirso de Molina. Son más de veinte y llevan al escenario personajes de la vida diaria y enredos propiamente dichos, sin excluir algunas piezas de imitación. Su teatro se distingue por la representación de personajes que encarnan vicios humanos y sociales, dentro de una trama ingeniosa y moderada. Sus mejores dramas son *La verdad sospechosa*, *Los pechos privilegiados* y *Las paredes oyen*.

El crítico Pedro Henríquez Ureña ha propuesto una discutida tesis, la del "mexicanismo" de Alarcón, para explicar el aristocratismo y equilibrado comportamiento entre galanes y damas, el desarrollo cuidadoso de los conflictos, la brevedad de los diálogos y la economía de los recursos dramáticos.

La arquitectura: El plateresco y el barroco americano

Consideraciones generales. Desde el punto de vista cultural, la mayor contribución de Hispanoamérica, sin considerar la lengua, ha sido la literatura y la arquitectura.

Si bien el panorama arquitectónico de Iberoamérica no es comparable en cantidad al de Europa, dado que entre uno y otro existen por lo menos cien o más años de diferencia, lo cierto es que este continente ofrece obras de una excelencia en la construcción y en la estética que los historiadores del arte las reconocen sin reticencias. Las construcciones iberoamericanas están bastante separadas unas de otras por la extensión de los territorios y por lo común conforman complejos.

La magnificencia de las edificaciones indígenas vuelve a influir en la época colonial. Su demostración lo constituyen las iglesias, las fortificaciones y los palacios virreinales. Las residencias privadas no alcanzan un grado de importancia y originalidad destacables, salvo alguna que otra excepción

No sería correcto hablar de una única arquitectura iberoamericana, pues aunque manifiestan rasgos bastante generalizados en todo el subcontinente, se diferencian entre sí por la época de construcción —tres siglos—, los materiales empleados según las disponibilidades de cada región, y los estilos aplicados. La influencia indígena en la ornamentación, por ejemplo, es notoria desde el Perú y Bolivia hacia el norte, mientras que es mínima en el extremo sur, que por otra parte es más tardía. La piedra usada en México no es la misma que la que se empleó en Perú y Bolivia, más dura y menos tallable. En la zona del Río de la Plata, no se la empleó prácticamente por carencia de esa materia.

La otra variante es la concurrencia de arquitectos y artistas españoles en las obras, notoriamente concentrados en las ciudades con cortes virreinales y de mayor importancia política, como lo fueron la ciudad de México, Quito y el Perú. La zona del Pacífico resultó, en este aspecto, privilegiada en el interés español, mientras que la del Atlántico absorbió el esfuerzo lusitano.

Un último aspecto a considerar es la época de la construcción. La arquitectura estuvo influida desde los siglos XVI al XVIII por los distintos estilos arquitectónicos y constructivos imperantes en España y Portugal en cada época, sin que por ello hayan dejado de tener importancia la mentalidad y tradición de los lugareños, que en cada caso agregaron a los modelos europeos algunos aspectos de su psicología artística como lo es el caso del color, tan apreciado por los mexicanos coloniales.

La relación entre España y sus colonias se cumplió por vía marítima, razón por la cual la marca hispánica es más perceptible en los asientos costeros que en el interior

Las construcciones civiles gubernamentales, religiosas y de ricos propietarios también se practicaron durante los siglos de la Colonia. El Palacio Episcopal de Lima es una joya arquitectónica dentro de ese género, con los típicos balcones de madera tallada, las fachadas ornamentadas, los patios interiores con arquerías. Construcciones de esta riqueza arquitectural se encuentran todavía en pie por toda Iberoamérica. Por lo común, eran producto del talento de los artistas traídos especialmente de Europa, con quienes colaboraban profesionales locales.

—excepto Quito—, de modo que el mestizaje resulta más notorio tierra adentro. Se ha señalado, al respecto, que la arquitectura de Lima es más española que la de Cuzco y zonas aledañas al lago Titicaca, donde el arte es más mestizo.

El arte colonial iberoamericano se singulariza, sin embargo, por una serie de factores comunes: la relativa lejanía que las separaba y atenuaba las influencias; el distinto concepto arquitectónico de las órdenes religiosas y las autoridades de gobierno, verificable sobre todo en la construcción de catedrales, templos y palacios gubernamentales; adaptación a la naturaleza del lugar, que imponía, por ejemplo, muros gruesos en áreas de terremotos, o aberturas de aireación en zonas tropicales; recurrencia a los materiales disponibles (piedra, madera o adobe); necesidades funcionales de cada edificio, como los atrios adjuntos al templo con altares al aire libre, para dar cabida a multitudes de fieles indígenas; variantes espirituales entre españoles y portugueses que determinaron trazas, ornamentación y fachadas diferentes; y finalmente, la mayor o menor disponibilidad de mano de obra indígena y de talladores de piedra en cada lugar.

Estas y otras características contingentes, determinaron que pese a la imitación consciente de los ejemplos europeos, el arte arquitectónico iberoamericano fuera distinto del europeo, a pesar de su simultaneidad.

El arte europeo de esos siglos fue más bien aristocrático y propio de artistas exquisitos que trabajaban para gobiernos poderosos y nobles adinerados, mientras que el iberoamericano se hizo más popular, con menos boato y menor tiempo de construcción por las urgencias del culto.

Los inicios. La arquitectura hispanoamericana se inicia en la ciudad de Santo Domingo con obras religiosas, militares y civiles. La iglesia de San Nicolás de Bari es la primera construida en el continente (1503–1508).

El arte arquitectónico hispanoamericano nace en las Antillas, siguiendo las características estructurales y formales del *estilo isabelino*, o estilo de los Reyes Católicos, caracterizado por una estructura interior uniforme, habitualmente de una sola nave, con una fachada de piedra labrada. En esa isla se conservan otros vestigios de las edificaciones levantadas por los españoles, como la Catedral de Santo Domingo (1523), primada de América, y el Palacio de Diego Colón, donde vivía su dueño.

En la Capitanía General de Cuba sólo la arquitectura militar alcanzó importancia, pues la isla era el centro de reunión de los galeones españoles, y por lo tanto, un objeto preferido de los ataques de piratas y bucaneros. Restos de las obras de defensa están aún en pie y levantan sus moles grandiosas en la costa, como el Castillo de los Tres Reyes (llamado luego El Morro) y la fortaleza de La Cabaña. En Puerto Rico sobresale la fortaleza de San Felipe del Morro.

El plateresco. Paulatinamente y a medida que la conquista avanzaba, la arquitectura transitó de su sencillez inicial al estilo español de la época, *el plateresco*, llamado así por el preciosismo de los detalles, semejante a la técnica de los plateros u orfebres de España. Característico de este estilo es el labrado de la piedra en forma de filigranas o bordados, que ornamentan las fachadas y les dan un aire de belleza subyugante. A menudo, esas fachadas y portales se encerraban entre cuadros lisos, con una o dos torres al lado, en las cuales se repetían las filigranas en ciertos trechos y culminaban en cúpulas igualmente ornamentadas o cubiertas de azulejos.

El plateresco se transporta de las Antillas a México, donde se le agregan modificaciones en los grandes templos debido a la abundancia de piedras blandas y a la existencia de mano de obra indígena experta en el tallado. La edificación religiosa sufre allí adaptaciones. Reaparece el antiguo modelo peninsular del "templo fortaleza", destinado a proteger en caso de ataque a los eclesiásticos y fieles. Se agrega también otra adaptación: las denominadas "posas" o capillas abiertas en las cuatro esquinas del atrio, para dar cabida a la gran cantidad de fieles que concurrían a los oficios. Se recurrió, en otros casos, a una única capilla abierta adosada o levantada junto al muro que daba al atrio.

El progresista virrey Mendoza dictó por aquellos años precisas directivas sobre las construcciones monásticas. El templo típico de la época consta de un gran patio al frente, cerrado con altos muros con almenas y tres puertas de entrada y una iglesia imponente al fondo, de una sola nave, coronada por una bóveda gótica apoyada en columnas y nervaduras visibles. El altar principal es de madera tallada y dorada, ornamentado con óleos, motivos de diversos colores y esculturas policromadas. El monasterio para los frailes está constituido por un claustro central, rodeado de habitaciones, levantadas por lo general en dos pisos.

Las distintas órdenes monásticas levantaron sus propios templos en los sitios donde actuaban. Los franciscanos construyeron más de cuarenta obras en el siglo XVI, y siguiendo sus votos de pobreza, los hacían sencillos, a menudo sobre la traza del "templo-fortaleza" como un enorme castillo feudal, sobrio en su decoración. En contraste, los templos de los agustinos de la misma época son obras de ingeniería colosales, ricamente decoradas. Se conservan veintiún templos de esta orden.

El templo de San Agustín, en Acolman (México), es uno de los más exquisitos ejemplos del estilo plateresco. Su fachada está considerada la obra cumbre del género en Hispanoamérica. Una filigrana de excelente gusto artístico cubre la parte central de la fachada, la bóveda es ojival y la construcción es de una perfección muy elogiada. Tanto el templo como el monasterio anexo se conservan casi intactos en la actualidad.

Los dominicos trataron de seguir los lineamientos arquitectónicos de franciscanos y agustinos y levantaron monumentales templos, de sólidas estructuras con propósitos religioso-militares, claustros con almenas y monasterios cerrados.

El estilo plateresco no se extendió hasta la América del Sur, y en los casos aislados que ocurrió, no se corresponde con el esplendor y la variedad de México. La historia señala algunos vestigios excepcionales en Tunja (Colombia) y en algunas capillas peruanas de Ayacucho (Perú), y en otros escasos sitios.

Las grandes catedrales. El siglo XVI es el siglo de las grandes catedrales de Hispanoamérica. Debido a que en casi todos los casos la edificación de los templos demandó decenas de años y se reformaron o concluyeron en períodos posteriores, la catedrales no presentan, ni en sus trazas ni en su ornamentación, un estilo uniforme. Combinan el adusto estilo del tiempo de Felipe II, traído a América por el arquitecto Francisco Becerra, con el paso al barroco posterior y su recarga de ornamento y decoración. La Catedral de México demandó 250 años de construcción, y en su trazado y presencia de diferentes recursos puede apreciarse esta transición.

Está considerada como la más imponente y hermosa iglesia del Nuevo Mundo, y una de las ocho mayores expresiones de la arquitectura barroca de Iberoamérica. Se comenzó en 1563; la traza fue creación de un arquitecto, las torres de otros, su fachada fue tallada en pleno siglo XVI, la cúpula fue rehecha por un tercer arquitecto, y su mole exigió una cimentación sumamente solida para mantener en pie semejante estructura. En los dos siglos y medio de construcción, marcaron su influencia la sobriedad del neoclasicismo europeo, el tallado del plateresco y la ornamentación recargada del barroco. Tres naves longitudinales, dos paralelas de las capillas y nueve naves de crucero, otorgan a este majestuoso templo una superioridad sobre cualquier otra construcción. A su lado, la Sacristía y el Presbiterio, completan el conjunto que actualmente admiran mexicanos y extranjeros. Sin llegar a las dimensiones y suntuosidad de esta catedral, las de Puebla, Mérida y Chiapas integran el escogido conjunto arquitectónico.

En Colombia, la Catedral de Tunja ostenta el conflicto de estilos: capiteles corintios en la portada, tallados platerescos, pájaros y otras esculturas mixtas.

Francisco Becerra, quien llegó a México en 1573, transportó el estilo europeo, a las dos catedrales más importantes de América del Sur, la de Lima y la de Cuzco. En ambas prevalece la "estructura salón" española, consistente en un espacio interior amplio y horizontal. Se les introdujeron también modificaciones, sobre todo en la primera, para evitar los efectos dañosos de los terremotos regionales.

La Catedral de México, en pleno corazón de la ciudad, el Zócalo, con el magnífico Sagrario Metropolitano adosado a su costado. Fue construida a partir de 1573 y tras sucesivas modificaciones y agregados se concluyó en 1811. Se levantó sobre las ruinas del Gran Teocalli azteca. La Catedral de México es famosa por sus dimensiones, estructura, belleza de su decorada fachada, altura de su cúpula central (67 metros), juego de capillas interiores, cuadros, riqueza de sus retablos y altares, combinación de arcos y columnas, decoraciones en oro, e imaginería. Son mundialmente famosas la Capilla de los Reyes y la de los Ángeles, y el altar del Perdón. Un bello crucifijo de color oscuro, denominado el Cristo del Veneno, se dice que tomó ese color después de que un devoto envenenado lo besó y el Cristo absorbió el veneno. El Sagrario adosado es uno de los mejores ejemplos del arte recargado o "churrigueresco", proveniente de España. Fue iniciado en 1749 y terminado en 1768. Su gran puerta de madera, de dos hojas, revela una prodigiosa abundancia de tallas.

El barroco mexicano. Con el correr de los años el estilo barroco sucede al plateresco en México. La arquitectura barroca mexicana se diferencia de la desarrollada en otras partes por ciertos detalles. En primer lugar por el color, que adquiere un sentido prácticamente desconocido hasta entonces debido a la policromía de las piedras existentes en el país, desde el rojo y tostado fuerte (*piedra tezontle*) hasta el blanco marfileño (*piedra chiluca*). La gama de colores permitía los lujos de la policromía más sorprendente. Otros materiales favorecieron el llamativo colorido de los templos mexicanos: la yesería de múltiples colores, las tinturas disponibles, los ladrillos con revoques blancos y los azulejos multicolores.

Las piedras de textura porosa son de fácil laboreo; la yesería policromada es barata y plástica para manejar, más blanda que la madera misma. Esta yesería constituye uno de los elementos distintivos del barroco mexicano. Permitió esculpir las formas curvilíneas más complicadas y sorpresivas, dando a los muros y columnas un efectivismo llamativo. De los azulejos puede afirmarse algo semejante. Traídos de España, que a su vez había copiado los azulejos árabes, alcanzaron en México un desarrollo considerable, donde se levantaron fábricas especiales y marcaron de modo típico el arte de las ciudades. A los azulejos se agregaron la cerámica y la loza, que se expandieron por todo el país. El color de las piedras, los ladrillos de diferentes tonos, los revoques blancos, los estucos y yesos de infinitos colores, los frontispicios labrados, la combinación de las líneas rectas y curvas, el colorido de las cúpulas azulejadas, las columnas recubiertas de floreos, los estípites o columnas falsas, de a una o acompañadas, las fachadas y retablos, han convertido al barroco mexicano en el punto máximo de la americanización del barroco europeo.

En cuanto al decorado interior, los templos sobrepasan la imaginación: retablos totalmente trabajados con orfebrería de flores, pájaros, santos, ángeles y figuras divinas; lienzos pintados como telas de caballetes, a veces con signos iconográficos tradicionales; cúpulas con pulcritud de diseño y color, nichos suntuarios para las imágenes, retablos magnificentes y otras particularidades, son manifestaciones del innegable talento arquitectónico mexicano.

El barroco es el arte con mejor arraigo en América, donde ya existía desde mucho antes la tradición ornamental de las culturas indígenas. Alcanzó su mayor desarrollo en los siglos XVII y XVIII. La influencia indígena puede apreciarse sobre todo en la técnica del esculpido y en los motivos de los ornamentos (pumas, monos, colibríes, garzas, papagayos, mazorcas de maíz, cocos, margaritas, etc.) y en la predilección por la simetría de los edificios.

El arte peruano. En el Perú los especialistas han señalado dos aspectos distintivos de su arquitectura barroca: la adaptación del estilo a la realidad natural del asiento, y la progresiva mestización de la arquitectura a medida que se aleja de la costa.

En muchas iglesias se sustituyó, por ejemplo, la bóveda de materiales fuertes por una trabazón singular de cañas y madera revestidas de revoque o estuco. A estas falsas bóvedas se las denominaba *quinchas*. En Lima la adaptación respondió a la tradición del lugar, donde los primitivos incas y demás pueblos desconocieron la bóveda y la suplieron con maderas y ramas. Tampoco recurrieron a la piedra, inexistente en la zona, y se valieron de los ladrillos.

Conocieron las arquerías de medio punto y la bóvedas acanaladas, lo mismo que la fachada-retablo, notables en algunas iglesias. Los altares y retablos continuaron la costumbre de máxima expresión decorativa, con nichos, imágenes, columnas y estípites muy enriquecidas con tallas de orfebrería fina, muchas veces cubiertas con aplicaciones de oro y plata.

En Cuzco, en cambio, región montañosa con abundancia de material pétreo, se cimentaron los templos sobre imponentes bases de piedra, reminiscencia de sus antepasados tiahuanacotas e incas. En la Plaza Mayor de la ciudad se eleva la iglesia de la Compañía, el mayor exponente del barroco cuzqueño. Otros rasgos típicos del barroco cuzqueño son la solidez de los edificios, el color oscuro de la piedra andesita usada, los cupulines semiesféricos de las torres, el ábside incásico y los portales con recuadros sobresalientes de los bordes.

En la Plaza de Armas de Cuzco se levantan la Catedral de Cuzco y la iglesia de la Compañía de Jesús, dos famosas construcciones religiosas que se prolongaron durante años a través del siglo XVII. La amplísima plaza en pleno centro de la ciudad, tiene 250 metros de lado. En ambas construcciones se pueden apreciar muchos elementos de barroco colonial: la gran puerta de entrada profusamente decorada; las torres sumamente esculpidas, aunque no muy altas para resistir los terremotos; los pináculos que adornan los techados; las cúspides redondeadas; la gran cruz de piedra que corona el conjunto; las nervaduras internas de las bóvedas; la fascinante talla de los altares y retablos; los recubrimientos de oro laminado; las estatuas y pinturas realizadas por artistas europeos, etc. En la catedral se conserva curiosamente El Cristo Negro, en la Capilla del Perdón, muy venerado por los fieles por ser el Patrón de Cuzco. La fotografía muestra la iglesia de la Compañía de Jesús, de la segunda mitad del siglo XVII.

La obra constructiva de los españoles en su patria y en las colonias le ha merecido a España el favorable prestigio de ser uno de los pueblos más constructores de la historia, como lo fueron en su momento los romanos.

Las ruinas. Cuatrocientos años después de la gestión arquitectónica de los españoles en el Nuevo Mundo, sobrevive la mayor parte de sus construcciones. No obstante, algunas han sido destruidas por los terremotos o desgastadas por el abandono. En Panamá se encuentran las ruinas de la primera ciudad construida en territorio continental, Panamá la Vieja, que sucumbió ante el ataque del pirata Henry Morgan (1671).

En Guatemala se conservan los restos de la vieja capital, llamada ahora Antigua Guatemala o simplemente Antigua, que fue en sus tiempos la más bella ciudad hispanoamericana entre Lima y México. En Colombia, las fortificaciones del puerto de Cartagena fueron las más poderosas de toda América. En Paraguay, Argentina y Brasil

En Hispanoamérica es posible encontrar ruinas de antiguas ciudades importantes, sobre todo en la región occidental, destruidas por terremotos, que obligaron a las autoridades a cambiar el sitio de las capitales. La más famosa es la de Antigua Guatemala, a pocos kilómetros de la capital actual. La ciudad fue destruida por los tremendos temblores de 1773, causados por la erupción volcánica y las lluvias torrenciales subsiguientes, que demolieron en el término de dos minutos la ciudad. En la actual Antigua sobreabundan restos de otras destrucciones. Otras valiosas ruinas son las de Panamá la Vieja, Cartago (Costa Rica) y Ujarrás, etc. El templo católico de La Merced, aquí ilustrado, fue el que menos sufrió el cataclismo.

quedan los restos de las antiguas misiones jesuíticas, abandonadas con la expulsión de los padres de la Compañía. Tienen gran interés arquitectónico, y abarcaron en su época más de treinta pueblos, con tipos especiales de construcción, cuyo gobierno civil y religioso ejercían los sacerdotes.

El Río de la Plata. La arquitectura rioplatense estuvo signada en los primeros tiempos por la pobreza del Cono Sur, la carencia de materiales pétreos, la inmensidad del territorio, la carencia de artistas indígenas, el desinterés de la metrópoli por esas tierras sin metales preciosos y la escasez de población. La construcción religiosa se redujo a una planta alargada, de muros lisos de adobe, techumbres lisas o a dos aguas construidas con vigas de madera, y adornos de imaginería artesanal en retablos y hornacinas. Con el curso de los años, esta elemental técnica mejoró con la construcción de bóvedas acanaladas pero con armazones de madera y la incorporación de una o dos torres laterales. Los frontis se embellecieron con portales más labrados y los retablos se convirtieron en obras del arte tallado. El campanario para convocar a los fieles a los oficios no faltó ni en las más pobres capillas, y se practicó el uso de las rejas de hierro labrado para proteger las aberturas. La construcción militar, en cambio, se asemejó más a las del norte del continente, y recurrió a los fundamentos de piedra, y a torres almenadas para protección contra los ataques de indios y piratas. En algunos casos, como en Buenos Aires, una red de túneles subterráneos unían los templos y fuertes entre sí.

Catedral de Córdoba, Argentina, el edificio más importante del Cono Sur, dentro de la arquitectura religiosa. Su construcción comenzó en 1687, para lo cual se hizo ir desde el Alto Perú al arquitecto español Merguete, que gozaba de gran prestigio en esa región. Fue construido a través de muchos años, con la colaboración sucesiva de varios arquitectos. En 1573 se iniciaron las obras de abovedamiento de la nave central y el presbiterio. La catedral se inauguró inconclusa cinco años después. Como característica típica de la zona, no se empleó prácticamente la piedra, sino abundante mampostería apoyada sobre estribos muy gruesos para sostener la construcción. Lo más notable del edificio es su espléndida cúpula, desproporcionadamente alta con respecto al resto del edificio, con torretas en cuatro de sus costados. La sólida apariencia del edificio responde al volumen de los muros y pilastras necesarios para sostener el peso de la cúpula.

La Catedral de Córdoba (Argentina), en el centro del país, es el edificio más importante construido en la época colonial. Su construcción se comenzó en 1687 y se estrenó inconclusa en 1758, después de abovedar las naves. Su gran cúpula central tiene una envergadura colosal, sustentada sobre cuatro arcos del crucero, de gruesa mampostería para sostener semejante peso. También son de mampostería sus gruesos muros, reforzados exteriormente por grandes estribos o contrafuertes, para dar solidez a la construcción. Lo más impresionante de esta iglesia es su cúpula central, apoyada en cuatro torretas externas, para corregir el empuje lateral.

Las construcciones jesuíticas en Argentina y Paraguay comenzaron tardíamente a comienzos del siglo XVII. La población aborigen, estimada en unas 100.000 personas, estaba concentrada en pueblos de cerca de 3.000 indígenas cada uno. Los asentamientos comprendían instalaciones religiosas, civiles y de defensa. La reducción fue un conjunto urbano que contemplaba la vida religiosa, civil, social, habitacional, de educación y salud. En general respondían a un sólo modelo. Transitaron paulatinamente de las construcciones de barro, paja y troncos, a la piedra tallada y la madera trabajada.

El templo era la construcción más importante, donde el adobe primitivo fue sustituido por la piedra y la madera. Los techos se recubrieron con tejas, y la planta era de tipo galpón. Cuando se empleó la piedra, se adoptó en frontis, muros y altares el estilo barroco.

La escultura

La escultura en México colonial fue principalmente religiosa y anónima. Hasta el siglo XVIII, época de la aparición de los grandes escultores, tuvo principalmente la función de acompañar a la edificación religiosa, y por lo tanto, ocurrió en una etapa plateresca y en otra barroca. Los talladores mestizos tenían una larga tradición en el trabajo de la piedra, y por esta razón se ha sostenido que la escultura fue más libre y original que la arquitectura, y fue sobre todo más americana porque incorporó técnicas y motivos propios de la raza. Se establecieron instrucciones precisas en la iconografía para evitar desviaciones de la fe. Los interiores de gran parte de los templos se recubrieron de una ornamentación fascinante, a base de tallas, yeso y oro. En cierto momento se planteó la dualidad entre arte criollo y arte europeo. La estatuaria solemne de las fachadas y los retablos combina las figuras hieráticas de santos y personajes con una profusión de ornamentos impuesta por la imaginación popular. Ésta se hace presente, de uno u otro modo, en casi todos los templos mexicanos.

Quito ganó fama internacional por la calidad de su imaginería. Famosos nombres registra la historia del arte quiteño, entre ellos el del padre Carlos Bernardo Legarda y Manuel Chili, artista indígena más conocido como Caspicara.

Al Perú llegaron desde comienzos del siglo XVII gran cantidad de tallistas y escultores españoles. Su función afirmó el carácter europeo de las imágenes. Las sillerías de los coros, están conceptuadas como las más valiosas obras de tallas del período colonial.

En Puebla hubo una importante escuela de escultura, dedicada a la producción de imágenes religiosas. Manuel Tolsá es el primer escultor notable que produce México, y a él se debe la famosa estatua ecuestre de Carlos IV, llamada vulgarmente "el caballito de Troya", una de las mejores obras escultóricas de la América colonial. Se encuentra actualmente en la ciudad de México.

En la Antigua Guatemala fue también importante la escultura, y allí se fabricaban imágenes religiosas para México. Los escultores guatemaltecos fueron famosos por la perfección de los colores.

Pero la gran escuela de escultura de toda la América colonial fue la Escuela de Quito. Una fabulosa cantidad de cajones con esculturas se exportaron por el puerto de Guayaquil a otros países, al punto que existen obras quiteñas en casi todos los puntos de Hispanoamérica. La escultura quiteña deriva de la española. Adoptó los tipos de imágenes creados por los maestros de la Península. Su material preferido fue la madera policromada, con colores no brillantes. Los escultores doraban y plateaban las imágenes, y practicaron la técnica del estofado, o pintura de colores sobre fondos dorados y posterior raspado de líneas y figuras. El padre Carlos, de mediados del siglo XVII, fue el primer gran escultor de Quito. Fue un sacerdote cuyo arte se caracterizó por la perfección de las formas y la expresión de las figuras.

La pintura

En pintura hubo más escuelas que en escultura. En México se conocieron dos, la de la capital y la de Puebla. La pintura mexicana se caracteriza en general por los colores agradables, la delicadeza del dibujo, cierta morbidez en las figuras, y la forma de colorear las telas y vestimentas.

Una vez más, lo mismo que en escultura, Quito significa la más alta expresión de la pintura colonial hispanoamericana. La gran figura de la pintura quiteña es Miguel de Santiago (1630–1673), conocido como el Apeles de América, que junto con su sobrino y discípulo, Nicolás Javier de Goríbar, señalan el apogeo de la pintura quiteña.

En pintura no se produjo el mismo fenómeno que en arquitectura y escultura, ni ocurrió el fenómeno de la transculturación: la pintura fue absolutamente europea. Incesantemente llegaban a las colonias reproducciones de excelentes obras maestras de la pintura europea, lo mismo que de magistrales grabados. El primer pintor extranjero que llegó al continente lo hizo con Hernán Cortés. En algunos lugares se conservan todavía los frescos realizados por los españoles y flamencos, particularmente. Llegaron pintores junto con imagineros, músicos y otros artesanos. Durante la segunda mitad del siglo XVI se dirigieron a Quito, donde se fundó la primera escuela sudamericana de arte.

Artes menores. En Hispanoamérica se practicaron también las denominadas artes menores: la miniatura en libros de himnos; la pintura con incrustaciones de nácar; y la orfebrería, la herrería artística, el grabado, la platería, la ebanistería y la cerámica, que se practicaron con bastante frecuencia. En muchos casos, siguieron realizándose obras de artesanía de tradición indígena.

El aporte cultural español

La contribución española a la cultura y a la civilización de América es innegable. El proceso de culturalización fue el único posible en las condiciones en que se encontraban los nativos indígenas y los criollos, y con los recursos espirituales con que contaban los conquistadores aun en su propio país. España sorprendió a los inadvertidos europeos de la época, y merece ser evaluada con los criterios históricos de la época, y no con los actuales. Los años han permitido serenar los ánimos de los críticos de uno y otro lado, y juzgar los fenómenos con la mayor objetividad posible, dejando a un lado los argumentos de valor temporario o circunstancial propuestos a través de quinientos años. Después de todo, los siglos XVI, XVII y XVIII son españoles, y los siglos XIX y XX criollos, de manera que virtudes y defectos, si los hubo, son en bastante medida compartidos.

Si América hubiera sido abordada por pueblos de otras nacionalidades o etnias, no podemos saber cómo habrían sucedido los acontecimientos, y toda comparación terminaría en un mera hipótesis indemostrable. La cuestión no se reduce, entonces, a ser hispanista o antihispanista, indigenista o antiindigenista, ni tampoco a renegar de los orígenes indianos ni de los españoles ni de los inmigrantes que llegaron a estas costas.

Cinco siglos después de la gesta de Colón, Hispanoamérica es cristiana, hispanohablante y mestiza por obra de España. El concepto de "herencia española" puede apreciarse en estos tiempos con mejor perspectiva, y concluir que fundamentalmente se ha concretado en el aporte de la lengua, la sangre, la religión y la cultura.

El idioma español permite a los hispanoamericanos comunicarse en la actualidad con otros cuatrocientos millones de la población mundial, y se ha calculado que en el año 2000, cada español peninsular tendrá frente a sí a diez hispanohablantes de América; además, se presume que el centro idiomático de la lengua castellana será en el futuro casi totalmente americano.

El mestizaje o mezcla de sangre y razas es la segunda de sus contribuciones, y a pesar de los argumentos contrarios que se han expuesto en muchísimas ocasiones, constituye al menos un tratamiento humano más defendible que el racismo. El criterio de evangelización ya se ha tratado en este libro y queda reservado a la conciencia íntima de cada persona. Lo mismo puede afirmarse de la valoración de la cultura recibida.

Finalmente, podría agregarse otra consecuencia. Otro legado lo constituye la actitud espiritual ante la vida, que constituye algo así como una visión del mundo, dentro de la cual se acrisolan y transforman los elementos provenientes de otras culturas.

El Quinto Centenario

El 12 de octubre de 1992 se celebró oficialmente en Europa y en toda América el Quinto Centenario del descubrimiento de América. La conmemoración incluyó actos públicos, reuniones académicas en universidades, exposiciones de material histórico, concursos literarios, excursiones turísticas, condecoraciones y homenajes a figuras prominentes, ediciones de libros sobre la hazaña de Colón y otros sucesos relacionados, desfiles públicos, una visita del Sumo Pontífice a Santo Domingo, una excepcional feria en Sevilla, España, en pabellones especialmente construidos, y un vasto repertorio de celebraciones en consonancia con la magnitud del acontecimiento.

A propósito del Cuarto Centenario (1892), el ensayista italiano Giovanni Papini recuerda en uno de sus libros, *El espía del mundo*, con cierta tristeza, las fiestas realizadas en América, España e Italia con "clamor débil y remoto". Como latino, hace notar que hasta esos años "América todo lo recibió de Europa" y menciona que pese a lo escaso de su población y a la dificultad de las comunicaciones, América "ha puesto todo su esfuerzo en levantarse al nivel de Europa", con escasos resultados: ni un gran teólogo, ni un místico famoso, ni siquiera un movimiento herético, sólo un santo (Santa Teresa de Lima), ni un filósofo original, sin un sistema propio, buenos escritores (Sarmiento, Darío, Rodó, Larreta, Rivera), pero ninguno de ellos popular y uno sólo de alcance europeo (Ruiz de Alarcón), y así otras lamentaciones.

Atribuye estas carencias a la lentitud con que se ha formado la nueva raza, pero sobre todo a una circunstancia: "La América Latina consumió, hasta ahora, la mayor parte de su caudal de inteligencia en la lucha por el aprovechamiento del suelo y las contiendas políticas".

Naturalmente, el juicio un siglo después, tenía que ser diferente: interesó tanto al mundo latino como al anglosajón americano. La fecha ha venido denominándose, sin embargo, en forma diferente según cada nación: *Columbus Day*, en el calendario de Estados Unidos; *Día de la Raza* en España y algunos países hispanoamericanos; se la ha denominado también *Día del Descubrimiento de América* en naciones de fuerte herencia española. Analizadas con espíritu crítico, cada una de todas las apelaciones encierra una interpretación de la obra de España en el continente. Por lo general, se ha optado en Hispanoamérica por la última, aunque este rótulo ha sido rechazado en los países con grandes masas de población indígena y sustratos culturales precolombinos de relevancia (México y Guatemala particularmente), o bajo consignas políticas de diversa naturaleza. No ha sido ése el caso de Argentina, Uruguay y Chile, países que se perciben a sí mismos como más ligados a la tradición europea. Otras naciones se han mantenido en una posición intermedia.

En la oportunidad puntual de este Quinto Centenario se han sumado factores ideológicos, tanto tradicionales como contemporáneos: repudio a la Conquista por la destrucción de las civilizaciones indígenas y las matanzas de poblaciones; abominación del sistema político, económico y social impuesto por los conquistadores en las nuevas tierras; desacuerdos y rencores históricos contra el clero católico; discordias heredadas de los católicos y protestantes en Europa desde los tiempos de la Reforma; querellas entre la interpretación anglosajona y la latina de la vida y el destino humano; infiltración de resabios de la ideología socialista; reclamaciones políticas actuales en favor de las masas indígenas y sus descendientes, relegadas y empobrecidas; oportunidad para agitaciones sociales con tendencias revolucionarias; rivalidades nacionales entre los mismos pueblos hispanoamericanos; diferencias académicas entre estudiosos, escritores y profesores universitarios, como por ejemplo la discutida nacionalidad de Colón o el lugar donde yacen efectivamente sus restos, por citar sólo algunas. Incluso no ha faltado quien ha pretendido menguar el valor del Premio Nobel de la Paz otorgado por la Academia sueca a la luchadora guatemalteca Rigoberta Menchú por su obra en beneficio de los indígenas, relacionándolo con las circunstancias internacionales del momento.

A cinco siglos del descubrimiento (aunque América estaba ya descubierta por los propios americanos cuando arribó Colón), ante la fecha de la rememoración, las centenarias querellas históricas volvieron a ser reavivadas de sus cenizas.

Con todo, el feliz hallazgo lingüístico de una nueva denominación ha permitido poner tranquilidad en muchos ánimos y quizás acabar con las disidencias enojosas sobre un acontecimiento histórico que ya ha sucedido y no hay retorno posible.

El autor de este libro ha expresado en su momento su opinión personal sobre el acontecimiento: "No hubo culpa en ser indio, ni la hubo en ser español. Tampoco la hay en ser hispanoamericano", porque para el Creador no hay hijos favoritos (*Viaje por el alma hispanoamericana*, 1992).

Temas de conversación

1. La cultura colonial hispanoamericana, ¿es propia o es una combinación?
2. ¿Qué influencias operaron sobre las culturas indígenas?
3. ¿Por cuáles vías entraron los elementos culturales europeos?
4. ¿Cómo era una universidad hispanoamericana y qué grados otorgaba?
5. ¿Qué caracterizó a la ciencia?
6. ¿Qué diferencia existe entre un cronista, un anticuario y un historiador de Indias?
7. ¿A qué se denomina "carta de relación"?
8. ¿Qué conflicto ideológico ofrece en su historia el Inca Garcilaso de la Vega y por qué causa?
9. ¿Cuáles son las características de la prosa barroca?
10. ¿En qué consiste el gongorismo poético y cuál fue su mejor representante en Hispanoamérica colonial?
11. ¿Cómo caracteriza Ud. a la arquitectura barroca de Hispanoamérica?
12. ¿Qué diferencia al barroco mexicano del barroco peruano?
13. ¿Qué notas definen al arte plateresco?
14. Comparar las grandes catedrales de México que Ud. conozca con las del resto de Hispanoamérica.
15. ¿En qué consistió el legado cultural de España?

Temas especiales de exposición y composición

1. Los cronistas e historiadores de Indias.
2. El gongorismo poético y Sor Juana Inés de la Cruz.
3. El Inca Garcilaso de la Vega y su obra escrita.
4. La arquitectura plateresca.
5. La arquitectura barroca.

CAPÍTULO SEIS

EL BRASIL COLONIAL

Brasil, por su territorio, es el quinto país del mundo después de Rusia, Canadá, China y Estados Unidos. Más de la mitad de su suelo son mesetas que no sobrepasan los 1.000 metros: tiene un litoral marítimo de 7.400 kilómetros sobre el océano Atlántico; cuenta con tres grandes sistemas fluviales (los ríos Amazonas, San Francisco y el Paraná-Paraguay); ninguna montaña excede los 3.000 metros y, lo que es más distintivo geográficamente, ostenta una interminable región de selvas, la Amazonia, surcada por más de 1.100 ríos tributarios del Amazonas, cubierta de una prodigiosa cantidad de plantas, la mayor zona vegetal del mundo, donde habitan pájaros, serpientes, insectos y otras especies zoológicas no registradas todavía. Esa increíble jungla es la más grande productora de oxígeno de la superficie terrestre.

Siglo XVI: El descubrimiento

El descubridor de esta región, el portugués Pedro Álvarez Cabral, al tocar por primera vez su suelo, en busca de un nuevo rumbo hacia Oriente, no tuvo idea de la importancia de su hallazgo, como tampoco la tuvo el monarca lusitano, Juan II, a cuyo reino pertenecía la nueva tierra de acuerdo con la convención del Tratado de Tordesillas, seis años antes.

Pedro Álvarez Cabral desembarcó en tierras del nordeste, cerca de Bahía, estableció un refugio cerca de la costa y distribuyó regalos entre los indígenas. Alcanzó a ver con sus ojos unas veinte leguas del litoral y creyó encontrarse en una isla y no en tierra firme. Le dio a ésta el nombre de Vera Cruz, y a los diez días de estadía continuó su viaje. El rey comunicó a los demás países el nuevo descubrimiento y mandó una flota de exploración al año siguiente.

Apareció entonces en las costas de Brasil el florentino Américo Vespucio, extraño personaje entre astrónomo y aventurero, quien constató que el descubrimiento no había sido una isla, sino un continente, una "tierra de Santa Cruz". Trazó cartográficamente los contornos de la zona costera que había recorrido, y tuvo la suerte de que su nombre quedara definitivamente asociado al del Nuevo Mundo o América.

Desde allí, el nordeste, habría de expandirse progresivamente la ocupación y colonización del país, rumbo al oeste, el *sertón* (tierras secas y casi desérticas) y más allá, la selva amazónica; un poco más adelante hacia el sur continuaron dos corrientes, una hacia la actual Río de Janeiro y otra hacia la zona minera, tierra adentro.

Lo más rentable que encontraron los descubridores fue el palo tintóreo *brasil*, por lo que comenzó a llamarse a la región "tierra del palo brasil" o simplemente Brasil.

Conocida la noticia en Europa, comerciantes y corsarios se acercaron repetidamente a las costas e iniciaron el comercio con los indios, a los cuales compraban la preciosa madera. Portugal, que hasta entonces había concedido poca importancia a esta región, ya que se había preocupado sólo por las ricas posesiones del Oriente, se interesó ahora por su colonización.

Al llegar, los portugueses se encuentran con un hermoso y fértil país, poblado por muchos grupos indígenas. Los *tupís* o *tupí-guaraníes* habitaban todo el litoral, pero con motivo de la colonización, emigraron hacia el río Amazonas y zonas vecinas. Los *ges* —que en época de la colonia se llamaban *tapuyas*— hicieron también contacto con los portugueses. Los *arahuacos* habitaban las Guayanas, y parece que algunas tribus *caribes* del norte vinieron desde las Antillas. La lengua más hablada era el tupí.

La población

En el encuentro con América, el portugués se encontró con un Nuevo Mundo inimaginado. Aparte de la naturaleza exótica, se vio frente a frente con unas razas insospechadas, sin comparación alguna con las fantasías provenientes de la Edad Media y la Antigüedad. Era el indio.

Los indígenas que habitaban la región del primer contacto costero eran *tupís* por su lengua común, aunque pertenecían a diferentes grupos antropológicos. El tupí del litoral era enemigo natural del *tapuya* de las sierras cercanas, al que había desalojado desde la costa al interior. El tupí era inteligente y asimilable a la nueva civilización, pescaba en canoas hechas de paja, sembraba la tierra (mandioca, maíz, batata y tabaco), cocía el barro en vasijas y construía sus casas con ramas y techos de palmera. No conocía la propiedad privada ni la colectiva: sólo se repartían los pescados salados. Los *guaraníes* pertenecían a esta raza.

El tapuya, en cambio, era vagabundo, se internaba por los montes, no construía aldeas ni se acercaba al blanco, a quien fue siempre hostil, aunque lo aceptaba con recelo cuando era necesario. Los cronistas los consideraban peligrosos por sus lanzas arrojadizas y el escudo que usaban en las peleas, mientras los tupís sólo conocían una especie de maza o lanza fabricada de madera dura recubierta con paja. Las más terribles

Secadero de café, grabado del artista de origen germano Juan Mauricio Rugendas (1802–1858), que recorrió gran parte de la América Latina el siglo pasado (México, Perú, Brasil, Bolivia, Argentina y Chile) pintando retratos y escenas de costumbres. Se lo considera el mejor de los artistas viajeros y costumbristas. El café fue introducido al principio de la Colonia y convirtió a Brasil en un emporio de ese producto, aunque en la actualidad compite con otros países andinos y centroamericanos, y su producción industrial ha adquirido especial relevancia continental.

guerras de los portugueses tuvieron lugar contra los ges, que vivían más hacia el nordeste. Por otra parte, como los tapuyas no vivían en aldeas y eran nómadas, resultaban difíciles de encontrar y hacerles combate frontal.

Hacia el sur, los principales enemigos fueron los *guaycurúes*, que se extendían hacia la cuenca de los ríos Paraná y Paraguay.

Los caribes, venidos de las Antillas, se extendieron por la cuenca amazónica y no pasaron más allá del río San Francisco. Los arahuacos, a su vez, influidos por su cercanía a las civilizaciones andinas del Perú y del Golfo de México, aportaron la alfarería, la cerámica y algunos restos de cultura incaica encontrados en el río Amazonas.

Los guaycurúes, o indios jinetes de la llanura, que erraban por las regiones del sud y los pantanos del Paraguay, fueron igualmente famosos por su belicosidad y encono contra los lusitanos y los nuevos portugueses nacidos en el Brasil.

Los primeros europeos adoptaron del indio la construcción de chozas, los fuertes consistentes en cercos de postes en punta clavados en torno a las fortificaciones y rancheríos, el empleo de la mandioca en lugar del trigo en las comidas, la técnica de salar la carne para conservarla, el sistema de derribar árboles y quemarlos para hacer las plantaciones, y curiosamente, la hamaca de dormir, único mueble de los tupís.

Los habitantes de la meseta próxima a la costa los sertanejos, conservaron sus costumbres por varios siglos. Caminaban uno detrás de otro, fumaban en una misma pipa, atravesaban los ríos en canoas, se curaban con medicinas primitivas como chupar las heridas, vivían en la imprevisión, gastaban gran parte de su tiempo en el descanso, puestos en cuclillas, secaban las plantas ahumándolas, no bebían durante las comidas y tenían también la costumbre de derribar árboles y quemarlos para realizar sus sembrados.

Para que el indio colaborara en la tareas de la vida, los portugueses se vieron en la necesidad de esclavizarlo y atraerlo a vivir a su pueblerío o comunidad. Lo instruyeron en la vida cristiana, y lo utilizaron en los cultivos de caña de azúcar, la principal riqueza de los primitivos colonos y la preferida en Europa, y en el cultivo del algodón. La caña de azúcar provino de la isla de Cabo Verde y de la isla Madeira. Los conquistadores construyeron los primeros ingenios, y así se creó una riqueza particular y se formó una clase aristocrática de colonizadores, poseedores de la tierra, la técnica y el capital, que habría de perdurar por varios siglos.

Como para las inmensas extensiones de tierras labradas no eran suficientes los indios, se hizo traer de África a los primeros negros, mucho más eficientes para el trabajo agrícola que los indígenas. Llegaron primero de Guinea, luego del Congo y por último de Angola, desangrando durante tres siglos las reservas humanas de aquel continente. Los historiadores sostienen que la evolución social del Brasil se explica por esta confluencia de razas sin prejuicios, este Brasil *mameluco* o *mamaluco* (mestizo).

Gilberto Freyre, el conocido autor de *Casa Grande y Senzala*, ha creído encontrar en este fenómeno uno de los factores esenciales de la constitución de su país: "Híbrida desde el comienzo, la sociedad brasileña es, de todas las de América, la que se constituyó más armoniosamente en cuanto a las relaciones raciales..."

La unión entre europeos y americanos se debió a las mismas razones que en la América hispánica: los primeros hombres vinieron a las tierras sin sus esposas debido a los peligros, y así se produjo la unión de los colonizadores con las indias.

Las capitanías generales y los donatarios

Los colonos portugueses que llegaron al continente se establecieron gradualmente en pequeñas colonias a lo largo de la costa, en especial en San Vicente (1532) y más adelante en San Salvador (1549), hacia el norte. Ambos territorios estaban poblados por escasos agrupamientos indios, pacíficos los costeños, feroces los del interior.

El típico colono portugués, así como sus imitadores extranjeros, era un señor de mentalidad feudal, dueño de los ingenios, que en vez de europeizarse había pasado a integrar una clase social que difícilmente habría tenido en su país de origen. Se indianizó, acompañado por la obra de los jesuitas, sin prejuicios de raza, lo cual explica gran parte de la evolución social del Brasil, un crisol de razas entrecruzadas en mil variaciones, y finalmente equilibradas en una identidad nacional.

Las riquezas del Brasil se conocieron de inmediato en Europa por los viajeros y las exportaciones de azúcar. Los viajes comerciales crearon en el Viejo Continente la ilusión de un paraíso. Llegaron entonces sin concierto ni permiso inmigrantes de la metrópoli y otros lugares, Holanda y Francia en especial, contingentes a los que se sumaron los judíos obligados a emigrar de Europa (1506) por una persecución feroz, quienes portaron su natural talento mercantil y relaciones extranjeras, buscando una nueva tierra donde no fueran objeto de la discriminación ni de la persecución. Por ventura para ellos, así ocurrió, y se ha calculado que la mayoría de la población de Pernambuco y de Bahía era judía de origen, dedicada al azúcar, pero también al oro y el canje de especias, aparte de las labores agrícolas.

Los indios, por su parte, distinguían a los nuevos pobladores por su aspecto exterior, de modo que los rubios eran franceses y se distinguían por la barba, mientras los portugueses tenían barba negra.

En 1534, el rey de Portugal intentó acelerar la colonización, y dividió para ello el país en quince capitanías generales, hereditarias, y las entregó a personas de su confianza, llamadas *donatarios*. Estos eran verdaderos poseedores de la tierra, tenían poderes de señores feudales y prerrogativas equivalentes a las del propio rey en cada uno de sus dominios. Designaban jueces, nombraban autoridades administrativas, cobraban impuestos, y gozaban del privilegio de esclavizar a los indios y de monopolizar las industrias. Las capitanías progresaron poco, con excepción de la de Pernambuco, en el norte, y la de San Vicente, en el sur.

Bahía, capital del Brasil colonial

Esta excesiva descentralización resultó inconveniente para la administración y la lucha contra los piratas. En 1548, el rey compró al donatario la capitanía general de Bahía, situada más o menos a igual distancia de los puntos extremos del país, y erigió en ese lugar la sede del gobierno central para todo el Brasil, que entregó en 1549 al gobernador general Tomé de Souza. Éste llegó al Brasil con varios centenares de soldados, prisioneros liberados, y seis frailes jesuitas, que fueron los primeros educadores.

Tomé de Souza llegó a la Bahía de Todos los Santos y fundó allí la ciudad de Salvador (Bahía), que fue la capital de la colonia hasta 1736, cuando la reemplazó Río de Janeiro.

Los dos centros principales de colonización fueron Pernambuco y San Vicente. Se establecieron factorías para el intercambio de productos, se fundaron los primeros colegios para educar a los indios, distinguiéndose en esta obra el padre José Anchieta, protector de los indígenas, quien echó las bases de la unidad social y espiritual.

La caña de azúcar ya se había importado, y en poco tiempo el Brasil tenía unos 120 ingenios y exportaba a Europa enormes cantidades.

Los sucesos siguientes produjeron la unidad virtual del país: la caza de indios por los traficantes de esclavos, las luchas entre los propios colonizadores por la posesión de las tierras, las corridas hacia las minas de oro, la multiplicación de las plantaciones y negocios con los mercaderes europeos, la primera coalición de indios con aventureros franceses contra la dominación portuguesa, y las propias dificultades del gobierno. Un único idioma, hecho de portugués con préstamos tupís, consumó la homogeneidad. En este emprendimiento, los jesuitas cumplieron una tarea esencial, la cristianización, que en Brasil estuvo a cargo de la Compañía, contrariamente a la América española en que intervinieron varias órdenes.

Remate de esclavos en Río de Janeiro (grabado incluido en el libro *Viaje al Brasil, 1858–1859)* de M. Augusto–Francisco Biard, artista francés que recorrió varios continentes tomando notas para publicaciones de la época. Los dibujos fueron ejecutados por el famoso M. Riou, ilustrador de las obras de Julio Verne.

Desde Bahía y demás puertos cercanos, las flotas del rey realizaban navegaciones incesantes, y llegaron hasta la isla de Santa Catalina, que dejó de ser española por su proximidad a la costa, y de donde partió Cabeza de Vaca (1547) por tierra en su expedición al Paraguay. Ocurrió de esta manera, la dispersión de la nueva raza mestiza y la consolidación casi por obra privada, de una nueva nación.

La invasión francesa

Un aventurero francés, Nicolás Durand de Villegagnon, obtuvo poder del rey de Francia y del almirante Coligny para fundar en el Brasil la *France Antarctique*, cuya sede inicial sería un islote de la bahía de Guanabara. En la nueva posesión, habría amplia tolerancia religiosa para calvinistas y luteranos, y no existiría persecución religiosa.

Villegagnon llegó con unos cien hombres en 1555 a la bahía de Río de Janeiro, ocupó una isla, Sergipe, y erigió un fuerte. Se instalaron allí, y se dedicaron a la explotación del palo brasil y otros productos de la tierra. Pero el gobernador general del Brasil, Mem de Sá, salió con una flota de Bahía, y después de varios días de ataque, expulsó a los franceses, quienes se refugiaron en el interior del país, se reagruparon con los indios y recuperaron el fuerte. Fueron nuevamente vencidos y expulsados del fuerte en 1567.

Una segunda tentativa realizaron los hombres de Francia hacia fines del siglo XVII, en que ocuparon la región de Maranhão y fundaron la ciudad de San Luis, en homenaje al rey de Francia. En 1615 fueron expulsados definitivamente del Brasil.

Siglo XVII: La unión de España y Portugal

Cuando murió el monarca portugués Sebastián, el rey de España Felipe II hizo valer sus derechos al trono vacante contra otros aspirantes y las Cortes reunidas en Lisboa y el estado llano se pronunciaron por Felipe II, quien fue proclamado rey de Portugal (1580), con la promesa de respetar la autonomía de Portugal, aunque reunía en su persona las dos coronas.

Para Portugal la unión de ambos reinos (1580–1640) significó la asunción de los problemas propios de la corona asociada. Como las leyes españolas prohibían el comercio con los países extranjeros, los portugueses prohibieron también el uso de sus puertos y sus colonias (incluido el Brasil) a otros países, lo que incitó a los ingleses, franceses y holandeses a tratar de hacer negocios ilegalmente. Los portugueses hicieron frente con las armas a los barcos y comerciantes de la Compañía Inglesa de las Indias Occidentales y de la Compañía Holandesa de las Indias Occidentales.

El Brasil, en consecuencia, pasó a ser español. Desaparecieron por el momento las rivalidades entre los dos imperios, y los brasileños pudieron extenderse por el interior del territorio, más allá de la línea de Tordesillas. Comenzaron a producirse entonces *entradas*, esto es, expediciones al interior en busca de indios para el trabajo de los campos.

Cuando en 1640, Portugal volvió a ser independiente de España, el Brasil volvió a ser portugués. Los territorios que los portugueses y brasileños habían ocupado durante la expansión al oeste fueron reconocidos por España como territorio portugués en el siglo siguiente.

La invasión holandesa

Los holandeses, deseosos siempre de atacar a los reyes de España y Portugal, desembarcaron en Bahía (1624) y tomaron la ciudad: declararon la libertad de religión y la de los esclavos que reconocieran al nuevo gobierno, pero estos holandeses fueron expulsados al año siguiente.

Algunos años más tarde, desembarcaron al norte y tomaron Pernambuco (1631). Ocuparon luego el norte del país por más de veinte años. Designaron como gobernador general de los nuevos dominios al príncipe de la casa de Orange, Juan Mauricio de Nassau, quien puso al lugar el nombre de *Nueva Holanda*. En 1654 fueron expulsados definitivamente.

Siglo XVIII: La expansión al interior y los "bandeirantes"

La verdadera expansión hacia el interior ocurrió en el siglo XVIII. En 1695 se había encontrado oro en el territorio llamado después Minas Gerais *(minas generales)*, y luego se encontraron diamantes, esmeraldas y otras piedras preciosas.

Se organizaron entonces grupos de *bandeirantes*, que constituían verdaderas organizaciones o ejércitos de exploradores, con sus jefes y banderas, que se internaban por los territorios despoblados en busca de oro y otras riquezas. Llevaban cuanto necesitaban: animales de transporte y carga, alimentos y ganado; se orientaban con brújulas y por medio de las estrellas; acampaban durante meses en lugares adecuados, sembraban maíz, luchaban con los indios, cazaban y formaban aldeas.

Los bandeirantes fueron los auténticos promotores de la conquista del propio país, y prestaron un servicio valioso a la nación, a pesar de su ansia de riquezas. Los principales grupos salieron de San Pablo, llegaron hasta Minas Gerais, y de allí, por el río San Francisco, se internaron hasta el noroeste, y a través de la selva, con rumbo sudoeste, hacia Mato Grosso y Paraguay.

En la historia del Brasil la conquista y colonización del territorio tuvo un carácter tanto comercial como oficial. Despreocupada la metrópoli de sus posesiones americanas para atender sus colonias y enclaves en Oriente, los propios brasileños, llevados por su afán de riquezas y de tierras, se encargaron por su cuenta de ocupar el resto del país quitándoselo a los indios.

Los bandeirantes constituían verdaderas bandas armadas, que navegando los ríos hacia el norte o montados como diestros jinetes hacia el sur, se organizaban mediante un original acuerdo: un armador proveía los alimentos, transportes y armas, y los bandeirantes se encargaban de las travesías. El producto de las correrías se repartía entre ambas partes.

El centro de sus actividades estaba en San Pablo y de allí partían en todas las direcciones: destruían sin reconstruir poblaciones enteras; atacaban a las reducciones jesuíticas; se apoderaban de los campos que servían para la agricultura; buscaban minas de oro y de esmeraldas (un incentivo que se agregó con el descubrimiento de las minas); y se asentaban con sus familias donde convenía. Su genio aventurero se manifestaba en las formas más insólitas. Los testamentos de algunos bandeirantes reflejan su pobreza inicial, sus travesías riesgosas y sus temidos saqueos.

En sus caravanas hacia el sur pactaron con indios para las grandes aventuras y llegaron hasta el Paraguay y el Uruguay, donde dejaron sus huellas en las estancias formadas y en la aparición posterior de sus descendientes en calidad de *gauchos*.

Una mina se consideraba propia del bandeirante cuando su descubrimiento estaba a una distancia mínima de media legua de otra. Se formaron ciudades, incluso una nueva capitanía, Minas Gerais, y establecieron una sociedad próspera, fastuosa y cruel, con el negro *congo* como minero.

La insurrección de Tiradentes

En la primera mitad del siglo XVIII los asuntos coloniales en Portugal fueron confiados al marqués de Pombal, que realizó una política de ilustración, promoción del bienestar social y desarrollo económico. Sin embargo, los gobernadores locales, lejos de la vigilancia real, cometían a veces abusos. Poco a poco, pues, fue despertándose un sentimiento de liberación nacional.

El primer intento revolucionario fue encabezado por el alférez Joaquim José da Silva Xavier, conocido por el sobrenombre de Tiradentes *(sacamuelas)*, debido a su ocasional oficio de dentista. Existía ya una fricción entre el habitante originario de Europa, y el natural del Brasil.

Los choques fueron más intensos en Minas Gerais, debido a que el rey cobraba el quinto, o sea la quinta parte del oro producido en la colonia. El movimiento revolucionario se llamó *Inconfidencia Mineira* (1789), y colaboraron en él artistas, poetas, humanistas, sacerdotes y algunos miembros del ejército. Fue un movimiento de minorías cultas, por la liberación nacional.

Pero la revolución fue delatada por un traidor y fracasó. El proceso contra los rebeldes duró dos largos años, y Tiradentes fue ahorcado.

La cultura y las letras

En realidad, la conquista y colonización del Brasil tiene diferencias con la española. La Corona lusitana no se preocupó más que por los negocios y riquezas que conseguía de la lejana colonia y las consideró en definitiva factorías comerciales. No se interesó por establecer escuelas, fundar universidades, trasladar artistas al Nuevo Mundo, y dejó en manos de la Compañía de Jesús la conversión de los indios y la evangelización.

En los dos primeros siglos, XVI y XVII, no se ejecutaron en Brasil obras públicas importantes, por las características de la colonización y por la indigencia de los gobiernos regionales, salvo alguna que otra fortificación para defenderse y algunos edificios notables en Bahía y Pernambuco.

Los jesuitas. Los jesuitas fueron quienes concibieron las nuevas obras y la educación religiosa y escolar. Promovieron los primeros puentes, el adoquinado de calles, la organización de los cultivos, las máquinas para las industrias, las iglesias, las escuelas y otros adelantos. Se pusieron al frente de la iniciativa privada con su ayuda y proyectaron la explotación científica de las colonias.

Organizaron los trabajos del primitivismo indígena racionalmente y se transformaron en expertos en explotaciones agrícolas (cacao, azúcar, algodón, yerba mate). Levantaron ingenios modelos, imaginaron una nueva organización social, fueron depositarios de los haberes de los habitantes, transportaban en sus embarcaciones los productos, transformaron sus campamentos en colonias agrícolas con disciplina rigurosa, impusieron costumbres más suaves, fijaron fechas litúrgicas y fiestas públicas, construyeron edificios, fundaron aldeas, intervinieron en la exportación, crearon las nuevas industrias sobre bases artesanales y regimentaron a los colonos para hacer frente a las tropelías de los bandeirantes.

El movimiento jesuítico se constituyó, por estos procedimientos, en el más activo promotor de la civilización brasileña.

La instrucción fue exclusivamente de ellos. Los padres de la Compañía tenían escuelas (colegios y residencias), y administraban la enseñanza de acuerdo con la *ratio studiorum* (enseñanza integral, concéntrica, aristotélica, sobre la base de materias rumanísticas, moral y algunas otras materias científicas).

El padre José de Anchieta (detalle de un óleo de Oscar Pereira da Silva), religioso aclamado como poeta, prosista y erudito en la época colonial. Está considerado como el fundador de la literatura brasileña y el gran evangelizador del país. Escribió la primera gramática de la lengua tupí.

El padre José de Anchieta. La gran figura del siglo XVI fue el padre José de Anchieta (1530–1597), defensor de los indios y promotor de toda iniciativa cultural, en el sentido más amplio del vocablo. Compuso himnos, una gramática tupí-guaraní, destinada a la enseñanza de los nativos (*Arte Gramática da Lingua mais usada na costa do Brasil);* escribió poesías siguiendo la tradición religiosa medieval, varios autos teatrales mezclando la moral religiosa católica con las costumbres aborígenes, siempre preocupado por caracterizar y diferenciar los extremos del Bien y del Mal, del Ángel y del Diablo. Su obra literaria, cultural y apostólica fue una barrera contra las ideas de la Reforma religiosa en Europa, y este fundamento explica su acción jesuítica en los campos de la literatura de devoción, los textos y traducciones, la poesía y el teatro.

Los jesuitas no fueron adversarios de los colonos ni de los comerciantes, pero debieron soportar en algunas ocasiones las reacciones civiles o laicas por sus audaces iniciativas.

El padre Vieira. Antonio Vieira (1608–1697), proveniente como el anterior de Europa, cubrió con su múltiple obra literaria casi todo el siglo XVII como lo había hecho en el XVI su cofrade Anchieta. En su actividad debió soportar las sospechas que despertaba su prédica por su defensa de los indios, la tolerancia con los judíos y los cristianos nuevos, la propaganda contra los comerciantes abusadores y otras ideas nuevas. La cuestión de los cristianos nuevos le valió la censura de la Inquisición que lo condenó a prisión por unos años (1665–1667).

La literatura del padre Vieira está influida en grado importante por el movimiento barroco imperante en ese tiempo en Europa. Se lo considera el creador en Brasil del género de los sermones, casi unos doscientos, famosos en el país y fuera de él. Fue más portugués que brasileño, se ha dicho de él.

Entre sus sermones se destaca el *Sermón de Sexagésima* (1655) predicado en la Capilla Real de Lisboa, conocido también por *La palabra de Dios*. Este tema polémico lo apartó de los dominicos por su contenido teológico y versaba sobre quién era el culpable de que no fructificara la palabra de Dios en la Tierra. En su sermón sostenía que la culpa era de los predicadores gongorinos cuyo lenguaje metafórico no entendían los fieles: *"Pregam palavras de Deus, mas no pregam a Palavra de Deus"*.

Escribió numerosísimas cartas, y unas "profecías", donde asumía curiosas previsiones del futuro, como por ejemplo la de que Portugal se convertiría en el Quinto Imperio del Mundo, según una interpretación bíblica.

Fue un defensor irreductible de la colonia y sus intereses materiales y morales. Su lenguaje osado era a menudo temido y peligroso. Dijo en una oportunidad: "Mucho dio Pernambuco, mucho dio y da hoy Bahía, y nada se logra; porque lo que se saca del Brasil, el Brasil lo da y nada se logra..."

La poesía: Gregorio de Matos. El primer poeta del Brasil fue Gregorio de Matos Guerra (1633–1696). Hizo sus primeros estudios en un colegio de los jesuitas, estudió derecho en la Universidad de Coimbra (Portugal) donde se graduó de abogado y retornó a Bahía. En su tierra fue tesorero de la Compañía. Poco después fue desterrado a Angola por los entredichos que generaban sus poesías satíricas, hasta que regresó a Bahía, bajo dos condiciones: no pisar tierras bahianas y no difundir sus poesías.

Por sus temerarias burlas y sátiras, desde joven mereció el apodo de "Boca del Diablo" y le costó incidencias penosas. Cultivó, sin embargo, poesías religiosas y líricas, de típico gusto cultista. Satirizó sin piedad al brasileño, al portugués, al administrador, al rey, al clero, en suma, a todos los ejemplares de la sociedad bahiana del siglo XVII. En la poesía religiosa se perciben ecos renacentistas, y no se ocupa tanto del problema del pecado y la perdición, sino más bien de la pureza de la fe.

Una muestra de su estilo puede comprobarse en esta estrofa:

> *Que los brasileños son bestias*
> *y tendrán que trabajar*
> *toda la vida por mantener*
> *a los bribones de Portugal.*
> *Que os brasileiros são bestas,*
> *E estaráo a trabalhar*
> *Toda a vida por mantenem*
> *Maganos de Portugal.*

Su vida tumultuosa y bohemia llegó a cobrar carácter legendario, y se la ha comparado, no en calidad literaria, a la del poeta francés François Villon.

En el siglo XVIII, los autores aparecen agrupados además en *arcadias* o academias: practican la poesía culta, de tipo barroco, e imitan preferentemente a Góngora, español, y Marini, italiano.

En el teatro se recuerda a Antonio José da Silva (1705–1739), que escribió poemas y comedias burlescas contra la sociedad de su tiempo. Terminó sus días víctima de una conjuración de sus enemigos, que le urdieron un complot para que fuera juzgado por la Inquisición. Se le apodaba "el judío".

Las artes: arquitectura, escultura y pintura

El arte colonial brasileño tuvo sus dos manifestaciones importantes en arquitectura y escultura. Si bien el arte brasileño tiene unos pocos elementos comunes con el hispánico, las diferencias son mayores en cuanto al aspecto técnico.

Los españoles, al llegar al continente se encontraron con valiosos sustratos indígenas desde el Perú hasta México. Los portugueses se encontraron con indios en estado de primitivismo salvaje, selvas y costas marinas. Tuvieron que crearlo todo. Durante los siglos XVI y XVII se adecuaron a la realidad de la tierra y a las poblaciones existentes, y comenzaron su arte.prácticamente desde la nada. Sus primeras expresiones se logran en la arquitectura religiosa.

Las primitivas iglesias y edificios eclesiásticos portugueses se distinguieron de los hispánicos en varios aspectos: la imaginación creadora en busca de un arte nacional; la sensualidad decorativa atribuida a la mentalidad de los mulatos; y la gracia casi frívola o inocente, producto del refinamiento artístico de la corte imperial de la metrópoli, transvasada por los artistas que vinieron en su momento, y por la raíz africana (Leopoldo Castelo).

Sin embargo, la arquitectura, si es que así puede llamarse, consistió en la costa en sencillas construcciones de barro y madera, de traza por lo común rectangular, sin naves, capillas laterales ni bóvedas. Esta precariedad tiene su justificación en la pobreza de los padres jesuitas, la falta de mano de obra indígena especializada en el tallado de piedra o de madera, y la urgencia por disponer de templos. El único elemento de matiz artístico lo constituían excepcionalmente los decorados altares mayores. Años después pasaron a las construcciones de piedra ligadas con argamasa.

Fue necesario esperar hasta que los arquitectos llegaran de la metrópoli y aportaran sus experiencias para pasar a construcciones de mayor envergadura. La gran oportunidad se dio con el hallazgo del oro en el estado de Minas Gerais y la prosperidad económica. Surgió así un arte de tipo nacional, una construcción original y bella, que se conoce como la "escuela mineira", que tuvo algunos excepcionales arquitectos y decoradores.

Esa época coincidió con el género barroco en España y Portugal, lo mismo que en la América hispánica. Con todo, la iglesia brasileña adoptó su propia línea de la que subsisten obras maestras. En lo esencial, el barroco hispánico y el barroco lusitano son distintos entre sí. Los templos brasileños se caracterizan por sus fachadas oblongas, porque constan de una sola torre en el eje central (excepcionalmente dos), que culmina en pirámides; la planta total de amplios muros sencillos y planos, sin piedras labradas ni puertas, columnas y frontones, a veces con frontis triangulares escasamente esculpidos; la aplicación de perímetros curvos y la forma octogonal o dodecagonal de los interiores.

El "Aleijadinho" (Antonio Francisco de Lisboa).
Estatua tallada en esteatita blanda *(pedra sabao)*
que representa a uno de los profetas que
componen la serie coreográfica ("ballet de
piedra") en la escalinata de acceso al templo de
Bom Jesús de Matozinhos, en Congonhas do
Campo. Cada una de las estatuas lleva un cartel
alusivo a su propia profecía.

Los templos costeros fueron sobrios en sus frentes, aunque las bellezas arquitectónicas se reservaban para los interiores, dado que la preferencia ornamental de los brasileños era inexcusable.

Ambos estilos coincidían, en cambio, en la riqueza deslumbrante de los altares, decorados con entablamentos cubiertos de elementos decorativos y tallas cubiertas de oro, con abundancia de imágenes de santos, columnas salomónicas, hojarascas, animales exóticos, guirnaldas y hasta ángeles femeninos sin partes disimuladas.

Con el tiempo los templos fueron incorporando exquiseteces escultóricas, torres cilíndricas, ventanas circulares y otras modalidades traídas del exterior.

La escultura había llegado a un punto artístico digno de admiración, tanto en piedra como en madera policromada.

El "Aleijadinho". Aparece entonces en el horizonte artístico la personalidad insólita de Antonio Francisco Lisboa (1738–1814), único en Iberoamérica. Hijo de padre portugués y madre negra, su padre lo declaró liberto al nacer. Siguió la carrera de su padre, la arquitectura, a quien superó de inmediato convirtiéndose en el más popular y admirado artista de su época. A los treinta y nueve años contrajo una enfermedad terrible que inhabilitó sus manos para el trabajo, pero el artista no decayó en su vocación y trabajaba —según dice la leyenda— , haciéndose atar los instrumentos de talla a sus manos. La historia lo conoce, más que por su nombre, por su apodo, el "Aleijadinho", diminutivo que significa "el lisiadito".

Los jefes, reunidos en consejo de noche, deciden la suerte del prisionero mientras fuman. El cautivo, con las manos juntas, reza: "Oh, mi Señor y Dios, ayúdame a llevar esta pena hacia fin bienaventurado".

Orgía preliminar. El prisionero, en el centro, bebe con sus sacrificadores. En la parte superior, una fila de indios efectúan una danza con matracas en las manos. Abajo, las mujeres sirven las bebidas fermentadas.

Una vez ejecutado el prisionero, se procede a descuartizarlo delante de toda la aldea. Las mujeres guardan los intestinos para hervirlos y hacer un caldo y sopa para los niños.

Las mujeres y los niños se sirven las menudencias hervidas y el caldo. Cuando la comida está concluida, cada uno vuelve a su casa y lleva una parte consigo.

Ilustraciones del libro *Viajes y cautiverio entre los caníbales* (1556), artillero de un fuerte de los portugueses, sorprendido y capturado por una partida de salvajes.

Llegó a ser el arquitecto y escultor más extraordinario de su siglo en Brasil. Toda una tradición gira en torno a él. Se dice que era bajo, gordo y cabezón, con labios gruesos, y se vestía con hábito franciscano para ocultar sus llagas ulceradas y su fealdad.

Resulta sorprendente comprobar la amplitud de sus trabajos, largos de enumerar. La crítica considera con unanimidad que sus obras maestras fueron el plano y la fachada de la iglesia de San Francisco, en Ouro Preto, y las esculturas que complementan el Santuario del Bom Jesús de Matozinhos, en Congonhas do Campo. Consisten estas últimas en doce figuras de piedra colocadas en los balaústres del atrio, en tres niveles vistos desde abajo. Las enormes estatuas están dispuestas como en un conjunto coreográfico, cada una con la leyenda de la profecía respectiva. Las figuras se distinguen porque sus rostros se ajustan a las características psicológicas de estos personajes bíblicos, sus vestimentas son gráciles y envolventes, sus actitudes serenas y confortantes, y guardan relación con el texto de la profecía enunciada en el texto bíblico.

Se ha comentado que trabajó hasta cuando la enfermedad le había inutilizado prácticamente las manos. Salía muy temprano de madrugada de su casa, envuelto en una capa negra y con un sombrero de ala ancha, para ocultar las deformaciones de su físico.

La pintura. La pintura se desarrolló siguiendo las líneas europeas en materia religiosa, y particularmente cumplió, como la escultura, la función de integrar en modo armónico el conjunto de los templos. La imaginería popular brasileña, dentro de esta finalidad, ha producido tallas religiosas, con cara y manos de madera pintada, y ropajes de lienzo, en general.

Temas de conversación

1. ¿Cómo ocurrió el descubrimiento del Brasil?
2. ¿Qué grupos de indios habitaban el suelo en esos tiempos?
3. ¿A quiénes se denominó "donatarios" y por qué causa fueron instituidos?
4. ¿Por qué se creó Bahía, la primera capital?
5. ¿En qué consistieron la invasión francesa y la invasión holandesa?
6. ¿Qué consecuencias trajo la unión de los reinos de España y Portugal bajo la monarquía de Felipe II?
7. ¿Quiénes fueron los "bandeirantes" y cómo funcionaron esos grupos en el país?
8. ¿Qué resultados produjo la acción de esas bandas?
9. ¿Por qué se creó el estado de Minas Gerais y por qué se denominó así?
10. ¿Qué hizo Tiradentes, el primer mártir de la Independencia?
11. ¿Qué obra cumplieron los jesuitas en los primeros siglos de la colonización?
12. ¿Quién fue el pxadre Anchieta y por qué su obra se considera capital en la cultura y organización del país?
13. ¿En qué consistió la obra del padre Vieira?
14. ¿Por qué se caracteriza la arquitectura colonial brasileña?
15. ¿Quién fue "el Aleijadinho" y que característica tuvo su arte?

Temas especiales de exposición y composición

1. El descubrimiento del Brasil y las invasiones extranjeras.
2. El mestizaje en el Brasil, causas y consecuencias.
3. Los "bandeirantes" y la expansión unificadora en Brasil.
4. La obra de la Compañía de Jesús en la constitución del país.
5. El "Aleijadinho" y su obra artística.

CAPÍTULO SIETE

*L*A INDEPENDENCIA Y EL ILUMINISMO

El agotamiento del sistema español

Hacia el año 1806, después de más de trescientos años de dominación, España había agotado su capacidad de regir el vasto imperio. La autoridad de los reyes, virreyes y gobernadores había perdido prestigio y los pueblos de América habían llegado a convencerse de que nada más podía esperarse de la madre patria, pues el ciclo español estaba terminado.

Los criollos, principalmente quienes habían viajado y tenido experiencia en otros países libres, o quienes habían estudiado, rechazaban el sistema hispánico, al que consideraban anticuado e injusto para sus pueblos: restricción y monopolio comercial, impuestos excesivos, pobreza general, diferencias de clases, censura en las ideas, falta de libertad cultural, rigidez excesiva de algunas autoridades, y otros defectos propios de un estado colonial. No existía propiamente un sentimiento antiespañol, pues en mayor o menor grado casi todos tenían algo de hispánico (sangre, lengua, religión, tradición o sentido de la vida) pero sí había un resentimiento contra el sistema imperial.

Los reyes Borbones, que sucedieron a los de la Casa de Austria, a partir de 1701, intentaron mejorar la situación de las colonias; introdujeron diversas reformas, sobre todo Carlos III, que reinó de 1759 a 1788. Abolieron el sistema de flotas; autorizaron a varios puertos de España y América para comerciar; crearon dos nuevos virreinatos, el de Nueva Granada y el del Río de la Plata, que se agregaron a los dos ya existentes, Nueva España y Perú; concedieron patentes a varias compañías comerciales para el tráfico con América; les quitaron a los comerciantes de Sevilla el monopolio del comercio con América; estimularon las industrias que no competían con las españolas; promovieron la agricultura y la ganadería; rebajaron los impuestos; limitaron las funciones de los gobernantes y pusieron freno a la corrupción administrativa.

Las más importantes de sus reformas fueron la instalación de milicias permanentes en las colonias para la defensa del territorio, la abolición de las odiadas encomiendas, la expulsión de los jesuitas y la creación del sistema de intendencias.

Hubo rebeliones y alzamientos, pero la más violenta fue la dirigida por José Gabriel Condorcanqui, un descendiente de incas llamado Túpac Amaru, cacique de varias aldeas del valle de Vilcamayo. Indignado por los abusos de los corregidores con respecto a los indígenas, acaudilló a 6.000 indios de guerra, ejecutó en la plaza pública a uno de los corregidores, y marchó con sus hombres contra Cuzco (1780–1781). Derrotado en el camino, volvió a reunir 50.000 indios, pero una represión sangrienta terminó con muchos miles de rebeldes y Túpac Amaru fue despedazado vivo por las autoridades españolas.

El rey Carlos III decretó en 1767 la expulsión de los jesuitas de todos sus dominios. El conde de Aranda, ministro del rey, preparó minuciosas órdenes secretas a los virreyes y gobernadores, y los religiosos fueron obligados a salir, sin previo aviso, en días y horas estrictamente señalados, de todos los colegios, universidades, conventos, etc., sin permitírseles llevar más que un breviario y objetos de uso personal. Fueron embarcados en tropel a Italia, y sus instalaciones fueron ocupadas. Los bienes de los jesuitas pasaron al gobierno y a las fundaciones de enseñanza.

La expulsión de los jesuitas indignó a la opinión pública, que no comprendía las causas del atropello, y fue necesario emplear la fuerza para reprimir motines de apoyo a los jesuitas en México, Perú, Chile y Buenos Aires.

Por otra parte, el sistema monárquico y colonial había sufrido dos profundos reveses: la independencia de los Estados Unidos de Norteamérica (1776) y la Revolución Francesa (1789). A la vieja teoría de la monarquía absoluta de origen divino, se oponía la de la república de origen popular de Rousseau, Montesquieu, Thomas Jefferson y Thomas Paine. La idea del monopolio económico del gobierno se oponía a la de la competencia y la libre iniciativa privada.

Las nuevas ideas: el Iluminismo. Gran cantidad de criollos habían conocido las nuevas ideas filosóficas, políticas y sociales que prosperaban en Europa. La filosofía de la Ilustración o Iluminismo, había prendido en el espíritu de los criollos. La razón pasó a ser considerada como la gran facultad humana, y se buscó una explicación racional para los hechos sociales, políticos y científicos. Asimismo, muchos patriotas simpatizaban con la idea del despotismo ilustrado, según la cual el gobierno debe estar en manos de las minorías cultas y selectas, pero debería gobernarse para el pueblo. Los pensadores políticos que gozaron de predicamento en la época fueron en primer lugar, Juan Jacobo Rousseau, por la doctrina expuesta en el *Contrato Social*: el poder pertenece al pueblo, el cual lo delega en sus representantes, ya que toda sociedad o pueblo es el resultado de una convención o contrato social.

En lo económico, se siguieron las ideas de los fisiócratas y del francés Fransois Quesnay, quien sostenía que la iniciativa individual, ejercida libremente (*Laissez faire, laissez passer, le monde va de lui même*), permite lograr un justo punto de equilibrio económico, pues las leyes naturales son universales e inmutables, y existen para producir la felicidad humana en lo físico y en lo moral.

Paralelamente el mercantilismo gozaba también de prestigio en Europa y se imitó en América. La principal riqueza de un país es la riqueza monetaria y los metales preciosos, y esas riquezas metalíferas permiten lograr un equilibrio en el comercio y

TELEGRAFO

MERCANTIL , RURAL , POLITICO ECONOMICO,

E HISTORIOGRAFO

Del Rio de la Plata.

P O R

EL CORONEL D. FRANCISCO ANTONIO CABELLO , Y
Mesa Abogado de los Reales Consejos , primer Escritor
periodico de estas Provincias , y
Reyno del Perú &c.

TOMO I.

QUE COMPREHENDE

Los Meses de

ABRIL , MAYO , JUNIO , Y JULIO
de 1801.

CON PRIVILEGIO EXCLUSIVO

En la Real Imprenta de Niños Expositos de
Buenos Ayres.

El *Telégrafo Mercantil*, de Buenos Aires (1801), primer periódico regular que apareció en el Río de la Plata. Gacetas informativas similares se imprimieron en varias capitales de Iberoamérica.

una riqueza interna nacional. Para esto, deben crearse industrias de elaboración, levantar grandes manufacturas, y obtener materias primas para que esas manufacturas funcionen y puedan intercambiarse con otras naciones. Se sigue pensando, además, como Adam Smith, Ricardo y Stuart Mill, que el principio del interés personal es el fundamento de toda actividad económica, que debe existir la competencia entre los hombres y entre los países para obtener un mayor bienestar, y que la ciencia económica se halla regida por leyes que deben estudiarse.

Los hombres de la Revolución habían estudiado en la universidad colonial y, por lo tanto, su cultura era particularmente humanística. La literatura, latín, retórica, lógica, filosofía, historia, derecho y teología habían sido la base de su educación y, en casos excepcionales, algunas disciplinas científicas, como las matemáticas, la física y la economía.

Estos patriotas apoyaron las luchas militares con una abundante literatura, y una vez conquistada la independencia, continuaron en la tarea de consolidarla mediante la difusión de sus ideas, a través de periodismo. Se crearon periódicos por todo el continente, de duración efímera casi todos, que prolongaron las viejas "gacetas" de la época colonial, pero esta vez con las nuevas ideas.

Entre los prosistas de la revolución, sobresale Mariano Moreno (1779–1811), fundador de *La Gaceta de Buenos Aires*, periódico de opinión y doctrina en el Río de la Plata, que publicó artículos sobre el sufragio universal, la libertad de imprenta, igualdad de los hombres, cultura popular, desarrollo de la industria y el comercio, y otros temas del repertorio revolucionario.

La Independencia

La mayor parte del imperio español se desmoronó en trece años y medio. Francisco de Miranda (1756–1816), venezolano, es el precursor de la independencia hispanoamericana.

Fue un caso extraordinario de aventurero y militar, místico de la libertad y soldado razonador, que como oficial del ejército español había participado en la guerra de la independencia norteamericana contra los ingleses y en la Revolución Francesa. En 1797 fundó en Londres una asociación, la Logia Americana, cuyos miembros se comprometían a trabajar por la independencia americana y hacían profesión de fe democrática. Fue también Miranda la persona que relacionó con comunicaciones escritas y secretas los proyectos revolucionarios de varios patriotas de América.

En 1806 intentó liberar a su país. Partió con unos 200 hombres del puerto de Nueva York. Desembarcó en Coro (Venezuela), pero fracasó por no encontrar allí la colaboración necesaria. Regresó a Inglaterra y preparó con Simón Bolívar la revolución de su país, pero a poco de regresar a Venezuela en 1810, fue apresado y entregado a los realistas, quienes lo enviaron preso a España. Murió en una cárcel de Cádiz.

El momento decisivo para los iberoamericanos llegó cuando Napoleón Bonaparte invadió a España y Portugal (1807). Los reyes de Portugal se trasladaron entonces con su corte al Brasil y continuaron la monarquía, pero el rey de España, Fernando VII, abdicó y Napoleón nombró rey a su hermano José.

Ante estos acontecimientos, los criollos se negaron a obedecer al usurpador y deliberaron en "cabildos abiertos", con la participación del pueblo. Los delegados napoleónicos a Venezuela, Nueva Granada y el Río de la Plata fueron rechazados en su demanda de reconocimiento de la nueva monarquía.

En realidad, los patricios criollos, aparte de la solidaridad natural con la madre patria, esperaban el momento oportuno para romper su dependencia de los reyes de España. Los criollos moderados pensaban en monarquías independientes, para las que llamarían a los Borbones destituidos, pero los criollos liberales favorecían la formación de juntas de gobierno americanas, semejantes a las de España, las que actuando en nombre de Fernando VII tendrían el gobierno efectivo. En el fondo, ambos grupos tenían la secreta intención de aplacar por el momento a los virreyes de América, para declarar luego la independencia absoluta, como en realidad sucedió. Se formaron así juntas en varios países. Para esto, los criollos sostenían la teoría jurídica de que América estaba unida a la corona de España, y no a la nación española, y que por lo tanto, estando ausente o prisionero el monarca, el poder debía volver al pueblo. Empezaron así las guerras de la Independencia.

Los libertadores: Bolívar, San Martín e Hidalgo

Simón Bolívar. Simón Bolívar nació en Caracas, de una familia rica. Se educó en España y fue oficial del ejército de ese país. Viajó por Europa y Estados Unidos, y en 1810 regresó a su país para luchar por la libertad.

Simón Bolívar, líder militar venezolano de las guerras de la independencia, libertó seis naciones sudamericanas. Proveniente de una aristocrática familia, se entregó a sus ideas revolucionarias con fervor y concibió la idea de una federación sudamericana de estados liberados que no logró ver realizada.

Era un hombre audaz y heroico, de una inteligencia brillante, que soñaba con una América hispánica libre y confederada. Declaró la "guerra a muerte" a los realistas, y en espectaculares campañas y batallas libertó a Venezuela y Colombia. Fue nombrado "Libertador" de su país y presidente de la Gran Colombia.

Su lugarteniente, el general Antonio José de Sucre, con tropas colombianas, venezolanas y refuerzos argentinos enviados por San Martín, derrotó a los españoles en Ecuador. Luego con Bolívar concluyó la guerra en el Perú, iniciada por San Martín, y libertaron al Alto Perú (Bolivia).

Simón Bolívar, el Libertador, fue un buen prosista, dueño de un estilo elegante y claro. En sus cartas y discursos ha dejado un valioso testimonio sobre la realidad de Iberoamérica, con sus virtudes y carencias, y una conocida profecía sobre el futuro de estos países.

Bolívar, mientras se encontraba en la isla de Jamaica reclutando hombres y armas para la revolución, dirigió su famosa carta *Carta a un caballero que tomaba gran interés en la causa republicana en la América del Sur* (6 de septiembre de 1815), probablemente al gobernador, el duque de Manchester. En ella desarrolló dos ideas fundamentales: en primer lugar, la idea de que la agitación política era necesaria, pues las colonias españolas no estaban preparadas por el sistema hispánico para gobernarse por sí mismas, y en segundo lugar, una profecía sobre el futuro político de esas colonias, consideradas en su totalidad, donde manifiesta una sorprendente intuición histórica. Se la conoce como la *Carta de Jamaica*.

General Antonio José de Sucre, militar y político venezolano que combatió al lado de Miranda y luego se convirtió en uno de los más ilustres lugartenientes de Simón Bolívar. Intervino en las batallas decisivas de la independencia y fue presidente de la nueva República de Bolivia.

La gran ambición bolivariana fue constituir una república con todos los países. Comenzó por instaurar la Gran Colombia (Colombia, Venezuela y Ecuador), que ansió extender a todo el Sur. En junio de 1826 reunió un Congreso destinado a ese fin pero fracasó: Argentina, Chile y Brasil no enviaron sus delegados, pero se firmó un tratado entre los asistentes. Otras disidencias posteriores lo desanimaron. Dijo entonces: "Quienes han trabajado por la independencia sudamericana han arado en el mar".

José de San Martín. José de San Martín (1778–1850) es el libertador de Argentina, Chile y el Perú. Nació en Yapeyú, Argentina, y desde niño se radicó con sus padres en España donde siguió la carrera de las armas. Intervino como oficial del ejército español en la guerra napoleónica y en campañas de África.

En 1812 regresó a la Argentina con otros patriotas para luchar por la independencia. En Mendoza organizó el "Ejército de los Andes" cruzó la cordillera y libertó a Chile con el apoyo del general chileno Bernardo O'Higgins. Más tarde subió por mar hasta Perú y venció a los españoles en varios combates. Entró victorioso en Lima (1821) y fue proclamado "Protector" del Perú.

Al año siguiente se reunió con Bolívar en Guayaquil, Ecuador, en una conferencia secreta, y dejó el mando de sus tropas a cargo de Bolívar, quien completó con Sucre la campaña libertadora. San Martín, que no quiso participar en las nacientes discordias internas de los países americanos, se retiró a Francia, donde vivió el resto de sus días.

José de San Martín, héroe nacional de Argentina que, con Simón Bolívar, condujo la independencia de Sudamérica. Su talento militar lo llevó a concebir la estrategia de destruir el poder español atacándolo en su centro de dominación, el Perú, a través del mar a partir de Chile. Concluida con éxito su campaña, se negó a participar en las luchas civiles de su patria y se exilió voluntariamente en Francia, donde falleció en su retiro.

El proyecto sanmartiniano de no atacar por el Alto Perú a los realistas, cruzar los Andes primero, libertar a Chile, formar una flota y atacar en su centro al poder español, está considerado desde el punto de vista militar como una de las grandes campañas de la historia occidental: "Lo que no me deja dormir —escribía a un amigo personal— no es la oposición que pueda hacerme el enemigo, sino atravesar esos inmensos montes...". Elaboró con estrictez y minuciosidad su plan, lo cumplió y lo hizo cumplir con rigor castrense.

La historia recuerda el encuentro entre los libertadores Bolívar y San Martín como un ejemplo de patriotismo y sacrificio. San Martín, después de la entrevista, se retira del campo militar. En su retiro en Boulogne-sur-Mer, en Francia, vive una vejez patriarcal: es sostenido en su pobreza por un rico banquero peruano, lo visitan ilustres americanos en su casa, y fallece rodeado de los suyos, sin haber querido participar en las luchas civiles entre sus compatriotas. "Los hombres —escribió— juzgan lo presente según sus pasiones, y lo pasado, según la verdadera justicia". No tuvo ambición personal alguna, salvo la independencia de su patria. Aceptó la misión hasta donde las circunstancias se lo permitieron: "Serás lo que debas ser, o no serás nada", fue uno de sus principios rectores.

Miguel Hidalgo. La independencia de México fue proclamada por el padre Miguel Hidalgo y Costilla (1753–1811), cura de Dolores, quien estaba descontento con la política española y deseaba reformas sociales. Organizó una masa popular, atacó

Mar del Caribe

RUTAS LIBERTADORAS
SAN MARTÍN, BOLÍVAR Y OTROS

BOLÍVAR

Carabobo

Boyacá
Bogotá

Quito
Guayaquil

Junín
Lima

Callao
Ayacucho

Pisco

Huaqui
La Paz

Cochabamba

Suipacha

Océano
Pacífico

SAN MARTÍN

EXPEDICIÓN AL NORTE

Salta
Asunción

Tucumán
EXPEDICIÓN AL
PARAGUAY
Y AL URUGUAY

Córdoba

Chacabuco
Mendoza

Santiago
Buenos
Aires
Montevideo

Maipo
Océano
Atlántico

Talcahuano

y tomó ciudades, y marchó hacia México, pero no se atrevió a entrar, hasta que finalmente fue vencido por las fuerzas reales. Mientras se retiraba con sus amigos para buscar ayuda en Estados Unidos, fue apresado y conducido a Chihuahua, donde se le aplicó la pena capital. En Guadalajara había organizado un gobierno y abolido la esclavitud, además de repartir tierras a los indios.

Varios hombres modestos tomaron su bandera y siguieron la lucha. El más notable de ellos fue otro cura, el padre José María Morelos y Pavón, quien, dotado de mejores condiciones para el mando, hizo algunas buenas campañas. Bajo su influencia se abrió un congreso en Chilpancingo, que declaró la independencia del país (1813). Dos años más tarde, Morelos fue vencido y ejecutado por los realistas.

Anarquía y caudillismo

En 1824 las luchas de la Independencia habían terminado en la mayor parte de Hispanoamérica. Cuba y Puerto Rico siguieron en poder de los españoles hasta 1898.

Las Provincias Unidas del Río de la Plata proclaman su independencia en 1816, pero Paraguay se negaba a formar parte de ellas, y se había independizado (1813). El Uruguay, después de varias vicisitudes, y de una ocupación temporaria por los brasileños, consigue la independencia definitiva en 1828. Bolivia se independiza en 1825.

Testamento ológrafo del general San Martín. Reproducción de la parte final del testamento del Libertador, extendido en Francia. En su artículo cuarto expresa textualmente: "Proíbo el que se me haga ningún genero de Funeral, y desde el lugar en que falleciere, se me conducirá directamente al cementerio sin acompañamiento, pero si desearía el qe. mi Corazón fuese depositado en el de Buenos Ayres". Los restos del Libertador fueron repatriados a su país en 1875.

O'Higgins había declarado independiente a Chile (1817), y San Martín al Perú (1821). Santo Domingo se había independizado en 1821.

Venezuela, Colombia y Ecuador, que habían formado la Gran Colombia (1821) bajo la presidencia de Bolívar, se separan entre 1829 y 1830. Panamá se separa de Colombia en 1903.

Después de la independencia de México (1813), los países que habían formado la antigua Capitanía General de Guatemala se independizan en 1821 y se constituyen en las Provincias Unidas de Centro América (1823), pero pronto se desmembran en El Salvador, Nicaragua, Costa Rica, Guatemala y Honduras (1838–1841).

En los momentos mismos de las luchas por la independencia, los criollos diferían en sus ideas sobre la organización de los países. Concluidas las guerras y consolidada la soberanía, sobreviene un complicado período de luchas civiles, que dura unos treinta años aproximadamente. Surgen caudillos, militares y civiles, guerras internas, revoluciones y algunos conflictos internacionales.

En México, un antiguo oficial del ejército realista, Agustín de Iturbide, se hizo proclamar emperador (1822–1823), pero fue obligado a abdicar por el general Antonio López de Santa Anna, que tendría una activa participación en la política mexicana durante muchos años.

El caudillismo. El fenómeno del caudillismo en Hispanoamérica tuvo varias causas explicativas. En primer lugar, la revolución fue consumada por criollos sin ayuda exterior y éstos sustituyeron a los españoles en el gobierno sin cambiar mayormente el sistema. El cambio político no fue acompañado de un cambio social y económico. Los nuevos gobernantes no estaban preparados en prácticas administrativas ni tenían la experiencia necesaria para modificar el estado de cosas y encauzar a las nuevas naciones hacia una auténtica democracia.

Los países que debían administrar eran racialmente heterogéneos, con grandes sectores poblacionales analfabetos, y una clase media inexistente. Las guerras de la independencia habían sido violentas y de ellas habían surgido los militares que en su mayoría se habían convertido en conductores de sus países. A esta circunstancia se agregó la lucha de intereses económicos y de poder. En otras palabras, la clase gobernante estaba dividida, sin ideas prácticas precisas sobre la forma de gobierno más conveniente.

En un extremo se situaban los *liberales* formados a la europea, opuestos a la Iglesia y su influencia espiritual, partidarios de un gobierno unitario que, desde la capital y a través de sus hombres más ilustrados, se hiciera cargo del gobierno. Frente a ellos se colocaban los jefes regionales, de escasa o nula educación, que defendían sus propiedades y poder personal, y provenían de la clase de hacendados que dominaban la vida económica y se apoyaban en sus dependientes y trabajadores rurales, y al mismo tiempo, fundaban su ideología en la tradición humana y cultural de sus pueblos, desconfiados de toda forma de europeización o extranjerización. Eran los denominados *federales*.

Los comerciantes y propietarios de industrias incipientes defendían simultáneamente su posición ventajosa en los negocios, y se oponían a la modificación de sus privilegios. En definitiva, largos años de turbulencia política perturbaron la organización de los nuevos estados. Hubo al mismo tiempo falta de capitales regionales, de conocimientos técnicos y de trabajadores capacitados para transformar las economías. Se recurrió entonces a préstamos del exterior con tasas de interés que fueron causa de grandes deudas.

La nómina de caudillos hispanoamericanos es larga y desconcertante por la particularidad personal de cada individuo y la regionalidad de los problemas. En Argentina, por ejemplo, el caso consistió en la rivalidad entre la capital, Buenos Aires, y las provincias del interior, afectadas por el centralismo económico del puerto importador y exportador que se beneficiaba con las rentas. En México, en cambio, la rivalidad ocurrió entre Estado e Iglesia. Chile, en contraste con las otras naciones hispanoamericanas, consiguió evitar los excesos de la anarquía y el caudillismo. Brasil, con su régimen monárquico, se mantuvo al margen de este desorden.

El gobierno de Rosas. En Argentina el caudillo Juan Manuel de Rosas (1793–1877) gobernó despóticamente durante más de veinte años. Fue un estanciero que pasó la mayor parte de su infancia en el interior de la provincia de Buenos Aires. Se casó con una mujer que fue su sostén en todo momento, y se dedicó con un socio a la compra y venta de productos del país, la salazón de carnes y pescado, y la cría de ganado, en un establecimiento rural propio.

Paisanos y soldados de la época de Rosas, durante un juego de naipes, en una pulpería (casa de reposo, bebidas y venta de artículos generales) en la pampa bonaerense. (Cuadro de 1852, ejecutado por el artista Juan Camaña.)

Juan Manuel de Rosas, el caudillo argentino que gobernó Argentina con la suma del poder público durante más de veinte años. Fue enemigo acérrimo de Sarmiento y de los liberales (llamados en el país "federales"). Combatió asimismo a los caudillos provincianos que dificultaban la unidad de la nación, y tuvo conflictos internacionales con los países vecinos, Francia e Inglaterra. Su organización político-policial, llamada La Mazorca, cometió atropellos contra la vida y las propiedades de los enemigos, que la historia ha recogido. Su lema fue "Federación o Muerte". Refugiado en Gran Bretaña después de su caída, sus restos mortales han sido repatriados como forma de pacificar las diferencias entre sus partidarios actuales y los opositores. Este retrato es obra del pintor francés Raymond Quinsac Montvaisin.

Su físico —rubio, de ojos claros y tez blanca— y sus maneras pulidas y sociales, así como su destreza en todas las tareas campestres, le permitían alternar tanto con los rudos gauchos del campo como con la gente de Buenos Aires. No poseía una educación meritoria, pero se destacaba por su astucia, un profundo conocimiento de los hombres y un espíritu práctico. Era sumamente laborioso y no descuidaba detalle en sus trabajos y política. Desdeñaba el desorden y la indisciplina, y consideraba el estado de su país como una "enfermedad política". Se entusiasmaba con las bromas y tuvo, en su residencia de Palermo, un bufón llamado Eusebio que lo animaba. Encarnó el espíritu conservador y porteñista, persiguió a los caudillos del interior del país y organizó el movimiento "federal" en su país, combatiendo a los "unitarios", que habían organizado una liga en contra de él. Ordenó el uso de la divisa o moño de color punzó, con la leyenda "Federación o Muerte" para todos los funcionarios del gobierno, profesionales, estudiantes y demás, bajo pena de perder sus empleos.

En su intento de poner orden en el país, apeló a la fuerza y el autoritarismo. Adoptó diversas resoluciones moralizadoras, implantó la enseñanza religiosa, prohibió la instalación de pulperías y tiendas ambulantes, restringió los juegos de carnaval, reorganizó la policía, ordenó una requisa general de armas y prohibió su venta a los particulares.

Investido de facultades extraordinarias durante un período de su gobierno, estableció una organización de represión policial, denominada *La Mazorca*, que cometió toda clase de atropellos y crímenes. En las relaciones con el exterior, tuvo conflictos con Estados Unidos, Francia, Inglaterra y los países vecinos. Derrocado por el caudillo entrerriano Urquiza, se refugió en una nave inglesa anclada en el puerto, y se embarcó a Inglaterra, donde pasó los últimos años de su vida.

Rodríguez de Francia. En Paraguay José Gaspar Rodríguez de Francia (1766–1840), gobernó autoritariamente durante un lapso de veintiséis años. En 1816 el Congreso lo proclamó Dictador Supremo o Perpetuo. Debido a que Argentina obstaculizaba la navegación de los paraguayos por el río Paraná hasta su desembocadura en el Río de la Plata, en perjuicio de su soberanía, Francia decidió aislar aParaguay del resto del continente.

Rodríguez de Francia era una persona de gran cultura, reservado y duro. Decidió levantar a su patria del punto de atraso en que se encontraba, y lo hizo sin miramientos: estableció la obligatoriedad de la enseñanza primaria hasta los catorce años; restringió la acción de la Iglesia prohibiendo las procesiones y limitando las festividades y los conventos; asumió el derecho de desaprobar las designaciones de prelados; estableció defensas contra los indios; castigó severamente la deshonestidad de los funcionarios públicos; reprimió con severidad y hasta con la muerte todo acto de oposición; deportó a los adversarios y confiscó sus bienes; y no permitió la entrada de ningún extranjero en el país. Además instituyó un severo control de los gastos públicos y mantuvo relaciones amistosas con Brasil.

Antonio López de Santa Anna. En México la historia de las luchas internas fue muy complicada, y tuvo características muy particulares. La anarquía, la rivalidad entre los conductores políticos, la corrupción administrativa, la oposición de los grupos aristocráticos de descendencia española para mantener sus privilegios en connivencia con los militares, las luchas de los indios y sus partidarios por obtener la posesión de tierras y mejorar su condición social, la rivalidad entre católicos y liberales, y aun las logias masónicas, confirieron al período que va de 1821 a 1855, caracteres muy particulares.

Entre las turbulencias de los cambiantes y drásticos sucesos, la figura del General Santa Anna (1791–1876) cubre, directa o indirectamente, ese período. Algunos historiadores lo han considerado incompetente y le han atribuido todavía calificaciones más graves, sin dejar de reconocer que lo adornaban un especial encanto personal y una gran habilidad política.

Luchó por la independencia de su país en Veracruz, encabezó una revolución contra Iturbide, fue presidente varias veces con breves intervalos desde 1823 hasta 1841, asumió la jefatura del ejército durante la guerra contra Estados Unidos, y tras un corto exilio en Jamaica, gobernó dictatorialmente de 1853 a 1855, hasta ser vencido finalmente por Juárez.

Las diferencias y querellas entre conservadores y liberales, sobre todo en materia económica y religiosa, se agravaron ostensiblemente durante aquellos años. Los conservadores, identificados bajo el lema "Religión y Fueros", tuvieron múltiples enfrentamientos. San Anna se colocó del lado de los conservadores, cambió varias leyes liberales, creó el régimen de estados federales en reemplazo de uno centralizado, dividido en departamentos a cargo de gobernadores nombrados por el gobierno central.

Rafael Carrera. Guatemala es uno de los nuevos países más perturbados por los caudillos y presidentes autoritarios o revolucionarios. El país fue despóticamente gobernado por cuatro importantes caudillos hasta entrado el siglo XX. El primero de ellos fue Rafael Carrera (1836–1865), quizás no el más autoritario. Colocado en la facción conservadora, fue un presidente declaradamente antagonista de los liberales, contribuyó a destituir gobiernos de El Salvador y Honduras, e hizo la guerra contra sus vecinos. Debió retirarse del poder, pero regresó dos años después (1851), elegido nuevamente, y al poco tiempo fue declarado presidente vitalicio.

Podría enumerarse y describirse todavía una extensa serie de caudillos, país por país, pero la historia sería casi interminable. El fenómeno del caudillismo y las dictaduras en la América hispana es un capítulo lamentable de su historia. Se entremezclaron las ambiciones personales, las ideas sobre federalismo y unitarismo, las ideas religiosas, las interferencias extranjeras, el primitivismo político, el fanatismo individual, y sobre todo, la falta de preparación para la vida cívica en común, como consecuencia de la brusca transición entre el sistema colonial y el sistema independiente.

El neoclasicismo

En literatura el movimiento de la Independencia se corresponde con el neoclasicismo imperante en España durante casi todo el siglo XVIII. Algunos autores siguieron directamente los textos antiguos griegos (Anacreonte, Safo, Homero) y latinos (Virgilio, Horacio, Ovidio, Lucrecio), mientras otros tomaron la inspiración por la vía de los españoles neoclásicos (Meléndez Valdés, Cienfuegos, Cadalso y Quintana).

Pero el neoclasicismo hispanoamericano agregó a estas fuentes otras clásicas y prerrománticas francesas (Rousseau, Voltaire, Montesquieu, Chateaubriand); Italia aportó también sus modelos (Metastasio, Alfieri, Goldoni, Fóscolo, Manzoni), lo mismo que Alemania (Goethe y Schiller), e Inglaterra (Milton, Pope, Young, Byron). De Estados Unidos, se tomaron principalmente, la inspiración y las ideas de los hombres de *El Federalista*, Paine, Jefferson, Franklin, Hamilton, Madison y Jay.

De la combinación de estas heterogéneas fuentes, el neoclasicismo hispanoamericano obtuvo fuentes para plantearse el problema del americanismo literario que los románticos llevaron a manifestaciones más categóricas. Vivificaron así la vieja literatura colonial, sin llegar a productos brillantes, salvo muy pocas excepciones.

La poesía se distinguió, principalmente en estos perfiles: a) lírica de contenido ligero, sobre el amor y asuntos mitológicos y bíblicos además de algunos intentos de poesía civil y progresista; b) renacimiento de la fábula, el epigrama y otras composiciones festivas y moralizantes; c) introducción del paisaje y de personajes locales, incluidas la flora y la fauna; d) auge de la poesía patriótica, en forma de odas e himnos heroicos, sobre hechos de las guerras de la independencia; e) entrada al léxico poético de voces regionales o populares; f) aparición en el Río de la Plata de la poesía gauchesca.

En prosa, los fenómenos fueron los siguientes: a) surgimiento del periodismo político, social y económico, como medio de difusión de la nueva ideología y propaganda revolucionaria; b) preferencia por los ensayos, proclamas, historias y discursos;

c) nacimiento de la verdadera novela realista hispanoamericana en México (Lizardi). Los himnos nacionales están escritos en este estilo heroico.

Aunque el periodismo fue la actividad literaria más inmediata y directa, la prosa revolucionaria es riquísima en memorias, autobiografías, cartas, discursos, artículos, ensayos, panfletos y traducciones.

Hubo también una poesía revolucionaria, aunque de valor estético limitado. Celebraba los triunfos de las armas americanas, enaltecía a los héroes de la guerra, promovía el entusiasmo nacional y atacaba a España, sus hombres y sus actos.

Esta poesía se ha recogido en "cancioneros" y algunas de las composiciones son anónimas, mientras que otras aparecen firmadas. Algunas piezas están compuestas, además, en lenguaje popular. Bartolomé Hidalgo, uruguayo de nacimiento, inicia la literatura gauchesca del Río de la Plata con los llamados *cielitos* o canciones breves con estribillo, sobre motivos heroicos y con los diálogos patrióticos en verso. En general, el estilo de la poesía revolucionaria es inflamado y retórico.

En teatro, sin embargo, no hubo grandes novedades. Se representaron las comedias y tragedias del repertorio clásico español (Lope de Vega, Calderón, o del siglo XVIII como Moratín), y a veces se llevaron a escena traducciones de los italianos (Alfieri, Goldoni, Matastasio). Hubo, con todo, intentos de teatro popular, que pueden considerarse como los precursores de los teatros realistas locales. El monólogo o "unipersonal", tuvo bastante auge en esos momentos.

Las figuras sobresalientes de la época son José Joaquín de Olmedo (1780–1847), ecuatoriano, que compuso una famosa oda en elogio de Bolívar —al parecer a pedido del propio Libertador— titulada *La victoria de Junín*, y que está considerada una de las mejores composiciones poéticas producidas en Hispanoamérica, y José María Heredia (1803–1839), cubano, de una gran educación humanística, autor de dos celebradas odas, *En el teocalli de Cholula*, en que contempla con nostálgica emoción los restos de la cultura azteca, y *Niágara*, excelente descripción de esas cataratas.

Andrés Bello y el americanismo literario

Andrés Bello (1781–1865) fue uno de los hombres de mayor cultura y talento del período neoclásico, y al mismo tiempo, uno de los más grandes maestros que ha producido Hispanoamérica hasta el presente. Aunque venezolano por nacionalidad, puede ser considerado ciudadano de toda América del Sur, por la influencia de su obra y su amor a estos países.

Se consagró al estudio de las humanidades desde muy joven. Viajó a Londres como agente de la Revolución y permaneció allí durante unos veinte años, durante los cuales se ganó la vida trabajando como maestro particular, mientras realizaba sus estudios e investigaciones literarias, y escribía varias de sus obras. En su estada se relacionó con importantes figuras de la intelectualidad inglesa y frecuentó la amistad de los filósofos James Smith y Jeremías Bentham.

Andrés Bello, el mayor humanista de la época de la Independencia, pintado por el artista francés Raymond Quinsac Montvoisin, que llegó de Francia a Buenos Aires, de paso a Chile, donde fundó una academia de arte. Murió después de regresar a su país originario. Pintó retratos de famosos personajes de uno y otro país. Andrés Bello cumplió una valiosa obra cultural en Venezuela y Chile, donde se lo considera como uno de los sustentos más firmes de su independencia cultural. Su teoría del americanismo literario en las letras (temas, paisajes y hechos) no tiene relación alguna con el concepto indigenista posterior enunciado en la América hispánica.

Las horas libres las dedicaba al estudio intenso de las humanidades y su constante asistencia a la biblioteca del Museo Británico le permitió acceder a una cultura excepcional en su época. Aprendió griego, publicó una versión en español moderno del *Poema del Cid* con notas, algunos ensayos y traducciones.

A invitación del gobierno chileno, regresó a América y ocupó el cargo de secretario del Departamento de Relaciones Exteriores de Chile. A partir de ese momento, el talento de Bello comenzó a irradiarse por el continente y a ejercer una gran influencia intelectual; fue profesor universitario, organizador y rector de la Universidad de Chile, consejero gubernamental y autor principal del Código Civil de ese país.

A poco de llegar, sostuvo una famosa polémica con el argentino Domingo F. Sarmiento, exiliado por razones políticas de su país, quien defendía la libertad romántica en el arte, frente al criterio más moderado y clasicista de Bello. El erudito venezolano temía la corrupción del idioma y la probable fragmentación lingüística de Hispanoamérica, y bregó para conservar la unidad fundamental de la lengua castellana. Con esta preocupación, publicó varias obras gramaticales y lingüísticas, pero sobre todo su famosa *Gramática de la lengua castellana* (1847), con notas del colombiano Rufino José Cuervo, la más autorizada de las gramáticas escrita hasta nuestros tiempos, con excepción de la compuesta por la Real Academia Española.

La obra de Bello es casi enciclopédica: filosofía, derecho, gramática, métrica, historia, crítica literaria, poesía, filología, educación e historia.

En poesía escribió silvas, la mejor de las cuales es la *Silva a la agricultura en la zona tórrida*, en la que describe con estilo magistral los productos de América. Hizo una traducción libre de una pieza de Víctor Hugo, *La oración por todos*, que goza de merecida fama. Tradujo además al español obras de autores latinos, ingleses, italianos, franceses y alemanes.

No fue un poeta fecundo, pero posiblemente ha sido el más pulcro y atildado de los artistas de su época. Su arte es una equilibrada combinación de neoclasicismo y prerromanticismo, prácticamente impecable en su versificación.

En esta época se formula la teoría de que las naciones hispanoamericanas deben independizarse también de España en lo estético, lingüístico y espiritual, para que la independencia política sea total. Dentro de este pensamiento surge consiguientemente la idea de crear una literatura original, que guarde una estrecha relación con el liberalismo político, y comienza entonces a hablarse, por vez primera, de "argentinidad", "mexicanidad", "peruanidad", etc., o sea de culturas propias y típicas de cada nueva nación.

Bello es uno de los defensores y expositores teóricos de esta posición estética, que habrá de alcanzar su máxima expresión algunos años más tarde, con Esteban Echeverría. "¿Estamos condenados a repetir servilmente las lecciones de la ciencia europea, sin atrevernos a discutirlas, a ilustrarlas con aplicaciones locales, a darles una estampa de nacionalidad?", se preguntaba Bello en su discurso del aniversario de la Universidad de Chile (1848).

La novela: Lizardi

En la colonia y durante los primeros tiempos de la Independencia no hubo propiamente novelas. Los antecedentes de la novela iberoamericana son algunos relatos de viajes y aventuras del siglo XVIII.

El creador de la novela iberoamericana es el mexicano José Joaquín Fernández de Lizardi (1776–1827), que usaba el seudónimo de "El Pensador Mexicano". Fue un hombre de clase media, con una educación universitaria incompleta e ideas liberales iluministas. Fundó un periódico desde donde difundía sus ideas revolucionarias y reformistas, aunque con cierta cautela, por las circunstancias políticas de México.

Como sus ideas eran censuradas, se dedicó a escribir novelas, en las cuales exponía su pensamiento, en forma de sermones o diálogos entre los personajes, acerca de la iglesia, la educación, los prejuicios de la sociedad y los vicios de su época. Compuso varias novelas, pero su obra maestra es *El Periquillo Sarniento* (1816) escrita al modo de la novela picaresca española, en la que el protagonista narra en forma autobiográfica su miserable vida en el colegio, hospital, cárcel y casas de juego, con malas compañías y mujeres de la vida.

El héroe del libro es Pedro, al que sus condiscípulos de escuela apodan "Periquillo", porque concurría vestido con una casaca verde y pantalones amarillos, como si fuera un papagayo. Para diferenciarlo de otros compañeros, le agregan el calificativo de "Sarniento", porque de niño había padecido de sarna. Sus aventuras se desarrollan en México y sus inmediaciones, en Acapulco y en otros sitios del país, y también las Filipinas.

José Joaquín Fernández de Lizardi, llamado El Pensador Mexicano (1776–1827), más conocido por su novela cuasi picaresca *El Periquillo Sarniento*. Tiene una importancia significativa como ejemplo del intelectual característico de la época de la Independencia: cristianismo no dogmático, liberalismo difuso, crítica implacable del régimen español, apología de la educación y prédica de la revolución independizadora. Además de su otra divulgada novela, *Don Catrín de la Fachenda*, es célebre su testamento de 1827, mezcla de buen humor, ideología, fe y confesión. Las mandas de este testamento lo muestran en su desilución del mundo.

Con insistente frecuencia aparecen en la obra largas digresiones moralizadoras, que la hacen por momentos fatigosa. La trama se interrumpe a menudo con citas eruditas y bíblicas, ejemplos tomados de otros libros y referencias a obras divulgadas y conocidas en la época. Lizardi incide habitualmente en reflexiones sobre la educación —que lo preocupaba mucho—, medicina, filosofía natural, física experimental, farmacología y derecho, fruto de sus infatigables lecturas. Añade cuando puede acusaciones contra el atraso económico de España y sus colonias, la mendicidad, la ignorancia, la rutina y la decadencia. A todas luces, es un testimonio novelado y documental de la vida mexicana de aquellos años. El pueblo mexicano aparece reflejado como en un inmenso fresco vibrante y realista. En otro sentido, puede considerarse como un documento valioso en el estudio de la lengua regional. Sus ideas son una mezcla de catolicismo y liberalismo.

Nacimiento de la poesía gauchesca

La poesía gauchesca es un fenómeno literario propio del Río de la Plata (Argentina y Uruguay), y al mismo tiempo, es el más típico y original de ambos países, aunque no el único o el más representativo de ellos.

El entusiasmo por la originalidad y el sabor argentino de este género, sumado al hecho de que el *Martín Fierro* es una de las mejores obras argentinas, ha llevado a algunos críticos, literatos e historiadores, a otorgar al arte gauchesco el carácter de representativo de Argentina.

Otros autores, en cambio, se han negado a aceptar esta distinción por entender que la literatura gauchesca ni es la mejor muestra lograda de la literatura argentina, ni tampoco lo gauchesco representa totalmente al país, sino sólo a una parte geográfica y humana, y a un momento histórico determinado.

Para algunos críticos corresponde diferenciar entre poesía *gauchesca*, y poesía *gaucha*, o sea la primitiva poesía de los payadores rurales de fines del siglo XVIII y siglo XIX, natural, espontánea e inculta. La recitaban o cantaban acompañados de guitarra, y consistía en cantares, decires, romances o coplas de la tradición oral; a veces se creaban, improvisando en *payadas*, sus propias piezas. Esta forma de arte fue anónima.

El término *gauchesco*, en cambio, debe aplicarse al arte escrito e individualizado, fruto de la inteligencia de hombres cultos, o por lo menos instruidos, de ciudad, que compusieron poemas a imitación de esa otra poesía gaucha, anónima e inculta. En cuanto al origen de este tipo de poesía, hay también posiciones controvertidas.

Para algunos críticos, la antigua poesía tradicional y anónima de los gauchos, tiene una base española popular (romances, coplas, canciones), ingresada en el Río de la Plata con los conquistadores y colonizadores, la cual fue repitiéndose de boca en boca, adaptándose a la realidad americana, hasta llegar a convertirse en la poesía de los gauchos argentinos. Esta opinión no es compartida, sin embargo, por otros estudiosos, que le asignan un carácter de originalidad autóctona, nacida simplemente de un hallazgo de escritores, a quienes se les ocurrió presentar descripciones, narraciones o diálogos, en la forma y lengua de los gauchos. El incorporar a los gauchos como protagonistas o expositores, presentaba la ventaja y la novedad de introducir una interpretación un poco pícara, original y llamativa del mundo circundante.

Los gauchos son los protagonistas de los poemas gauchescos y de las obras en prosa del mismo género. Acerca de este ejemplar social y humano, y de su papel histórico y su psicología, se ha debatido bastante, y se han escrito numerosas obras, ya sea para enaltecerlo o denigrarlo. Sarmiento, por ejemplo, tuvo el concepto negativo del gaucho en la evolución del país hacia el progreso, mientras que Hernández lo considera un actor heroico y principal, injustificadamente perseguido.

Con respecto a la aparición del gaucho en el Río de la Plata, hay también discrepancias: según algunos estudiosos, los gauchos comienzan a existir recién en el siglo XVIII cuando en virtud de ordenanzas arbitrarias del gobierno, los hombres libres y pobres optan por ir a vivir al campo, en una existencia nómada y trashumante, renunciando a la propiedad, a la vida ordenada, al hogar, al amor permanente. Son por eso pastores antes que agricultores, viven en la pobreza sin afincarse por intereses al suelo, tienen tropilla y a veces ovejas, y cuando la necesidad los acucia, buscan empleos transitorios, "arrimados", en las estancias. Casi todos ellos son criollos, y muy pocos mestizos. El gaucho sería un producto social, no racial.

La otra tesis los considera individuos mestizos sin oficio, perdidos, que vivían holgazanamente de las vaquerías y pillerías, para tener así la comida segura, sobre todo en la provincia de Buenos Aires; ladrones de vacunos y yeguarizos, a los que había que aplicar la ley para obligarlos a trabajar o servir al desarrollo y la seguridad del país. Su carácter era una rémora para las ideas de progreso. Estos serían los sucesores de los antiguos *gauderios* de que hablaban varios viajeros de los primeros tiempos de la época colonial.

El gaucho, como personaje literario, comenzó ya a aparecer en anteriores narraciones de los viajeros foráneos.

La lengua gaucha aparece utilizada con bastante fidelidad, aunque la exactitud de esta reproducción no es igual en todos los autores, y a veces se infiltran supuestos *gauchismos* o se mezclan espuriamente vocablos rurales de distintas localizaciones geográficas.

Todavía sobreviven en algunas hablas rurales restos de la vieja lengua gauchesca, pero en cierto modo puede afirmarse que se ha cristalizado, literariamente, en la forma registrada por los poemas y prosas del siglo pasado.

Bartolomé Hidalgo. El uruguayo Bartolomé Hidalgo (1788–1822) está considerado el creador del género. Emigró a Buenos Aires en su juventud y se decidió a ganarse la vida escribiendo *cielitos* gauchescos que vendía personalmente por las calles porteñas. Sus composiciones eran originalmente poemas breves, típicamente narrativos, escritos en lenguaje popular. No había en ellos descripciones de la naturaleza ni de la vida campesina. Eran simples ideas políticas puestas en boca de algún gaucho, de contenido patriótico, sin comparación alguna con los himnos y las odas de los escritores revolucionarios cultos. En las piezas campeaba un agresivo tono contra los españoles. Se llamaban cielitos porque en todos ellos se repetía sin cesar la expresión *"Cielito, cielito y más cielito"*.

De allí pasó a componer *diálogos* también patrióticos, que reproducían conversaciones, en tono jocoso y chacotón, sobre la patria y asuntos campesinos. El pueblo aprendía, al recitarlos, la historia de su país y de los recientes acontecimientos de la Independencia. El más famoso de ellos se titula *Relación que hace el gaucho Ramón Contreras a Jacinto Chano de todo lo que vio en las fiestas mayas de Buenos Aires, en el año 1822*.

Las artes plásticas

Las artes hispanoamericanas del siglo XIX son artes de pura imitación. Ha cesado el período de las monumentales y exquisitas construcciones del período colonial, y las nacientes naciones no disponen de tiempo, de recursos ni de artistas en cantidad suficiente para emprender obras de aquella magnitud.

Los creadores esperaron tiempos más favorables, y volcaron sus ojos hacia Francia e Italia. El "horror al barroco", como se ha calificado a esta actitud, llevó a dos vertientes no hispánicas: la vuelta al "primitivismo", al arte popular, a la imaginería de inspiración nacional o nacionalista, y a la imitación de la gran pintura de caballete al óleo. En materia de arquitectura, no se quiso ni podían repetir las experiencias anteriores y se optó por el estilo neoclásico, propio de esa época en Europa, y también más económico y rápido. La pintura, por su parte, fue el arte más cultivado.

La arquitectura. En 1785 se había inaugurado en México la Real Academia de Bellas Artes. Sus profesores provenían casi todos del otro lado del Atlántico, y sus enseñanzas y modelos entusiasmaron a los discípulos, abrumados ya por el tradicionalismo hispánico prácticamente insuperable.

Este estilo neoclásico reaparece en las catedrales de Lima y en otras de América Central y del sur con sus frontis límpidos, columnas griegas, amplias aberturas y trazos simples. La elección de este estilo se puede advertir a todo lo largo y ancho del continente, tanto en edificios eclesiásticos como gubernamentales y privados.

La adopción del neoclasicismo surgió como un corolario de la nacionalización distintiva del arte, con la menor relación posible con España. La política y la cultura debían sostenerse una a la otra. Al sistema republicano de gobierno, el cambio social, la nueva educación y las nuevas instituciones, debían corresponder nuevas formas expresivas. El incipiente liberalismo persiguió lo español, incluido el arte y la lengua misma.

En Europa la puja entre los nuevos "ismos" era similar y cada arquitecto, escultor, pintor o escritor buscaba una forma de expresión.

La aceptación del neoclasicismo fue menos conflictiva en el Río de la Plata, donde las tradicionales artes hispánicas habían sido menos intensas. El triunfo de la nueva escuela puede apreciarse en la traza y fachada de la Catedral de Buenos Aires, iniciada en 1745 y proyectada por un francés, cuyo simplícimo estilo confirma el nuevo entusiasmo. La bonanza económica de la ciudad se reflejó también en otras edificaciones públicas y privadas, en la capital y en el interior, en un notorio retorno a la nueva concepción europea, sin ninguna relación con el colonialismo, planiforme y sin supeditación a preocupaciones ornamentales o sociales.

Otras muchas ciudades hispanoamericanas reflejan el mismo fenómeno de afrancesamiento, que se hará más contundente en los años siguientes, como sucedió en Santiago de Chile, Caracas y Montevideo.

La pintura. Fue en pintura donde el espíritu europeizante logró sus más afamadas manifestaciones. También en este arte algunos pintores adoptaron los temas del costumbrismo, la pintura "primitiva" o la pintura popular, mientras que otros buscaron su orientación en el europeísmo, donde ya comenzaban a manifestarse las primeras expresiones del romanticismo francés en las telas de Delacroix (1798–1863), y David (1748–1825), por citar algunos modelos. Curiosamente, y quizás por razones políticas, Goya, el maestro español, fue relegado.

Por esos años, encumbrados artistas europeos de excelente calidad que comenzaron a llegar al continente se sorprendieron de la nueva temática que ofrecía la región. Introdujeron en sus cuadros motivos autóctonos o sea "l'exotisme américain". Uno de los más exitosos fue en la zona sur el inglés Emeric Essex Vidal (1791–1861), que estuvo en Canadá, Bahía, Montevideo y dos veces en Buenos Aires. Fue un hábil dibujante y acuarelista que documentó gráficamente aspectos de estas dos últimas ciudades. Otro fue el germano Juan Mauricio Rugendas (1802–1858), quien luego de trabajar en varios países europeos, además de México, Perú, Bolivia, Argentina y Chile, pasó meses y meses pintando cuadros al óleo de excelente factura que llegaron a constituir un repertorio de las costumbres y tipos regionales.

Los pintores-viajeros. La nómina de pintores y artistas extranjeros es larga, y en ella hay que incluir a los franceses Juan Felipe Goulu, Adolfo d'Hastrel, Augusto Monvoisin (uno de los más dotados), Ernesto Charton, Juan León Pallière, que aunque nacido en Río de Janeiro fue inscripto por su padre como ciudadano francés; el alemán Carlo G. Uhl; los italianos Ignacio Manzoni, Baltasar Verazzi y sobre todo Carlos E. Pellegrini (1800–1875), que además de pintor desplegó una intensa actividad como ingeniero y arquitecto, participó en la construcción del Teatro Colón de Buenos Aires, y fue padre de Carlos Pellegrini, años más tarde presidente de la República Argentina. Entre los artistas locales, se distinguió Prilidiano Pueyrredón, argentino (1823–1870). Todos ellos fueron retratistas famosos, además de paisajistas, y colocaron los cimientos del próximo arte regional. El dualismo entre pintura costumbrista y pintura de academia ha quedado expresado en las obras de una abundante cantidad de plásticos tanto en el Río de la Plata, como en Venezuela, Colombia, Perú y países del norte.

Entre los artistas destacados de esa tendencia, sobresalen el citado Prilidiano Pueyrredón y el uruguayo Juan Manuel Blanes (1830–1901), creador de célebres cuadros de pequeñas dimensiones, no más de 15 centímetros de altura, que sin llegar al miniaturismo, son una verdadera obra de cronista plástico.

Temas de conversación

1. ¿Cuáles fueron las manifestaciones del desgaste del sistema colonial?
2. ¿Quién fue Túpac Amaru y qué alzamiento encabezó?
3. ¿Qué ideas integran el repertorio del Iluminismo?
4. Comente la vida y obra de algunos de los principales libertadores de Hispanoamérica.
5. ¿Qué sucedió en España y en Portugal en 1807 y cómo repercutieron esos sucesos en la independencia hispanoamericana?
6. ¿Qué teoría sostuvieron los criollos para formar juntas de gobierno en sustitución de los virreyes?
7. ¿En qué consistió el fenómeno del caudillismo?
8. ¿Cuáles son los caracteres distintivos del neoclasicismo en literatura?
9. ¿Quién fue Andrés Bello y en qué consistió su obra escrita?
10. ¿Qué valor tiene su *Gramática de la lengua castellana*?
11. ¿Qué es el "americanismo literario"?
12. ¿A quién se considera el creador de la novela hispanoamericana y qué elementos caracterizan a su más divulgada novela?
13. ¿En qué consiste la literatura gauchesca?
14. ¿Cómo fue la arquitectura en el período revolucionario e inmediatamente posterior?
15. ¿Qué hicieron en América los plásticos europeos? ¿Por qué algunos de ellos han merecido la denominación de "pintores-viajeros"?

Temas especiales de exposición y composición

1. Las ideas liberales de los patriotas hispanoamericanos.
2. Los Libertadores de América.
3. El neoclasicismo literario.
4. La poesía gauchesca.
5. La arquitectura y la pintura en el período de la independencia y en el período inmediatamente posterior.

CAPÍTULO OCHO

LA ORGANIZACIÓN DE LAS NACIONES Y EL ROMANTICISMO

Hacia mediados del siglo XIX aproximadamente, las naciones hispanoamericanas entran en un período de organización interna, que durará unos cincuenta años. La anarquía, el caudillismo y las luchas civiles han causado muchos daños y sufrimientos, y el desarrollo se ha atrasado.

Los dictadores, sin embargo, no desaparecen del todo. Han caído ya Juan Manuel de Rosas (1852) en Argentina, y José Gaspar Rodríguez de Francia (1840) en Paraguay. El general Antonio López de Santa Anna, que fue varias veces presidente, revolucionario, héroe militar y dictador perpetuo (1822–1855), se retira de México. En Guatemala, Rafael Carrera perdura hasta unos años más tarde (1865). Pero surgen otros tan despóticos como los anteriores: Mariano Melgarejo, un mestizo inculto, realiza un gobierno desastroso para Bolivia (1864–1883); en Ecuador toma el poder Gabriel García Moreno y gobierna en forma autoritaria (1861–1875), imponiendo en todo el país una disciplina conventual; Paraguay cae en manos de la familia López por un cuarto de siglo: Carlos Antonio López (1844–1862) y luego su hijo, el general Francisco Solano López (1862–1870), que envuelve a su país en una guerra absurda.

La organización de los nuevos estados nacionales se hizo en política, economía y transformación social, bajo los principios del liberalismo. En literatura y artes, ocurrió bajo el signo del romanticismo. El romanticismo no fue solamente un movimiento estético, sino más bien una modificación de la actitud vital del hombre frente al mundo externo.

El liberalismo

En política, el romanticismo se identificó con el liberalismo y el antimonarquismo, y acogió ciertos anticipos del socialismo utópico o progresismo. Se predicó abiertamente la revolución contra la tradición política; se destituyó definitivamente el antiguo concepto del origen divino de las monarquías, transfiriendo al pueblo o a la sociedad el origen válido del poder; se defendió una especie de democratismo filosófico, contra la teoría del Iluminismo de principios de siglo, según la cual las minorías universitarias y cultas debían ejercer legítimamente el gobierno.

Dentro de este repertorio de ideas, el ataque a la tradición política española de tipo colonial, fue uno de los puntos más señalados: en algunos autores persistió a pesar de los años el resentimiento contra España, y su sistema histórico fue crudamente censurado.

En materia religiosa, la revolución también existió. Aun cuando el romanticismo en literatura reveló un regreso al tema religioso cristiano en Europa, en algunos hispanoamericanos el catolicismo se identificaba con la idea imperial española. Por eso se fustigó a la Iglesia Católica, proclamando una libertad religiosa en lo dogmático, y aceptando pasos dentro del *teísmo*, el *panteísmo* o una especie de cristianismo difuso, sin dogmas y sin clero. De hecho, según lo señala el ensayista uruguayo Alberto Zum Felde, "con el liberalismo romántico se inicia, en América, la lucha ideológica contra la Iglesia Católica, que ha de llegar después, bajo el positivismo, a su período más crítico, más agudo".

En filosofía, comienza a hablarse de la Ciencia, la Nueva Religión Humana, y el Progreso, como entidades existentes por sí mismas, que deben tratar de lograrse en tanto son valores que permitirán asegurar el desarrollo de las naciones, y colocarlas en la línea de las más adelantadas y progresistas del mundo. Los escritores y filósofos románticos, coherentes con su sistema de teorías, exaltan el sentimiento y la intuición como medios para llegar al conocimiento, atacando la razón, a la que no se le reconocen posibilidades para lograr una interpretación total y esencial del mundo, la naturaleza y Dios.

En lo social, se levanta el culto del héroe romántico, rebelde, inspirado y justiciero, que lucha contra la injusticia, la autoridad arbitraria y los prejuicios sociales. Por momentos, el delito se considera un instrumento ineludible de la justicia, si no existe otro camino. Este héroe, aun cuando es jurídicamente un bandido, es aceptado si es un individuo dotado de un sentimiento de superioridad y justicia. Se exalta el egocentrismo y aun el narcisismo, en nombre de la independencia individual. En todos los casos, este héroe social es un individuo de sensibilidad hipertrofiada y de gran imaginación.

En dos países, Argentina y México, se producen los acontecimientos políticos nacionales más importantes de su historia. En otros dos, Chile y Brasil, se viven períodos de menor sacudimiento político.

La Organización Nacional en Argentina (1852–1880)

Cuatro excelentes presidentes se suceden unos 10 años después de la caída de Rosas. Los tres primeros fueron hombres de gran cultura y escritores, y el cuarto, un sagaz militar y político: Bartolomé Mitre (1862–1868), Domingo Faustino Sarmiento (1868–1874), Nicolás Avellaneda (1874–1880), y el general Julio A. Roca (1880–1886).

Benito Juárez, el libertador de México del poder francés del emperador Maximiliano. Durante la Guerra de los Tres Años (1858–1861) defendió la causa republicana y propició las Leyes de la Reforma. Le tocó dirigir la nación en tiempos particularmente difíciles.

Con ellos, el país se organiza rápidamente y adopta la fisonomía de una nación moderna. Se promulga la Constitución de 1853. Se termina la Campaña del Desierto, conquistando la Patagonia, que hasta entonces había estado dominada por los indios; se convierte a la ciudad de Buenos Aires en territorio federal y capital del país; se establecen los ferrocarriles; se tienden los caminos y comienza el proceso de la explotación agrícola y ganadera en gran escala; se inicia el tránsito hacia la economía preindustrial; se crean escuelas primarias y secundarias por toda la nación; se establece la enseñanza oficial primaria, gratuita y obligatoria; se abren las puertas a la inmigración en masa, y torrentes de extranjeros llegan de Europa; se secularizan los cementerios y se establece el matrimonio civil paralelo al religioso; se redactan los códigos y comienza la etapa del optimismo en el pueblo. A este período (1853–1886) se lo denomina "Organización nacional".

La reforma en México (1858–1860)

En los países de Iberoamérica, liberales y conservadores se han enfrentado continuamente a causa de sus ideas, y en algunos casos han llegado a la guerra civil. México y Guatemala son los dos países donde el enfrentamiento con la Iglesia Católica ha sido más violento.

En el primero de los países, Benito Juárez, un liberal de sangre india, fue el inspirador y ejecutor de la llamada Reforma de 1859. Años antes, la lucha contra la Iglesia había comenzado limitando la jurisdicción de las cortes militares y eclesiásticas (1855), y suprimiendo la Compañía de Jesús (1856). En virtud de la llamada Ley Lerdo de Tejada (1850) se obligó a la Iglesia a vender todas las tierras y bienes no dedicados al culto; se establecieron los cementerios civiles, y se fijaron los donativos para los bautismos y matrimonios.

En 1857 México adoptó su nueva constitución, que rigió hasta 1917. Fue un importante paso hacia adelante en el progreso del país. Dicho documento garantizaba la libertad de palabra y de prensa; prohibía el monopolio y la confiscación de los bienes; abolía los títulos hereditarios; establecía la forma republicana de gobierno, y separaba la Iglesia del Estado. Asumió la presidencia el doctor Juárez.

Estalló entonces una guerra civil entre liberales y conservadores, conocida por el nombre de la "Guerra de los Tres Años" o "Guerra de la Reforma" (1858–1860), que fue ganada por Benito Juárez y sus hombres. En 1859, en medio de la conflagración, Juárez dictó las Leyes de Reforma, o decretos anticlericales, por las cuales se nacionalizaban los bienes de la Iglesia no vendidos todavía de acuerdo con la Ley Lerdo; se disolvían las órdenes monásticas religiosas; se establecía el matrimonio como contrato civil y el registro de los nacimientos, matrimonios y muertes; se proclamaba la libertad de cultos, y se reglamentaban las festividades religiosas.

La intervención francesa en México (1864–1867)

El presidente Juárez resolvió suspender en 1861 el pago de las deudas públicas debido a la mala situación financiera del país. Inglaterra, Francia y España decidieron entonces efectuar una acción conjunta e intervenir en México para defender sus intereses. Al poco tiempo de la ocupación del puerto de Veracruz, las tropas inglesas y españolas se retiraron al darse cuenta de las intenciones imperialistas de Francia, cuyo emperador, Napoleón III, de acuerdo con elementos conservadores de México, pensaba establecer un imperio en este país, bajo algún Habsburgo.

Después de algunas acciones bélicas y de la entrada de las tropas enemigas en la ciudad de México, fue impuesto en 1864 como emperador el archiduque Maximiliano de Austria, descendiente de Carlos V. El régimen concluyó pocos años después con la derrota de Maximiliano frente a las fuerzas de Juárez. Maximiliano fue ejecutado en 1867 mientras su infeliz esposa Carlota enloquecía en Europa, adonde había ido en busca de apoyo para su marido.

El período de Porfirio Díaz en México (1876–1910)

En 1876 el general Porfirio Díaz, héroe de la lucha contra los franceses, derrota a las fuerzas gubernamentales y es reconocido como nuevo presidente por el Congreso.

Comenzó así el período de Porfirio Díaz, que duró hasta 1911 (excepto cuatro años de interrupción). Se caracterizó el régimen de Díaz por el adelanto material de México, el impulso a los ferrocarriles, el ingreso de capitales extranjeros, el

El emperador Maximiliano de México, que presidió el gobierno del país durante la intervención francesa. No consiguió consolidar su régimen y cayó derrotado por las tropas de Juárez en Querétaro. Fue juzgado junto a algunos de sus partidarios y luego fusilado.

establecimiento de plantas textiles, metalúrgicas y mineras, la lucha sin cuartel contra los bandidos por medio de una policía fuerte —los rurales— y un gobierno autocrático. La Reforma fue olvidada y las clases privilegiadas fueron protegidas contra los intereses de las clases populares: el sistema de tenencia de las tierras no se modificó y los latifundios se consolidaron.

En 1910 estalló la Revolución Mexicana que derrotó pronto a Porfirio Díaz. Luego se restablecieron la libertad y el sistema republicano.

Paraguay y la Guerra de la Triple Alianza (1865–1870)

Después de asumir el gobierno de su país, el general Francisco Solano López organizó en Paraguay un poderoso ejército y declaró (1864) que no estaba dispuesto a tolerar la intromisión brasileña en los asuntos de Uruguay. El Paraguay pidió entonces permiso al gobierno argentino para cruzar por el norte de su territorio y atacar Brasil (1865), pero la solicitud le fue denegada. Se declaró entonces la guerra entre Brasil, Uruguay y Argentina (que habían firmado un tratado de alianza) por un lado, y Paraguay por otro. Esta guerra es conocida como la guerra de la Triple Alianza. Después de luchas cruentas y penosas (1865–1870), en las que los paraguayos lucharon heroicamente, el general López fue atacado y muerto en Cerro Corá, el último bastión paraguayo, con lo cual terminó la lucha. Paraguay perdió entonces parte de su territorio.

La Guerra del Pacífico (1879–1883)

La otra guerra de este período, la del Pacífico, ocurrió entre Bolivia y Perú contra Chile. El territorio boliviano llegaba el siglo pasado hasta el Océano Pacífico por su parte sudoeste o provincia de Antofagasta. Allí se habían descubierto riquísimas minas de nitrato, y el gobierno de Bolivia, a pesar de un tratado anterior con Chile, estableció un impuesto sobre la exportación de ese producto. Los concesionarios, en su mayoría chilenos, pidieron protección a las autoridades chilenas, las que enviaron tropas a ocupar la región. Perú, que tenía un tratado de alianza con Bolivia, interpuso sus buenos oficios, pero Chile los rechazó y exigió la anulación del tratado. Perú rechazó a su vez la exigencia y Chile declaró la guerra a ambos países. Este último ganó la guerra (1872–1883), después de que sus tropas entraron en la ciudad de Lima.

Como consecuencia del conflicto, Bolivia perdió los territorios que le daban una salida al mar.

La guerra de España y Estados Unidos (1898)

Mientras la mayor parte de Iberoamérica luchaba con problemas de organización interna, Cuba no había logrado separarse de España en tiempos de las guerras de la independencia. Hacia mediados del siglo XIX, sin embargo, comenzaron a manifestarse indicios de revolución, pero varios intentos fueron sofocados. España efectuó reformas liberales, sin satisfacer a los cubanos que en 1895 hicieron una revolución con resultados negativos. José Martí, escritor y patriota, tuvo una importante participación en ella y murió en una de las batallas.

Pronto los Estados Unidos se vieron envueltos en la cuestión. Un barco de guerra, el "Maine", que había sido enviado al puerto de La Habana para proteger los intereses y la vida de los ciudadanos norteamericanos, explotó en el puerto. El Congreso de Estados Unidos, dos meses después declaró que el pueblo cubano tenía pleno derecho a ser libre e independiente. España tomó tal manifestación como una declaración de guerra: se rompieron las relaciones diplomáticas y estalló la guerra (1898).

La flota española fue vencida y las fuerzas norteamericanas tomaron la ciudad de Santiago. Al poco tiempo, se firmó un tratado de paz entre Estados Unidos y España (1898), por el cual España renunciaba a su soberanía sobre Cuba, Puerto Rico y las Filipinas. Se estableció en Cuba un gobierno militar norteamericano, que convocó una convención constituyente y estableció la República.

En la nueva constitución se incorporaron las disposiciones de la Enmienda Platt, la cual autorizaba a Estados Unidos a intervenir en la isla para garantizar su independencia, y cedía al país del norte la bahía de Guantánamo y la bahía Honda. Más tarde, Estados Unidos abandonó la bahía Honda y en 1936 se firmó un nuevo tratado por el cual se anulaba la Enmienda Platt y el derecho a intervenir en Cuba.

La bahía de Guantánamo continúa todavía en poder de Estados Unidos, donde mantiene una fuerte base naval y militar.

Después de la explosión del buque norteamericano *Maine* en Cuba, el presidente del país del norte fue autorizado por el Congreso a poner término a las hostilidades en Cuba y estableció que "el pueblo de la Isla de Cuba es y de derecho debe ser libre" y que "España renunciará a su autoridad y retirará sus fuerzas terrestres y navales de Cuba". La flota norteamericana estableció el bloqueo de La Habana y sus soldados entraron en Santiago. El gobierno norteamericano había acordado con los cubanos su cooperación. Las tropas norteamericanas desembarcaron y ganaron las acciones en tierra, entre ellas la de Las Guásimas. Actuaron en esas luchas los *Rough Riders*, famosos jinetes en su mayor parte vaqueros, cazadores, rancheros y aventureros del oeste.

El almirante español Cervera enfrentó con su flota a las naves norteamericanas (junio de 1898) y fue vencido. España perdió en la acción, frente a Santiago de Cuba, su escuadra. El general Shafter intimó entonces la rendición de la ciudad, pero aplazó el bombardeo para que pudieran salir de la ciudad los ancianos, mujeres y niños. Empezó más tarde el bombardeo de la plaza, que culminó con la capitulación de los españoles.

El movimiento romántico

El movimiento romántico fue el más fecundo movimiento literario de Hispanoamérica en el siglo XIX, y al mismo tiempo el de más larga vigencia, pues dos generaciones de escritores y poetas escribieron dentro de esa concepción estética.

Este movimiento llegó a Hispanoamérica pocos años después de que el romanticismo se hubiera consagrado en Europa, y la puerta de entrada al continente fue el Río de la Plata, por obra del argentino Esteban Echeverría, quien en 1832 inició ese movimiento con la publicación del poema *Elvira o la novia del Plata*. Esta obra se anticipó a la primera obra propiamente romántica de España, *El moro expósito* (1833) del duque de Rivas.

La crítica más responsable ha señalado dos tipos de romanticismo en Hispanoamérica: el de imitación francesa, cuyo foco de irradiación estuvo en Buenos Aires, y el de inspiración española, con sus centros en México y Lima. En otras palabras, hubo un romanticismo afrancesado en la costa atlántica, y un romanticismo españolizado en la costa del Pacífico. Aunque esta simplificación es algo extrema, puede adoptarse con reservas.

Por razones metodológicas, se puede aceptar también la división del romanticismo en dos épocas o generaciones: el primer romanticismo, que abarca aproximadamente el período 1830–1860, y el segundo romanticismo, que se desarrolla en el lapso 1860–1880. También suelen distinguirse ambos períodos por alusión a la edad de los escritores, denominándoselos primera y segunda generación romántica.

La primera época coincide aproximadamente con los movimientos de liberación nacional en el continente y aun con los períodos de anarquía o de búsqueda de formas gubernamentales estables que culminan con la caída de las viejas ideas en materia de política, economía, religión y sociedad. El segundo período, en cambio, coincide con la etapa de organización de los nuevos estados, y por esta razón, la tarea literaria se hace menos periodística y circunstancial, pierde gran parte de su valor cívico y patriótico, y adopta una forma estética más desinteresada y menos comprometida.

El romanticismo ya había tenido antecedentes prerrománticos en algunos escritores u obras como, por ejemplo, en Bello. Por otra parte, la nueva doctrina literaria no desapareció en un preciso momento histórico, sino que lo hizo en forma paulatina y hubo poetas o prosistas que a fines del siglo XIX y hasta entrado el siglo XX, seguían adheridos a esa estética.

El romanticismo literario

Los caracteres del romanticismo hispanoamericano son los siguientes:

a) *americanismo:* la literatura debe independizarse de España como ocurrió en política y administración; la literatura de cada país debe ser nacional y representarlo geográfica, física, humana, histórica y espiritualmente; este americanismo debe reflejarse en las ideas, la historia, el paisaje, los temas y la lengua.

b) *popularismo:* la literatura debe ser la expresión de un pueblo y el poeta debe representarlo en sus obras: lo popular es preferible a lo aristocrático.

c) *el artista y el yo:* el escritor es un representante de una vasta cantidad de gente, y por su más intensa sensibilidad y su capacidad de inspiración, es un personaje excepcional que debe expresar la riqueza de su alma, tener una voluntad de gloria, preferir lo sentimental a lo racional, y tener un sentido especial de la soledad, una insatisfacción por el mundo contemporáneo, una aspiración hacia lo indefinido, gran fuerza de originalidad, individualismo, rebeldía y egoísmo.

d) *actitud libre frente al arte:* el romanticismo es la revolución en la literatura, y el artista debe romper con las normas y las reglas clásicas que constriñen el arte; esto implica la no separación de los géneros literarios, el derecho a mezclar poesía y prosa, el cambio de las combinaciones métricas y estróficas, el no cumplimiento de los preceptos neoclásicos, en suma, la expresión de la propia originalidad.

e) *nuevo sentido de la naturaleza:* búsqueda de la soledad; preferencia por los campos, bosques, montañas y mar; prioridad de la noche, la luna y las estrellas; gusto por las ruinas y los monumentos históricos locales; admiración por la naturaleza; intercambio espiritual entre la naturaleza y el poeta y las otras almas humanas; aspiración infinita hacia Dios.

f) *sentimiento de la religión:* tendencia a Dios, que está asociado al hombre (deísmo) y la naturaleza (panteísmo); creencia en el demonio Satán y el Ángel Caído; inclinación hacia el Dios cristiano por encima de otros dogmas; el amor es el principal sentimiento (porque no es racional); y constituye una forma de culto a Dios; la mujer es un motivo fundamental en la vida humana, y por su gran capacidad emocional, puede ser ángel o demonio; como derivado de una fuente divina, el amor prevalece sobre la tradición y las normas o prejuicios sociales.

g) *otros contenidos del ideario romántico:* dolorismo, optimismo, ensoñación, visiones, música, gigantismo, sepulcralismo y "byronismo".

h) *ideología:* libertad, democratismo vago, progresismo, ciencias, feminismo, revolución.

i) *géneros preferidos:* la poesía, la novela indianista, el drama (mezcla de tragedia y comedia); la prosa autobiográfica; la "tradición"; el cuento.

j) *lengua:* independencia idiomática; la lengua propia.

Los grandes poetas

Esteban Echeverría. El iniciador del romanticismo en Argentina había llevado una vida disipada en su juventud, y no concluyó sus estudios. Viajó a París y allí estudió durante cinco años a los filósofos, historiadores y escritores del momento, y a los clásicos españoles para aprender a fondo la lengua. Volvió a Buenos Aires con la firme convicción de aportar algo nuevo a las letras de su patria.

Publicó entonces un poema en folleto, *Elvira o la novia del Plata* (1832) (primera obra completamente romántica de América), y con posterioridad otros volúmenes poéticos. Fundó con Juan María Gutiérrez y Juan Bautista Alberdi la denominada Asociación de Mayo, sociedad patriótico-literaria cuyo *Credo* redactó. Suprimida la Asociación, y perseguidos sus miembros por el tirano Rosas, Echeverría y otros escritores emigraron a Uruguay. Allí editó el antiguo *Credo* con el título de *Dogma socialista.*

Esteban Echeverría, por Ernesto Charton. De temperamento fogoso y estudios desordenados, aprendió desde muy joven los recursos del naciente romanticismo en Europa (Byron, Víctor Hugo, Lamartine y otros) y de regreso introdujo esa escuela en el Río de la Plata.

Compuso además el primer cuento de la literatura argentina, *El matadero*, sobre las atrocidades de los sectarios de Rosas, y un poema, *La cautiva*, de neta inspiración romántica.

El largo poema *La cautiva* (1837) apareció en el volumen *Rimas*. Es probablemente el más feliz de los poemas largos de Echeverría. El propio autor expresó su intención de "pintar algunos rasgos de la fisonomía poética del desierto" al cual consideraba "nuestro más pingüe patrimonio". El tema, a pesar de su argentinización, es algo convencional, y refleja evidentes reminiscencias de una obra muy famosa y leída en su época, el *Atala*, del francés Chateaubriand. Un malón de indios asalta y saquea una población de la Pampa y toma cautivos, entre otros, al capitán Brian y a su esposa María. Aprovechando un festín en que los indios se emborrachan en un alto del camino, María liberta, puñal en mano, a su esposo herido, y juntos huyen al desierto. Brian no soporta las inclemencias de la situación y muere. María lo entierra, y dolorida sigue su marcha, hasta encontrar una patrulla de soldados cristianos, por quienes se entera de la muerte de su hijito durante la correría indígena. Ante tanta desgracia, María no puede sobreponerse y cae sin vida en presencia de los soldados.

En este poema, como en los otros poemas largos, también de temas argentinos, se ponen de manifiesto algunos trozos descriptivos, narrativos o líricos, a veces algo extensos para el gusto moderno, o de tono excesivamente retórico, que debilita la composición.

Hay asimismo una exagerada idealización de los personajes que aparecen nítidamente clasificados en héroes y malvados. El desierto parece ser el protagonista real del poema; las excesivas descripciones y la presentación de esta región geográfica en una gran variedad de momentos y fenómenos (amanecer, tarde, mediodía, calor, sequedad, extensión, vientos, fuego, etc.), contrastan por su gran número con los versos dedicados a la narración misma. Echeverría usa en su obra la lengua argentina y si bien incorpora algunos argentinismos típicos (*malón*, *quemazón*, *yajá*, *rancho*, *fachinal*, etc.), muchos pertenecen al vocabulario culto y no al lenguaje gauchesco.

Echeverría compuso también otras obras en prosa. Sobresale entre todas el cuento *El matadero*, que no fue publicado por el autor en vida —acaso por su espinoso contenido antirrosista y anticlerical, o porque el poeta pensara pulirlo más tarde— y fue publicado por el crítico Juan María Gutiérrez, que lo encontró manuscrito entre los originales de su amigo, en la edición de las obras completas (1874). En el Matadero de la Convalescencia, en la zona sur de la ciudad de Buenos Aires, varios matarifes y el juez del lugar realizan sus tareas rutinarias con las reses, y se registran entonces escenas de un crudo realismo entre la gente del establecimiento y los vecinos pobres. El grupo de hombres del matadero es rosista, y según se dice, integran la Mazorca. En un momento de la jornada, cometen la valentonada de tomar a un joven unitario bien vestido que pasa a caballo por el lugar y ultrajarlo gratuitamente, por divertirse. Le cortan la barba de estilo unitario y al proceder a desnudarlo para humillarlo sobre una mesa, el joven muere de furia. "El poeta no estaba sereno cuando realizaba la buena obra de escribir esta elocuente página del proceso contra la tiranía", escribió su editor.

Olegario Víctor Andrade (1839–1882). Está considerado como el mayor poeta lírico argentino del segundo período romántico. Aunque nacido en Alegrete (Brasil), le correspondió la ciudadanía argentina por una ley del Congreso que contempló en general los casos de hijos de argentinos nacidos en la expatriación durante el período rosista. De regreso en su país, hizo estudios de enseñanza secundaria, contrajo matrimonio, se dedicó al periodismo, fue diputado nacional, y al mismo tiempo siguió dedicándose a la producción de grandes cantos. Su poema más famoso, *El nido de cóndores*, fue leído en una velada del Teatro Colón de Buenos Aires con motivo de la repatriación de los restos del general San Martín desde Francia. Fue un artista de gran precocidad y cultivó preferentemente los motivos históricos y patrióticos, con los que se había iniciado en sus años de estudiante.

Casi todos estos poemas están concebidos en forma de arrebatos de grandilocuencia. La tensa inspiración estalla de estrofa en estrofa, con una suerte de desmesura que ha envejecido a estas piezas. Parecía obsesionado por lo descomunal, por el gigantismo expresivo e imaginativo, y en no pocos versos confunde lo grande con la grandeza.

Juan Zorrilla de San Martín (1855–1931). Fue la figura más importante del romanticismo uruguayo. Completó sus estudios de leyes en la universidad de Santiago de Chile, ejerció el periodismo católico en su patria y fue profesor de derecho internacional en Montevideo.

Zorrilla de San Martín ha sido considerado por su inspiración y sus temas el Bécquer americano, y por sus excelentes piezas oratorias, el Castelar de este continente. Entre todas sus obras sobresale nítidamente *Tabaré*, una leyenda indígena en verso, en tres libros y unos cuatro mil quinientos versos. El libro tiene un carácter simbólico detrás de la aparente narración: es un canto a la extinción de la raza charrúa en el suelo uruguayo con la venida de los españoles.

Su autor la consideraba una epopeya o poema épico, por el contenido narrativo, pero algunos críticos han discutido esta clasificación, alegando que la métrica no es la propia de este género (octava real o tercetos), y que tiene un tono pronunciadamente lírico.

Un crítico uruguayo entiende que ésta es una obra demasiado imaginativa o soñada, y que el mundo descrito por el poeta es un mundo irreal, poético, signado por el concepto romántico. Estos matices son perceptibles sobre todo en la figura del héroe romántico, Tabaré, y la poca verosimilitud de su carácter. Lo más notable está, en cambio, en las descripciones de la naturaleza uruguaya y de las costumbres charrúas.

Manuel Acuña (1849–1873). En México descolló la personalidad de Manuel Acuña, estudiante de medicina, dotado de una sensibilidad melancólica, un profundo amor a su madre, y cierta inocencia expresiva que lo llevaba de regreso a sus nostalgias de niño. Su talento podría haber ascendido a regiones superiores, si no hubiera puesto fin a su vida voluntariamente en plena juventud. Sin embargo, sus poemas carecen de la perfección formal deseada, aparte de trasuntar un materialismo y conformidad vital casi lindantes con el escepticismo más radical. De las escasas piezas que alcanzó a componer en su breve vida, sobresalen *Ante un cadáver* y *Nocturno a Rosario*. Su obra fue coleccionada y publicada posteriormente por sus amigos.

DOMINGO F. SARMIENTO

FACUNDO O CIVILIZACIÓN Y BARBARIE

Facundo es un tipo de la barbarie primitiva; no conoce sujeción de ningún género; su cólera era la de las fieras; la melena de sus renegridos y ensortijados cabellos caía sobre su frente y sus ojos en guedejas, como las serpientes de la cabeza de Medusa, su voz se enrojecía, sus miradas se convertían en puñaladas; dominado por la cólera, mataba a patadas estrellándole los sesos a N. por una disputa de juego; arrancaba ambas orejas a su querida porque le pedía una vez 30 pesos para celebrar un matrimonio consentido por él, y abría a su hijo Juan la cabeza de un hachazo, porque no había forma de hacerlo callar; daba de bofetadas en Tucumán a una linda señorita a quien ni seducir ni forzar podía; en todos sus actos mostrábase el hombre bestia aún, sin ser por eso estúpido, y sin carecer de elevación de miras. Incapaz de hacerse admirar o estimar, gustaba de ser temido: pero este gusto era exclusivo, dominante hasta el punto de arreglar todas las acciones de su vida a producir el terror en torno suyo, sobre los pueblos como sobre los soldados; sobre la víctima que iba a ser ejecutada, como sobre su mujer y sus hijos. En la incapacidad de manejar los resortes del gobierno civil, ponía el terror como expediente para suplir al patriotismo y a la abnegación; ignorante, rodeábase de misterios, haciéndose impenetrable, valiéndose de una sagacidad natural, una capacidad de observación no común y de la credulidad del vulgo, fingía una prescindencia de los acontecimientos, que le daba prestigio y reputación entre las gentes vulgares.

Es inagotable el repertorio de anécdotas de que está llena la memoria de los pueblos con respecto a Quiroga; sus dichos, sus expedientes, tienen un sello de originalidad que le daban ciertos visos orientales, cierta tintura de sabiduría salomónica en el concepto de la plebe.

(Cap. V)

❦ ❦ ❦

Facundo apareció originalmente como folletines (luego reunidos en un volumen) en el diario *El progreso* de Chile, donde estaba exiliado el autor perseguido por los secuaces de Rosas. En este obra pueden encontrarse tres elementos: biográficos (Facundo Quiroga, Rosas y el propio Sarmiento); políticos (hechos entre unitarios y federales), y sociológicos (su teoría de la civilización urbana y europeísta, opuesta a la rural y campesina.) En estos tiempos, estos temas no se consideran como absolutamente válidos.

En el fragmento reproducido puede apreciarse su extraña mezcla de estilos y técnicas, pero sobre todo, la fuerza de su expresión.

Domingo F. Sarmiento

Sarmiento es, sin disputa, el mayor prosista argentino del siglo XIX. Fue, sobre todo, ensayista, y dentro de este género, una figura de importancia continental. Junto con Juan Montalvo (ecuatoriano), Eugenio María de Hostos (portorriqueño), Justo Sierra (mexicano) y Enrique José Varona (cubano), constituyen el grupo de grandes maestros hispanoamericanos de la segunda mitad del siglo pasado.

Nació en la provincia de San Juan (Argentina) y perteneció a una familia muy modesta. Desde niño mostró gran precocidad y talento, pero no pudo realizar estudios sistemáticos y universitarios; fue el prototipo del autodidacta. Por sus ideas liberales y por su oposición a Rosas vivió exiliado en Chile, donde fue periodista, maestro y organizador de la Escuela Normal de Preceptores de Santiago. De esta época data su famosa polémica con Bello.

Estuvo en Europa y en Estados Unidos para estudiar sus sistemas de educación, y después de la caída de Rosas ocupó importantes cargos en su país. Fue diputado, senador, ministro y gobernador en su provincia natal, embajador argentino en Estados Unidos, presidente de la nación y, por último, director de educación de su país. Pero antes había sido también empleado de comercio, maestro rural, minero y soldado. La

Universidad de Michigan le llegó a conferir el grado de Doctor *honoris causa*. Hacia el final de su vida, cansado y enfermo, se retiró a Paraguay donde murió.

Las obras completas de Sarmiento comprenden 52 volúmenes, de distinta calidad y contenido. Ninguna de ellas es estrictamente literaria, pues Sarmiento no fue un artista puro: escribía para expresar su opinión, enseñar, defenderse o atacar. Poseía un estilo sin igual, impetuoso, desordenado, vivo y demoledor, lo que le valió el calificativo de "gaucho en literatura". A pesar de ser a veces incorrecto, es el más importante prosista de Argentina.

El más famoso de sus libros es *Facundo o Civilización y barbarie*, (1845) que se publicó en Chile en forma periodística. Contiene un violento ataque a la dictadura de Rosas y sus caudillos, y un agudo análisis de la sociedad argentina de aquellos tiempos. Es un libro extraño, "sin pies ni cabeza", según la definición del propio Sarmiento, pero escrito con incomparable maestría y fuerza. En *Recuerdos de provincia* (1850) escribe su autobiografía y se defiende de sus enemigos.

Las ideas de Sarmiento fueron las de un liberal. Consideraba a la vida gauchesca como un impedimento para el progreso de la nación; exigía la educación popular como medio de sacar a su país del atraso colonial y de la barbarie de los caudillos; mostraba el ejemplo de Europa y de Estados Unidos como modelos para seguir en la organización del país, y aconsejaba desarrollar la industria, el comercio, el arte y las ciencias. Sostenía, además, que la barbarie era propia del gaucho y la vida campesina, mientras que la civilización del país tenía su centro en la ciudad de Buenos Aires.

Aparte de la diatriba que hace del régimen rosista y de los caudillos federales del país, pueden anotarse otros contenidos. Por de pronto, una teoría sobre el hombre, argentino, bastante determinista, pues concibe al hombre sobre todo al campesino o gaucho, como determinado por el suelo, el clima y el ambiente, con lo cual se convierte en un anticipo de la posición filosófica del determinismo europeo, llevado a sus últimas consecuencias por el francés Hipólito Taine, y que hoy, a la luz de la moderna sociología, ha perdido gran parte de su validez. Sin embargo, sus apreciaciones y observaciones sobre la psicología del hombre de campo y los caudillos, revelan una sutil capacidad de observación. "La lucha parecía política, y era social" decía el propio autor. Además, *Facundo* desarrolla la teoría de la oposición ciudad-campo y sus equivalencias, civilización y barbarie. Juan Bautista Alberdi se ocupó ya en su tiempo de rebatir esta tesis, sosteniendo que "la división en hombre de ciudad y hombre de la campaña es falsa, no existe; es reminiscencia de los estudios de Niebuhr sobre la historia primitiva de Roma". Y agregaba que también era inválida esta concepción, porque no sólo en Argentina, sino en todos los países del mundo, las grandes culturas y civilizaciones se han apoyado siempre en las ciudades, y aun los países que Sarmiento admiraba como civilizados (los europeos y Estados Unidos), también tenían en esos tiempos campos atrasados, y no por eso podía calificárselos de incivilizados. En el fondo, esta concepción sarmientina adolece de la idealización que los románticos tanto hicieron de la realidad concreta, y aun cuando ciertos aspectos parciales de la teoría eran reales en esos momentos, la teoría genérica no ha podido sostenerse hasta nuestros días.

El crítico Zum Felde ha señalado, en su opinión, las que considera las dos falacias más sustanciales del libro: 1) el campo no es la barbarie, porque es fuente de riquezas; 2) la ciudad es siempre el europeísmo, el cosmopolitismo, y por ello es menos nacional que el campo. El maestro Ricardo Rojas tampoco ha compartido esta concepción de Sarmiento. A pesar de estas reservas en cuanto al contenido, *Facundo* ha sido considerado "como el libro quizás más importante que se haya producido en Hispanoamérica" (Arturo Torres Rioseco). Ricardo Rojas ha opinado así: "No fue una verdad filosófica de validez permanente. Fue sólo una ingeniosa máquina que nosotros, cien años después, debemos examinar".

En el libro *Conflictos y armonías de las razas en América*, expone sus teorías sobre la mezcla de razas y culturas, y se muestra favorable al tipo de colonización anglosajona. Su concepto político se resume, sintéticamente, en la frase: "Gobernar es educar".

Los novelistas

Jorge Isaacs. Así como la literatura de la época sobresalió en la novela y en la lírica, no ocurrió lo mismo en el drama. Isaacs es el autor de la más popular y acaso la mejor novela Hispanoaméricana del siglo XIX: *María*.

Colombiano de nacimiento (l837–l895), hijo de un judío inglés de Jamaica y de madre criolla, realizó sus estudios en Bogotá y luego retornó a Cali, su ciudad natal. Intervino en varios combates civiles, y comenzó tempranamente su tarea de poeta y prosista. Ocupó algunos puestos públicos, entre ellos el de inspector de caminos, actividad durante la cual enfermó gravemente. Fue diputado por el partido conservador, cónsul en Chile, y fracasó en una empresa rural antes de establecerse en Popayán. Intentó superar su fracaso con una compañía de minas, pero tampoco logró el éxito anhelado. Conoció al poeta José Asunción Silva, maestro del modernismo. Más tarde, una grave dolencia lo llevó a la muerte.

Dotado de una notable sensibilidad, quizás debido a su origen hebreo y andaluz y a sus constantes lecturas de autores extranjeros, ya que dominaba el francés y el inglés, se percibe en sus poesías la influencia de Chateaubriand y Rousseau, sobre todo por la preferencia que revelaba por la naturaleza. Transportó esa sensibilidad al valle del Cauca.

Su obra maestra, la novela *María* (1867) ha empalidecido el resto de la obra de Isaacs, pero es suficiente para adjudicar al autor colombiano la prioridad que ocupa en las letras hispanoamericanas. En ella se mezclan dos elementos fundamentales del alma romántica: la admiración por la naturaleza y el respeto por el espíritu humano. Quizás este tipo de romanticismo esté pasado de moda, pero ello no invalida el valor de la pieza.

A través del amor puro entre Efraín y María, que resulta frustrado por un largo viaje de estudios del joven a Londres, el novelista describe con maestría los paisajes, la gente y las costumbres del lugar. Al término de las peripecias Efraín regresa a Colombia pero no llega a tiempo para despedirse de su amada María, que ha fallecido.

José Mármol. Es el más exaltado de los románticos argentinos (1817–1871) y pasó gran parte de su vida en el exilio, perseguido por Rosas, debido a su irreductible oposición al caudillo. Luego de su vuelta al país, después de la caída del gobernante, ocupó cargos públicos y falleció siendo director de la Biblioteca Nacional.

En poesía es conocido por sus célebres diatribas contra el dictador, sobre todo en su pieza *A Rosas el 25 de Mayo de 1843*, que se ha popularizado en su país como "la maldición de Rosas" o "la profecía de Mármol", donde emplea recursos sarcásticos sin precedentes. Al referirse a su poesía antirrosista, Menéndez y Pelayo expresó: "No creo que se hayan escrito versos más feroces contra persona alguna, como no fuesen aquellos antiguos yambos de Arquíloco e Hiponacte, cuya lectura hacía ahorcar a las gentes aludidas". Sus piezas fueron las habituales en los poetas de su época, relativamente correctas, convencionales en la sentimentalidad, con encomios a la naturaleza y al amor, es decir, al ideario común del romanticismo poético.

Pero fue su novela, *Amalia*, la que le dio fama y popularidad en aquellos años. Se la considera la primera novela argentina en sentido cronológico, pero se discute su condición de novela histórica, porque los sucesos narrados fueron contemporáneos. Refiere los amores de Eduardo Belgrano, un antirrosista que es curado de sus heridas por Amalia y ocultado en su casa hasta curarse. Los esbirros de la Sociedad Popular Restauradora y el gobierno entran en sospechas del ocultamiento, e irrumpen en momentos en que se realiza la boda de los enamorados, matando al refugiado.

Ignacio Manuel Altamirano. En México la gran figura es Ignacio Manuel Altamirano (1834–1893), un escritor de pura raza azteca, educado a pesar de su condición indígena en buenos colegios de su país, reservados para descendientes de españoles. Aprendió el castellano a los trece o catorce años, y posteriormente estudió en un instituto literario de la ciudad de México, donde se familiarizó con el latín, el francés y la filosofía. Se dedicó a la política, la educación, la literatura y otras diversas actividades. Años después ocupó funciones estatales importantes. Fue cónsul general en París, pero aquejado por una dolencia, se trasladó a San Remo, Italia, donde falleció.

Tiene consenso en ser considerado el más grande escritor mexicano de su tiempo, clásico por su expresión, pero decididamente romántico por su temperamento y sus ideas acerca de la necesidad de lograr una literatura nacional. Fue novelista, cuentista, poeta, crítico, cronista y orador de fuste. En general sus escritos, al lado de otros de sus connacionales, son mesurados y cuidadosos. Algunos le han reprochado el convencionalismo de sus argumentos y personajes, pero su nacionalismo estético ha sido uno de los más firmes y sostenido entre sus contemporáneos.

De su vasta producción pervive su novela *Clemencia* (1864) y *El Zarco* (1861–1863), ambas de ambiente mexicano. En la primera de ellas, típica novela del romanticismo, se narran las alternativas de un amor casi caprichoso entre una dama de la aristocracia, Clemencia, bella y cruel, que juega al amor con dos personajes, Fernando y Enrique, y se pavonea sin misericordia con ellos. *El Zarco* (1901, obra póstuma), es en cambio una pieza de mayor envergadura. La acción transcurre en los años finales del gobierno de Juárez, cuando un grupo de bandidos, Los Plateados, saltan, roban y cometen toda clase de fechorías, mientras cuatro personajes centrales, dos damas y dos hombres, de distinta condición psicológica y conducta, se envuelven en una serie de aventuras amorosas.

A pesar de su brevedad, ha persistido en las preferencias de los lectores su novela, casi cuento, *La navidad en las montañas* (1871), un delicado idilio en el que intervienen un joven montañés enamorado, su novia Carmen y el Cura, que simboliza a Cristo, como en una exaltación de la bondad cristiana. Se ha hecho notar —salvados los personajes y el lugar— la semejanza entre esta noveleta y *A Christmas Carol* de Dickens.

Tomás Carrasquilla. En Colombia sobresale Tomás Carrasquilla (1858–1940), novelista y cuentista de Antioquia, cuya larga narración *La marquesa de Yolombó* (1928), y su cuento *En la diestra de Dios Padre* son verdaderas obras maestras del lenguaje regional, la exactitud comunicativa de los diálogos, y la descripción de las costumbres de la sociedad antioqueña. Doña Barbarita, personaje central de la novela, es una sorprendente figura de prosapia hispánica que por méritos y esfuerzos propios llega a constituirse en la rectora de Yolombó.

Alberto Blest Gana. En Chile, Alberto Blest Gana (1830–1920) es el iniciador de la novela romántica y su exponente más estimado. Curiosamente, sus obras son bastante desconocidas en el extranjero. Cultivó una especie muy estimada en su patria, la novela histórica, que en realidad no parece ser del gusto hispanoamericano. *Durante la Reconquista* (1897) es un ejemplo demostrativo.

Otra de sus novelas, *Martín Rivas* (1862) ha merecido el privilegio de sucesivas reediciones. Refiriéndonos únicamente a la segunda, se trata del amor entre Martín y Leonor, durante los sucesos de una revuelta política. Ella es una mujer de la clase privilegiada, y él un provinciano que llega a Santiago y no escatima esfuerzos por triunfar y ascender. Con esta pieza la literatura chilena se encamina hacia uno de los temas frecuentes en ese país, la lucha de clases sociales, de las clases baja y media, en conflicto con la aristocracia en procura de ascenso y consideración social.

Ricardo Palma. Es el escritor más difundido del Perú y la más grande personalidad literaria del romanticismo en su segunda etapa. De origen modesto, nació en Lima (1833), donde pasó la mayor parte de su vida, salvo una corta expatriación en su juventud, por motivos políticos, y breves viajes circunstanciales.

Estudió leyes en la Universidad Mayor de San Marcos, y ya en tiempos de su mocedad comenzó a entregarse a su vocación de infatigable lector. Perteneció un tiempo a la Armada de su país, hasta que se exilió en Chile por razones políticas. Realizó algunos viajes por Europa y Norteamérica, y ocupó varios puestos públicos de relativa importancia. Publicó en un volumen sus primeras *Tradiciones* (1872), hasta entonces dispersas en periódicos y revistas.

Fue designado luego director de la Biblioteca Nacional de Lima (1884) para dirigir su reconstrucción, pues había sido saqueada, a raíz de la guerra con Chile por los atacantes extranjeros. En esta tarea, desarrolló una acción continental, escribiendo a todo el mundo en busca de ejemplares en donación, al punto de obtener el mote de "bibliotecario mendigo". Desde aquel año permaneció siempre en dicha institución hasta su retiro (1912). Pasó el resto de su vida en Miraflores, donde falleció (1919).

Ricardo Palma, el prosista peruano del romanticismo
de la segunda época, creador del género denominado
tradición o relato histórico-imaginativo sobre el Perú.
Se lo llamó el "bibliotecario mendigo" porque después
de la Guerra del Pacífico contra Chile se lo comisionó
para reorganizar la Biblioteca de Lima, saqueada por
los invasores chilenos, y lo hizo solicitando la
donación de libros en su país y en el extranjero.

Palma es el creador de un nuevo género literario, la "tradición", que en esencia es un relato corto, ágil y humorístico, histórico o legendario, de varias épocas del Perú (incásica, colonial, independiente) y otras no clasificables, escrito en un estilo original y castizo. La crítica ha sido unánimemente elogiosa ante este espécimen literario, de magnífica factura.

Palma, de alguna manera festejó o se burló de ciertas costumbres, usos de la historia menuda de su país, y puso indirectamente de relieve algunos aspectos ridículos de personas, ideas, sentimientos o hechos. Por eso ciertos peruanos lo han considerado, quizás injustamente, anticolonialista disfrazado con una sonrisa. Otros, en cambio, lo han considerado un "perricholista" por excelencia. La Perricholi fue una actriz del siglo XVIII residente en Lima, que gozó de gran favor y publicidad, y llevó una vida íntima muy criticada. Según este origen, el "perricholismo" consistiría en una "adoración incondicional del Virreinato, de la anécdota, de lo trivial y gracioso, dejando a un lado lo profundo e intenso" (Luis Alberto Sánchez). No ha faltado tampoco quien haya sostenido que por esta preferencia del Perú virreinal, cuya expresión más típica se dio en Lima, estas tradiciones deberían denominarse "tradiciones limeñas".

JOSÉ HERNÁNDEZ

MARTÍN FIERRO

[La payada entre Martín Fierro y el Moreno]

MARTÍN FIERRO

¡Ah, negro[1]!, si sos tan sabio
no tengás ningún recelo[2];
pero has tragao el anzuelo[3]
y, al compás del estrumento[4],
has de decirme al momento
cuál es el canto del cielo.

EL MORENO

Cuentan que de mi color
Dios hizo al hombre primero;
más los blancos altaneros[5],
los mesmos[6] que lo convidan,
hasta de nombrarlo olvidan
y sólo lo llaman negro.

Pinta el blanco negro al diablo,
y el negro blanco lo pinta
blanca la cara o retinta[7],
no habla en contra ni a favor;
de los hombres el Criador
no hizo dos clases distintas.

Y después de esta alvertencia[8],
que al presente viene al pelo[9],
veré, señores, si puedo,
sigún mi escaso saber
con claridá responder
cuál es el canto del cielo.

Los cielos lloran y cantan
hasta en el mayor silencio;
llora al cair el rocío[10],
cantan al silbar los vientos,
lloran cuando cain[11] las aguas
cantan cuando brama[12] el trueno.

MARTÍN FIERRO

Dios hizo al blanco y al negro
sin declarar los mejores;
les mandó iguales colores
bajo una mesma cruz;
más también hizo la luz
pa[13] distinguir los colores.

Ansí[14] ninguno se agravie;
no se trata de ofender,
a todos se ha de poner
el nombre con que se llama
y a naides[15] le quita fama
lo que recibió al nacer.

(II parte, versos 4055 y sig.)

---

1. en realidad moreno, no negro puro, de piel oscura   2. desconfiar   3. expresión gauchesca por "te has dejado engañar, sorprender"   4. instrumento. 5. orgullosos   6. mismos   7. reteñida, ennegrecida   8. advertencia   9. venir al caso , oportunamente   10. vapor de agua que se condensa por la noche y al amanecer   11. caen   12. soplar con furia y ruido   13. para 14. arcaísmo: así   15. nadie

Algunos caracteres de la lengua gauchesca: falsa diptongación (naides), supresión de consonantes (claridá), apócopes (pa), mutación de fonemas (alvertencia, Criador), arcaísmos (mesma, ansí), etc.

Martín Fierro es un gaucho víctima de los malos jueces de la provincia a quien las autoridades han privado de su casa, mujer e hijos. Resuelve entonces hacerse "más malo que una fierra" y se marcha a vivir entre los indios pampas. A su regreso, con los años, le suceden varias peripecias, entre ellas el encuentro con sus hijos, la conversación con un abandonado y sabio gaucho —el viejo Vizcacha— y una célebre payada con el Moreno. El fragmento anterior es una mínima parte de ese debate al compás de las guitarras, en que un improvisador debe responder al otro al instante. El tema de estas estrofas es la diferencia entre blancos y negros. Se trata de sextinas octosilábicas de diversas combinaciones rítmicas, o sextina hernandiana.

Desde la Edad Media se conocía en España este tipo de contrapunto o "tensión" literaria que cultivaron los juglares y trovadores. Aunque el lenguaje es gauchesco, es difícil concebir los temas que se desarrollan en esta payada, como propios de la educación del gaucho (canto del cielo, de la tierra, del mar, origen del amor, etc.).

José Hernández, celebrado autor del poema gauchesco *Martín Fierro*. En una carta que dirige a su amigo José Zoilo Miguens presentándole la edición de la primera parte, le dice: "No le nigue su protección [al poema], Ud. que conoce bien todos los abusos y todas las desgracias de que es víctima esa clase desheredada de nuestro país".

José Hernández y la culminación del género gauchesco

Contemporáneamente con el romanticismo, hacía fines de siglo, la poesía gauchesca resurge en Argentina y produce sus obras mayores, entre ellas el mejor poema del género, publicado en dos partes llamadas *El gaucho Martín Fierro* (1872) y *La vuelta de Martín Fierro* (1879).

Su autor, José Hernández (1834–1886), creció en una estancia del sur de la provincia de Buenos Aires, ocupó diversos cargos públicos menores, participó en las luchas contra el régimen rosista, fue diputado nacional, misión durante la cual defendió con ardor la federalización de la ciudad de Buenos Aires como capital de la República Argentina (1880), escribió artículos periodísticos de carácter político y un manual en prosa, *Instrucción del estanciero*, con el propósito de educar en sus tareas a los habitantes del campo. Pero su obra fundamental es la primera mencionada, por la cual algunos críticos le han dado el calificativo de "poeta nacional".

Martín Fierro es un gaucho que vive feliz con su mujer y sus hijos. En un acto arbitrario, las autoridades lo apresan y lo envían a la frontera, donde sirve en un fortín, sin recibir paga alguna, y víctima de una comandancia injusta y corrompida. Agobiado por esa vida miserable, huye y regresa a su pago; allí se encuentra con su rancho destruido, y desaparecidos sus hijos y su mujer. Entonces jura ser más malo que una fiera, y se convierte en gaucho pendenciero. Es perseguido nuevamente como vago, y en una refriega con la policía, se encuentra con el sargento Cruz quien se vuelca a favor de Fierro y resuelven irse juntos a refugiarse entre los indios.

Al cabo de un tiempo, Martín Fierro regresa a la civilización, y narra su vida en las tolderías: las costumbres de los salvajes, los estragos de una epidemia de viruela, la muerte de su amigo Cruz por contagio, la matanza de un indio que maltrataba a una cristiana cautiva y la fuga con ella, hasta dejarla a salvo en una estancia rural.

Fierro encuentra a sus hijos: el mayor de ellos narra también sus aventuras, y el menor refiere sus andanzas bajo la tutela del Viejo Vizcacha, un menesteroso sucio e ingenioso, que solía darle famosos consejos. Llega entonces el gaucho Picardía, hijo de Cruz, y un moreno, hermano de una de las víctimas de Fierro. Se produce entonces una célebre payada entre Fierro y el Moreno. Luego éste reta a duelo a Fierro al reconocerlo, pero el desafiado, a quien los años y las desdichas han aplacado y le han otorgado una serenidad de hombre bueno, rechaza el lance, da consejos a sus hijos, y se retira con ellos.

El poema recoge algunas fuentes folclóricas (diálogos entre gauchos y ciertas combinaciones estróficas, fuentes gauchescas autóctonas (semejanzas con algunos otros poemas en versos o pasajes), y fuentes románticas (antecedentes de Echeverría y su *Cautiva*, color local, rebeldía, exaltación del bandido, y reminiscencias de personajes de la literatura española, sobre todo de Espronceda).

El *Martín Fierro*, como obra literaria y social que es, ha sido objeto de valiosos análisis críticos e interpretaciones, tanto de argentinos como de extranjeros. En cuanto al propio Hernández, nos ha dejado en el poema mismo, y en su correspondencia, irrefutables testimonios de que el poema tenía una intencionalidad social:

> *Yo he conocido cantores*
> *que era un gusto el escuchar:*
> *más no quieren opinar*
> *y se divierten cantando;*
> *pero yo canto opinando*
> *que es mi modo de cantar*
>
> *(II, 61)*

Los pensadores y maestros

En la segunda mitad del siglo XIX dan a conocer sus obras grandes pensadores y ensayistas. No son filósofos en un sentido estricto, creadores de sistemas, sino hombres de inteligencia. que analizan temas sociológicos, educativos, morales y políticos. Son maestros continentales, pues sus pensamientos son aplicables a toda la América hispánica. Entre los más ilustres se destacan: Domingo Faustino Sarmiento (1811–1888), Juan Montalvo (1832–1889), Eugenio María de Hostos (1839–1903), Justo Sierra (1848–1912), Enrique José Varona (1849–1933) y Manuel González Prada (1844–1918).

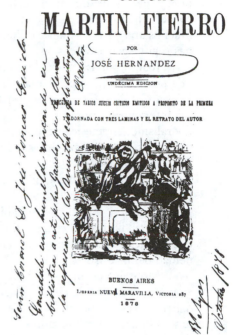

Portada de la edición de 1879 del poema *Martín Fierro*, de José Hernández, escrito inicialmente en dos partes: 1872 y 1879. Desde su aparición fue elogiada por Miguel de Unamuno y Menéndez y Pelayo, aparte de la crítica local. Se refiere que sus ejemplares se vendían en los negocios de Buenos Aires y en el campo *(pulperías)*, lo mismo que cajas de sardina, botellas de cerveza, fósforos y otros artículos domésticos. Es la obra de la literatura argentina que más se ha editado y traducido a lenguas extranjeras.

El Viejo Vizcacha, uno de los más festejados personajes del *Martín Fierro*, según una ilustración de la época. Aparece dando sus divulgados consejos a uno de los hijos de Fierro. Sus enseñanzas suelen repetirse a veces, a pesar de su carácter de utilitarias y moralmente discutibles.

Juan Montalvo. Nació en Ecuador y murió en París. Tuvo una educación esmerada y su vida fue una continua lucha contra las dictaduras y el clero católico. Pagó las consecuencias de sus ideas con el exilio prolongado. Viajó por Europa, donde residió muchos años, y por América. Publicó gran cantidad de obras y folletos, y editó algunas revistas y periódicos.

Juan Montalvo atacó duramente al clericalismo y censuró la intolerancia religiosa a pesar de que respetaba la religión y creía en los dogmas y en los misterios de la Iglesia Católica. Creía en el despotismo ilustrado o gobierno de las minorías cultas, sin intervención popular. Su ideología es una extraña combinación de catolicismo, liberalismo, anticlericalismo, conservadorismo, republicanismo y moralismo. Fue un extraordinario estilista —acaso el mejor de su época—, pero careció de mesura.

Escribio *Siete tratados*, su obra maestra, que es una serie de ensayos libres sobre diversas materias: historia, mitología, sociología, estética, escritos en un estilo desbordante, pero a veces brillante.

Una obra notable de su habilidad idiomática son los *Capítulos que se le olvidaron a Cervantes*, libro en el cual continúa el famoso *Don Quijote* e imita su estilo. Está escrita en un lenguaje excelente, pero no llega a alcanzar la gracia, profundidad y espontaneidad del maestro español.

Montalvo es un caso único y peculiar en las letras. Sus libros son una acumulación sorprendente de citas, anécdotas, relatos, opiniones, comentarios, digresiones y diatribas, casi sin orden ni relación lógica, dichos en un lenguaje apabullador, brillante y millonario. Pero pasado el placer —o displacer de la lectura— nada se ha sacado de ella: "es como un sueño en un laberinto, como una navegación en alta mar, uno lee y lee, y sin embargo, se está en el mismo sitio", ha sostenido el crítico Anderson Imbert. Hay dos personalidades claramente discernibles en Montalvo: el panfletista político y el literato sumo. Atacó violentamente con furia y lenguaje rotundo y ofensivo a los dictadores de su país, en publicaciones de todo tipo.

En *El Cosmopolita* atacó a Gabriel García Moreno, acusándolo de tirano sangriento, de teócrata, clerical, intolerante, fanático y cesarista. Cuando fue asesinado el gobernante, Montalvo se jactó de su contribución literaria al suceso.

En *Las Catilinarias* se refiere a Veintemilla, presidente de su país, con vituperio, desprecio, sarcasmo, odio político e insolencia: lo llama "saco de vicios", "mole de carne y de grasa", "cara de caballo", "ladrón de media marca" y otros insultos.

Al lado de este Montalvo está el otro, el literato dominador del vocabulario y la lengua, que escribe con una exquisitez y arrogancia ejemplares.

Eugenio María de Hostos. Nacido en Puerto Rico, hizo sus estudios universitarios en España, pero salió del país disgustado por la actitud del gobierno español con respecto a Puerto Rico. Llevó una vida de peregrino intelectual por casi todos los países de América, publicando artículos, dictando conferencias, escribiendo libros y enseñando.

Su obsesión política fue la independencia de las Antillas y por ella hizo una fructífera propaganda, buscando el apoyo de otros gobiernos. Su obra cultural es vastísima: fundó escuelas, redactó programas de estudios, escribió textos, fue director de colegios, fundó asociaciones de profesores, editó libros de derecho y participó en academias. Sus libros abarcan la educación, arte, política, leyes y crítica.

Sostuvo que el porvenir de América está en la fusión de las razas y que el mestizo es la esperanza del progreso. Consideraba que España había fracasado en su obra colonial por el olvido del indígena, la malversación de las riquezas, la división de clases, el despotismo, la incapacidad para lograr formas democráticas de gobierno, y la desproporción excesiva entre ricos y pobres.

El libro que mejor lo representa es *Moral Social*. En otro de sus volúmenes, *Sociología*, hace un análisis de lo que él llama "sociopatía", o sea las enfermedades sociales de Iberoamérica. Estas enfermedades sociales son de origen político, económico, ético e intelectual, y se manifiestan en los malos políticos; los malos militares y los revolucionarios. Participó profundamente de la idea positivista de fin de siglo y creyó firmemente en la ley del progreso humano. Fue el precursor del pensamiento de Mariátegui y de González Prada. Se ha llamado a Hostos la "conciencia moral del continente".

Justo Sierra. En México, el gran maestro de la época es Justo Sierra. Ocupó cargos importantes en la magistratura y educación y organizó la Universidad Nacional de ese país. Fue orador, jurisconsulto, historiador, educador, cuentista y poeta. Alentó toda obra cultural desde su posición de secretario de educación del gabinete de Porfirio Díaz, y se caracterizó por su amor al prójimo y su insaciable curiosidad intelectual. Sus mejores obras son las históricas, escritas con cierto lirismo, y los discursos.

En la historia de las ideas se presenta como un precursor del positivismo filosófico, en boga entre fines del siglo XIX y principios del XX, al modo de Comte, Spencer, Darwin o Taine. Según esta escuela, la historia debe dar cuenta de los hechos concretos, reales, positivos, y abandonar toda especulación metafísica y teórica, que en definitiva es ideal, engañosa e ilusoria. La naturaleza, el hombre y la historia responden a causas que los determinan inexorablemente (determinismo) y de esto debe ocuparse la ciencias; la sociedad es un organismo viviente, y como tal, crece, se desarrolla y se transforma.

Las artes románticas: La pintura

Prácticamente las artes románticas se concentraron en la pintura y en la escultura en menor grado, ya que no puede hablarse de una arquitectura romántica.

La pintura se repartió entre dos actitudes existentes desde antiguo: la imitación académica y el costumbrismo local.

La atracción de los plásticos europeos no hizo sino continuar la modalidad aportada por los artistas americanos que se habían trasladado a Europa para estudiar con los grandes maestros. Las obras de este género ofrecieron por lo común retratos de personajes históricos, realizados a pedido, en actitudes solemnes.

En Argentina, Prilidiano Pueyrredón (1823–1870), es un claro exponente de esta escuela, en la que se había formado desde los doce años durante su permanencia entre Río de Janeiro y París. Al regresar a su patria desplegó las técnicas aprendidas entre 1859 y 1866, realizando una importante galería de personalidades de la época, paisajes naturales y escenas históricas y costumbristas. Angel della Valle (1852–1903), porteño de nacimiento, inició sus estudios en el país y se perfeccionó en Florencia,

Pulpería en la Pampa, cuadro del pintor y litógrafo francés Jean Marie Alfred Paris (1849–1908). Vivió su infancia en Buenos Aires, regresó a su patria y volvió a Argentina, donde se formó como discípulo en la Asociación de Estímulo a las Artes. Su obra pertenece al romanticismo costumbrista y paisajista.

bajo la dirección de un conocido maestro. En la misma línea estética del artista anterior, realizó simultáneamente lienzos costumbristas y retratos. Su tela *La vuelta del malón* le dio celebridad en su momento.

En Buenos Aires se había formado una Asociación de Estímulo a las Bellas Artes (1876), con el propósito de promover por todos los medios el cultivo del dibujo, pintura, escultura, arquitectura y demás artes.

En el otro extremo del continente, y de modo independiente del anterior, los artistas mexicanos habían constituido su propia Academia bajo la inspiración de un maestro catalán, traído por Santa Anna. Del grupo surgió la magnífica personalidad del pintor José María Velasco (1840–1912), dueño de una depurada técnica paisajista de ambientes, ruinas, escenas y espectáculos de la época y sobre quien tuvo elogiosos recuerdos su discípulo Diego Rivera. Una de sus más conocidas obras es *El Valle de México visto del cerro de Guadalupe*.

En Venezuela se repite el caso con Martín Tovar y Tovar (1828–1902), autor del cuadro histórico *Batalla de Carabobo*. Otros artistas hacen lo mismo en Colombia.

Dentro del movimiento romántico en general, un sector de plásticos se inclina por la temática criolla, ya desarrollada por los anteriores artistas-viajeros, con indudables méritos.

Una veta peculiar la constituyen en el período los representantes de la denominada "pintura popular" o "pintura primitiva", antiacadémica, a menudo integrada por retratos de personalidades rígidas, elegantes y serenas, o escenas típicas de cada lugar; preferentemente pueblos, con finalidad evocativa. En casi todos los países es posible rescatar verdaderos monumentos de esta categoría: Perú, Honduras, Nicaragua, Bolivia, y sobre todo, aunque no se trate de un país iberoamericano, de Haití, cuya figura más representativa fue Héctor Hyppolite (1889–1948), que puede considerarse el iniciador de la escuela *naïve*.

A partir de mediados del siglo, aproximadamente, la estampa, la caricatura, la litografía y el grabado se convirtieron en objetos del interés publico. En México surgió la figura de José Guadalupe Posada (1851–1913), aficionado que no buscó fama ni popularidad, y cuyo editor realizó una fortuna ofreciendo a través de vendedores ambulantes en calles y ferias las hojas del artista con figuras de santos, crímenes, canciones, bromas, horóscopos y por supuesto, sus famosas "calaveras", para placer de una población por aquel entonces en alguna medida analfabeta. Como se ha dicho, Posada fue el primer artista que el pueblo mexicano consideró como propio.

Temas de conversación

1. ¿En qué consistió la Organización Nacional en Argentina?
2. ¿Qué fue la Reforma en México?
3. ¿Cómo sucedió la intervención francesa en México?
4. ¿Por qué se caracterizó el gobierno de Porfirio Díaz en México?
5. ¿Cómo fue la Guerra de la Triple Alianza?
6. ¿Y la guerra de España con Estados Unidos?
7. ¿Cuáles fueron las consecuencias de la Guerra del Pacífico?
8. ¿Qué es el romanticismo y cuáles son sus principios artísticos?
9. ¿Qué relación existe entre el liberalismo y el romanticismo?
10. ¿Quién fue Esteban Echeverría?
11. ¿Qué papel desempeñó Domingo Faustino Sarmiento en la historia de Hispanoamérica?
12. ¿Quién fue Jorge Isaacs y de qué trata su novela *María*?
13. ¿Por qué la obra literaria de Ignacio Manuel Altamirano es apreciada en su país?
14. ¿Qué aporte realizó a las letras hispanoamericanas Ricardo Palma?
15. ¿Cuál fue la especie artística más cultivada por los plásticos hispanoamericanos?

Temas especiales de exposición y composición

1. El liberalismo como sistema político y económico.
2. Ideas literarias del romanticismo.
3. La obra pictórica de José Guadalupe Posada.
4. Caracterizar la pintura romántica.
5. Exponer el pensamiento de Domingo F. Sarmiento.

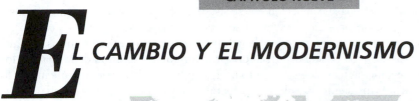

CAPÍTULO NUEVE

EL CAMBIO Y EL MODERNISMO

Los nuevos tiempos

Después de tres siglos de "siesta colonial" (XVI, XVII y XVIII) y uno más de organización de las nuevas naciones (XIX), Iberoamérica entra al siglo XX con nuevos ímpetus, en procura de una evolución satisfactoria. Ha experimentado por los menos dos sistemas de vida, el hispánico y el novecentista propio, iluminista, liberal y romántico, ninguno de los cuales ha podido corregir las diferencias con otros países más adelantados del mundo.

Se efectúan intentos de varios tipos, pero las deficiencias históricas se corrigen sólo en parte. A los antiguos problemas heredados, se suman los originados por la marcha de la civilización mundial y los derivados de las propias falencias. En tales circunstancias, Iberoamérica se lanza bajo la conducción de sus propios hombres, en busca de la modernidad por otros caminos distintos de los tradicionales. Ocurren entonces, en el siglo XX, varios acontecimientos de particular importancia.

La humanidad entra por esos años en aceleradas transformaciones, que en modo genérico se denominaron a principios de la centuria "modernismo", vocablo que en su origen se aplicó a una forma heterodoxa del catolicismo, condenada luego por el Papa Pío X en su encíclica *Pascendi domini gregis* (1907), y que en religión consistía en un agnosticismo que negaba la posibilidad de conocer las cosas en sí y limitaba el conocimiento humano al mundo de los fenómenos. De la religión el término pasó a designar de modo genérico a toda la situación de la civilización, y en Hispanoamérica se aplicó a su vez al movimiento literario encabezado por Rubén Darío.

La filosofía transita al positivismo (Comte, Spencer, Taine), que niega toda metafísica y acepta como única verdad la sumatoria de los conocimientos científicos demostrados, descree de la religión y acepta al determinismo como agente causal del destino humano. Agotada la convicción en ese sistema, prosperaron el kantismo, existencialismo y otros. La economía comienza a ser trastornada en sus cimientos clásicos, y Marx se convierte en la piedra de toque de las nuevas concepciones económicas y políticas. Las ciencias están en posibilidad de anunciar la inminente eclosión de la edad de los inventos y la revolución tecnológica, y en todos los ambientes la aparición bullente de lo moderno se siente y presiente. Era algo que superaba a los viejos esquemas de vida, y estaba más allá de las querellas entre católicos y liberales, entre europeizantes y nacionalistas.

Se producen cambios importantes en los países de Iberoamérica. Las clases pobres comienzan una lucha activa por la reivindicación de sus derechos: los dirigentes políticos se muestran, en general impotentes para resolver los urgentes problemas nacionales, y los nuevos dictadores implantan formas científicas de opresión, copiadas de los regímenes totalitarios de Europa.

Algunos gobernantes democráticos adoptan una diplomacia internacional dualista, con el objeto de calmar las presiones internas, superar los compromisos de la guerra fría u obtener apoyo financiero para las necesidades nacionales. Otros gobernantes, en cambio, se definen abiertamente por la extrema derecha o la extrema izquierda.

Estados Unidos e Iberoamérica

A fines del siglo XIX, las relaciones entre Estados Unidos e Iberoamérica llegan a un punto de máxima tirantez. La intervención del país del norte en los asuntos de México y otras repúblicas, la anexión de Puerto Rico y las Filipinas, el derecho a intervenir en Cuba, el apoyo a la separación de Panamá de Colombia (1903) y los derechos adquiridos en la zona del Canal de Panamá, así como las declaraciones del presidente Theodore Roosevelt sobre el ejercicio de un poder policial sobre los demás países americanos, crean un ambiente inamistoso entre Iberoamérica y el llamado "coloso del Norte". Esta política, denominada con varios nombres —*Manifest Destiny*, *Big Stick Policy* o *Dollar Diplomacy*—, provoca la reacción de varios escritores y políticos de Iberoamérica. entre ellos Rubén Darío, José Santos Chocano, Rufino Blanco Fombona, José Enrique Rodó y Manuel Ugarte.

Hacia 1910, Estados Unidos renuncia a esta política y comienza una nueva era en las relaciones interamericanas, cuyas repercusiones posteriores serán la política llamada *Good Neighbor Policy* (1933) del presidente Franklin D. Roosevelt, y el *Plan de Alianza para el Progreso* (1961) del presidente John Kennedy. Ninguna de estas políticas ha dado los resultados esperados por los iberoamericanos, quienes las consideran sólo como buenas intenciones.

El sistema panamericano. Entre 1889 y 1890 se reunió en la ciudad de Washington la Primera Conferencia Internacional de Estados Americanos, por iniciativa de Estados Unidos. Se adoptaron diversas resoluciones, entre ellas la creación de la Unión Internacional de Repúblicas Americanas, llamada luego Unión Panamericana, con sede en la ciudad de Washington. Éste fue el origen de todo el vasto sistema panamericano denominado actualmente Organización de los Estados Americanos (O.E.A.), que tiene diversas organizaciones, comisiones, conferencias y reuniones para debatir y tratar los asuntos concernientes a las repúblicas de América.

La Revolución Mexicana (1910–1920)

La historia de la nación mexicana ha estado signada desde los tiempos coloniales por el problema de la posesión de la tierra. En la Colonia estuvo en poder de los conquistadores y de la Iglesia; con los años fueron adueñándose de ella poderosos latifundistas que se agregaron a las clases anteriores (políticos y militares), hasta que en el siglo XIX el movimiento de la Reforma promulgó bajo la inspiración y obra de Benito Juárez la Ley de Desamortización (1856) que prohibía que las corporaciones religiosas y civiles poseyeran bienes raíces, con excepción de aquellas indispensables al desempeño de sus funciones, y más tarde, la Ley de Nacionalización de los bienes de la Iglesia (1859), por imperio de la cual el producto de la venta de esos inmuebles debía ser entregado al gobierno.

Los pueblos indígenas tenían un fundo legal en el cual vivían, pero la propiedad de esos territorios no pertenecía a los individuos sino a las comunidades y no podían ser vendidas en forma alguna. En virtud de estas disposiciones, se constituyeron compañías llamadas "deslindadoras", que debían deslindar las tierras baldías y traer colonos para que las trabajaran. La corrupción de estas empresas no hizo prácticamente otra cosa que traspasar esas tierras a manos de los poderosos y la situación de los indígenas no mejoró mayormente.

El gobierno de Porfirio Díaz, conservador y autoritario, bajo el lema de "Poca política y mucha administración", se mostró indiferente al problemas de los indígenas y de los pobres, y concentró durante su gobierno (1876–1911) sus esfuerzos en tratar de modernizar el país en otros aspectos. Habiendo prometido elecciones libres en 1908 para el año siguiente, se postuló como candidato un hombre joven, Francisco I. Madero, hacendado desconocido en la vida pública, rico, del norte del país. Había escrito un libro titulado *La sucesión presidencial en 1910*, que ignorado por las clases cultas, adquirió extraordinaria difusión por su valiente crítica al régimen porfirista y la defensa de los indígenas y las clases pobres. Era un hombre idealista pero sin experiencia política. Díaz, alarmado por las manifestaciones opositoras del nuevo movimiento, hizo encarcelar a Madero y un compañero, acusándolos de incitar al pueblo a la rebelión. Las elecciones se efectuaron con el candidato Madero en prisión, por lo que carecieron de legalidad. El momento de estallido había llegado.

Burlando la vigilancia de sus custodios, Madero pudo fugarse de México con grave peligro de su vida y se estableció en San Antonio, Texas. Dejó redactado (o lo redactó en Estados Unidos) su famoso Plan de San Luis de Potosí, fechado un 5 de octubre de 1910, donde consideraba nulas las elecciones, se declaraba presidente provisional, consagraba el principio de la no reelección y llamaba a sus conciudadanos a tomar las armas a fin de quitar del gobierno al ilegítimo Porfirio Díaz.

La Revolución había estallado. Se produjeron levantamientos en varias localidades del norte, y Madero reingresó al país en febrero de 1911 y se puso al frente de la Revolución. Adhirieron a la lucha en el Norte el general Francisco (Pancho) Villa, antiguo bandido ladrón de ganado, según se decía, hombre rudo e ignorante, cruel, astuto, desconfiado, con predominante sangre indígena, inigualable en la lucha, guerrero intuitivo de extraordinarias cualidades militares. Lo acompañaba el general Obregón, perteneciente a la clase media rural, autodidacta, dueño de un pequeño rancho, valiente hasta la temeridad, ingenioso estratega y de talento poco común.

Tanto Pancho Villa como Álvaro Obregón fueron militares improvisados, pues ninguno de los dos había efectuado estudios especializados. Llegaron a dominar Coahuila, Sonora, Chihuahua y prácticamente todo el norte.

En el sur, los adictos a Madero fueron encabezados por Emiliano Zapata, hombre reputado por los periódicos oficiales como un bandido vulgar y calificado de "Atila del Sur". Otros prestigiosos revolucionarios actuaban en forma secundaria en ciudades y campos. Una figura prominente del Norte, Venustiano Carranza, antiguo senador en el régimen de Díaz, adquiere relevancia entre los revolucionarios.

El presidente Díaz, ante la inminencia de su derrota, anunció su próxima renuncia, aunque sin ánimo de cumplirla, en un intento de ganar tiempo, pero debió ceder en su orgullo de octogenario y cumplir alejándose del cargo (mayo de 1911), mientras dejaba escrito un testimonio en el cual justificaba sus acciones y proclamaba su patriotismo en todas las acciones emprendidas. Su renuncia fue aceptada por el Congreso, y Díaz salió de México para Veracruz al día siguiente, donde se embarcó rumbo al extranjero y murió en 1915.

Madero entró entonces victorioso en la ciudad de México y asumió el gobierno. En esas funciones, sus decisiones no fueron del agrado de todos sus seguidores, quienes comenzaron a dividirse por diferencias de opinión. En lo esencial, le achacaban falta de firmeza en la aplicación de las reformas enunciadas en sus escritos y discursos. Se formaron entonces dos facciones, los defensores y los contrarios de Madero, quienes le reclaman con urgencia la solución del problema de las tierras, "que si no se resuelve o trata inmediatamente, los resolverá una nueva revolución por su propia cuenta, como de hecho, lo comienza a hacer".

En medio de estas disensiones o quizás aprovechándose de ellas, Madero soportó algunos levantamientos armados (Pascual Orozco en Chihuahua y Félix Díaz en Veracruz), que fueron reprimidos. En las fuerzas gubernamentales comenzó a adquirir prestigio por sus dotes estratégicas la figura del general Victoriano Huerta, vencedor en varias batallas contra los insurgentes.

El 8 de febrero de 1913 comenzaron a conocerse noticias de una asonada militar en contra del presidente Madero. Se produjo el levantamiento previsto, conocido como la Decena Trágica, como resultado del cual hubo sangrientos encuentros armados en la calle, centenares de muertos, gran escándalo internacional, sin que el general Victoriano Huerta, encargado por el gobierno de la represión, hiciera esfuerzos para vencer a los rebeldes replegados en la Ciudadela. En definitiva, el general Huerta había actuado traidoramente para desalojar del gobierno a Madero. Lo hizo apresar junto con su vicepresidente y algunos ministros y los obligó a renunciar desde su improvisada prisión en el Palacio Nacional. La renuncia fue aceptada por la Legislatura y asumió entonces la presidencia de acuerdo con la Constitución el secretario de relaciones exteriores (Pedro Lascurain), quien ocupó el cargo durante unos cuarenta minutos y renunció a su vez, de acuerdo con lo convenido, y juró como nuevo presidente el general Huerta, consumándose así lo que la historia de México ha recogido con el nombre de "la traición de Huerta". Tres días después, Madero y su vicepresidente (Pino Suárez) fueron sacados en sendos automóviles de su prisión asegurándoseles que se los conduciría a la Penitenciaría, y cerca del edificio penal fueron cobardemente asesinados al bajar de los vehículos por los agentes que los custodiaban.

Sobreviene entonces un período de luchas civiles. Emiliano Zapata, al rebelarse anteriormente con sus tropas sureñas contra Madero, había firmado con varios generales el documento conocido como el Plan Ayala, pues estaba fechado en la Villa del mismo nombre (25 de noviembre de 1911). En dicho documento los firmantes consideraban que Madero había traicionado los principios de la Revolución, que era inepto para gobernar y lo desconocían en su carácter de presidente de la nación. El lema puesto al final rezaba: "Libertad, Justicia y Ley". En su artículo sexto expresaba que los terrenos, montes y aguas que hayan usurpado los hacendados, científicos o caciques a la sombra de una justicia venal, volverán a los pueblos o ciudades que tengan los títulos correspondientes; y en el séptimo anunciaba que se expropiarán, previa indemnización de la tercera parte, las propiedades de los monopolios, a fin de que los pueblos y ciudadanos de México obtengan ejidos, colonias y fundos legales para pueblos o campos de sembradura o de labor y se mejore en todo la prosperidad y el bienestar de los mexicanos.

La dictadura de Huerta se caracterizó por numerosos actos violentos contra los maderistas, la postergación de las elecciones prometidas, la sustitución de los gobernadores por militares adictos suyos y, en suma, por un retroceso de las conquistas logrados por el pueblo. Reprimió por las armas a quienes se le opusieron y gobernó arbitrariamente el país.

En el norte, el general Venustiano Carranza decidió combatir por las armas al gobernante espurio y lo desconoció como presidente. Al poco tiempo, intentó hacerse reconocer como jefe de la Revolución, provocando gran malestar entre los caudillos. Pancho Villa se le opuso en sus ambiciosas pretensiones, lo mismo que Zapata. Uno de los objetivos principales de Huerta desde el comienzo de su gobierno fue dominar el estado de Coahuila, donde había comenzado la Revolución y acabar con Venustiano Carranza y su gente. Fue un duro período de luchas civiles entre los caudillos y de éstos contra las tropas federales de Huerta. De resultas de estos desencuentros, el poder de Venustiano Carranza crece en el país, y por intermedio de su general Obregón derrota a Villa en cuatro grandes batallas. La estrella de Villa comienza a decaer y el caudillo comete varios errores, entre ellos el de atacar la ciudad norteamericana de Columbus, originando un grave conflicto internacional, aparte del asesinato consumado de varios ciudadanos estadounidenses por una partida de sus tropas.

Entretanto, el gobierno de Huerta fue acosado por el de Estados Unidos con una invasión a propósito del arresto en Tampico de unos marinos norteamericanos que habían desembarcado ilegalmente. El almirante de la flota exigió al gobierno un pedido de disculpas, acto que se cumplió. Pero el jefe de la flota no se sintió satisfecho y reclamó al gobierno de Huerta, sitiada la ciudad, una salva de veintiún cañonazos como saludo a su bandera. Huerta respondió que aceptaba, siempre que inmediatamente después la bandera mexicana fuera saludada también con otros veintiún cañonazos por parte de los norteamericanos. No se logró un acuerdo, y el presidente Wilson fue autorizado por el Congreso de su país para emplear las fuerzas armadas. El día 2 de abril de 1914, fuerzas norteamericanas fondeadas frente al puerto de Veracruz desembarcaron, y tras un encuentro militar ocuparon la ciudad. El hecho estuvo a punto de desencadenar una guerra entre ambos países, pese a los buenos oficios interpuestos por los representantes de Argentina, Brasil y Chile en las negociaciones realizadas en Niagara Falls, del lado canadiense.

A mediados de ese mismo año, estaban en poder de los carrancistas todo el norte y gran parte del centro. En la parte del Sur, Zapata no había podido ser vencido. En esa situación, Victoriano Huerta no pudo resistir más y presentó su renuncia (5 de julio). Un día antes había partido a Puerto México para abandonar definitivamente el territorio nacional.

Ocupó entonces la presidencia Venustiano Carranza (1917), quien gobernó por decretos, con mano firme, y convocó a un Congreso Constituyente para reformar la Constitución de 1857. En pocos meses los constituyentes redactaron la nueva carta magna, "la más avanzada del mundo en la fecha en que fue promulgada" (Jesús Silva Herzog). Particularmente revolucionarios se consideran algunos artículos. Fue la primera constitución que incorporó finalidades socialistas con anterioridad al establecimiento de estos principios en la propia Rusia.

Declaró libre la enseñanza, que sería laica en los establecimientos oficiales de educación, lo mismo que la primaria, secundaria y universitaria que se impartiera en los establecimientos particulares. Ninguna corporación religiosa ni ministro de culto alguno podría establecer o dirigir escuelas de instrucción primaria (Art. 3).

La propiedad de las tierras y aguas correspondía originariamente a la nación; se establecía la expropiación por causa de utilidad pública; el dominio de los recursos del subsuelo correspondía a la nación y era inalienable e imprescriptible; los latifundios deberían fraccionarse para crear pequeñas propiedades en el período presidencial 1917–1920; las asociaciones religiosas de cualquier índole no podrían adquirir, poseer o administrar bienes raíces, ni capitales impuestos sobre ellos (Art. 27). Este artículo está considerado el más avanzado de la Constitución de 1917.

El artículo 28 estaba dirigido contra los monopolios, y el 123 asentó las nuevas condiciones del trabajo: derecho de huelga, jornada de ocho horas, salario mínimo, etc. El artículo 130, establecía que para ejercer el ministerio de cualquier culto, se necesitaba ser mexicano de nacimiento.

El gobierno de Carranza fue criticado en su momento por los opositores, sobre todo con cargos de corrupción y discrecionalidad. En 1920, Carranza trató de manejar las elecciones y designar a su propio sucesor, pero fue combatido por Obregón y otros revolucionarios. Escapó a Veracruz clandestinamente, pero el tren en que viajaba fue asaltado y Carranza asesinado.

La nueva constitución de 1917 contiene en sí los principios básicos de la Revolución Mexicana. Fue el más importante logro de la revolución armada que duró diez años y costó un millón de muertes. Sobre ella se ha constituido la república mexicana y por ella se ha conseguido modificar un estado de cosas de varias centurias de antigüedad.

A Carranza lo sucedió en el gobierno el general Obregón, que inició la aplicación de la doctrina establecida. Reelegido presidente en 1928, fue asesinado antes de tomar posesión del mando. En 1924 había sido elegido Plutarco Elías Calles, que entre otras realizaciones fundó un partido político unificado con los hombres de la Revolución, el Partido Nacional Revolucionario (PNR), llamado más tarde Partido Revolucionario Institucional (PRI), que desde 1929 ha ganado todas las elecciones. Fue uno de los sucesores que más a fondo trató de llevar la doctrina socialista, tubo dificultades con la Iglesia y con Estados Unidos a propósito de la cancelación de los permisos de explotación del petróleo en poder de empresas norteamericanas. Lázaro Cárdenas, que gobernó de

1934 a 1940, es considerado también como uno de los más doctrinarios presidentes surgido del movimiento. Fundamentó su gobierno en el poder de las bases populares, nacionalizó los ferrocarriles y las compañías de petróleo y puso en práctica otros varios principios de la Revolución.

A diferencia de otras revoluciones latinoamericanas, la Revolución Mexicana se acompañó con movimientos culturales anexos de gran valor continental, como lo son el muralismo pictórico, la literatura de la Revolución, la música de Chávez y otras manifestaciones.

Las dos Guerras Mundiales (1914–1918 y 1939–1945)

En la Primera Guerra Mundial (1914–1918) y en la Segunda Guerra Mundial (1939–1945), los países iberoamericanos se colocaron al lado de las democracias, bajo variadas formas de colaboración: algunos se unieron a los aliados en la lucha; otros rompieron relaciones con los enemigos de la democracia, y unos pocos fueron neutrales, aunque esta neutralidad no fue nunca hostil a los países democráticos. En la primera guerra, fueron neutrales Argentina, Chile, Paraguay, Colombia, Venezuela, El Salvador y México; y en la segunda, hacia fines del conflicto, todos los países iberoamericanos habían declarado la guerra a las potencias del Eje.

La situación económica y financiera se agrava después de la segunda guerra, por la baja de los precios de las materias primas, el aumento de la población, las reclamaciones populares, la baja productividad, las restricciones del comercio internacional, la falta de capitales e inversiones suficientes, y los conflictos internos. Todos los países iberoamericanos forman parte de las Naciones Unidas. Una frase del ensayista colombiano Germán Arciniegas resume una opinión generalizada en el continente: "Cada vez que hay una guerra en Europa, la pierde la América Latina, gane quien gane".

La Guerra del Chaco (1933–1938)

Bolivia y Paraguay habían tenido desde tiempo atrás diferencias acerca de la línea limítrofe a través del Chaco, una inhospitalaria y selvática región casi inexplorada, pero con reservas de petróleo.

Los gobiernos de ambos países, por defensa y para sentar antecedentes en sus derechos, fueron construyendo fortines y avanzadas en la región. Se produjeron entonces algunos choques entre fuerzas contrarias (1932) que hicieron estallar la guerra en 1933.

Fue una lucha terrible y prolongada, en medio de las inclemencias naturales de la región, en la cual los soldados de ambos países murieron con heroísmo, hasta agotar prácticamente las posibilidades económicas, financieras y humanas. Cuando en 1935 el Paraguay había ocupado gran parte de la zona disputada, la intervención amistosa de otras naciones amigas del continente consiguió detener la lucha. El tratado de paz se firmó en 1938, en Buenos Aires.

La guerra ha tenido consecuencias que demoraron años la recuperación de las economías y daños causados. Los paraguayos resultaron beneficiados con la extensión de su territorio en unas 20.000 millas cuadras y perjudicados con la pérdida de 40.000 hombres, desequilibrio que puede observarse hoy en día en la composición de la población. Seis héroes de la contienda llegaron a ser presidentes de la nación, entre ellos el conocido general Alfredo Stroessner.

Perú: El APRA y su continuación

Manuel González Prada (1844–1918) había iniciado un movimiento, que tuvo luego varios continuadores. José Carlos Mariátegui (1895–1930), un joven peruano de clase humilde y educado en el marxismo, formó con varios amigos, a su regreso de un viaje de estudios por Europa, el grupo Amauta, hacia 1925. Este grupo editó una revista con el mismo nombre y realizó una activa prédica ideológica, que se basaba en la aplicación de los principios marxistas a la situación peruana.

Mariátegui atacó el colonialismo hispánico, la mentalidad feudalista en la organización social, los latifundios, la escuela literaria intelectualista sin contenido nacional, la literatura españolizante. Sostuvo que la única solución del problema peruano era la reforma agraria a fondo, y el cambio de las estructuras políticas y sociales, para sacar al indio de su condición de sumisión y miseria.

Otro peruano, Víctor Raúl Haya de la Torre, funda en 1924 la Alianza Popular Revolucionaria Americana (APRA), que sostiene la necesidad de rescatar al indio de su situación actual, reforzar la democracia, implantar un sistema de seguridad social, dividir los latifundios, lograr una mejor participación del país en las ganancias de las minas y de las industrias petroleras y agrícolas, y unificar económica y políticamente a Iberoamérica. Haya de la Torre sufrió cárcel, persecuciones y exilio por sus ideas, y es uno de los principales defensores del nombre de "Indoamérica" para este continente. El movimiento indigenista peruano, con un velo u otro, sigue siendo una constante de las aspiraciones de los pobladores y ha quedado claramente reflejado en la literatura y las artes plásticas.

En octubre de 1968 un golpe militar quitó el poder en el Perú al presidente constitucional Fernando Belaúnde Terry y asumió el gobierno del país el general Juan Velasco Alvarado, apoyado por las fuerzas armadas. Alvarado prometió realizar una política igualmente distante del capitalismo y del comunismo para remediar los males de la nación.

El objetivo declarado de esta revolución fue levantar el nivel de vida de la población, integrar la totalidad de los peruanos a la economía nacional, y desarrollar el país, lo cual se podría hacer con una organización y liderazgo militar, una conducta honesta de los gobernantes y funcionarios, y un interés real y efectivo por las masas de habitantes marginados de todo beneficio hasta entonces.

El gobierno militar se inició con decisiones radicales: expropiación de algunas empresas petrolíferas, nacionalización de compañías mineras y azucareras, severo control sobre el manejo de monedas extranjeras particularmente el dólar, restricciones a la prensa, radio y televisión y otras igualmente drásticas que llegaron hasta la apertura de las cajas de seguridad privadas en los bancos, frente a testigos del gobierno, para cambiar los dólares y otras divisas extranjeras por su equivalente en soles peruanos.

Al principio la junta militar enfrentó con firme decisión a las reacciones de derechistas e izquierdistas y obtuvo éxitos, desafió al gobierno norteamericano y logró cierta aceptación.

El gobierno revolucionario militar de Perú se diferenció en sus comienzos de las juntas militares que tomaron el poder en Argentina y Brasil, pues las de estos dos últimos países se manifestaron como conservadoras y pro norteamericanas.

Pese al ideario del movimiento encaminado a suprimir las notables desigualdades sociales del pueblo, poco lograron los gobiernos en esta finalidad. La situación económica empeoró tanto a niveles prácticamente insostenibles que los presidentes constitucionales no la pudieron remediar. De acuerdo con la opinión de los especializados en política hispanoamericana, el APRA y los opositores coincidían en romper los compromisos con el Fondo Monetario Internacional, el Banco Mundial y otros bancos influidos por Estados Unidos, como única forma de hacer frente a la derruida economía, la hiperinflación que la aquejaba y la recesión en los negocios. Había consenso, además, de encarar en forma efectiva la lucha contra el terrorismo organizado que amenazaba con la desintegración del país, cuyo más sangriento exponente era el denominado Sendero Luminoso dirigido por Abigaíl Guzmán, de filiación marxista-maoísta.

Los senderistas se mostraban sumamente activos, asaltaban bancos y dependencias gubernamentales, volaban torres de transmisión eléctrica, ejecutaban a enemigos, colaboradores o delatores del gobierno, tenían depósitos de armas en algunas universidades, promovían huelgas, y otros excesos no conocidos hasta entonces.

Después de algunos gobiernos democráticos, ganó las elecciones de 1985 el candidato Alan García, apoyado por el APRA y los grupos de izquierda. De inmediato efectuó drásticas declaraciones que sorprendieron. La deuda externa, estimada en unos 16.000 millones de dólares, no se pagaría más que hasta un equivalente del 10% de las exportaciones peruanas; nacionalizó bancos y compañías extranjeras; cambió el antiguo sol peruano por el *inti*, una nueva moneda, devaluada; suspendió el pago de las deudas internacionales; declaró en estado de emergencia a Lima ordenando a las fuerzas armadas patrullar las calles; y otras drásticas medidas de guerra. Los senderistas respondieron con un aumento de sus actividades. Inicialmente contó con la buena voluntad de gobernantes extranjeros —según las noticias periodísticas—, como Raúl Alfonsín, de Argentina; José Sarney, de Brasil; Daniel Ortega, de Nicaragua y Hernán Siles Suazo, de Bolivia.

Las consecuencias de esta política de Alan García fueron desastrosas y se lo responsabiliza del mayor colapso económico iberoamericano: déficit en la balanza de pagos, agotamiento de las reservas financieras del país, crecimiento impresionante de la "economía informal" y mercado negro, hiperinflación. Un economista hispánico ha afirmado que ya en 1988 el experimento de Alan García había demostrado que el "populismo" no puede hacerse a expensas de la deuda externa ni de los derechos de otras naciones, y que la costumbre tradicional de algunos políticos de cargar las culpas de los problemas locales a causas externas es equivocada y maliciosa.

Ante el desastre económico, la violencia cada vez mayor de los terroristas, la corrupción administrativa, legislativa y judicial del país, y el desprestigio internacional del mismo, se hizo cargo del gobierno un ciudadano empresario, Alberto Fujimori, quien ganó las elecciones frente a su opositor más firme, el escritor Mario Vargas Llosa y emprendió la lucha frontal contra los subversivos, liberalizó la economía, aplicó la estabilidad monetaria y otros principios políticos y democráticos puestos en práctica ya en otras repúblicas. El jefe del movimiento Sendero Luminoso, Abigaíl Guzmán, junto a varios otros dirigentes, fueron finalmente apresados por el ejército, juzgados y sentenciados a prisión perpetua. Aunque continúan los actos de fuerza de los insurrectos, el presidente ha asegurado la pronta extinción de esas fuerzas irregulares.

Bolivia y el Movimiento Nacionalista Revolucionario (1952)

En 1952 se estableció en Bolivia el Movimiento Nacionalista Revolucionario (MNR), al principio surgido de una revolución y confirmado después en elecciones públicas. En dicho país, la historia y la política han sido determinadas en gran parte por la explotación de las minas de oro y plata, en los siglos anteriores, y de estaño en el actual, así como por la existencia de un 60% de población indígena, que ha vivido en condiciones de notoria inferioridad.

Después de la Guerra del Chaco, hacia 1940 aproximadamente, comienza a organizarse un movimiento político y social que asume el poder después de una revolución, dirigido por Víctor Paz Estenssoro.

Una vez en el gobierno, el Movimiento Nacionalista Revolucionario nacionaliza las minas que estaban en poder de tres grandes compañías —llamadas "la rosca" en el lenguaje popular—, redistribuye tierras mediante un plan de reforma agraria, y otorga derechos cívicos a los indios. Se efectúan también otras reformas en materia social.

La Revolución Boliviana está considerada como el segundo intento serio efectuado en Iberoamérica, después de la Revolución Mexicana, para modificar la estructura social y económica del país.

Este movimiento fue suplantado en 1964 por una rebelión militar que llevó a la presidencia al general René Barrientos y luego al general Alfredo Ovando Candia y otros.

Después de diferentes alternativas en la lucha por el poder en la ultima década, Bolivia adoptó la decisión de modificar ese estado de cosas, agravado por una fabulosa hiperinflación, la caída en los mercados internacionales del precio del estaño y la competencia del aluminio, el forzoso cierre de las minas ineficientes con una desocupación del 30% aproximadamente y la caída en un 50% del producto bruto nacional.

El presidente Jaime Paz Zamora, elegido en 1993, del Movimiento Nacionalista, prosiguió la línea de cambio de su antecesor, y Bolivia muestra señales de incorporarse a las condiciones económicas del mundo moderno.

La Reforma Universitaria en Argentina (1918)

En 1918 se inició en la Universidad de Córdoba (Argentina) el movimiento conocido por el nombre de Reforma Universitaria, que se propagó enseguida por varios países iberoamericanos. Uno de los teóricos del movimiento fue el doctor Gabriel del Mazo (1898–1969).

El hecho se manifestó al principio en una serie de disturbios estudiantiles. La Reforma Universitaria buscaba eliminar a los malos profesores, democratizar la universidad para permitir el estudio a jóvenes pobres, y evitar el estancamiento académico. Para ello, sostenía la necesidad de que los estudiantes participaran en el gobierno de la universidad, en la designación de profesores y autoridades en los asuntos pedagógicos, y reclamaba la enseñanza gratuita.

La Reforma, reimplantada en 1955 luego suprimida entre 1966 y 1983, e impuesta nuevamente desde esta fecha sostiene que la universidad debe tener una triple función: cultural, o sea humanización de los estudios; profesional, o formación de profesionales; y científica, o investigación. Además, debe ser un instrumento del país y su pueblo, y no una institución separada de la realidad nacional. Tiene que defender el patrimonio cultural, ayudar al país a resolver sus problemas, levantar el nivel de vida de la comunidad, realizar tareas de "extensión universitaria", y convertirse en una verdadera comunidad de profesores y alumnos.

La Reforma fue una innovación escasamente modificatoria de la realidad ideológica iberoamericana, pero sentó las bases intelectuales para favorecer la gratuidad de la enseñanza universitaria en el continente.

El peronismo ortodoxo (1943) y el actual

El movimiento organizado en Argentina por Juan D. Perón se llamó *peronismo* o *justicialismo*. El principal apoyo político lo concentró en su esposa, María Eva Duarte, que centralizó las obras de beneficencia, y en la Confederación General del Trabajo, que agremiaba obligatoriamente a los obreros y empleados del país. Los partidarios del régimen se denominaron también *descamisados*.

Perón contó en su primera presidencia (1946–1952) con una gran parte del pueblo a su favor y efectuó un profundo cambio social y económico basado en la protección de los trabajadores y las clases pobres, la industrialización y la nacionalización de la economía.

En la segunda presidencia (1952–1955), su gobierno cayó en el desorden administrativo, la persecución de los partidos democráticos y las minorías intelectuales, y el ataque a la Iglesia Católica. En los últimos tiempos se desprestigió por varios motivos, entre ellos el contrato con la California Oil Company para la explotación del petróleo en el sur del país, y el incendio de templos católicos. Después de repetidos intentos frustrados, las fuerzas armadas y el pueblo democrático se unieron en la Revolución Libertadora, que expulsó al gobernante del poder en 1955.

En teoría, el peronismo sostenía la "tercera posición" internacional entre Estados Unidos y Rusia; la libre determinación de los pueblos, la humanización del capital, la educación humanística y cristiana, la igualdad social, el pequeño capital privado y familiar, y la protección de los trabajadores. Hacia el final de su gobierno, Perón anunció su decisión de organizar un estado sindicalista, con milicias populares. Su lema fue: "Una nación socialmente justa, económicamente libre y políticamente soberana".

Dieciocho años después de la revolución que destituyó a Juan D. Perón de la presidencia argentina, el peronismo o justicialismo volvió a convertirse en el movimiento político más importante y poderoso del país. Dos presidentes civiles elegidos en elecciones libres fueron derrocados por revoluciones militares que fracasaron en el papel de gobernantes por inexperiencia política y técnica. En las elecciones de 1973 volvió a triunfar el candidato del peronismo, doctor Héctor J. Cámpora, apoyado por el partido justicialista de Perón y otros partidos menores, constituidos en el llamado Frente de Liberación Nacional, bajo la consigna "Cámpora al gobierno, Perón al poder", puesto que al general Perón no se le permitió presentarse como candidato por no tener residencia en el país y encontrarse asilado en España. Esta estratagema política de Perón fue exitosa para los peronistas: el presidente electo Cámpora y el vicepresidente renunciaron a los dos meses aproximadamente de resultar elegidos, y se convocó de nuevo a elecciones presidenciales, en las que triunfó la fórmula integrada por el general Perón y su esposa María Estela Martínez de Perón, con más del 60% de los sufragios a su favor.

El programa político del justicialismo sostiene la liberación de Argentina de todo tipo de dependencia política, económica y cultural extranjera, en un marco de tercera posición equidistante del capitalismo y del comunismo. Dentro de esta corriente de ideas, el gobierno peronista reestableció relaciones diplomáticas y comerciales con Cuba y otros países socialistas, se incorporó a los denominados Países No Alineados (Tercer Mundo), nacionalizó los depósitos bancarios y el comercio exterior de cereales y carnes, y efectuó otras numerosas reformas institucionales.

Aquejado de una antigua afección broncopulmonar, el general Perón falleció (julio de 1974) y asumió la presidencia su esposa, conocida popularmente como "Isabelita", quien carente de experiencia y prestigio, fue jaqueada por radicales, viejos peronistas, dirigentes sindicales izquierdistas y clases altas. Aislada en el ejercicio del poder, comenzó a regirse por los consejos de su ministro de Bienestar Social, José López Rega, y su camarilla. No pudo sin embargo poner freno al desorden social, la acelerada inflación, la creciente falta de artículos de consumo, un funesto mercado negro de productos y divisas, un presupuesto deficitario, el déficit del comercio exterior, la declinación de las inversiones nacionales y extranjeras, y la constante violación de los precios estipulados para los alimentos y artículos de consumo doméstico.

La agitación política tomó el carácter de subversión armada, costó la vida a muchos habitantes, secuestros y extorsiones, fomentados por los crecientes grupos guerrilleros de derecha, los Montoneros, y de izquierda, el Ejército Revolucionario del Pueblo (ERP). La situación caótica de la nación y la desintegración del gobierno culminaron con la toma del gobierno por parte de los militares (1976) y el establecimiento de una Junta de Gobierno, integrada por un representante del ejército, la marina y la aviación, presidida por el teniente general Rafael Videla.

El gobierno de la junta militar trató de poner fin a los múltiples problemas heredados del peronismo y adoptó diversas resoluciones para controlar la inflación, congelar los crecientes salarios y estimular la producción. Desvalorizó la moneda en un 70%, aumentó los gastos militares, incrementó las reservas nacionales, aumentó la producción de petróleo y la exploración de fuentes gasíferas, liberalizó en varios aspectos la economía, pero no pudo sustraerse a la corrupción interna, la persecución sangrienta de los grupos subversivos que se denominó "Guerra sucia". Analistas políticos extranjeros han estimado entre 6.000 y 15.000 personas los desaparecidos y enemigos eliminados en una flagrante violación de los derechos humanos continuamente denunciada en el extranjero, al punto que el presidente Carter, de Estados Unidos, suspendió toda ayuda militar.

Para atenuar la tensión de los habitantes, el general Videla fue sustituido por el general Roberto Viola, que no logró ninguna forma de pacificación, hasta ser reemplazado por el general Leopoldo F. Galtieri, que desencadenó la guerra de las Malvinas. Los historiadores y analistas extranjeros han considerado a este período el peor para Argentina en todo el siglo XX.

Después de la derrota del país en los mares del Sur, asumió el gobierno el general Reynaldo Bignone, quien trató de terminar con este estado de cosas convocando a elecciones libres. Ganó los comicios el doctor Raúl Alfonsín (1983), líder del Partido Radical y ferviente demócrata, quien asumió el poder. Enjuició a los responsables de la guerra, hizo investigar por una comisión especial las desapariciones de personas y muertes, puso en marcha un denominado Plan Austral para mejorar la desastrosa situación económica, cambió el signo monetario e introdujo las olvidadas prácticas democráticas en el país.

Hacia mediados de su presidencia, el plan comenzó a ser descuidado y nuevamente la inflación llegó a extremos insoportables en términos económicos, la denominada técnicamente "hiperinflación", que produjo su descrédito y unos meses antes de terminar su mandato convocó a la renovación constitucional de autoridades. En limpias elecciones ganó los comicios el doctor Carlos Saúl Menem, a quien el presidente Alfonsín le ofreció entregar el poder seis meses antes, frente a su impotencia para frenar la inflación, que había ascendido a una cifra estimada entre el 350 y el 400% anual (1988).

Carlos Saúl Menem, un descendiente de padres sirios, católico y provinciano, había sido gobernador varias veces de su provincia natal, La Rioja, una de las llamadas "provincias pobres" de Argentina, pertenecía a la vieja ortodoxia del peronismo y había sido hombre de la primera hora del movimiento. Ganó la presidencia bajo el eslogan "Síganme", asumió la presidencia de un país que a principios de siglo estaba situado entre los diez más ricos del mundo y en ese momento estaba considerado entre los pobres del Tercer Mundo, en una posición entre los setenta últimos aproximadamente. Había estado preso durante cinco años durante el proceso militar. La tradicional riqueza argentina se había logrado acumular por una complementacion económica en el siglo anterior con los intereses de Gran Bretaña y el trabajo de los millones de inmigrantes europeos llegados en el primer cuarto de este siglo, especialmente italianos y españoles.

La desastrosa situación económica de Argentina mostraba caracteres alarmantes: la deuda externa había aumentado a cifras siderales; la descomposición social, la atomización de intereses internos, políticos, sociales y económicos eran extremos; los presupuestos acusaban déficits impresionantes; gran parte de los profesionales, técnicos y científicos del país habían emigrado en procura de mejores condiciones económicas y de reales posibilidades para sus talentos; la burocracia, tanto nacional, como provinciales y comunales insumían la mayor parte de los ingresos y no dejaban libres recursos para las obras públicas; la econonomía marginal y el mercado negro se consideraban equiparables a la oficial; las relaciones con los países del Primer Mundo estaban sumamente deterioradas; los inversores extranjeros no se establecían en la nación por la inseguridad jurídica y las restricciones gubernamentales; las empresas estatales expropiadas por Perón (ferrocarriles, teléfonos, aerolíneas, siderurgia, producción de energía eléctrica, petróleo, gas, correos, etc.) habían llegado a un punto insostenible de ineficacia, déficits y corrupción administrativa; la evasión impositiva se calculaba en un 50%; el nivel de empleo era el más bajo de toda la historia; las fuerzas armadas insumían una importante parte de los ingresos fiscales; los sindicatos obreros compartían el poder con los elegidos por el pueblo, y la nación estaba desacreditada en el resto del mundo, además de aislada.

En esas condiciones, el presidente Carlos Saúl Menem, en un acto de valentía política resolvió revertir esta situación, y transformó el cuadro con la estrecha colaboración de un prestigioso economista e investigador cordobés, formado en las más recientes ideas capitalistas vigentes en los países adelantados. En forma inesperada un hombre orgulloso de su peronismo tradicional modificó drásticamente el pasado económico, y se convirtió de pronto en un respetado presidente internacional y en un adelantado en la transformación económica del país.

En breve síntesis, privatizó las empresas estatales, limitó los privilegios sindicales, fijó por ley del Congreso el tipo de cambio de la moneda, que pasó a denominarse nuevamente *peso*; declaró la *emergencia económica*, abrió el país a la libre importación de bienes y capitales extranjeros, llegó a un acuerdo con los organismos y gobiernos mundiales para el pago de la deuda pública, transformó el crónico déficit presupuestario de la nación en superávit, por primera vez en decenas de años, convocó a la pacificación entre los argentinos dictando una amnistía tanto para militares como para subversivos y comenzó una nueva era de transformación, en vías de ejecución a la fecha (1994).

La Revolución Cubana: el castrismo comunista (1959)

En enero de 1959 asumió el gobierno de Cuba, en calidad de primer ministro, el abogado Fidel Castro, organizador del movimiento revolucionario contra el régimen del presidente Fulgencio Batista. Entre sus colaboradores inmediatos, Fidel contaba con su hermano Raúl, el médico Ernesto Guevara, conocido políticamente con el sobrenombre de "Che" por su origen argentino, y Camilo Cienfuegos.

El presidente Batista, que gobernaba el país desde 1952, se había caracterizado por la conducción despótica del país y los excesos de todo tipo. El grupo político denominado "26 de Julio" capitalizó el descontento popular y organizó la revolución bajo el mando de Fidel Castro en México. El líder revolucionario había sido anteriormente arrestado por sus actividades subversivas en la isla y un fracasado ataque a un cuartel, pero a los once meses había conseguido el indulto.

Después de haber sido detenido otra vez por la policía mexicana, Castro fue dejado en libertad y se embarcó en noviembre de 1956, en el navío "Granma" con 83 personas rumbo a Cuba. Desembarcó en la isla y comenzó la guerrilla desde Sierra Maestra, ayudado por campesinos y revolucionarios urbanos de distinto origen político.

La revolución tuvo múltiples peripecias y se fue consolidando paulatinamente hasta lograr la llegada a La Habana a fines de 1958. El presidente Batista abandonó el país y se trasladó a la República Dominicana, mientras Fidel Castro entraba triunfante en la capital el 8 de enero de 1959. Inmediatamente se iniciaron juicios contra los partidarios y colaboradores de Batista, muchos de los cuales fueron ejecutados. Fidel Castro retuvo para sí el cargo de primer ministro y se convirtió en el real gobernante del país.

· El "Che" Guevara, por su parte, ocupó sucesivamente importantes cargos en el régimen: presidente del Banco Nacional de Cuba, luego del Instituto Nacional de Reforma Agraria (INRA) y más tarde ministro de industrias. Desde todas estas posiciones aceleró el proceso de socialización de Cuba.

Después de una misteriosa desaparición del escenario político de Cuba, el "Che" Guevara reapareció en Bolivia conduciendo un movimiento guerrillero. Fue muerto por las fuerzas gubernamentales bolivianas en 1968.

En cuanto asumió el gobierno, Castro adoptó diversas resoluciones con el objeto de afianzar su gobierno e instaurar el régimen socialista en su país: solicitó el retiro de la misión militar de Estados Unidos en Cuba; implantó la reforma agraria, expropiando tierras con pagos en bonos a veinte años de plazo para redistribuirlas entre los campesinos, prohibiendo a los extranjeros adquirirlas o heredarlas; suscribió diversos tratados de comercio, préstamos y asistencia técnica con la Unión de las Repúblicas Socialistas Soviéticas (URSS) durante la visita de Anastasio I. Mikoyan a la isla (1960), y luego con Checoslovaquia, Alemania Oriental, la República Popular China y Corea del Norte.

Estados Unidos respondió suprimiendo la cuota de importación de azúcar cubano; el embargo de todas las exportaciones a Cuba, con excepción de medicamentos y ciertos alimentos de primera necesidad; la decisión de defender la base naval de Guantánamo, hasta que rompió las relaciones con el país del Caribe (1961).

Una fracasada invasión a Cuba por parte de exiliados anticastristas adiestrados en el exterior, derrotada en la bahía de Cochinos (1961), y la expresa declaración de Castro de que había sido y seguiría siendo marxista, empeoró la situación, que culminó con el bloqueo naval y aéreo de la isla por parte de Estados Unidos, ordenado por el presidente Kennedy. Relevamientos fotográficos aéreos de los norteamericanos habían revelado la instalación de plataformas de lanzamiento de misiles soviéticos (1962). El conflicto estuvo a punto de originar una nueva guerra mundial, pero se disipó cuando el primer ministro soviético Khrushchev ordenó el retiro de los cohetes intercontinentales. Desde entonces, la situación se ha mantenido tensa y sin mayores variantes. Castro ha declarado su decisión de apoyar las guerrillas en toda Iberoamérica y convertir a la cordillera de los Andes en una nueva Sierra Maestra.

Con los años, la situación económica y política de Fidel Castro fue en paulatino descrédito entre la población, abrumada de carencias, y al mismo tiempo, presionado cada vez más por mayores exigencias de cooperación reclamada por la Unión Soviética y las progresivas restricciones impuestas por los gobiernos extranjeros a Cuba. En un esfuerzo político por compensar los millones de dólares diarios exigidos a la Unión Soviética para el mantenimiento del comunismo en el Caribe, por razones estratégicas, Fidel Castro ofreció tropas propias. Envió soldados a Angola para apoyar a los revolucionarios comunistas de ese país (1975). Las tropas cubanas se vieron pronto comprometidas en campañas en Etiopía, Yemen del Sur y Afganistán. Contemporáneamente, los cubanos actuaron como "asesores" en los conflictos internos de Nicaragua, en apoyo de los sandinistas, y enseguida en El Salvador y Guatemala.

Entretanto, en 1984, Castro trató aparentemente de modificar sus relaciones con Estados Unidos, justificando el caso de los refugiados que huían de la isla rumbo a las playas del país del Norte. Conforme a su costumbre de declaraciones dobles, anunciaba que proveería tropas, si fueran necesarias, a Vietnam. De España se recibieron noticias de que cubanos actuaban en los ataques de los grupos guerrilleros vascos (*etarras*) en la península.

Éstas y otras actitudes revolucionarias terminaron por descalificar a Castro, aun entre sus primarios simpatizantes.

Como consecuencia de estos y otros actos, Cuba fue perdiendo paulatinamente su principal fuente de ingresos, el turismo internacional. En 1980 Castro permitió que 100.000 cubanos pudieran salir del país, en un aparente gesto de buena voluntad y acercamiento, pero pronto se descubrió en Miami que gran parte de los autorizados eran ciudadanos de los cuales deseaba desprenderse el dictador cubano. Se lo ha acusado varias veces en la prensa de estar complicado en el tráfico de drogas.

Posteriormente, en 1989, cuando Mijhail Gorbachov visitó Cuba, Fidel Castro le expresó su desacuerdo por la nueva política de la *perestroika* y la *glasnot* , y así lo hizo saber en declaraciones públicas. El líder cubano insistió en su criterio de continuar al frente de un país dirigido únicamente por el Estado, dentro de la ortodoxia del marxismo. Prometió que Cuba seguiría siendo socialista, pese a las reformas realizadas en la URSS, convertida ahora en una democracia. La ayuda anual de la disuelta URSS a Cuba ha sido calculada en unos 6.000 millones de dólares, que la fracasada economía socialista de casi cuarenta años de existencia no pudo resolver. Ante la terquedad de Castro en mantenerse en el poder dentro de un estado comunista, los observadores internacionales no comparten su aparente optimismo y firmeza.

Nicaragua y el sandinismo

Tropas de Estados Unidos habían intervenido intermitentemente en Nicaragua desde 1912 en apoyo de los grupos conservadores, enviando destacamentos de *marines*. Un líder nicaragüense, Augusto César Sandino, se convirtió con los años en un héroe nacional por su lucha contra los ocupantes extranjeros y revistió caracteres legendarios, por su conducta política y su figura peculiar, coronada de un alto sombrero.

Al retirarse las fuerzas norteamericanas, dejaron al frente del país a Augusto César Somoza, jefe de la Guardia Nacional, quien se convirtió con su familia en la figura más poderosa de la nación, sostenedora del Partido Conservador y adversario de los liberales. Se refiere que la familia, padre y dos hijos, controlaba el 23% de las tierras laborables del país, así como la industria del azúcar, instalaciones industriales varias, transporte y comercios de venta al público. Uno de los primeros actos de gobierno atribuido a Somoza fue el asesinato del líder Sandino (1934).

A partir de entonces, la mítica figura de Sandino ha estado presente como símbolo en todas las luchas revolucionarias de Nicaragua hasta nuestros días. De un lado se sitúan los sandinistas, cuya doctrina es difícil de precisar, debido a que según ocurrieran los hechos, transitaron de una estrategia a otra, en su búsqueda del poder y la eliminación de las minorías económicas prácticamente dueñas de una gran parte de la nación. En términos modernos y simplificados son considerados en su tierra como izquierdistas revolucionarios de distinto grado, y en algunos momentos históricos asociados con conservadores descontentos y miembros de la Guardia Nacional alejados de sus funciones.

El último representante de la familia, Anastasio Somoza (*Tacho*) gobernó con el apoyo de la Guardia y sus secuaces hasta que fue asesinado en 1955, y el Congreso designó a su hijo, Luis, como presidente. En 1967, Anastasio (*Tachito*) Somoza, fue el tercer miembro de la familia en ocupar la presidencia. En su país y en el extranjero fue públicamente acusado de tratar brutalmente a los opositores, no tolerar elecciones libres y conducir la mayor parte de las transacciones económicas en beneficio de la dinastía; además de hacer una ostentosa exhibición de riquezas, según estimaciones evaluada en unos 500 millones de dólares en inversiones, 8.260 millas cuadradas de tierras y plantaciones, mientras doscientos mil campesinos carecían de ellas.

La situación empeoró para Somoza con el desastroso terremoto de 1972, que produjo una importante destrucción, pero más aún quizás, por el asesinato en 1978 de Joaquín Chamorro, conservador y propietario del diario principal, *La Prensa*. Como consecuencia de diversas complicaciones políticas, en particular la muerte de unos 3.000 habitantes de la que se responsabilizaba a la mentada Guardia Nacional, la reacción se incrementó. La oposición se organizó después de múltiples arreglos en un movimiento revolucionario, el Frente Sandinista de Liberación Nacional (FSLN) que creció rápidamente y se extendió por todo el territorio. Los analistas calculan que el Frente Sandinista de Liberación Nacional está integrado por dos grupos abiertamente marxistas, y un tercero, el mayor, por socialistas no marxistas, católicos y empresarios (los *Terceristas*).

La revuelta fue haciéndose más violenta y sangrienta, al punto que obligó a Somoza a refugiarse en un *bunker* de Managua y ordenar el bombardeo de poblaciones civiles, y la eliminación física de sus oponentes. La revolución mientras tanto, proseguía sus exitosos avances y Somoza huyó a Estados Unidos y luego, en un lujoso yate, a Paraguay, protegido por el presidente Stroessner, donde catorce meses después fue asesinado por tres personas supuestamente integrantes de un grupo guerrillero argentino.

Nicaragua pasó a ser gobernada entonces por una Junta Revolucionaria de Gobierno (JRG) donde predominaban los sandinistas. El gobierno fue en un principio democrático, pero más tarde fue dominado por los izquierdistas.

Estados Unidos suspendió la ayuda al régimen, al comprobar que los sandinistas apoyaban la guerrilla izquierdista de El Salvador y habían constituido el ejército más poderoso de Centroamérica con sofisticados equipos soviéticos.

El "comandante" Daniel Ortega había llegado a convertirse mientras tanto, en el hombre más poderoso de la revolución. Ortega se manejó con duplicidad en sus actos gubernativos, hasta que entre 1982 y 1983, el Frente Sandinista de Liberación Nacional se desenmascaró y perdió el apoyo que le habían prestado hasta entonces los católicos y demócratas. El diario *La Prensa* se convirtió en el portavoz de la oposición, dirigido por la esposa del asesinado Chamorro. Otro grupo inesperadamente opositor resultaron los indios "misquitos", un asentamiento de unos 10.000 hombres, que fueron forzados por las armas a retirarse a las fronteras con Honduras, donde se refugiaron. Ortega respondió con incursiones militares, acusándolos de estar al lado de los opositores, llamados los *contras*.

Estalló entonces una lucha interna entre sandinistas y "contras", cruenta y despiadada, a la que por mediación de varios países se intentó poner fin para evitar las matanzas inútiles, y los conflictos internacionales (6.000 sandinistas habían cruzado la frontera con Honduras para perseguir a los "contras". Para ello se firmó un acuerdo en la ciudad de Guatemala (1987), suscrito por los representantes de Guatemala, Honduras, El Salvador, Costa Rica y Nicaragua, en virtud del cual los sandinistas se comprometían a negociar un plan de paz y el cese el fuego con los "contras", admitiendo la libertad de prensa, terminación de la represión política, y el llamado a elecciones libres. Las fracciones que apoyaran a las fuerzas rebeldes serían proscritas, y se creaba una Comisión Nacional de Conciliación, constituida por representantes de la Iglesia, y de la Comisión Internacional de los Derechos Humanos. Las negociaciones entre los bandos en lucha principiaron en 1987, y una nueva elección se programó para 1990.

Se calculaba para ese entonces que unos 10.000 nicaragüenses estaban viviendo en el exilio en Honduras. Se constituyó así el grupo político denominado Unión Nacional de oposición. El diario *La Prensa* y la Iglesia católica han sido decisivos en la lucha contra el sandinismo. El periódico se ha convertido en un símbolo de la lucha civil por la libertad en Nicaragua, bajo la conducción de su nueva propietaria, Violeta Chamorro. El Cardenal Miguel Obando y Bravo es la figura pública más crítica de Ortega, y se lo considera con tanto poder como Daniel Ortega.

En las elecciones de 1990, Violeta Chamorro resultó elegida presidente del país. Los expatriados y refugiados en Costa Rica, Honduras y Estados Unidos comenzaron a volver a su patria. El presidente Bush instó a una pacificación del país, que consideraba necesaria para una restauración.

El experimento marxista en Chile (1970–1973) y la restauración democrática

En 1970 ganó las elecciones presidenciales en Chile el candidato marxista doctor Salvador Allende, surgido de una coalición de partidos izquierdistas (Unión Popular) y apoyado por los demócratas cristianos. Su programa político fue típicamente marxista, si bien había prometido mantener la estructura democrática del país, la libertad de prensa y opinión, y la independencia con respecto a Moscú, Pekín y La Habana, alegando que la realidad y la historia de Chile eran diferentes a la soviética, china y cubana, y que era posible aplicar el marxismo en un régimen político pluralista.

Allende continuó la expropiación de tierras iniciada por los democristianos durante el gobierno anterior (1964–1970) de Eduardo Frei, terminó la nacionalización de las industrias del cobre, el acero, el salitre y el carbón, en algunos casos sin pago previo alguno. El presidente chileno sostenía que el socialismo marxista es la mejor solución "para romper el atraso y elevarse a la altura de la civilización de nuestro tiempo", en un período relativamente corto como, según él, lo prueba el ejemplo elocuente de la URSS y China. En una ocasión expresó: "Chile es hoy la primera nación de la tierra llamada a plasmar el segundo modelo de transición a la sociedad socialista", sin atenerse a la tesis de los pensadores socialistas clásicos, que habían sostenido que las naciones industrialmente más avanzadas serían las primeras en llegar al marxismo con sus poderosos partidos obreros.

Según expresiones oficiales del gobierno, el reordenamiento de la economía chilena sería profundo y estaría apoyado en las siguientes bases: reorientar la producción para satisfacer las necesidades fundamentales del pueblo con artículos de consumo general antes que con artículos suntuarios o semisuntuarios; canalizar los recursos económicos de forma tal que permitan la creación de nuevos fondos para el establecimiento de otras industrias que necesita el país, comenzando por las que explotaban las riquezas básicas: las grandes compañías mineras, las empresas financieras, los grandes monopolios de la industria y así sucesivamente. Todo esto se debería hacer con la activa participación de las fuerzas organizadas del trabajo.

El gobierno de Salvador Allende se fue radicalizando cada vez más y debió soportar una ola de huelgas, presiones políticas, disturbios sociales, intentos revolucionarios y una profunda división entre los grupos integrantes de la Unión Popular, todo lo cual produjo en el país una notoria escasez de alimentos y una perturbación del orden público. Allende se vio bloqueado entre los grupos extremistas de derecha y de izquierda, sin poder dar satisfacción a ninguno de los dos. A su vez, el partido demócrata cristiano le retiró su apoyo y pasó a la oposición.

Así, en septiembre de 1973 las fuerzas armadas, integradas por el ejército, la marina, la aeronáutica y los carabineros (la policía nacional) se levantaron contra el gobierno de Allende, bombardearon la casa de gobierno o Palacio de la Moneda, y después de cruentas jornadas de lucha y tiroteos en calles, fábricas y edificios entre francotiradores y grupos leales, lograron la victoria. Salvador Allende murió en el Palacio de Gobierno, se dice que por suicidio.

Asumió entonces el gobierno una junta militar integrada por los comandantes de esas cuatro armas, bajo la presidencia del representante del ejército, general Augusto Pinochet. El gobierno deportó a numerosos grupos de extranjeros que habían participado en la política interna de Chile, sometió a los extremistas a juicio, muchos de ellos estudiantes, prometió respetar las conquistas sociales logradas por la clase obrera y la libertad de prensa, y convocó a todos los chilenos, sin distinción ideológica, a trabajar por la unión y el progreso del país.

El poder estuvo en realidad en manos del general Pinochet, quien impuso sus puntos de vista. En lo económico realizó una acción satisfactoria para el país, que a partir de allí pasó a convertirse en una nación en creciente y sostenido desarrollo: en 1988 la inflación descendió al 8% anual, su balanza de pagos pasó a un superávit de 1.500 millones de dólares anuales, unas doscientas empresas nacionalizadas por Allende fueron devueltas a sus antiguos propietarios, el país se retiró del Pacto Andino para tener mayor libertad comercial, implantó todos los resortes de la libre economía de mercado, vendió las principales empresas estatales que arrojaban pérdidas en sus ejercicios, redujo la desocupación de un 30 a un 8.3%, bajó drásticamente el importe de la deuda externa y convino un acuerdo con el Fondo Monetario Internacional para refinanciar el capital y los intereses adeudados, estabilizó la economía y la moneda, estimuló la llegada de capitales e inversores extranjeros, mejoró y diversificó su tradicional condición de exportador de cobre y nitratos, en fin, dio los pasos necesarios para convertir a Chile en uno de los más sobresalientes países de Hispanoamérica en materia económico-financiera.

Sin embargo, pesa sobre el gobierno militar y sobre la figura del general Pinochet una serie de cargos en contra de los derechos humanos, como la desaparición de personas, la muerte de algún opositor irreductible, y los intentos de prolongar por medio de plebiscitos su permanencia al frente del país. Una figura destacada en la oposición fue el cardenal católico Raúl Silva Henríquez, quien en varias oportunidades criticó duramente al régimen en sus excesos.

Como conclusión de tan discutido proceso, en 1990 se restauró la democracia, resultando electo presidente Patricio Alwin, demócrata cristiano, por un período de cuatro años. En un plebiscito anterior, se había votado la libertad para todos los partidos —con exclusión del marxista—, se redujo el período presidencial de ocho a cuatro años, se previó el procedimiento a seguir si un presidente es removido por las fuerzas armadas, y otras reformas democráticas. Se formularon proyectos en materia de construcción de viviendas, seguridad social y salud. El general Pinochet, a su vez, consiguió ser mantenido como comandante en jefe de las fuerzas armadas.

La crisis del Canal de Panamá (1989)

La historia de la República de Panamá está íntimamente ligada al Canal que une los océanos Atlántico y Pacífico. Al producirse su independencia de Colombia (1903), hubo categóricas afirmaciones de algunos políticos en el sentido de que la revolución independentista se había efectuado con la colaboración de Estados Unidos, determinada a abrir el Canal a pesar de haberle sido negado por Colombia. Estados Unidos reconoció la independencia de la antigua provincia colombiana tres días después de la proclamación de su independencia. El nuevo gobierno panameño aceptó bajo ciertas condiciones la construcción del Canal, otorgándole dominio territorial a perpetuidad sobre una zona de aproximadamente 530 millas cuadradas. Las obras comenzaron de inmediato y el Canal se inauguró en 1914. Desde entonces la historia del nuevo país ha sido una incesante lucha entre los partidos internos y la política a adoptar frente a los derechos convenidos con Estados Unidos.

El Canal de Panamá tiene un importante valor estratégico en el comercio y la guerra y los puntos debatidos han sido siempre el aumento de las rentas que Estados Unidos paga por el uso del canal, la reducción de los destacamentos e instalaciones militares de ese país en la zona, una mayor participación de Panamá en las operaciones y administración de la vía marítima y la negativa sistemática de algunos sectores de la población a reconocer el convenio, que en algunos artículos llegaba a otorgar a Estados Unidos el derecho de deportar a los panameños de la zona. Los partidos políticos han desempeñado una incesante actividad con el objeto de obtener modificaciones en el tratado y lo fueron logrando paulatinamente a medida que se modificaba la situación internacional, los intereses de ambos países, y los programas de los partidos, en uno y otro caso.

Un visión simplificada de los sucesivos acontecimientos muestra la progresiva recuperación de los derechos panameños, la disminución de la rentabilidad de las operaciones marítimas en el Canal, la pérdida de la importancia estratégica frente al

Canal de Panamá. Un navío mercante salva mediante el sistema de esclusas el desnivel entre el océano Atlántico y el Pacífico. Tiene una extensión de 81 kilómetros y es cruzado por un puente elevado que une ambas partes del istmo. Fue inaugurado en 1914, después de una turbulenta historia de construcción. En la actualidad ha perdido gran parte de su importancia estratégica, pero no la comercial. Gran parte de los entredichos entre Estados Unidos y la República de Panamá han tenido su origen en esta costosa y sorprendente obra.

desarrollo de la aviación y la cohetería de guerra, la obsolescencia técnica del Canal que ofrece dificultades para el paso de los portaaviones y petroleros gigantes, y finalmente, la conveniencia de pacificar las relaciones.

Los acontecimientos se redujeron a revoluciones, huelgas, sentimientos patrióticos de los naturales, intereses económicos en materia de ingresos para el Estado, ocupación de mano de obra local y una alegada intervención extranjera en el manejo de los asuntos internos de Panamá.

Dos mandatarios locales protagonizaron los sucesos principales en esta puja, el general Omar Torrijos, que a través de insistentes gestiones obtuvo del presidente Jimmy Carter y el Congreso de Estados Unidos, un acuerdo en virtud del cual se establecía una garantía de neutralidad en el uso del canal para todas las naciones, salvo para el caso de emergencia en que la prioridad correspondería a Estados Unidos, y además, la gradual transferencia del Canal al dominio panameño, a completarse totalmente el último día de 1999. Torrijos murió inesperadamente en un accidente aéreo (1981), y luego de algunas alternativas hizo su aparición en la escena política el general Manuel Noriega, sospechado de haber tenido responsabilidad en el accidente. El general Noriega declaró que las negociaciones del Tratado de 1977, que fijó los compromisos respectivos, habían sido mal conducidas por incompetencia de los gobernantes panameños y estaban viciados. Estados Unidos suspendió los pagos a Panamá y provocó una crisis financiera. Noriega respondió colocando en estado de alerta a la Guardia Nacional del país, y la aparente calma anterior se tornó tempestuosa. El general Noriega fue entonces acusado de estar complicado en el "lavado de dólares" provenientes del negocio de la droga del Cartel de Medellín, que se movía con relativa impunidad entonces en América Central y las islas del Caribe, así como en la región norte de Sudamérica.

La tensión entre Noriega y Estados Unidos aumentó en gran escala, y el presidente Ronald Reagan congeló los fondos de Panamá en los bancos de Estados Unidos y decretó que todos los pagos debidos a Panamá fueran depositados en cuentas en custodia. Las peripecias de estas acciones y reacciones continuaron, hasta que la noche del 20 de diciembre de 1989, tropas de los Estados Unidos estacionadas en la zona del Canal lanzaron un asalto a los cuarteles generales de Noriega y otras posiciones en el país, bajo el argumento de constituir la agresión una "justa causa". El objetivo comentado de estas operaciones fue el de proteger las vidas de los norteamericanos, defender la integridad de los derechos adquiridos según los tratados, ayudar a la realización de las prometidas elecciones libres por Noriega, e indirectamente, tomar y arrestar al general Manuel Noriega acusado de traficante de drogas. Noriega fue capturado y conducido a Estados Unidos, donde fue juzgado y condenado a prisión.

La Guerra de las Malvinas (1982)

La disputa entre Argentina y Gran Bretaña por la posesión de las islas Malvinas, denominadas Falkland Islands por los ingleses, se remonta a los tiempos coloniales, casi al mismo tiempo de haber sido descubiertas. Los críticos históricos proyectan sus opiniones hacia uno u otro campo, según el lugar en que están situados.

Los argentinos sostienen que las islas formaron parte del antiguo Virreinato del Río de la Plata, y que al producirse la independencia esas tierras pertenecían a la nueva nación soberana. Como apoyo histórico, sostienen que al firmarse el Tratado de Utrecht (1713), Gran Bretaña aceptó no constituir colonias en el sur del hemisferio, mientras España reconocía el derecho de los británicos en la mitad norte del mismo.

A pesar de ello, los británicos ocuparon las islas en 1833 y deportaron a los argentinos residentes en ellas. Casi un siglo y medio después los británicos se mantienen firmes en su posición, y pese a las resoluciones de descolonización de las Naciones Unidas y otros acuerdos, los ocupantes se niegan a cualquier clase de concesión. Desde 1851 gran parte de las islas están controladas por la empresa Falkland Islands Company, con sede en Londres. Gran Bretaña argumenta que no puede acceder a los reclamos argentinos pues los habitantes de las islas, unos pocos miles de pastores y pescadores, se oponen a pertenecer a un país extraño.

Acto patriótico en la ciudad de Buenos Aires, en recuerdo de los caídos en la Guerra de las Malvinas.

Ante las reiteradas negativas del gobierno británico, los argentinos invadieron las islas en 1982, que ocuparon y defendieron durante los 74 días que duró el conflicto. Los países iberoamericanos apoyaron virtualmente la posición argentina, pero sin conocidas contribuciones en soldados. Diecisiete de los países integrantes de la Organización de los Estados Americanos condenaron el ataque al hemisferio occidental por parte de Gran Bretaña, según una disposición explícita en el Tratado de Río de Janeiro. El resultado de la guerra fue perjudicial para Argentina, que perdió gran cantidad de miembros de las fuerzas armadas, y tuvo que abandonar equipos militares estimados en varios millones de dólares.

En la actualidad, las relaciones anglo-argentinas se han restablecido, se habla de intenciones de explotación petrolífera y de pesca a través de emprendimientos comunes, y prosiguen las tratativas, con el acuerdo de las partes litigantes de no tocar por ahora el tema de la posesión.

La decisión de tomar por asalto las islas fue tomada secretamente por los miembros de la Junta Militar gobernante ese año, presidida por el general Leopoldo F. Galtieri. Como consecuencia política interna de la guerra, el general Galtieri fue juzgado y condenado a 12 años de prisión por negligencia en la conducción de las fuerzas armadas. Posteriormente fue indultado por el presidente Carlos S. Menem.

Colombia: Las luchas civiles entre liberales y conservadores

Desde mediados del siglo pasado Colombia ha sido el escenario de tremendas guerras civiles entre los partidos liberal y conservador. Hacia 1840 la división se hizo más profunda y durante los cuarenta años restantes los dos partidos se alternaron en el poder. Luego se produjeron otras guerras civiles largas de describir, sumadas a la rebelión que terminó con la separación de Panamá (1903) como país independiente. Por momentos la anarquía se apoderó de la nación, y en algunos casos, como en el llamado "bogotazo", murieron más de dos mil personas en las revueltas. En otra oportunidad, hacia 1950, el país vivió una guerra civil no declarada, pero que costó la vida a miles de ciudadanos. Fatigados pueblo y gobierno de tan lamentable forma de vida, en 1957 se produjo un acuerdo o coalición entre liberales y conservadores, y según el cual se alternarían los gobiernos y cargos públicos entre ellos por un período de veinte años. Al año siguiente fue elegido el primer presidente bajo este sistema. El acuerdo trajo inicialmente la paz entre los grupos rivales, pero se vio pronto perturbado por disconformidades internas, y los síntomas de malestar comenzaron a agravarse con la aparición de grupos de bandidos que asolaban los campos y caminos.

Los sucesivos presidentes trataron a su manera de lograr la paz nacional y la unión de los colombianos, pero las diferencias surgían por los principios políticos que sostenían, los intereses sectoriales, el descontento del pueblo por las diferencias sociales y el bajo nivel de ingresos. Según estimaciones realizadas, un 4% de la población poseía un 68% de las tierras productivas, mientras un 73% sólo era dueño de un escaso 7% de las granjas y quintas, insuficientes para solventar los gastos de una familia.

Se hicieron varios intentos por remediar la injusta situación, que en definitiva no tuvieron éxito, y el bandolerismo tomó caracteres de guerrillas, acompañadas de contrabando de drogas, violación de las leyes e impotencia de los gobernantes para encontrar soluciones. El más fuerte movimiento organizado por ese entonces fue el denominado M-19, que aumentó sus ataques, pese a la represión policial y militar, y produjo actos de terrorismo que tuvieron repercusión mundial. Se promovieron varios planes, que en definitiva fracasaron, mientras resurgió otro de los grupos guerrilleros, el FARC (Fuerzas Armadas Revolucionarias de Colombia). El gobierno, en un momento, convino una tregua con los grupos rebeldes pero no se respetó. Se dice que unos cien grupos revolucionarios, de distinta extracción, algunos meramente delincuentes comunes y no ideológicos, existían hacia fines de 1984.

Algunos colombianos comentan que la red de bandidos, revolucionarios, sectores represivos secretos de las fuerzas armadas, arrepentidos y vengadores por desgracias familiares sufridas, contrabandistas, guardaespaldas, funcionarios corrompidos, policías y hasta jueces, además de narcotraficantes, conforman una red difícil de discriminar.

Los llamados "barones de la droga", organizados en dos sedes principales, el Cartel de Cali y el Cartel de Medellín, son los responsables de haber llevado los crímenes a niveles extremos. La cocaína producida, se trafica desde Colombia a Estados Unidos y Europa en especial, a través de los países vecinos y de Centroamérica, en los cuales se "lavan" los ingresos obtenidos. En 1985 el M-l9 se hizo responsable de haber volado con dinamita y ataques armados el Palacio de

Justicia de Bogotá. En estas condiciones, la vida en Colombia es insegura. Colombia tiene en la actualidad el más alto porcentaje de muertes por homicidio en todo el mundo.

Un cálculo presuntivo señala que en el país existen unos cien laboratorios clandestinos dedicados a la producción de drogas, y que en total reportan un negocio de entre 500 y 1.000 millones de dólares de ganancia anualmente. En los últimos años ha aparecido en escena un grupo de justicieros, Los Pepes, organizados para vengar los crímenes de los narcotraficantes (perseguidos por Pablo Escobar). Pablo Emilio Escobar, jefe del cartel de Medellín, estaba considerado el barón más temido y buscado, y fue abatido a disparos por fuerzas de seguridad en la azotea de una casa en pleno centro comercial de Medellín (1993). Se había iniciado en el delito como ladrón de automóviles y presidió una década de terror en Colombia. Hacía unos meses que había logrado huir de la cárcel donde estaba recluido (1992).

La violencia, sin embargo, no ha impedido el incesante aumento de la economía nacional, que se destaca por sus adelantos en el continente. Los analistas extranjeros expresan su sorpresa ante esta aparente contradicción. Es necesario tener en cuenta que gran parte de los atentados terroristas se realizan en zonas rurales y no en las grandes ciudades; que los dólares de los narcotraficantes se invierten en construcciones y fábricas en el país; que la seguridad financiera es fuerte y el país no ha tenido que renegociar su deuda externa pues es uno de los deudores impecables en el cumplimiento de las obligaciones contraídas; que su producción tradicional de café se ha enriquecido con una importante industria petrolífera; que los inversores extranjeros han encontrado allí un destino proveedor de altas tasas de interés; que los gobiernos, pese a sus dificultades internas, se preocupan por atraer capitales de inversión y estimular la incorporación de nuevas tecnologías; que el papel, el cemento, el azúcar, el oro y la plata, el acero y otros productos de que dispone el país, han comenzado a movilizarse.

El realismo y el naturalismo en las letras

La novela indianista. En Hispanoamérica el romanticismo exaltado, patriótico y localista fue evolucionando con el tiempo hacia el costumbrismo y el indigenismo. Hubo un romanticismo indigenista cuyos protagonistas eran indígenas, casi siempre según el concepto del *bon sauvage*, amoroso, pacífico y leal, que termina sacrificando su vida o sus ideales en beneficio de una blanca amada o de la nueva civilización en que los acontecimientos lo han colocado. Un ejemplo típico de este indigenismo romántico, notoriamente diferenciado del indigenismo posterior revolucionario, es la novela *Cumandá* del ecuatoriano Juan León Mera (1832–1894),la novela de la selva ecuatoriana, una de las primeras indianistas de América, adaptada al modelo de *Atala*, del francés Chateaubriand. La idealización de los personajes indios es una constante en estos libros. Cumandá es una virgen romántica y enamorada que se mantiene firme en su amor por Carlos, a quien salva varias veces de la muerte y evita que se cumpla el plan de su envenenamiento concebido por el viejo Tongana. Se la considera el mejor ejemplar de la novela indianista.

La novela costumbrista. Otras novelas románticas de fines de siglo se orientan hacia una línea costumbrista, sobre todo ciudadanas, en las que se muestran, a veces en tono burlón, las costumbres y personajes típicos de cada lugar. Las ya mencionadas novelas *La marquesa de Yolombó*, de Carrasquilla, y *Martín Rivas*, del chileno Blest Gana, pueden tomarse como modelos de esta orientación.

Del costumbrismo se pasa al realismo, y aun al naturalismo, ambas escuelas tomadas de Europa, con criterios estéticos bien definidos, que también se comienzan a practicar.

El realismo. El realismo fue un nuevo modo de concebir la literatura, fundado en los siguientes propósitos:

a) *observación del mundo humano y material:* el escritor comienza a preocuparse por el contorno que lo rodea (ideas, hombres, costumbres, problemas, sociedad, política, cosas) y lo aprovecha como materia literaria.

b) *la descripción:* este procedimiento literario es el más empleado por el autor para conseguir sus intenciones.

c) *finalidades extraliterarias:* además de considerarse a la literatura como una obra de arte, se la considera como un instrumento apto para otros fines, como los sociales, político o religiosos.

d) *ampliación del repertorio de personajes:* se incorporan a la literatura, como personajes de interés artístico, figuras comunes, vulgares, feas, malvadas o viciosas, que no revisten el carácter de héroes, prototipos o modelos, como antes.

e) *contemporaneidad:* los temas que se desarrollan o personajes que se incorporan, son contemporáneos y no antiguos o históricos.

f) *ausencia de voluntarismo y de sentimentalismo:* los personajes no son ya ejemplos de voluntades firmes que se imponen sobre la vida, ni tampoco están motivados por el sentimiento.

g) *tesis:* por lo general, cada obra encierra una tesis o idea, de corrección o mejoramiento de la sociedad circundante.

h) *ampliación del público tradicional:* no se escribe en adelante para minorías aristocráticas y cultas, sino para el público en general.

i) *acción:* las obras se centran en torno a una acción (física, emocional o ideológica), que logra un desenlace natural, de acuerdo con la psicología de los actores y las circunstancias del hecho, y no con la imaginación del autor.

j) *novela y teatro:* el realismo cultivó la novela y el teatro.

k) *prosa:* por supuesto, los realistas escribieron en prosa, y no existió el realismo en poesía.

Es curioso que el realismo haya sido en América contemporáneo del modernismo, sobre todo porque la literatura modernista fue más bien una literatura de evasión, es decir, lo opuesto a la realidad.

Los temas, como es de suponer, fueron los propios de cada país, aunque muy comunes. Así, en Argentina, las novelas y cuentos realistas trataron los problemas de la crisis financiera, la gran oleada inmigratoria procedente de Europa, la corrupción política, la vida pueblerina, el caudillismo, la decadencia de las costumbres familiares, la transformación de Buenos Aires en gran capital cosmopolita, las revoluciones, la vida de la alta sociedad, los viajes rumbosos de los nuevos ricos a Europa y otros pormenores de la vida nacional, sobre todo de la vida urbana.

En México, en cambio, los temas fueron algo distintos: las luchas por la posesión de la tierra, la vida de las clases pobres en la capital, la política viciosa, las asonadas y revoluciones, la vida social, los matrimonios por conveniencia, la actitud conservadora de algunos individuos, etc.

En la literatura chilena, en cambio, fueron particularmente tratados los temas sobre la vida en las minas, la oposición entre capitalinos y provincianos, la lucha por el ascenso en la escala social. Sin embargo, hubo coincidencia en el enfoque de esos temas, en cuanto todos los escritores asumieron una actitud de crítica y de denuncia. Los más importantes escritores del realismo fueron Roberto J. Payró (Argentina), Alberto Blest Gana (Chile), Tomás Carrasquilla (Colombia), Baldomero Lillo (Chile), Florencio Sánchez (Uruguay-Argentina) y José López Portillo (México).

Florencio Sánchez. No hubo poesía propiamente realista, pero sí novela y teatro. En Sudamérica el exponente artístico más representativo fue un dramaturgo, el uruguayo Florencio Sánchez (1875–1910). Proveniente de un modesto hogar de Montevideo, hizo sus primeros estudios en su país, trabajó en el periodismo, y fue tres veces a Argentina, donde se asentó definitivamente y llevó a las tablas sus dramas. Cultivó dos especies dramáticas dentro de un mismo estilo: las comedias, sainetes y cuadros rápidos, y sus obras mayores, de tema urbano o rural.

Fue un escritor de creación rápida, casi febril, y desordenada, que llegó a componer algunas de sus piezas en 35 ó 40 días. No se atuvo a normas académicas, pues su cultura era débil y, por otra parte, su temperamento individualista no se lo permitía. Escribía sobre los hechos que le entregaba la observación diaria de la vida, y nunca sobre asuntos leídos o investigados con erudición.

Sus piezas principales son *Barranca abajo*, la historia del viejo don Zoilo que se ve de pronto privado de su campo, sus animales y su rancho, por maniobras de especuladores de la ciudad, desgracias a las que se suman su desvergonzada hija, su hermana y su esposa, que lo conducen al suicidio. En *M'hijo el dotor*, presenta el caso común entre los inmigrantes europeos, incultos y desposeídos, que trabajan con ahínco para lograr que sus hijos tengan una condición universitaria.

El naturalismo. El naturalismo surgió como una exacerbación del realismo, también a imitación de las teorías novelísticas propuestas por Emilio Zola, creador y codificador del movimiento. El naturalismo se acompañó en Hispanoamérica con ruidosas y acerbas polémicas, como en España y Francia. El movimiento no dio grandes resultados, pese, en algunos casos, a la destreza narrativa de los autores. Emilio Zola formuló con total explicitud sus ideas sobre la novela naturalista, que denominó "novela experimental", y se atenía a los siguientes principios: 1) la novela debe pasar del estado de observación al estado experimental, es decir, tomar un individuo, controlarlo en su evolución, sugerir una hipótesis de desenlace en función del relato y lograr que concluya como se previó, tal como en una investigación científica; 2) la vida ofrece una perspectiva pesimista, porque el hombre no es libre y está determinado por sus instintos, su fisiología, su clase social, sus enfermedades, su pobreza; toda metafísica es una mera quimera que la vida se encarga de desmentir; 3) los personajes más interesantes para la literatura son los anormales neuróticos, los viciosos empedernidos, los enfermos, los inmorales, los pobres y los perdidos; 4) la novela debe ofrecer una descripción minuciosa de los lugares y personajes, porque de esta única forma es posible explicar el desenlace de la acción.

La novela experimental se cultivó escasamente en Hispanoamérica, y sus mejores representantes fueron Eugenio Cambaceres (Argentina, 1843–1890) con *En la sangre*; Federico Gamboa (México, 1864–1939) con *La Santa* y Clorinda Matto de Turner (Perú, 1854–1909) con *Aves sin nido*.

El sainete rioplatense. En la zona del Río de la Plata surgió dentro del movimiento realista una especie teatral propia llamada "sainete criollo" o simplemente sainete, hacia fines del siglo pasado y principios del actual, Fue la "época de oro" del teatro argentino, en que los denominados sainetes gozaban de gran popularidad y congregaban en las salas teatrales a masas de público, con plateas baratas, en las cuales se procuraba provocar la risa, la burla, la caricatura y la diversión de los porteños. El género llevó a los tablados cientos de piezas, donde aparecían en convulsionada comparsas los más extraños y ridículos individuos de la sociedad, provenientes del aluvión inmigratorio del país: polacos, vascos, italianos, gallegos, sirios, libaneses, arrumbados en barrios paupérrimos de los alrededores de la gran urbe, o alojados en mezquinas casas de inquilinato (*conventillos*) con ilusiones de riqueza y progreso.

No todos los dramaturgos perseguían el mero entretenimiento comercial y burdo. Algunos autores introdujeron conflictos dramáticos y profundos en sus obras, como Armando Discépolo (1887–1917), que escribió más de treinta obras, de las cuales los tiempos han rescatado por sus valores intrínsecos tres sainetes "grotescos": *Babilonia*, *Stefano* y *Relojero*, que todavía se representan en los escenarios. Sus piezas están relacionadas con el grotesco italiano de la época.

El modernismo

El modernismo es el primer movimiento literario originario de Hispanoamérica que se proyecta al exterior. Coincide con los años finiseculares del XIX, y puede enmarcárselo cronológicamente entre los años 1880 y 1910, en que se produce su agotamiento y liquidación. En las letras, se crea y se otorga el premio Nobel por primera vez (1896) al parnasiano francés Sully Prudhomme, y las obras de autores con tendencias sociológicas y críticas se leen con asiduidad: Guyau, Nordau, Le Bon, Mantegazza, Darwin y otros. Una universalidad de influencias confluye en Hispanoamérica, y las capitales culturales de Europa son visitadas por los nuevos artistas. España, entre todas las naciones, ha perdido, con su decaído prestigio político, la hegemonía intelectual y artística.

Las artes, saturadas de realismo, de ideología o de romanticismo, buscan nuevas fuentes de inspiración y nuevas formas de expresión. El Parnaso francés (Gautier, Leconte de Lisle, Sully Prudhomme), los simbolistas (Verlaine, Mallarmé, Maeterlinck) se convierten en modelos de la nueva generación, junto con los norteamericanos Poe y

José Martí, poeta y prosista del modernismo, y figura capital en las luchas por la independencia de su país, Cuba. Sus actividades independentistas lo forzaron a vivir exiliado y en peregrinación por obtener apoyo en la revolución. En poesía cultivó un estilo sencillo, y en prosa escribió ensayos, cartas y artículos periodísticos.

Curiosa fotografía de Rubén Darío en hábito de monje, mientras era huésped de una familia amiga, los Sureda, en su residencia de Valldemosa, España, adonde había sido invitado a pasar una temporada. Se dice que un día desapareció de repente, y tras largo peregrinaje fue a morir en la soledad de León, en su patria, Nicaragua.

Whitman. Pero esta transición no se produce violentamente ni en un año. Ya desde 1860–1870, más o menos, un grupo de escritores de inspiración romántica han ido dando cabida en sus temas, en su vocabulario y en su estilo, a la nueva sensibilidad. Son los premodernistas o modernistas de la primera época o precursores.

El momento del triunfo definitivo ocurrió en el año 1888, cuando Rubén Darío, el poeta nicaragüense, edita en Valparaíso (Chile) su libro *Azul*, extraña y novedosa conjunción de prosas y versos, con reminiscencias e influencias románticas, parnasianas, simbolistas, pero sobre todo, exóticas y principalmente francesas.

En pocos años, los escritores modernistas son legión en la América latina, y sobre todo, constituyen históricamente el grupo más valioso de escritores que se haya dado en un momento histórico en Hispanoamérica: Leopoldo Lugones y Enrique Larreta (Argentina), Amado Nervo (México), José Enrique Rodó y Julio Herrera y Reissig (Uruguay), José Santos Chocano (Perú), Manuel Díaz Rodríguez y Rufino Blanco Fombona (Venezuela), Ricardo Jaimes Freyre (Bolivia), aparte de los ya citados precursores y otras figuras de menor relevancia.

Proliferan las revistas literarias de jerarquía y difusión continental, bellamente editadas y con colaboraciones de gran valor: la *Revista Azul* (1894–1896, México), de Gutiérrez Nájera; la *Revista Moderna* (1898–1911, México), de Amado Nervo y un colaborador; *El Cojo Ilustrado* (1892–1915, Caracas), y *Cosmopolis* (1894–1895, Caracas); *Pluma y Lápiz* (Santiago de Chile); *La Neblina* (1896–1897, Lima); la *Revista de América* (1894, Buenos Aires), de Paul Groussac, entre otras. Es valiosa la acogida que en sus secciones literarias dispensan a los nuevos escritores los grandes diarios y periódicos de toda América. Por supuesto, no faltaron tampoco las polémicas y debates entre los partidarios de las antiguas formas y estos revolucionarios que se atrevían a romper los moldes aceptados hasta entonces.

La estética modernista. Dentro de la estética modernista, el crítico Torres-Rioseco ha diferenciado dos tendencias, la americanista y la sincretista, o como él las denomina, el "mundonovismo" y la "torre de marfil". Efectivamente, para algunos modernistas fue primordial americanizar la materia literaria, mientras que para otros, el arte no debía tener compromisos con lo regional y vernáculo, y por lo tanto debía trabajar el artista con su sola inspiración y voluntad, como encerrado en su torre ebúrnea, sin importarle de dónde procedía esta inspiración ni si era nacional o extraña. Así, Darío fue cosmopolita, Lugones argentinista en sus últimas obras, Chocano peruanista y americanista casi siempre, Evaristo Carriego porteñista. El cosmopolitismo suponía adquirir los préstamos de inspiración de cualquier fuente, antigua o moderna, nacional o extranjera. Hubo, además, una reacción contra el españolismo dogmático y clasicista en literatura, una postergación voluntaria del romanticismo, y con menos fobia, del clasicismo y del naturalismo. En lo demás, el modernismo pueden sintetizarse así:

a) *arte de minorías:* la literatura es una actividad artística de espíritus elevados y no una mercancía de consumo popular; la literatura no es social sino personal.

b) *refinamiento y exquisitez:* las obras deben reflejar una exquisitez y refinamiento de gusto, no sólo en los temas sino en la expresión.

c) *la razón no es un elemento de la creación literaria:* las fuentes de conocimiento y creación poética son la intuición y las facultades subconscientes del artista, y por ello las obras revelan un mundo fantástico, quimérico, sutil, caprichoso, melancólico; el mundo metacientífico es interesante (magia, ocultismo, teosofía, magnetismo, parasicología, escatología, satanismo, etc.); los "raros" son objeto de especial interés y al mismo tiempo aptos para el arte.

d) *las sensaciones se corresponden entre sí:* cada objeto del mundo exterior produce en el individuo y en el artista un conjunto de sensaciones correlativas; los perfumes, los sonidos y los colores equivalen, y por eso puede hablarse de audición coloreada (*la a es negra; blanco horror*) y otras correlaciones.

e) *impresionismo:* la poesía debe expresar las impresiones que nos producen las cosas y no las cosas mismas (*una nube empequeñecía el firmamento, por una nube me dejaba ver sólo una parte pequeña del universo*).

f) *sentimentalidad:* los artistas de la nueva estética no pueden dejarla de lado.

g) *matiz:* el arte debe expresar el matiz difuso de la realidad, los estados de ánimo indefinibles, lo que no es lógica ni psicológicamente claro y distinto.

h) *musicalidad:* los versos, además de tener un contenido significativo, deben ser musicalmente atractivos por su mismo sonido, aun cuando esta selección de sonidos no encierre un significado comprensible o preciso (De la musique avant toute chose, había dicho el maestro Verlaine).

i) *transposiciones de arte:* este recurso tomado del parnasianismo, consiste en tomar técnicas de un arte y proyectarla a otra: pintura-literatura (descripciones de obras plásticas y cuadros), teatro-literatura (descripción de gestos, actitudes y ademanes como si los personajes actuaran en un escenario), etc.

j) *temas exquisitos, decorativos, pintorescos y exóticos:* Escandinavia, Oriente, Edad Media, Grecia antigua, Francia versallesca, mitología, colonia virreinal, etc.; flora y fauna llamativa y exótica, etc.

k) *renovación del vocabulario y de la sintaxis:* neologismos (*liróforo, faunalias, crisoelefantismo,* etc.); arcaísmos, (*ansina, rempujar,* etc.); barbarismos (*sportwoman, gin, baccarat,* etc.); latinismos (*Pro nobis ora*).

l) *renovación de la versificación:* actualización de antiguos versos olvidados, como los eneasílabos, los tercetos monorrimos y los cuartetos monorrimos, y combinaciones estróficas nuevas.

RUBÉN DARÍO

LO FATAL

Dichoso el árbol que es apenas sensitivo[1],
y más la piedra dura porque ésa ya no siente,
pues no hay dolor más grande que el dolor de ser vivo
ni mayor pesadumbre que la vida consciente[2].

Ser, y no saber nada, y ser sin rumbo cierto[3],
y el temor de haber sido y un futuro terror...
y el espanto seguro de estar mañana muerto,
y sufrir por la vida y por la sombra[4] y por

lo que no conocemos y apenas sospechamos,
y la carne que tienta con sus frescos racimos,
y la tumba que aguarda con sus fúnebres ramos[5],
y no saber adónde vamos,
ni de dónde venimos...!

(Cantos de vida y esperanza, 1896)

---

1. que apenas siente, esto es, que no tiene alma   2. la vida humana, consciente, es dolorosa
3. los tres grandes temas filosóficos: ¿Quién soy? ¿De dónde vengo? ¿Adónde voy?   4. por lo que imagi-
namos que es la vida   5. la vida es una oscilación entre el miedo al más allá y las tentaciones mundanas.

Rubén Darío (Félix Rubén García Sarmiento), nicaragüense de origen indo-español, fue el creador y el maestro del modernismo en Hispanoamérica. En opinión de algunos críticos, es además el poeta mayor del subcontinente. Su mundo poético está constituido por marqueses, princesas, faunos, centauros, jardines y palacios versallescos, paisajes orientales y exóticos, un orbe, en suma, fantástico, quimérico, exquisito. Sin embargo, sería erróneo considerarlo únicamente como un poeta de lo visual. Sus poemas abordan otros temas de reflexión, más filosóficos (estados difusos de la personalidad, intuición, impresiones insólitas que producen las cosas, mitología, política, etc). En sus últimos años de vida, se entregó con preferencia a este tipo de arte, menos exhibicionista y sensorial. El mismo expresó que esos poemas tardíos encerraban "las esencias y savias de mi otoño". Si bien el poema "Lo fatal" pertenece a su primera época, preanuncia ya su profunda intimidad metafísica. Rubén Darío lo ha explicado así: "En 'Lo fatal', contra mi arraigada religiosidad y a pesar mío, se levanta como una sombra temerosa un fantasma de desolación y duda. Ciertamente, en mí existe desde los comienzos de mi vida, la profunda preocupación del fin de la existencia, el terror a lo ignorado, el pavor de la tumba... En mi desolación me he lanzado a Dios como a un refugio, me he asido de la plegaria como de un paracaídas".

❦ ❦ ❦

SONATINA

A la Desconocida

La princesa está triste... ¿qué tendrá la princesa?
Los suspiros se escapan de su boca de fresa,
que ha perdido la risa, que ha perdido el color.
La princesa está pálida en su silla de oro;
está mudo el teclado de su clave[1] sonoro;
y en un vaso olvidado se desmaya[2] una flor.
El jardín puebla el triunfo de los pavos reales;
parlanchina[3], la dueña[4] dice cosas triviales,
y vestido de rojo piruetea[5] el bufón.
La princesa no ríe, la princesa no siente;
la princesa persigue por el cielo de Oriente
la libélula[6] vaga de una vaga ilusión.

---

1. instrumento musical de cuerdas   2. se marchita   3. locuaz   4. la princesa   5. hace piruetas, saltos, cabriolas   6. insecto volador de cuatro alas, "caballito del aire"

❦ ❦ ❦

Este fragmento forma parte de un poema más extenso. El poema total expresa que la princesa está triste, porque le falta el amor: un hada se le presenta y le anuncia que su caballero está por llegar.

La composición es un ejemplo típico del modernismo más acabado: sentimentalismo, exotismo, *(Oriente)*, personajes representativos *(princesa, hada, bufón)*, animales suntuarios *(pavo real, libélula, esplín, ilusión, poesía)*.

Rubén Darío

Es el más famoso poeta de Hispanoamérica, el creador del modernismo y el más imitado autor latinoamericano. Su nombre originario completo fue Félix Rubén García Sarmiento (1867–1916); nació de familia humilde, mestizo nicaragüense, y leyó mucho desde niño. No tuvo una educación formal, aunque su precocidad intelectual le permitió una sólida conciencia artística. Vivió en varios países hispanoamericanos y en Europa fue corresponsal periodístico y diplomático, conforme cambiaba su situación de vida. En Buenos Aires inspiró a un gran número de seguidores, y con Leopoldo Lugones, argentino, y Ricardo Jaimes Frere, boliviano, encabezó la transformación literaria. En España frecuentó la amistad y la admiración de del Valle Inclán, Unamuno, Baroja, los hermanos Machado y Castelar.

Caricatura de Rubén Darío, por el dibujante Cao, publicada en Buenos Aires en la revista popular *Caras y caretas*, a principios de siglo.

Rubén Darío fue el poeta que más contribuyó a la renovación de las letras iberoamericanas, en temas y formas. Su arte delicado, aristocrático, aunque de vez en cuando sin gran profundidad de pensamiento, alcanzó su más alto grado en el citado *Azul*, en *Prosas profanas* y en *Cantos de vida y esperanza*.

Los parnasianos, a su vez, le ofrecieron el ejemplo de la despersonalización de las descripciones, el gusto por la estatuaria, la arquitectura, los cuadros, las plantas, los jardines, que cuando son descritos en versos, constituyen de por sí temas de interés literario. En gran cantidad de poesías de Rubén aparecen recreaciones de palimpsestos, centauros, blasones, ánforas y todo el repertorio mitológico y arqueológico que los parnasianos habían traído a la poesía.

Tampoco faltó en el arte del poeta nicaragüense la incidencia romántica, particularmente la de Víctor Hugo. Las poesías de Darío, sobre todo las de su última época, cuando el poeta andaba en sus versos a la búsqueda de Dios y de una filosofía propia, están influidas por esa corriente. El estremecimiento del hombre frente al misterio de la vida y de la muerte, de la ultratumba, es un aspecto que Darío rescató del romanticismo.

Pero bastante tomó también de la poesía española, sobre todo de Gonzalo del Berceo y de la poesía antigua, que le brindaron metros ya olvidados. El crítico español Juan Valera, en la carta que servía de prólogo al libro *Azul* (1886) le expresaba: "...lo primero que se nota es que usted está saturado de toda la más flamante literatura francesa... Y usted no imita a ninguno: ni usted es romántico, ni naturalista ni neurótico, ni decadente, ni simbólico, ni parnasiano. Usted lo ha revuelto todo...". El arte de Darío fue cosmopolita, aunque esencialmente afrancesado. España, fue su otro amor. En esencia, un "hombre de varias patrias", como se ha dicho.

José Martí. Un movimiento literario no nace por la decisión espontánea de una sola persona en un momento fijo del tiempo: siempre admite antecedentes que han ido creando con anticipación el cambio. Este fue el caso del modernismo y otras escuelas artísticas. Entre los precursores del modernismo se cuentan el mexicano Manuel Gutiérrez Nájera (1859–1895), Julián del Casal, cubano (1863–1893), y el colombiano José Asunción Silva (1865–1896).

El cubano José Martí (1853–1895) es el más importante de los precursores, y, en lo histórico, uno de los grandes ejemplos cívicos del continente y un héroe de la independencia de su país. Es famosa su existencia de desterrado por varios países del hemisferio, particularmente Estados Unidos, en procura de apoyo a su infatigable lucha por la libertad de Cuba.

En este orden de hechos, envió colaboraciones a diarios y revistas, y fue corresponsal del diario *La Nación* de Buenos Aires. Sus artículos periodísticos tienen especial interés entre sus obras, no sólo por su prédica libertaria, sino también por la variedad de temas culturales que abordó. Son igualmente memorables sus cartas, consideradas como de "una categoría única en lengua española". La prosa del artista cubano, rápida y estilizada, no oculta en su aparente sencillez, una poco común cultura electiva, refinada y cosmopolita. Había en ella lo elemental del alma hispanoamericana, lo indio y lo español, pero también lo mejor del modernismo (Andrés Iduarte).

Desde muy joven comenzó a escribir versos, y su poética se caracteriza por la sencillez, la delicadeza de sentimientos, la sinceridad emocional y el tono nostálgico. Difícilmente podrá encontrarse en la literatura hispanoamericana otro poeta de un arte logrado con tan mínimos empleo de recursos verbales. Dio a conocer sus *Versos sencillos* (1891) dentro de esta línea de inspiración, y póstumamente, aparecieron sus *Versos libres*, compuestos hacia esos mismos años. Con anterioridad al primero de esos volúmenes había publicado unos cuentos para niños, *La edad de oro* (1889), sin precedentes en Hispanoamérica.

Otro importante aspecto de la literatura de Martí lo constituyen sus discursos, recogidos como modelos de exaltación patriótica y maestría estilística en antologías del continente.

Martí siempre confió en el "poder moral y fin trascendental de la belleza" y consecuente con este ideal, dio a sus páginas un contenido aleccionador. Con todo, no limitó su vida únicamente al mundo de las palabras, y la compartió con su lucha por la independencia de Cuba.

Fundó el Partido Revolucionario Cubano, realizó una incansable campaña en favor de ella por México, Costa Rica y Santo Domingo, y cuando estalló la guerra y las fuerzas revolucionarias desembarcaron en suelo cubano, encontró la muerte en el combate de Díos (1895), a los cuarenta y dos años de edad.

Otros autores. El modernismo, además de novedoso, fue fecundo. En todos los países surgieron poetas y prosistas entusiastas de la nueva poética. Entre los más elogiados pueden citarse Leopoldo Lugones (Argentina, 1874–1938), que de una etapa socialista juvenil, transitó sucesivamente en política a la democracia y finalmente al nacionalismo. Su erudición fue proverbial, sus conferencias sobre el arte gauchesco recogidas en *El payador* despertaron el asombro de sus connacionales, y sus diez libros poéticos, lo han convertido en uno de los mayores artistas de su país. Fue uno de los fundadores de la Sociedad Argentina de Escritores (1928), y en el aniversario de su muerte voluntaria se celebra en Argentina el Día del Escritor (3 de junio).

La serie de primeras figuras nacionales dentro del movimiento es casi inagotable. Otro celebrado representante fue el peruano José Santos Chocano (1875–1934), potente voz lírica que frecuentó con mayor asiduidad la temática americana, en cuyo nombre pretendió siempre hablar. Se comparó con Walt Whitman (*Walt Whitman tiene el Norte, pero yo tengo el Sur*) y se proclamó a sí mismo el cantor de América (*Soy el cantor de América autóctono y salvaje; mi lira tiene un alma, mi canto un ideal*).

La mejor novela del modernismo pertenece a Enrique Larreta (Argentina, 1875–1961) y se titula *La gloria de Don Ramiro*, una reconstruccion histórica de la España de los tiempos de Felipe II, cuyo personaje, que da nombre al libro, sueña con la grandeza que busca con desenfreno, y comete hechos extremos, hasta que al final se embarca para América, donde se hace bandolero. En Lima, Santa Rosa de Lima reza por él, y en esto consiste su gloria.

Novelistas de talla fueron además Rufino Blanco Fombona (Venezuela, 1874–1944), muy conocido en el Norte por sus diatribas contra Estados Unidos, Manuel Díaz Rodríguez (Venezuela, 1868–1927), y Carlos Reyles (Uruguay, 1868–1938).

Rodó y el arielismo

En prosa, el escritor modernista más famoso es el uruguayo José Enrique Rodó (1872–1917). Fue un hombre consagrado a su vocación intelectual, y al margen de su cargo de profesor en la Universidad de Montevideo, participó en la vida política de su país. Murió en Italia, mientras efectuaba un viaje.

Rodó fue esencialmente un ensayista, y dentro de este género, es uno de los más brillantes que ha producido Iberoamérica. Fue un pensador, pero al mismo tiempo un artista, un estilista, amante de la forma escrita perfecta. Su actitud general frente a la vida y a los temas fue intelectual, aguda y penetrante. Fue dueño de una vasta erudición, que ocultaba artísticamente detrás de su pensamiento, para no fatigar al lector y ofrecerle, en cambio, los razonamientos ya elaborados y fundamentados.

Su estilo está lejos del apasionamiento y el personalismo de otros escritores de la época. Al contrario, su obra se señala por la serenidad y el equilibrio entre las posiciones o ideas encontradas, sin comprometer por eso la verdad. Es un razonador discursivo, sin apuros ni prejuicios, que busca llegar por su propia lógica a lo verdadero. Por eso su posición ideológica es libre y ecléctica, separada de todo doctrinarismo excluyente.

Caricatura de José Enrique Rodó, por Mario Radaelli, publicada en *El Plata* de Montevideo (27 de febrero de 1920). El ensayista uruguayo es reputado como creador del "arielismo". Su libro *Ariel* (1900) le mereció interés internacional y fue breviario de la juventud de su época. Defendió la formación moral y espiritualista de los hispanoamericanos y mostró recelo hacia la hegemonía política de los Estados Unidos de América.

Rodó supo como pocos, unir el pensamiento con las formas artísticas. Sus ideas han perdido en parte vigencia en estos tiempos, pero su prosa se conserva todavía como modelo de claridad y elegancia. *Ariel*, su obra capital, apareció en 1900 y el libro fue adoptado como breviario por gran número de jóvenes iberoamericanos. Fue el código del "arielismo".

El libro adopta la forma de una clase que el profesor Próspero da a sus alumnos, al despedirse de ellos después de un año de actividad escolar. El nombre de Próspero le ha sido dado al maestro en recuerdo del sabio de la obra de Shakespeare, *La tempestad*. El maestro habla a sus jóvenes discípulos cerca de una estatua de Ariel, otro personaje de la misma obra, que domina la sala y representa al genio del bien, a la parte noble y espiritual del ser humano, en contraposición con Calibán, el símbolo de la materia y del mal.

La obra puede dividirse en tres partes: primero, la exaltación de la personalidad del hombre contra la especialización profesional que lo empequeñece, y la defensa del ocio noble que permite la realización de las obras del espíritu; segundo, la defensa de las minorías selectas y de la jerarquía intelectual contra las tendencias igualadoras de la democracia moderna; y tercero, una crítica contra una parte de Estados Unidos, su tipo de civilización y escala de valores.

En síntesis, el arielismo propuesto por Rodó consiste en una combinación armónica de los ideales griegos, cristianos, hispánicos y anglosajones, que permita el desarrollo integral de la personalidad humana, en una democracia justa y selectiva.

Considera que a esto debe agregarse lo más puro de la energía anglosajona. De esta manera, puede lograrse una armonía en la personalidad humana, un equilibrio entre las tendencias naturales del individuo y las normas educativas.

Al referirse a Estados Unidos, estima que su cultura no es refinada ni espiritual; que ha hecho una ciencia de la utilidad; que no hay dimensión y poética en el espíritu anglosajón; pero en cambio, aplaude su filosofía de la acción, el culto de la salud y la fuerza, y el bienestar material que ha logrado con el trabajo del pueblo, pues considera que el bienestar es necesario para el reino del espíritu.

Rodó pregona una sociedad organizada en forma más justa y noble, que supere los instintos y la ignorancia, y para ello sostiene que el ideal del gobierno es una democracia dirigida por una aristocracia de la inteligencia, que desarrolle el desinterés personal y el idealismo, en contra del utilitarismo. Rodó, en lo religioso, desecha por igual el ascetismo cristiano y el puritano, por considerarlos estrechos, y pone su esperanza en la ciencia y en la democracia como semillas para los futuros estados iberoamericanos, reclamando al mismo tiempo, una intensa vida interior y una capacidad urgente de ejecución.

Se le ha reprochado a Rodó el haber planteado una teoría sin considerar la realidad social, política y cultural de Iberoamérica, y sin tener tampoco una palabra de recuerdo para el indio, en otros términos, que su americanismo es simplemente cultural, unilateral, y que no aporta ideas propias sino que glosa los conceptos tradicionales del humanismo.

En sus aspectos políticos, el arielismo representó una reacción histórica contra el poderío de Estados Unidos y su influencia más allá de las fronteras. El país del Norte acababa de triunfar sobre España, y varios sucesos interamericanos hacían temer a los intelectuales de Iberoamérica la extensión, a otros países del Sur, de la política manifestada después de esa guerra. Un gran número de escritores adhirió, entonces, al antiyanquismo, entre ellos el venezolano Rufino Blanco Fombona y el argentino Manuel Ugarte, los dos más duros detractores de la naciente potencia mundial.

La novela de la Revolución Mexicana

La Revolución Mexicana dio origen a un fecundo movimiento en literatura y pintura. Se había iniciado en tiempos de las luchas, con los *corridos* o canciones populares sobre la guerra, discursos, proclamas, panfletos y artículos periodísticos. A partir de 1925 comienza a florecer propiamente la llamada "literatura de la Revolución", que alcanza su máxima expresión en la novela y el cuento. Los autores eran oficiales del ejército, soldados, periodistas, políticos o simples ciudadanos, que sentían la necesidad de expresar sus experiencias e ideas. No se preocuparon tanto de las formalidades estilísticas, ni vacilaron en usar el lenguaje popular y coloquial. Los temas preferidos fueron, lógicamente, los de la Revolución: la guerra, el hambre, las enfermedades, los fusilamientos, los caudillos, la corrupción política, la lucha por la posesión de la tierra, y la muerte.

Mariano Azuela. El más famoso de todos los escritores del movimiento es Mariano Azuela (1873–1952), un médico provinciano que colaboró como cirujano con las tropas de Pancho Villa, y vivió muchos años en El Paso, Texas, en Estados Unidos, donde publicó en un periódico su obra principal, *Los de abajo*, considerada por la crítica como la mejor novela de toda la Revolución Mexicana.

La novela narra la guerra revolucionaria a través de la vida de Demetrio Macías, que impulsado por las circunstancias, se convierte en soldado y termina en general. El proceso espiritual de los hombres y las masas, en el torbellino de los acontecimientos que nadie puede dominar, es desarrollado en todos sus matices: ambición, heroísmo, desilusión, gloria.

Otro escritor sobresaliente es Martín Luis Guzmán (n. 1887), periodista, abogado revolucionario y político. Su obra es amplia y comprende crítica, historia y ficción. La mejor de sus obras, *El águila y la serpiente*, es una especie de autobiografía sobre los aspectos y personajes de la guerra que conoció Guzmán. José Rubén Romero (1890–1952) es otro de los grandes maestros de la prosa revolucionaria. Su obra maestra *La vida inútil de Pito Pérez*, es una novela satírica, al estilo de la picaresca española. El protagonista es un pobre diablo, bebedor, mentiroso y ladrón, que termina mal sus días.

El criollismo

En las tres primeras décadas del siglo XX se afianza en Hispanoamérica una corriente literaria que hace de lo regional el fin de la actividad literaria. Se la ha denominado genéricamente "criollismo" y también "regionalismo". Los escritores muestran una definida posición nacionalista en el arte y una conciencia literaria madura. Son americanistas también, en cuanto se desentienden del peso de las tradiciones europeas y centran su interés en nuestro continente. A diferencia de los americanistas del período romántico (Echeverría y otros) y de los indigenistas de la misma época (Zorrilla de San Martín y otros), ponen su objetivo en el paisaje antes que en los individuos. Son notoriamente descriptivos. Los personajes de sus obras son por lo común víctimas de esa naturaleza americana brutal, inhóspita y grandiosa.

Son excelentes artistas que dominan la técnica de la novela, el relato o el cuento, ya maduros por esos años en Hispanoamérica, después de la maestría literaria que habían revelado en sus obras los poetas y prosistas del modernismo. Continúan esta tradición de hacer verdadero arte escrito, pero con contenidos regionales en vez de los cosmopolitas preferidos por sus predecesores. Dominan el manejo de la lengua y conocen a fondo los regionalismos de vocabulario y sintácticos, que usan sin prejuicios en sus obras. Los diálogos se caracterizan por la fidelidad a las lenguas locales. Finalmente, conocen a fondo la psicología de los habitantes de esas regiones, y los presentan con exageraciones o idealizaciones irreales.

Los más grandes representantes del movimiento criollista en Hispanoamérica fueron, José Eustasio Rivera (Colombia), Rómulo Gallegos (Venezuela), Horacio Quiroga (Uruguay-Argentina), Ricardo Güiraldes (Argentina) y Ciro Alegría (Perú).

José Eustacio Rivera. La novela de este colombiano (1889–1928), *La vorágine*, de amplia repercusión mundial, ha merecido toda clase de elogios en el extranjero, sin faltar quien la haya considerado la mejor escrita en su género en el continente. Rivera estudió en su pueblo natal y posteriormente obtuvo el título de maestro, y a continuación, el de doctor en leyes. Desempeñó cargos diplomáticos en México, Perú y Cuba, hasta fallecer repentinamente en Nueva York.

Escribió únicamente dos obras, *Tierra de promisión*, una magnífica colección de poesías, y la citada novela. Temperamentalmente fue un romántico, aunque en sus poemas hay reminiscencias de clásicos, parnasianos y simbolistas. Había concebido la curiosa idea de reflejar radicalmente a su país en sonetos.

La vorágine es la mejor descripción realizada de la selva virgen colombiana. La trama gira en torno a la vida del protagonista, Arturo Cova, quien después de aventuras amorosas y escapatorias, termina devorado por la inmisericorde selva. Una vez más, aquí el simbolismo es la lucha del hombre contra la naturaleza, en este caso el infierno verde, con pasajes de verdadero horror.

Con motivo de las peripecias de Cova y sus mujeres, se muestran las costumbres, usos y tipos de los pobladores del país, muchos de ellos envilecidos por la ausencia de civilización y vicios denigrantes. Indirectamente, el libro envuelve una crítica social y una visión dramática de la realidad, de caracteres por momentos épicos. Se le han buscado finalmente, ciertas fulguraciones de tipo dantesco.

Rómulo Gallegos. Es una figura señera en el movimiento criollista. Venezolano (1884–1965), ejerció la docencia en su país, fue director de establecimientos secundarios, entre ellos el famoso Liceo Andrés Bello de Caracas, vivió en España y Estados Unidos, fue ministro de educación y luego presidente de la nación, por el período 1947–1952, pero al año de su gobierno fue destituido por un golpe militar.

Gallegos es autor de numerosas novelas y cuentos, de tipo criollista. En ellas aparece su país, Venezuela, y los distintos tipos humanos y sociales que lo constituyen. El ambiente geográfico es fuerte y brutal, y pesa sobre los individuos en forma dramática y hasta cruel. La tierra motiva el alma y la vida de los hombres, haciéndolos víctimas de su poderío y sus inclemencias. Los llanos venezolanos, los ríos, la montaña y la selva producen seres sufridos y pasionales, que chocan entre sí en rivalidades y peleas cruentas, en medio de las cuales los principios y la educación se sofocan y claudican.

Gallegos revela un profundo amor por su tierra y sus conciudadanos, pese a los cuadros brutales en que los muestra. Su sentido de la vida y de la muerte, es un sentido primario, naturalista y tremendo. Todo es tenso y conmovedor en el mundo novelístico del maestro venezolano. La muerte es una circunstancia normal en la vida de los personajes, así como los instintos y las pasiones. En cierto sentido, las novelas de Gallegos reactualizan el antiguo tema de la lucha entre la naturaleza y el hombre, que es tan frecuente en la literatura hispanoamericana, desde los tiempos de la Colonia.

Técnicamente considerado, Gallegos es un maestro en la invención de tramas para sus obras, donde la acción es original y al mismo tiempo verídica. Los hechos se presentan en una combinación magistral de circunstancias, que no por eso se apartan de la realidad. Particularmente notable es también su destreza en el manejo del diálogo, que aunque no es abundante en sus novelas y cuentos, sobresale por su verismo y

Horacio Quiroga, uruguayo, que vivió en las selvas de Misiones (Argentina) y llevó el cuento criollista regional a su máxima expresión artística. Se lo ha comparado por su técnica y repercusión con Poe y Kipling. Sus personajes son individuos marginales y psíquicamente anormales, perturbados o extranjeros desterrados que viven en un universo de frustraciones, delito o alcoholismo.

su interés. El dominio de la expresión es otra de las notas distintivas de su arte. Gallegos logra máximas manifestaciones artísticas en el uso de la lengua y la sintaxis, fruto de una destreza estilística poco común. El lenguaje no omite los regionalismos de vocabulario, lo cual da a su idioma un color local y un pintoresquismo muy atrayentes.

Doña Bárbara es su obra maestra y se ha convertido con el tiempo en un clásico de la literatura hispanoamericana. La protagonista, Doña Bárbara, es una mujer de carácter fuerte, educada entre contrabandistas y brutalmente deshonrada en su juventud, que llega a convertirse en cacique de una gran hacienda al norte del Orinoco. Se enfrenta con Santos Luzardo, un llanero que regresa de la ciudad a tomar posesión de las tierras de su familia y se enfrenta con ella por problemas de límites de tierras. Doña Bárbara se enamora de él, pero su amor encuentra el castigo de la vida, pues Luzardo se casa con Marisela, una bella prima. Doña Bárbara es una novela simbólica: la protagonista representa la barbarie, y Santos la civilización. Otras buenas novelas de Gallegos son *Canaima*, *Cantaclaro* y *La trepadora*.

Horacio Quiroga. Fue probablemente el mayor cuentista de la literatura hispanoamericana, antes de la aparición de la narrativa actual. Nacido en Uruguay y fallecido en Buenos Aires, Horacio Quiroga pasó gran parte de su vida en las selvas de Misiones (Argentina) y sus relatos se refieren a ese mundo natural, salvaje y poblado de animales. Quiroga ha sido comparado en algunos aspectos de su obra con Poe, Kipling, Maupassant y Chéjov, sus maestros preferidos.

Se inició dentro del movimiento modernista, línea estética que abandonó más tarde para situarse dentro del criollismo o realismo. Los mejores cuentos de Quiroga corresponden al período 1907–1928 de su vida. El ambiente natural de la mayor parte de ellos es el mundo de la selva y los pueblos inmersos en ella. Allí la naturaleza se expresa con total brutalidad en contra del hombre, a quien acecha constantemente a través del calor, la falta de agua, las lluvias torrenciales, las inundaciones, los reptiles y los animales feroces. Por supuesto, el ser humano es la víctima de ese mundo bárbaro. Los personajes que se mueven dentro de este escenario son peones de campo, extranjeros desterrados, aventureros industriales o comerciantes, niños o adultos, cuya mentalidad es por lo general primitiva o desviada por el vicio: neuróticos, deficientes mentales, delincuentes, pasionales, alucinados, fracasados y miedosos. Quiroga cultivó los más variados tonos: el dramático, el patético, el tierno, e incluso el humorístico. Pero, en general, predominan los relatos crueles, donde la muerte se enseñorea de los hombres. Sus más festejados libros fueron *Cuentos de amor, de locura y de muerte* y *Los desterrados*. Por lo común, toma una línea de exposición y la sigue hasta el desenlace, sin interpolaciones ni acciones secundarias. El suyo es un cuento de estructura limpia y sencilla. Es más narrativo que dialogado o descriptivo. No hay profundidad filosófica en ellos. Aunque sutil en su sensibilidad y en su visión de la vida, no refleja Quiroga una posición filosófica ante la realidad circundante.

Ricardo Güiraldes. Este escritor argentino (1886–1927), hijo de un rico estanciero bonaerense, pasó su infancia y adolescencia en la estancia paterna y se educó alternativamente en Buenos Aires y Francia. Escribió cuentos camperos, estuvo relacionado con los escritores del grupo ultraísta porteño y fundó con ellos la revista literaria de vanguardia *Proa*, logrando la celebridad con su novela *Don Segundo Sombra*, que junto al *Facundo* de Sarmiento y el *Martín Fierro* de Hernández, son las obras argentinas que más ediciones extranjeras han alcanzado.

La novela narra las peripecias de un niño de catorce años, Fabio, hijo natural de un estanciero, que es criado por unas tías en un pueblo del interior. Entabla relación casualmente con don Segundo Sombra, quien secretamente encariñado de su pequeño amigo, lo educa en las tareas campesinas, hasta que formado ya, el joven recibe en herencia la estancia paterna, se pone al frente de ella, y su viejo maestro campesino se aleja entristecido pero satisfecho de la obra cumplida. La novela revela en varios pasajes aspectos autobiográficos de la vida de Güiraldes, sobre todo su formación gauchesca. El protagonista, don Segundo Sombra, fue un personaje real, llamado Segundo Ramírez, que Güiraldes conoció y ya había hecho aparecer en otras obras anteriores. Se refiere que el encuentro entre el gaucho resero y el escritor se produjo en una estancia. El calificativo de Sombra lo heredó de su padre, que se dice era negro.

Don Segundo Sombra resume en sí gran cantidad de atributos propios del gaucho, sobre todo el gaucho bonaerense de principios de este siglo y de oficio resero. Hay en él un sostenido culto a la amistad, que ya antes había aparecido en otros poemas gauchescos. El erotismo aparece apagado y contenido, como era común en esos hombres de campo, en que un celoso pudor se mezclaba con la valentía más decidida. Es también supersticioso, amigo de relatos misteriosos, dado al juego, a la bebida, al duelo de honor y, sobre todo, un verdadero artífice en las faenas del campo: carnear, enlazar,

Portada de la primera edición de *Don Segundo Sombra*, publicada en Buenos Aires en 1926.

domar, pialar, esquilar, etc. Es una novela realista, pero de tono poético. Sobresalen en ella los cuadros de ambiente, las descripciones, la veracidad de los diálogos, la habilidad estilística, aunque Borges, su connacional, le ha criticado que hizo de un arreo de ganado una función de guerra.

Ciro Alegría. El peruano Ciro Alegría (1900–1967) otorgó a la novela criollista el carácter de novela de protesta social con su obra *El mundo es ancho y ajeno*, que mereció el premio literario de la editorial norteamericana Farrar and Rinehart Company en 1941. La línea indigenista de rebelión social habría de convertirse con los años en una de las particularidades de la novelística peruana actual, sobre todo en José María Arguedas. La novela plantea el conflicto entre los trabajadores de Rumi, una aldea indígena, regida por Rosendo Maqui, como alcalde indio al frente, contra el *gamonal* o caudillo y propietario local, a través de una serie de llamativos sucesos que terminan con derramamientos de sangre y la extinción de la comunidad de Maqui.

Ha sido clasificada dentro del tipo de "novela río", por la multiplicidad de acciones que se entrecruzan, y la extraordinaria cantidad de personajes que intervienen en las distintas peripecias. La obra es, ante todo, una verdadera pieza artística, que reproduce el mundo indígena, mestizo y blanco del Perú, en forma artística, verosímil y equilibrada, sin concesiones ideológicas ni pretensiones políticas. Se le ha criticado a Alegría pretender "socializar" el asunto, pero sin lograr hacer lo mismo con las técnicas y medios expresivos.

También se ha argumentado que la narración habría ganado en calidad si hubiera sido compuesta en menos páginas y aplicado una cuidadosa selección de tantos sucesos. De todos modos, y a pesar de que algunos de estos reparos pudieran ser ciertos, se trata de una obra maestra. Alegría ha referido en varias oportunidades el tremendo esfuerzo que le requirió la escritura de esa novela.

El Grupo de Guayaquil. Lo constituyeron un grupo limitado de narradores regionalistas de Ecuador en 1930, entre ellos Demetrio Aguilera Malta (n. 1909), continentalmente conocido por su novela *Don Goyo*, historia de un fecundo mestizo procreador, majestuoso y casi legendario que se integra con la selva como un vegetal, en un submundo habitado por mujeres, hombres y niños deformados por los mitos, supersticiones, apetitos sexuales y primitivismo mental.

Otro de los componentes de la agrupación, José de la Cuadra, denominado el "señor del cuento", publicó *Los Sangurimas*, historia de una familia violenta y primitiva, signada por asesinatos y deformidades morales de todo tipo. El lema del grupo de Guayaquil, impregnado de ideología, fue "la realidad, nada más que la realidad".

Temas de conversación

1. ¿En qué consistió la Revolución Mexicana?
2. ¿Qué es el APRA y cuál ha sido su intervención en la política del Perú?
3. ¿Cómo ha sido la evolución del peronismo en Argentina?
4. ¿Cuál es la historia del castrismo en Cuba?
5. ¿En qué consiste el sandinismo?
6. ¿Cómo ha evolucionado la política chilena desde el advenimiento del presidente Allende?
7. Refiera brevemente la historia del Canal de Panamá.
8. ¿En qué consiste la lucha entre conservadores y liberales en Colombia?
9. ¿Qué caracteres distinguen al realismo literario?
10. ¿Qué es el modernismo literario y cuáles son sus aspectos principales?
11. ¿Qué temas y personajes desarrolla la novela de la Revolución Mexicana?
12. ¿Qué es el arielismo de Rodó?
13. ¿En qué consiste el criollismo en las letras hispanoamericanas?
14. ¿A qué se denomina Grupo de Guayaquil?
15. ¿Qué opinión le merece en conjunto la literatura de la época estudiada?

Temas especiales de exposición y composición

1. La Revolución Mexicana.
2. El peronismo.
3. El castrismo.
4. El modernismo.
5. El criollismo.

CAPÍTULO DIEZ

*L*A ACTUALIDAD: POLÍTICA Y ECONOMÍA

Aspectos de la vida política

Al considerar la actividad política iberoamericana, deben tenerse en cuenta dos aspectos principales: es un fenómeno que interesa a la mayor parte de los individuos, y tiene rasgos de personalismo más que de institucionalismo.

El personalismo. El primer factor se explica fácilmente por la gran dependencia en que se encuentran los ciudadanos del gobierno. El segundo encuentra su razón profunda en el carácter presidencialista de las constituciones y en la actitud psicológica de los habitantes, que confían más en las personas que en las normas escritas.

El mandatario, sea presidente, gobernador o intendente, asume sobre sí una suma de poderes que en otras naciones corren por cuenta de los organismos de aplicación. Muy a menudo el presidente tiene asignadas funciones que corresponderían a los representantes del pueblo constituidos en parlamentos o concejos. Pueden limitar la libertad de expresión, dispensar favores a título personal, orientar o cambiar la economía, fijar el valor de la moneda, disponer aumentos masivos de salarios y condiciones de trabajo, establecer el tipo de interés bancario, conceder o negar privilegios industriales o comerciales, fijar los sistemas educativos y planes de estudios, y aun servir de último recurso de apelación en caso de indiferencia o injusticias burocráticas y aun jurídicas, como en el caso de los indultos penales.

En cuanto se refiere a la inclinación a adherir a la figura de un gobernante personalizado, el fenómeno tiene otras raíces profundas, originadas en mecanismos psicológicos de defensa en el ejercicio de los derechos, más confiables frente a un personaje conocido que frente a personas desconocidas y protegidas por el anonimato de la burocracia.

Por supuesto, estas características se prestan tanto a desviaciones injustas, el favoritismo y el nepotismo, como a la obtención de resoluciones compensatorias. El presidente se convierte así en una figura de gran gravitación en el destino personal de los ciudadanos, y en la medida en que se trata de un mandatario honorable, actúa como instrumento de moderación y equilibrio.

Podría agregarse el factor de la tradición histórica, según la cual las nacientes naciones del siglo pasado fueron encauzadas y conducidas por hombres representativos, de gran capacidad y educación, en busca de organización y progreso. Algunos extranjeros han sugerido que este matiz de la vida política puede tener bastante relación con la idiosincrasia latina, donde las relaciones personales tienen mayor fuerza que en otras etnias.

Curiosamente, las infracciones legales de un mandatario o funcionario no afectan su buen nombre y honor, como en otros países, al extremo de que la honestidad o moralidad públicas parecen estar separadas de la individual.

Dentro de un sistema tal, no es de extrañar que ocurran episodios desconcertantes para los extraños, como es el caso de las frecuentes revoluciones o mejor dicho golpes de estado. Cuando la ineficacia, la mala administración o el autoritarismo se tornan insufribles, se suprime al mandatario y a su cohorte política mediante la fuerza, ya que el pueblo interpreta que con dicha revolución castiga antes al hombre responsable que al sistema democrático. Estos golpes de estado suceden cuando se necesita resolver con urgencia problemas graves, o poner freno a la inoperancia o favoritismo del titular del gobierno, que en base a su poder, convierte a la presidencia en una dispensadora irresponsable de privilegios.

El presidente, a su vez, está facultado por la constitución para suspender las garantías constitucionales por tiempo limitado, cuando se trata de mantener la paz interior o la seguridad nacional. Este derecho se denomina, según los países, "estado de sitio", "estado de emergencia", o "medidas de pronta seguridad", y aunque es excepcional ese recurso, los gobiernos autoritarios han usado y abusado de él.

Otros historiadores dan una explicación diferente a la fuerte propensión del hombre iberoamericano a la política, y le atribuyen un trasfondo económico: "Detrás de todas las maniobras políticas en Latinoamérica hay un fondo económico. Por un lado está el egoísmo humano que lleva al hombre a querer hacer fortuna. Por otro lado arde el deseo de sacar al pueblo de su miseria, sea por razones nobles, sea sencillamente por miedo a la revolución" (Ronald Hilton, *La América Latina de ayer y de hoy*).

Otras luces han sido proyectadas sobre tan complejas prácticas. Es frecuente leer en libros, revistas y periódicos interpretaciones del más variado orden: que "este desorden indica una incapacidad para el gobierno propio" (A. Curtis Wilgus y Raúl D'Eça); que los partidos liberales y conservadores que hicieron su aparición en las nuevas repúblicas "no fueron tanto partidos políticos como camarillas de dictadores" (Stephen Clissold); que "sobre el suelo hispanoamericano no se ha creado ni cultura ni democracia dignas de ese nombre" (Robert Bazin). Hasta podrían agregarse las atribuidas periodísticamente a un ex presidente norteamericano: "No tenemos la certeza de que el desarrollo contribuya directa o inmediatamente a la democracia, a la paz o a unas relaciones más amistosas con Estados Unidos, pero confiamos en que a la larga así sea... Estados Unidos no puede ser indiferente al hemisferio en que vive. Pero la geografía por sí sola no hace una comunidad" (Richard M. Nixon).

Las instituciones. Los partidos tradicionales han sostenido en todo momento la necesidad de preservar la plena vigencia de las instituciones republicanas. La principal de todas, por sus facultades de controlar y ordenar la vida general de una nación, es el parlamento. En algunos países es bicameral (cámara de diputados y cámara de senadores), mientras que en otros es unicameral.

Pero en la práctica no siempre sucede así, debido a que esos organismos están a veces contaminados de obsecuencia y sometimiento al poder ejecutivo, insuficiente nivel cultural, infiltración ideológica en las asambleas, demora en la sanción de leyes, empleo de tecnicismos operativos para no aprobar leyes o aprobarlas sin el correspondiente debate, aprobación de actos gubernativos ya decretados por la presidencia de la nación, votación de leyes de privilegio, asignación de dietas elevadas, gastos superfluos para el ejercicio de la función, cuando no origen espurio de las bancas obtenidas por favores partidistas.

Estos y otros vicios han creado en Iberoamérica un cierto desprestigio de los parlamentarios como dirigentes, y de los parlamentos como instituciones confiables de justicia social, política y económica. En otros lugares se los considera retóricos, ambiciosos y rezagados culturales, y se los responsabiliza de los males públicos.

La ciudadanía reclama por una nueva generación de políticos. Suele ser una opinión bastante generalizada la de que en Iberoamérica hay muchos políticos pero pocos estadistas. Con todo, y aunque la situación tiende a mejorar por presión de los habitantes, todavía la política sigue siendo una fuente de poder y de privilegios, considerada de un modo general y salvados los nombres de prestigiosos miembros. No todos son sospechosos de inmoralidad, favoritismo, nepotismo, sensualidad o incapacidad legislativa.

Estas condiciones producen como resultado que hombres probos e intelectualmente responsables, eludan la actividad partidaria y dediquen su talento y esfuerzo a su especialidad profesional, cultural, científica o técnica.

Presentada en estos términos, la crisis puede parecer exclusiva de Iberoamérica, pero no es así. Casi diariamente los diarios informan de prácticas corruptas semejantes en que han incurrido los legisladores de naciones de cultura milenaria.

Los partidos cívicos

La ideología de los partidos políticos no es clara y precisa en la mayor parte de los casos. Por lo común, son declaraciones genéricas que no indican específicamente la acción a cumplir en cada caso concreto de la realidad.

Los partidos cambian habitualmente su repertorio de ideas retóricas, o efectúan alianzas entre sí para lograr mayoría. Estas alianzas o frentes suelen desmoronarse ni bien el grupo ha llegado al poder. Este fenómeno es particularmente notable en las revoluciones militares que durante su gobierno cambian con golpes internos a los presidentes surgidos de su propio seno, y suele repetirse también en las coaliciones de izquierda, debido a la división entre los grupos más revolucionarios y los moderados.

La excesiva sofisticación de las ideologías políticas ha favorecido la formación de numerosos partidos políticos —más de diez en algunos países—, sin mayoría apreciable ninguno de ellos, que a veces llegan al gobierno con apenas un 25% de votos a su favor. La atomización política dificulta el ejercicio del poder y conduce en definitiva al desorden institucional o a la revolución.

Cada país tiene naturalmente sus propios partidos políticos, con ideologías propias, de modo que ser conservador o radical no significa lo mismo en un país que en otro. Hay lugares donde los radicales son realmente conservadores, y otros donde los democristianos son más revolucionarios que los socialistas. Por eso el análisis de los partidos debe hacerse en términos de cada nación.

Algunos tuvieron pretensiones expansionistas. Hacia la década del '30, la Alianza Popular Revolucionaria Americana (APRA), inspirada y dirigida por Víctor Raúl Haya de la Torre, tuvo aspiraciones iberoamericanas, que no llegaron a concretarse. Lo mismo sucedió con el peronismo argentino (1946–1955), que en su momento buscó proyectarse como doctrina hacia países vecinos, pero fracasó.

La razón de estos fracasos debe buscarse en la naturaleza distinta de los problemas políticos de cada país, en la escasa posibilidad de alguno de ellos de ejercer un liderazgo continental, y en el natural recelo y susceptibilidad de los latinoamericanos para recibir órdenes o inspiración desde fuera de las fronteras.

Los demócratas cristianos han tenido su más fuerte y eficiente expresión en Chile bajo el gobierno del presidente Eduardo Frei (1964–1970), y en Venezuela con la elección de Rafael Caldera, candidato del Comité Organizado de Partidos Electorales Independientes (COPEI).

Los democristianos han constituido partidos en casi todos los países, y aunque sus simpatizantes y líderes tienen en común una formación cristiana y un declarado interés por la aplicación de la doctrina social de la Iglesia y el cambio de las estructuras económicas tradicionales, no puede afirmarse que hayan logrado el apoyo de la jerarquía eclesiástica que se mantiene más bien al margen de los hechos. En general, es un partido de clase media, sin mayores posibilidades por el momento.

Los partidos comunistas, por su parte, son minoría en todos los países y están proscritos en muchos de ellos. Han tenido también sus cismas o divisiones internas. Dirigen su acción proselitista principalmente sobre los obreros industriales, los universitarios e intelectuales, y apoyan su lucha en la reforma total de las estructuras políticas, económicas y sociales, la lealtad, el ejemplo soviético o chino de desarrollo e industrialización, y el ataque violento a los países capitalistas, principalmente a Estados Unidos y sus instituciones.

En la década de los '30 los socialistas se dividieron en trotzkistas y comunistas, y en la década del '60 volvieron a segmentarse en partidarios de Moscú, Pekín y de La Habana, según promovieran la coexistencia pacífica, la vía revolucionaria o el método de las guerrillas, respectivamente. A su vez, la distinta concepción de las guerrillas dividió a sus partidarios en la reunión de la Organización Latinoamericana de Solidaridad (OLAS), conferencia tricontinental convocada por La Habana para discutir asuntos comunistas de América, África y Asia, conjuntamente. Entre los activistas revolucionarios, unos son fieles a la teoría del Che Guevara de practicar la guerra rural, mientras otros la sustituyen por la urbana. Con motivo de la reciente disolución de la Unión Soviética, y su proceso de democratización, es prematuro imaginar la línea que tomarán los comunistas.

En México la mayoría conforma el Partido Revolucionario Institucional (PRI), surgido de la Revolución Mexicana y heredero ortodoxo de su doctrina de "sufragio efectivo, no reelección". El partido fija los candidatos políticos para cada elección, los que resultan siempre elegidos porque el partido es altamente mayoritario y sólo se permite una actividad limita a los partidos mínimos opositores. Ningún político puede ser reelegido. Esto quita cierta continuidad al gobierno, pero este inconveniente se subsana en la práctica mediante organismos estables de funcionarios de alto nivel. Los presidentes que han terminado sus mandatos forman un comité de consejeros dentro del partido y aportan su valiosa experiencia para la continuidad y homogeneidad de las sucesivas administraciones. El Partido Revolucionario Institucional justifica su monopolio político sosteniendo que después de las cruentas luchas civiles de la revolución es muy importante la estabilidad institucional y que todo mexicano que desee llegar al poder está libre de hacerlo a través del partido.

El Movimiento Nacionalista Revolucionario de Bolivia (MNR), sufrió un colapso hacia 1964, con las revoluciones sucesivas de los generales René Barrientos (1964), Ovando Candia y Juan José Torres (1971), quien intentó un "experimento único" en materia de nacionalizaciones y sustitución del Parlamento por una Asamblea Popular, con integrantes sindicales y representantes de la clase media y partidos pro soviéticos, pro chinos y pro castristas, hasta ser derrotado por el coronel Hugo Banzer, un militar de derecha. Este último fue el 188° levantamiento y golpe de estado en Bolivia.

Estos ejemplos son suficientes para comprender la complejidad y entremezcla de ideas y pruebas realizadas para llegar a una fórmula estable y mayoritariamente aceptada y respetada.

La historia política, conviene agregar, debe ser estudiada en cada país en particular. Por esta razón, la formulación de una tipología de la política iberoamericana ha presentado insalvables dificultades a los politicólogos.

Desde la independencia del siglo pasado hasta principios del actual, el panorama era más simple y se reducía, en definitiva a distinguir entre centralistas (unitarios) y federales, o entre católicos y laicos. Estos conflictos han sido superados ya, y han surgido otros propios de estos tiempos, por efecto de nuevos agregados contemporáneos: el militarismo, el personalismo, el socialismo marxista, los grupos sindicales, el retiro paulatino de la Iglesia del quehacer político, la influencia europea del fascismo y el nazismo, la incorporación soviética a la actividad política iberoamericana, el florecimiento del capitalismo, el nacionalismo económico, y otros factores circunstanciales surgidos en la realidad de cada nación.

No es aventurado afirmar que en los tiempos actuales el bipartidismo tiene poca vigencia y que el espectro partidario oscila entre un extremo y otro, y el centrismo es poco preferido.

Es comprobable, en cambio, que dos tendencias genéricas ocurren con contenidos (al menos teóricos), de alguna manera coherentes entre sí. Se han propuesto para estos complejos ideológicos diversos nombres, ninguno de los cuales es satisfactorio del todo: liberales y conservadores; democráticos y autoritarios; democráticos y socialistas; etc.

En la última década, los términos de derecha e izquierda, tan usados hasta hace poco tiempo, han dejado de ser utilizados por los especialistas.

Militarismo y democratización

El sentimiento y las ideas nacionalistas son fuertes en Iberoamérica y se manifiestan bajo formas distintas, según la ocasión. A veces surge espontáneamente el nacionalismo por algún hecho histórico, por ejemplo, cuando la nación se siente amenazada por peligros externos. En otras ocasiones, es un estímulo provocado con intención por los partidarios de ciertas causas o creencias. Puede ser un pretexto de agitadores sociales o dictadores políticos. En unos casos procura lograr formas artísticas o literarias originales, y en otros es un medio para promover el desarrollo de un país u oponerse al predominio económico de Europa o Estados Unidos.

Cuando aparecieron las nuevas naciones el siglo pasado, fue el antihispanismo de los románticos (Echeverría, Sarmiento) en defensa de la independencia espiritual y artística que dio ímpetu al nacionalismo. Hacia fines del siglo, fue el antiyanquismo de los modernistas (Rodó, Rubén Darío, Blanco Fombona) para oponerse al papel de policía internacional asignado a Estados Unidos por el presidente Theodore Roosevelt. En la Primera Guerra Mundial fue el neutralismo y la anglofobia y en la Segunda, el germanismo, el antisemitismo y también el neutralismo que una vez más avivó el nacionalismo.

A mediados de este siglo las manifestaciones más visibles del nacionalismo fueron el antiimperialismo, el anticolonialismo, el anticapitalismo, el socialismo, el antiintervencionismo y el estatismo económico. El antiimperialismo acusa a Estados Unidos y Europa de intromisión política en Iberoamérica; el anticolonialismo reclama ante las Naciones Unidas la reincorporación a países latinoamericanos de las colonias subsistentes en el continente (Islas Malvinas o Falkland, Belice, etc.); el anticapitalismo ataca al capital internacional como causante del atraso; el socialismo proclama la necesidad de entregar al Estado las áreas más importantes de la economía para contrarrestar la influencia europea y norteamericana, lo mismo que el estatismo; y el antiintervencionismo sostiene su fuerte oposición a la injerencia externa en asuntos internos de cualquier país iberoamericano.

Estas manifestaciones cambian de país a país, según el caso y el interés nacional, o la ideología del partido gobernante. No puede afirmarse que un determinado país sea naturalmente nacionalista en sí, aunque todos lo son históricamente en mayor o menor grado, como todas las naciones del mundo.

John J. Johnson ha opinado que la preferencia de los iberoamericanos por la carrera militar obedece a tres razones principales: las academias militares ofrecen mejores oportunidades educativas que otros establecimientos, sin costo; permiten a los provincianos acceder a la capital y ciudades importantes, sustrayéndose de este modo a las escasas oportunidades económicas del interior; y finalmente, brinda una buena posibilidad de ascenso social y participación en los centros de poder. Se constituyen en algunos casos verdaderas familias de militares, se crea un *esprit de corps* beneficioso en la vida social y económica, se asegura el empleo para el futuro, se obtiene una paga superior a las medias, y se logra la oportunidad de un respetable prestigio y el contacto con los países exteriores, a través de puestos diplomáticos y asistencia a conferencias internacionales.

Este enfoque del fenómeno militarista no tiene en cuenta la vocación sincera de profesionalidad de muchos oficiales.

El tema de la interrelación entre la actividad militar y la política es sumamente intrincado y tiene una tradición antigua. No se reduce únicamente a una desviación incorrecta de la función de las fuerzas armadas, sino que está también en algunos casos conectada con los intereses continentales de la defensa hemisférica, el aseguramiento de materias primas estratégicas, las luchas ideológicas mundiales, el asentamiento de bases estratégicas, la colaboración en situaciones bélicas o políticas, y otras razones, que exceden las posibilidades de análisis de este libro.

En los tiempos actuales el panorama tiende a cambiar, de manera que las actividades extramilitares de los militares, están perdiendo o han perdido su tradicional carácter. Por lo pronto, los civiles han reemplazado a los presidentes militares en prácticamente todos los países en elecciones libres y el restablecimiento de la vida democrática ha aparecido en el horizonte político iberoamericano con gran esperanza, lo cual no debe interpretarse como una desaparición definitiva del militarismo. Según la interpretación de Johnson, el llamado de los poderes civiles a los militares podría continuar por tres razones: a) para remover a un determinado grupo de poder en beneficio del mantenimiento del régimen democrático; b) para colaborar con el poder civil como una fuerza final y más poderosa que la policía en la lucha contra la violencia interior; c) la rivalidad entre oficiales que pudieran ser explotadas por grupos políticos.

La primera y la segunda de las hipótesis parecen ser las más probables, como lo demuestran los acontecimientos generados por las guerrillas subversivas, el narcotráfico, la corrupción de algunos gobiernos civiles y la necesidad de impedir la disolución interna de una nación. De todos modos, los analistas reconocen que las nuevas generaciones de oficiales revelan criterios distintos a los de sus antiguos compañeros de armas y tratan de mantener a las fuerzas armadas en sus funciones específicas.

Las guerrillas. La guerrilla es un instrumento contemporáneo empleado preferentemente por los grupos descontentos para provocar o acelerar el proceso de cambio. Es difícil tipificar a esos grupos ideológicamente, pues son de naturaleza distinta según las naciones. Los analistas políticos presumen que existen conexiones entre los grupos guerrilleros de varias naciones, pero también divergencias. Algunos son de izquierda y otros de derecha, y en ciertos casos están integrados por personas de diferentes ideologías. Recurren a los secuestros de personalidades, atentados terroristas, tienen sus propias "cárceles del pueblo" secretas, donde recluyen a los secuestrados que han sido sometidos a juicio, practican la extorsión y la amenaza o libran abiertas batallas en el campo, la montaña, la selva o la ciudad.

La guerrilla urbana o rural ha superado a la policía tradicional y ahora se la combate mediante cuerpos armados especializados, los cuales han obtenido hasta el presente un éxito razonable. Los guerrilleros detenidos son sometidos en algunos países a los tribunales ordinarios, mientras que en otros son juzgados por tribunales especiales y aún ajusticiados. Según los especialistas militares, las guerrillas iberoamericanas no tienen por el momento la posibilidad de tomar el poder. Quizás el más antiguo de estos movimientos sea el grupo uruguayo de los Tupamaros, nombre derivado de una corrupción de Túpac Amaru, el caudillo peruano que organizó y dirigió una rebelión indígena en el siglo XVIII en el Perú. En general, adoptan los nombres de "frentes", "ejércitos de liberación", "fuerzas armadas revolucionarias", etc. Hay o hubo guerrilleros marxistas, castristas, comunistas, maoístas, peronistas, delincuentes, narcotraficantes y de otras extracciones.

El último movimiento aparecido (enero de 1994) es el mexicano Ejército Zapatista de Liberación Nacional (EZLN), en Chiapas, en el sudeste de esa república, que comenzó sus demostraciones de fuerza con la toma de varias sedes gubernamentales en dicho estado y vecinos.

La guerrilla no nace espontáneamente en un lugar. Presupone una estrategia y una táctica establecida de antemano y como primer paso para la toma del poder. La gran escuela de adoctrinamiento y preparación de las fuerzas de choque estuvo o está todavía en Cuba, organizada y sostenida por Fidel Castro quien afirmó que convertiría durante su gobierno a la cordillera de los Andes en una Sierra Maestra continental. En estas condiciones, la intervención de las fuerzas armadas regulares es el recurso más aplicado por los gobiernos legalmente constituidos.

El Che Guevara fue el símbolo de la guerrilla desde su muerte ocurrida en 1967 en Bolivia, en acción de combate. Su figura atrajo por muchos años particularmente a los estudiantes revolucionarios, quienes lo convirtieron en su ídolo y pegaron carteles con su figura por Europa y América. Sin embargo, las guerrillas no han contado hasta el presente con la adhesión o colaboración voluntaria de los campesinos ni de los trabajadores fabriles de los países que proponían "liberar". Hasta ahora han operado bajo la conducción de líderes universitarios o bien educados, médicos y abogados muchos de ellos, que no han logrado conquistar la simpatía de los pobres. Uno de los problemas fundamentales de los guerrilleros lo constituyen sus continuas luchas internas por el poder, que conciben de distinta manera según su procedencia ideológica y conforme al distinto criterio militar que sustentan.

En el pasado, por ejemplo, el Che Guevara fue partidario de practicar al guerrilla rural, confiado en la adhesión de los campesinos, pero su criterio táctico no era compartido por otros líderes, quienes sostenían la opinión de que la guerrilla debía ser urbana. En Uruguay, los Montoneros concentraron en cambio su acción en las ciudades. En Argentina los dos grupos más fuertes en su momento, los Montoneros y el Ejército Revolucionario del Pueblo (ERP) provenían de distintas inspiraciones políticas: los primeros eran peronistas y los segundos, marxistas. Ciertas operaciones militares eran cumplidas con independencia por uno u otro grupo, mientras que en algunos casos fueron operaciones conjuntas.

Los diferentes modos de operar han variado y varían según las condiciones geográficas, sociales y económicas de las circunstancias. Algunos movimientos apelan al descontento de los campesinos, los indígenas, los obreros fabriles o las clases medias intelectualizadas, aprovechando las reclamaciones de los grupos disconformes. Sendero Luminoso, en el Perú, ha actuado incluso contra las propias poblaciones indígenas, atacándolas con las armas para forzarlas a incorporarse a la lucha o como escarmiento por la falta de cooperación. Al mismo tiempo, ha recurrido al ataque de instalaciones policiales y gubernamentales en la ciudad de Lima.

Los argumentos comunes, hasta la actualidad, suelen concentrarse en contra del imperialismo, el capitalismo, el feudalismo colonial, la explotación de los pobres, a los que se ha agregado últimamente el de la corrupción política.

Las respuestas de las gobiernos han variado también de acuerdo con las características específicas de cada rebelión, desde la abierta lucha armada con tropas regulares, hasta la amnistía de presos y condenados. Otros procedimientos son también empleados. Se realizan negociaciones y firman acuerdos para evitar o detener los combates; se ofrece perdón a los "arrepentidos" y se les garactiza el cambio de identidad pública y el traslado al extranjero para cubrirlos contra las represalias; se disminuyen las condenas de los apresados y juzgados; se publican recompensas pecuniarias para quienes ofrezcan información que conduzca a la detención de los criminales; se convienen acuerdos entre países para intercambiar o extraditar a los delincuentes, y otros recursos del momento. En varios países, Brasil por ejemplo, se han aparecido "escuadrones de la muerte", es decir, grupos policiales o parapoliciales encargados de eliminar físicamente a los terroristas.

La Iglesia Católica, a través del Papa y sus ministros, así como otra comunidades religiosas y organizaciones civiles de distintos ámbitos, se han pronunciado explícitamente contra las guerrilla, las que por algunos conductos tiene afinidades y relaciones en Medio Oriente y han realizado actos de vandalismo también en Europa.

La Iglesia y la política

Muchos extranjeros de países con otra historia originaria y con minorías católicas, se sorprenden al comparar la influencia de la Iglesia católica en la vida pública de Iberoamérica con la de Europa y Estados Unidos, debido a la diferente modalidad de actuación.

La Iglesia católica ha constituido a través de la historia un importante elemento de poder, a partir de las prerrogativas que la autoridad papal concedió a los Reyes Católicos y sucesores. Todavía la palabra de la Iglesia, del Sumo Pontífice y los prelados, es respetada y escuchada con fe y se le otorga credibilidad y confiabilidad.

En materia económica y social es donde se discute su participación, y no en lo teológico y pastoral, conforme al moderno criterio, incluso pontificio, de respetar la libertad de conciencia preconizada por el cristianismo. Pero aun en este caso la doctrina católica ha sido explícita en actos y documentos fijando su posición frente a los hechos concretos y materiales de la vida social. Sus enseñanzas están expuestas en varias encíclicas: *Rerum Novarum* (1891) de León XIII sobre la cuestión obrera; *Quadragessimo Anno* (1931) de Pío XI sobre la restauración del orden social; *Mater et magistra* (1961) de Juan XXIII, en la que urge la justicia y el bien común como normas para el desarrollo de la cuestión social; *Populorum progressio* (1967) en la que el Papado expone su doctrina sobre el desarrollo de los pueblos y muy especialmente de aquellos que sufren hambre, miseria, enfermedades endémicas e ignorancia y buscan una participación en los frutos de la civilización.

En síntesis, sostiene que "el desarrollo integral del hombre no puede darse sin el desarrollo solidario de la humanidad"; "que los pueblos desarrollados tienen la obligación gravísima de ayudar a los países en vía de desarrollo"; que "lo superfluo de los países ricos debe servir a los países pobres", y con texto claro enuncia que la regla del libre cambio no puede regir por sí sola las relaciones internacionales y debe mantenerse dentro de los límites de lo justo y lo moral, sin abolir el mercado de concurrencia; y que la insurrección revolucionaria engendra nuevas injusticias, desequilibrios y ruinas, "salvo el caso de tiranía evidente y prolongada, que atentase gravemente a los derechos fundamentales de la persona y damnificase peligrosamente el bien común del país".

Cantidad abundante de documentos de distinta naturaleza y discursos del Sumo Pontífice ratifican inconmoviblemente esta posición, considerada por la Iglesia como la palabra de Dios acerca de este tema.

El Concilio Vaticano II (1959–1965) no ha hecho más que reafirmar dogmáticamente esta posición. En la Carta Pastoral *Gaudium et Spes* (1965), analiza la posición de la Iglesia en el mundo actual, repasa su idea de la actividad humana en el mundo contemporáneo, clarifica los problemas más urgentes, el desarrollo económico, la vida en la comunidad política, el incremento demográfico, la promoción de la paz y el fomento de la comunidad de los pueblos, la obligación de evitar la guerra y la necesidad de edificar una comunidad internacional. Es comprensible, entonces, que los miembros de la cristiandad (fieles y pastores), se sientan obligados a contribuir en la medida de sus posibilidades y las circunstancias en que vivan, a hacer efectivas con estas creencias.

Esta es la doctrina. Los pasos concretos en procura de estos objetivos, son de otra naturaleza. Equivocados o lúcidos, algunos miembros han cometido errores en su quehacer apostólico o han entrado en caminos equivocados, que no nos toca enjuiciar. En Colombia, el padre Camilo Torres tomó las armas y formó parte activa de las guerrillas armadas, conducta que lo condujo a la muerte en una acción militar. En El Salvador, la Iglesia informó por intermedio de su portavoz que estaba tratando de intervenir para favorecer un pacto entre el gobierno y las guerrillas (1985). Con anterioridad (1979), había sido asesinado a balazos en el templo el arzobispo Oscar Romero, pagando con su vida la gestión en pro del entendimiento.

Bastan estos dos casos extremos para internarse en el ámbito de las relaciones de la Iglesia con el Estado o con los representantes del poder. En Europa los "curas obreros", que ingresaron como empleados comunes a las fábricas para poder cumplir mejor su misión de apostolado, no pudieron lograr sus fines.

Los denominados curas "tercer mundistas", reunidos en la Conferencia de Medellín, Colombia (1968), o Segunda Conferencia General del Episcopado Latinoamericano, coincidiendo con la visita del Papa Pablo VI, reactualizaron los contenidos sociales de la Iglesia. En sus conclusiones, se destaca la siguiente: "La violencia —expresa— constituye uno de los problemas más graves que se plantean en América Latina. No se puede abandonar a los impulsos de la emoción y de la pasión una decisión de la que depende todo el porvenir de los países del continente. Faltaríamos a un deber pastoral si no recordáramos a la conciencia, en este dramático dilema, los criterios que derivan de la doctrina cristiana del amor evangélico".

Más recientemente, el Papa Juan Pablo II ha advertido en innumerables ocasiones que además de estos y otros desvíos de la conducta humana, deben agregarse ahora los nacionalismos y localismos y en su primer mensaje de 1994, agregó que la "paz está herida por el persistir de la injusta diferencia entre el norte y el sur del planeta y por la pesadilla de una vasta crisis económica que pesa sobre las clases sociales menos protegidas".

En la distinta y personal interpretación que los cristianos dan a estos antecedentes y palabras, es donde puede buscarse una raíz del asunto.

Panorama general económico

La situación económica de Iberoamérica en esta última década del siglo es distinta de la de otros continentes y difícil de pronosticar. En algunos aspectos muestra signos promisorios, como por ejemplo en su crecimiento industrial; modernización de los servicios, sistemas bancarios y financieros actualizados; educación tecnológica; ampliación de los mercados comerciales; más estrecha vinculación con los centros económicos mundiales; decidida lucha contra el mal crónico de la inflación; paulatino alejamiento de las ideas estatistas; ampliación del número de contribuyentes impositivos; y privatización de los servicios públicos deficitarios e ineficientes conforme a las experiencias de países adelantados.

Sin embargo, este proceso no es uniforme en todos los países ni ocurre con la misma celeridad ni en el mismo grado de profundidad o convicción. A la vanguardia de este proceso de modernización marchan Argentina, Brasil, Chile, Colombia y México, y en menor grado, quizás también Venezuela.

Considerado el subcontinente como una totalidad, es pobre en relación con Europa y Estados Unidos, pero lo es menos que África y gran parte de Asia. Pero considerados los países individualmente, la apreciación es otra. Hay países medianamente ricos (Argentina, Uruguay, Chile, Colombia, Costa Rica, México y Brasil), y países pobres (Bolivia y Haití son los casos extremos).

También es diferente el panorama si se toma en cuenta la distribución de la riqueza entre la población. Aun en los países más pobres hay minorías adineradas comparables con las de cualquier país del mundo. La diferencia estriba en el número de pobres de escasísimos ingresos.

El ingreso anual por persona es mucho más bajo en los países con grandes masas indígenas o semiindígenas (Bolivia, Perú, Ecuador, Guatemala), en los países de poca extensión territorial (El Salvador, Honduras, Nicaragua, República Dominicana), y en los países con gran número de habitantes (Brasil).

Ninguna de estas situaciones es constante ni lo ha sido tampoco siempre, pues el deterioro o caída de las economías nacionales oscila según el régimen político imperante en cada momento o el sistema económico aplicado. Un ejemplo demostrativo es el de Argentina, que de su privilegiada posición de principios del siglo (uno de los diez países más ricos del mundo), descendió sesenta posiciones en la escala por una equivocada conducción gubernamental, para volver a ocupar el puesto 37 en diciembre de 1993.

De todos modos, por una razón u otra, el conjunto de naciones iberoamericanas no conforman un bloque rico, aunque tampoco un bloque pobre. Los vaivenes internos y externos se conjugan año a año para producir efectos imprevistos. Entre 1950 y 1978, por ejemplo, el índice de crecimiento de la América Latina superó al de Estados Unidos, y Argentina, en 1929, para tomar otro caso demostrativo, tenía un producto bruto *per cápita* equivalente al de Francia, mientras en la actualidad es de un quinto r. En la década de 1950, el de México era superior al de España, y el del Perú superaba ampliamente al de Corea, Tailandia, Taiwan y otros países de la zona. La región crecía a un ritmo mayor que otras naciones del mundo. Las cosas son bastante diferentes hoy en día. Se comprueba, entonces, que en la medida que la América Latina ajuste internamente sus desequilibrios y se incorpore a las condiciones del mundo moderno, su papel puede pasar su actual 10% de contribución a la economía planetaria actual.

La economía mundial se orienta en esta última centuria hacia tres áreas globales: América del Norte, Europa del Atlántico y la Cuenca del Pacífico, con limitadas esperanzas para América Central y muy pocas para América del Sur, según las estimaciones de un economista uruguayo.

No obstante tampoco es muy desalentador el futuro. Hay factores favorables que pueden modificar las expectativas. Estados Unidos parece dar señales claras de que su porvenir económico está más ligado a Latinoamérica que a los otros bloques. Por de pronto, después de la disolución del bloque soviético, los capitales europeos no se han mostrado muy favorables a invertir en los países del ex imperio ruso, por la falta de seguridad jurídica, consumidores empobrecidos y otros factores. La competencia de Japón y de los "tigres" del Asia (Taiwan, Corea del Sur, etc.) de alguna manera resta clientes a las empresas norteamericanas por sus precios menores. El Mercado Común Europeo enfrenta por su parte a Estados Unidos en la obtención de mercados y las investigaciones tecnológicas.

Últimamente ha habido manifestaciones muy sugerentes de los gobiernos de Norteamérica en el sentido de apoyar al desarrollo de las economías regionales del sur, en particular con los planes Baker y Brady, que ya han producido efectos alentadores. Esos planes, consisten en variados mecanismos para la reducción de las deudas de los países: disminución del capital adeudado y aplazamiento de su pago para dentro de 10/20 años; reducción de las tasas de interés para ese nuevo capital establecido y facilidades de pago anual; recompra en los mercados financieros de los bonos a un precio menor; nuevos financiamientos en mejores condiciones, etc. En menos palabras, sustitución de compromisos y documentos de la "deuda vieja" por otros de la "deuda nueva". El secretario del Tesoro del gobierno norteamericano, Nicholas Brady, ha anunciado a la prensa su satisfacción por los acuerdos logrados hasta ahora con varios países (México, Argentina y otros), actitud que ha tonificado a las economías y ha despertado nuevas esperanzas. El tiempo dirá.

En otros temas, la orientación futura dependerá de los restantes factores concurrentes (tecnificación de las industrias, capacidad negociadora en los mercados, evolución futura de medidas políticas que pudieran adoptar los próximos gobiernos, colaboraciones en empresas de *joint venture* y otras más. Los economistas denominan "horizonte de las expectativas" al límite más allá del cual no pueden hacerse previsiones. Este horizonte está determinado por razones objetivas y razones subjetivas. Las objetivas son las que la realidad contingente pueda presentar, y las subjetivas son las que los individuos decidan hacer, por falta de interés, aptitudes necesarias o condicionamientos culturales. Se llega, entonces, al límite de todo pronóstico.

La deuda externa

Un aspecto retardatario del progreso lo constituye la deuda externa de los países iberoamericanos, que en 1993 ha sido estimada en unos 390.000 millones de dólares. La deuda proviene de préstamos efectuados por bancos y gobiernos extranjeros para cubrir las diferencias entre las importaciones y las exportaciones, los déficits presupuestarios o los requerimientos de empresas privadas para sus necesidades de explotación o de inversión.

Una parte sustancial se ha originado en las dos o tres últimas décadas, cuando las tasas de interés anual eran altas (del 11 al 15%) y por lo tanto en los mercados internacionales había gran disponibilidad de capitales prestables, originados en gran proporción por los negocios del petróleo y quizás otras precedencias indemostrables. En tal situación, los bancos internacionales ofrecieron sin mayores exigencias dinero a los países en desarrollo, que los tomaron también sin suficiente previsión y en demasía, los cuales, por otra parte, no siempre fueron aplicados a la producción industrial y a la atención de los problemas sociales, sino que en algunos casos hasta fueron despilfarrados o cayeron en manos inescrupulosas.

Al bajar las tasas de interés drásticamente (del 5 al 4%), de la década del '80 en adelante, los deudores debieron cumplir las condiciones convenidas a los intereses vigentes en el momento de su otorgamiento, y se encontraron en la imposibilidad de atender esos compromisos. Los bancos norteamericanos y europeos se enfrentaron, a su vez, con el problema de abonar las altas tasas ofrecidas a sus clientes e inversores, y entraron en dificultades propias. Hubo en algunos casos algunos reajustes de las deudas, pero ellas continuaron siendo abrumadoras porque a los capitales prestados se sumaban los intereses originados en la falta de pagos.

Los países, cada uno a su manera, enfrentaron la crisis de manera diferente. Perú, por ejemplo decidió durante el gobierno de Alan García, desconocer los compromisos y pagar lo que pudiera (el equivalente a un 10% de su comercio internacional). Colombia, en cambio, cumplió rigurosamente sus compromisos. En Argentina el gobierno resolvió absorber las deudas privadas y unificar los compromisos, recurriendo a nuevos préstamos, con lo cual la deuda creció más todavía. A este fenómeno se sumó el de la inflación e hiperinflación (cuando los precios al consumidor suben más de un 50% mensual), y el problema adquirió características dramáticas. La receta del presidente peruano causó gran alarma internacional, pero entusiasmó a otros gobiernos locales. En 1987, Brasil, el principal deudor (unos 108.000 millones de dólares) anunció que suspendería el pago por tiempo indefinido del capital y los intereses adeudados.

Se realizaron negociaciones entre bancos y gobiernos deudores, en algunas oportunidades con intervención del Fondo Monetario Internacional (FMI), del Banco Internacional de Desarrollo (BID) y del Banco de Exportación e Importación (EXIMBANK) de Estados Unidos, a los cuales no fueron ajenos los gobiernos norteamericano y europeos. Los gobiernos y bancos acreedores no aceptaron reconocer a la deuda de los distintos países como una deuda global y por tanto merecedora de un trato uniforme, y resolvieron considerar el caso de cada deuda por separado. Las tratativas fueron intensas y afiebradas y no faltaron amenazas de represalias económicas y financieras si no se llegaba a un acuerdo.

Deuda externa de América Latina

(en millones de dólares)

Año	Argentina	Brasil	Chile	México	Perú	Colombia	Uruguay	Venezuela
1986	51.422	101.759	19.501	100.991	14.897	15.680	5.239	32.987
1987	58.272	113.726	17.638	100.914	17.919	17.359	6.331	34.271
1988	58.324	107.514	19.208	107.470	17.612	17.047	5.888	34.198
1989	61.269	122.828	17.425	98.158	19.762	17.556	7.383	27.077
1990	62.000	123.232	16.416	104.125	20.735	16.975	7.167	29.541
1991	63.000	130.441	19.214	120.900	21.333	16.779	7.697	31.763
1992	67.569	121.110	19.360	113.378	20.293	17.204	5.253	37.193
1993	S/I	S/I	S/I	S/I	S/I	S/I	7.546	S/I

Fuente: *Centro de Estudios de América Latina (CEAL)*

TASAS DE INFLACIÓN EN AMÉRICA
(en porcentaje)

País	Últimos 12 meses	Año 1992
Argentina	7,4	17,50
Bolivia	9,5	10,46
Brasil	2.299,7	1.174,00
Colombia	13,8	25,13
Costa Rica	10,0	17,7
Chile	----	12,70
Ecuador	31,4	30,00
El Salvador	24,0	20,00
EE.UU.	----	2,80
Guatemala	13,0	11,1
Honduras	8,0	6,50
México	8,8	11,90
Nicaragua	11,0	9,90
Panamá	2,0	1,80
Paraguay	18,8	17,20
Perú	44,3	56,70
Uruguay	50,8	58,91
Venezuela	----	31,90

Fuente: *CEAL, Reuter y bancos centrales*

Los datos de estas tablas son los conocidos en enero de 1994. Los montos exactos de las deudas internas son muy difíciles de actualizar por falta de información precisa de algunos gobiernos y bancos, pero también por la rapidez de las operaciones que se conciertan en todo momento. Para comparar el grado de endeudamiento de cada país, debe hacérselo en relación con el Producto Bruto Nacional o sea el total de riqueza producido anualmente. Otros factores económicos inciden por supuesto, como el resultado de la balanza comercial, la capacidad de ahorro interno, etc.

En 1993, la deuda de los principales países se estimaba en los siguientes miles de millones de dólares:

Argentina	56
Brasil	127
Chile	20
Colombia	16
México	112
Perú	23
Venezuela	35
Total América Latina	390

(Fuente: J. P. Morgan)

Los acuerdos suscritos hasta ahora en el marco del Plan Brady y otros han proporcionado un principio de solución a este problema.

Los acuerdos comerciales regionales

La expansión de las economías de lo países iberoamericanos está obstaculizada por factores diversos: escasos recursos financieros propios; tecnología atrasada; limitada capacidad adquisitiva de los consumidores locales; proteccionismo aduanero de casi todos los países extranjeros (Europa y Estados Unidos en particular); escasa producción que permita bajar los precios y competir a nivel mundial; deficiencias burocráticas y legales en los sistemas comerciales de importación y exportación; transportes y seguros costosos debido a la lejanía de los principales países consumidores; privilegios o monopolios internos que no promueven la competencia ni la iniciativa local; defensa de los intereses arraigados en cada nación, y otros menores.

Conscientes de estas limitaciones, los gobiernos iberoamericanos han buscado en este siglo una parte de las soluciones por vía de acuerdos comerciales regionales para ampliar sus mercados, según lo realizan también los países industrializados de Europa con el Mercado Común Europeo o Comunidad Económica Europa (CEE).

Los varios intentos efectuados en este sentido no han dado resultados satisfactorios una vez puestos en práctica o están todavía pendientes de ejecución. De modo general, puede afirmarse que las dificultades de estas aspiraciones radican en el diferente grado de industrialización de los países, la semejanza de sus producciones agrícolas, la defensa de las incipientes industrias nacionales, la inflación y las reacciones de los grandes países, por lo que la anulación o reducción de las tarifas se torna problemática.

En 1960 se creó la Asociación Latinoamericana de Libre Comercio (ALAC), con sede ejecutiva en Montevideo, Uruguay, para la liberación del comercio entre Argentina, Bolivia, Brasil, Chile, Colombia, Ecuador, México, Paraguay, Perú, Uruguay y Venezuela, y la formación de un mercado común.

Los aranceles y otras restricciones tendrían que ser reducidos en un período de doce años, de acuerdo con listas de reducción de tarifas que otorgarían los respectivos países. El acuerdo se movió muy lentamente y en un posterior protocolo firmado en Caracas (1969) se debió suprimir el requerimiento de una lista común. Los expertos estiman que la ALAC no ha logrado el objetivo buscado.

También en 1960, Guatemala, Honduras, El Salvador y Nicaragua suscribieron un pacto de Mercado Común Centroamericano (MCCA), con el propósito de favorecer el desarrollo de sus economías a través del libre comercio y la integración económica. Iniciado con cierto éxito y entusiasmo, su progreso se detuvo en 1969 como consecuencia de la guerra entre Honduras y El Salvador, pero la intención de ponerlo en práctica no ha cesado en nuestros días y con frecuencia el asunto vuelve a las conversaciones gubernamentales. Los intereses de esos pequeños países son difíciles de conciliar, como sucede en todo acuerdo de esta naturaleza. En este caso particular se mencionan los inconvenientes derivados del libre desplazamiento de los trabajadores, la semejanza de la producción agrícola (café, banano, cacao y frutas), las dificultades de Nicaragua para compensar su balance comercial con los vecinos, los altos precios de los artículos industriales en comparación con los agrícolas, etc.

Nueve años después (1969), el grupo de países constituido por Chile, Colombia, Ecuador, Perú y Bolivia firmaron en Cartagena (Colombia) el llamado Pacto Andino con el propósito de eliminar las barreras aduaneras comerciales en diciembre de 1980. Se esperaba que esos cinco países pudieran competir con las economías de las naciones más importantes de Latinoamérica (Argentina y Brasil) y lograr de este modo una expansión de sus industrias, pero el pacto suscitó una serie de cuestiones que no han logrado superarse.

El Mercosur. El Mercosur es un acuerdo signado en Asunción del Paraguay (1991), entre cuatro países del denominado Cono Sur del continente (Argentina, Brasil, Paraguay y Uruguay), con la finalidad de establecer un mercado común a partir de 1995. Las reuniones para convenir un arancel exterior común para los productos del intercambio comercial han comenzado y se confía en que podrían quedar debidamente establecidos para la fecha del plazo de iniciación.

Según este acuerdo, los productos podrán circular libremente entre los países signatarios, con un régimen tarifario encuadrado entre el 0 y el 20%, y los capitales de un país invertidos en otro gozarán de garantías dentro de un régimen apropiado. El acuerdo deja libre el acceso a otros países como Bolivia y Chile, si en el futuro consideran conveniente incorporarse. Dos obstáculos que deberán resolverse, para lograr una efectividad del acuerdo son: el diferente grado de inflación de cada economía nacional y la competitividad entre artículos semejantes producidos en dos o más lugares. El presidente argentino Carlos Saúl Menem ha expresado que el Mercosur y los demás convenios regionales suscritos o que puedan suscribirse, deben considerarse como el paso previo necesario para el establecimiento de un mercado común hemisférico.

El NAFTA o TLC. En noviembre de 1993 el Congreso de los Estados Unidos aprobó por ley el Tratado de Libre Comercio con Canadá y México, conocido por su denominación en inglés como NAFTA (*North American Free Trade Association*) y como TLC (Tratado de Libre Comercio) en Iberoamérica, propuesto por el presidente Bill Clinton, después de encontradas polémicas entre la población,

Las empresas modernas, sobre todo las denominadas "grandes", nacionales y extranjeras, además de mejores salarios otorgan en Latinoamérica "beneficios sociales" establecidos por ley, que varían de país en país e incluyen licencias remuneradas por maternidad, aportes para el retiro o jubilación, asistencia médica gratuita o semigratuita, vacaciones anuales con sueldo, suplementos salariales por esposa e hijos, aportes financieros para la capacitación de sus obreros y empleados en institutos de enseñanza, becas de estudio, pasantías remuneradas para estudiantes universitarios de los últimos años, contribuciones por escolaridad de los hijos, etc. La fotografía muestra un comedor gratuito para obreros de una planta automotriz de Córdoba, Argentina.

los dirigentes políticos, empresariales y sindicales. No cierra el ingreso de otros países americanos que deseen incorporarse después. Dos de ellos, según la prensa, están entre los primeros de esa posible lista: Chile y Argentina. Sin lugar a dudas, si se pone en vigencia y se respetan los acuerdos, repercutirá, en una forma u otra, en las economías de Iberoamérica.

Algunos líderes de opinión de Estados Unidos alegan que las empresas locales orientarán en el futuro sus inversiones hacia México por el más bajo costo de la mano de obra, circunstancia que puede provocar el desempleo en su país, cuyos trabajadores están mejor pagados y protegidos por ley contra la explotación de los empleadores. Sus oponentes afirman, en cambio, que las economías de mercado interactúan comercialmente y crecen juntas, no unas a expensas de otras. Fenómeno similar sucede con las inversiones.

Se dice que con el tiempo la productividad de los mexicanos mejorará, sin que ello signifique peligro alguno para sus colegas estadounidenses, pues en la misma proporción de su progreso reclamarán salarios más altos. Mejorarán también las condiciones generales de vida, además de la protección ecológica del medio ambiente y la seguridad industrial. La libertad de mercados hace más ricas a todas las naciones y las obliga a adaptarse a la competencia. Por otra parte, Estados Unidos está acostumbrado al cambio, la movilidad geográfica de sus negocios, y las transformaciones sociales.

En los últimos años de este siglo, el mundo asiste a una "globalización" de la política y de la economía, lo que algunos economistas hispanoamericanos llaman una segunda generación de "geoeconomías". Esto sucede en Europa, Asia, África y Oriente.

El BID (Banco Interamericano de Desarrollo) ha reconocido hace poco que los años de la década del '80 fueron un período perdido para las economías iberoamericanas, aunque con algunas disimilitudes nacionales. La prensa especializada ha denominado a ese lapso "la década perdida".

El Tratado de Libre Comercio es considerado por los economistas regionales como un paso necesario y previo a la constitución de un mercado hemisférico, y se está a la expectativa de los acontecimientos.

Las inversiones

La financiación es un punto clave de la industrialización y el desarrollo de Iberoamérica. El total del capital existente en la región es bajo para atender a su desarrollo. El capital que se necesita en un país puede provenir del ahorro nacional, de los excedentes de su comercio con otros países del mundo o de la inversión extranjera.

El ahorro nacional es escaso en Iberoamérica pues la mayoría de la población tiene poco margen para ahorrar, y los que lo tienen, gastan gran parte de sus excedentes en mejorar su nivel de vida consumiendo artículos suntuarios. A esto debe agregarse que una buena parte del ahorro es girado a cuentas en el extranjero para eludir la inflación que deteriora el valor de la moneda.

La segunda solución, es decir, excedentes de comercio con otras naciones, es problemática por la gran competencia internacional.

Queda una tercera posibilidad, la inversión de capital procedente del exterior, pero las inversiones extranjeras, europeas o norteamericanas, han sido miradas con recelo por algunos gobiernos. De una parte, está comprobado que no se efectúan en las áreas o industrias de mayor interés nacional o social (caminos, educación, transportes, sanidad, agricultura, ganadería), sino en las más rentables: petróleo, siderurgia, bancos, petroquímica, química, automotores y una multiplicidad de servicios, como prensa, radio, televisión y publicidad. Si bien esto puede ser explicable desde el punto de vista de la empresa privada, que invierte donde la rentabilidad del capital está asegurada, no siempre coincide con las necesidades o los intereses del país receptor.

Además, las empresas extranjeras no siempre aportan todo el capital requerido en dinero efectivo, sino que recurren a créditos de los bancos del propio país donde operan. Al poco tiempo, efectúan las remesas de sus ganancias al país de origen, que en pocos años exceden a la inversión original, de manera que terminan trabajando con capital ajeno y provocando con sus envíos de ganancias al exterior un desequilibrio en la balanza de pagos del país receptor.

Así por ejemplo, el aporte de capital de Estados Unidos a Iberoamérica fue de 3.800 millones de dólares en el período de 1950–1965 y la remesa de Iberoamérica a Estados Unidos fue de 11.300 millones en el mismo período, de modo que Iberoamérica tuvo un déficit de 7.500 millones de dólares. Estos retornos de capital se produjeron por utilidades, patentes, intereses, seguros, transportes, viajes al exterior de directores y gerentes.

Además, se han visto casos en que una parte del costo de los equipos y tecnologías que figuran como inversiones no son tales; que se fijan sobreprecios a las compras en el país de origen, se bajan los de los artículos exportados, se evaden impuestos y se utilizan otros tecnicismos contables que permiten ocultar ganancias.

Otras acusaciones que pesan sobre las inversiones extranjeras son la creación de impedimentos para la formación de capital doméstico, la interferencia en la política de cada país, las demandas de "clima favorable", el uso de tecnologías ya obsoletas en el país de origen, y las alianzas con las oligarquías iberoamericanas, todo lo cual contribuye a perjudicar la opinión de los iberoamericanos con respecto a la moralidad de los negocios.

En un momento se sacaron a luz otras imputaciones de naturaleza ideológica. Se trata del fenómeno llamado de "concentración económica" o "conglomerados" de las grandes empresas, que tienden de esta manera a controlar en forma creciente el poder de decisión en materia económica, financiera o industrial.

El panorama se complicó aún más con los economistas de la izquierda, que intentan demostrar que en realidad el subdesarrollo de los países iberoamericanos no es una consecuencia necesaria de la historia, la tradición y sociedad de estos países, sino que por el contrario el único responsable es el sistema capitalista, y para ponerle remedio, proclamaron a la revolución armada como una vía posible para lograr una socialización de la economía.

Sin embargo, Iberoamérica progresa a un ritmo razonable, aunque no sea rápido ni espectacular.

Las reformas agrarias

Hasta hace poco tiempo el tema de la reforma agraria ocupó el interés de los partidos políticos en sus plataformas ideológicas. En estos momentos, por diversas razones ha disminuido la propaganda en este aspecto. Se había pensado que el atraso de muchos países radicaba fundamentalmente en la falta de tenencia propia de la tierra por los campesinos y agricultores. Pero las escasas pruebas realizadas, han permitido un cambio en la confianza en este recurso.

Seguramente la propiedad de la tierra es injusta en Iberoamérica, pero algunas experiencias realizadas no han sido del todo satisfactorias. En algunos países, densamente poblados por etnias indígenas, las tierras son escasas en relación con la población (Guatemala, Honduras, etc.); en otros son escasamente rentables las producciones (Panamá, Honduras, Nicaragua, Ecuador); en varios de ellos consisten en zonas

Vendimia en Chile. Este país, junto con Argentina, son los dos grandes productores de vino en América Latina, y los mayores exportadores.

desérticas, sin provisión de agua, suelos pedregosos sin humus suficiente, falta de caminos y transportes hasta los centros urbanos consumidores, incapacidad o falta de educación de los nativos para establecer unidades productivas, hábitos consuetudinarios de producción primitiva, carencia de capital para la compra de maquinarias y equipos, tráfico ilegal de los predios recibidos, indiferencia de la población ante las exigencias de la competitividad, resabios culturales retardantes, y otros peculiares de cada nación.

Hasta el presente algunas reformas, más o menos tímidas, se han efectuado, con resultados diferentes.

México. El primer país que hizo la reforma agraria fue México, a partir de 1917. El gobierno de la Revolución Mexicana comenzó a entregar tierras a los pequeños agricultores, en su mayor parte agrupados en comunidades rurales denominadas *ejidos*, quienes obtenían solamente el derecho a explotarlas y no podían venderlas ni hipotecarlas. Estos ejidos poseen en la actualidad casi la mitad de la tierra cultivada en todo el país.

El proceso de entrega fue difícil, lento y sangriento. Hubo falta de planeamiento, injusticias en la aplicación de la ley, codicia y favoritismo en la reasignación, confiscación, engaños frecuentes y luchas burocráticas en los tribunales. El mayor esfuerzo distributivo lo realizó el presidente Lázaro Cárdenas. Pero los latifundios fueron eliminados, el país se unificó políticamente, la tasa de crecimiento económico se elevó y mejoró el nivel de vida de un 95% de la población.

Sin embargo, muchos mexicanos piensan hoy en día que la reforma agraria no es ya el medio apropiado para el desarrollo económico, pues los adelantos más significativos de la producción han ocurrido en el sector privado de la agricultura, y además, junto a la asignación de la tierra deben otorgarse créditos, tecnología moderna y mecanismos modernos de comercialización para poder obtener resultados. Se habla incluso, de una "reforma de la reforma".

Bolivia, Guatemala y Venezuela. El segundo intento lo realizó Bolivia a partir de 1953, según otro modelo, bajo el gobierno de Víctor Paz Estenssoro. Se inició la entrega de parcelas de la meseta y valle andinos a los agricultores indios para que las explotaran. Se expropiaron particularmente los latifundios, con excepción de los grandes establecimientos en los cuales los propietarios habían efectuado inversiones de capital, trabajaban personalmente o aplicaban tecnologías modernas. Los pagos de la tierra expropiada se hicieron con bonos amortizables a los 25 años y sobre el valor fiscal de los bienes.

reforma fue lenta al principio pero comenzó a acelerarse en 1960. Muchas familias esperan aún su parte y los antiguos terratenientes no han recibido prácticamente ninguna indemnización. La reforma boliviana fue también desorganizada y con insuficiente base técnica. El gobierno no disponía de los medios financieros, administrativos ni técnicos para una empresa de esta naturaleza y en el país había una inflación incontenible y duras luchas políticas. La producción agraria disminuyó; pero se terminó en parte con la estructura feudal, y se benefició a muchas personas.

En Guatemala el gobierno de Jacobo Arbenz realizó también un amplio programa de reforma agraria (1952). Mediante un decreto dispuso la expropiación y redistribución de las tierras abandonadas o no cultivadas, las de propietarios ausentes y arrendadas, excluyendo a las trabajadas intensamente. Asimismo, decretó la cesión de tierras fiscales en usufructo permanente a individuos o cooperativas.

A pesar de las deficiencias administrativas, la reforma progresó rápidamente. El caso más discutido fue la expropiación de 160.000 hectáreas de tierras baldías de la United Fruit Company. Dos años después de iniciada la reforma, se suspendió por los acontecimientos políticos y militares que derrocaron al presidente (1954) y se la reemplazó con un programa de colonización.

Siguió Venezuela (1958) con un criterio más científico y planificado puesto en marcha por el presidente Rómulo Betancourt. Primero, el gobierno adquirió las tierras a distribuir. Las tierras expropiadas debían pagarse en efectivo hasta un máximo de 30.000 dólares, y por encima de ese valor, el pago se hacía parte en efectivo y parte en bonos, al valor corriente del mercado. Después, una comisión en la cual estaban representados todos los intereses repartía las tierras racionalmente. Pero como el problema de la producción no se resuelve con una simple transferencia de la propiedad rural, el gobierno de Venezuela acompañó la entrega de tierras con adecuados créditos y asistencia técnica a los nuevos propietarios. Este sistema ha permitido a Venezuela distribuir gran cantidad de tierras y mejorar sustancialmente el rendimiento agrícola.

La reforma venezolana se basó en el criterio de "función social de la propiedad de la tierra", de manera que sólo tres clases de tierras estaban sujetas a expropiación: las no cultivadas, las trabajadas por medio de arrendatarios o intermediarios, y las aptas para el cultivo pero dedicadas a pastoreo natural. Además, la ley establecía que sólo se expropiarían tierras privadas si no existían tierras públicas en la zona y fijaba un tamaño mínimo, por debajo del cual no podían efectuarse expropiaciones.

Como característica de la reforma venezolana debe mencionarse la gran cantidad de fondos estatales invertidos en la aplicación de la ley. Todavía se estima que es prematuro sacar conclusiones de esta reforma, pero puede apreciarse ya un ritmo de colonización importante y el interés de los propietarios grandes en vender sus tierras al Instituto Agrario Nacional.

Cuba. El gobierno de Fidel Castro emprendió también su reforma agraria. El Estado expropió prácticamente la mayor parte de la tierra en poder de los terratenientes por intermedio del Instituto Nacional de Reforma Agraria (INRA) y organizó la propiedad en granjas colectivas estatales al modo soviético, aunque también entregó pequeñas parcelas a granjeros. La ley fija un límite máximo de 393 hectáreas y un mínimo de 26,8 para la propiedad rural. Las tierras expropiadas se pagarán en bonos amortizables en 20 años, con un interés bajo.

Se estima que en 1960 ya habían sido tomadas por el Instituto todas las tierras sujetas a expropiación o estaban en proceso de nacionalización. Sin embargo, la mayor parte de las tierras tomadas por el gobierno no habían sido redistribuidas y eran administradas por el Instituto a través de funcionarios gubernamentales.

Aunque los especialistas señalan que no es posible efectuar un análisis bien fundado de la reforma cubana por falta de información suficiente, se considera que el primer programa revolucionario de entrega de tierras a los pequeños agricultores e indemnización a los antiguos propietarios ha sido reemplazado por la confiscación directa, la colectivización y la construcción de grandes granjas, haciendas y cooperativas azucareras, administradas por el gobierno y el ejército.

Chile y otros países. La reforma en Chile, mucho más reciente que las anteriores, fue iniciada por el presidente democristiano Eduardo Frei durante su gobierno (1967). En virtud de una ley especial de reforma, el estado podía expropiar y redistribuir la tierra. Un 10% se pagaba al contado, y el resto en bonos a 25 años, pero el valor de la deuda podía reajustarse en un 70% cada año por la inflación imperante en el país. Se fijaba también un mínimo de 200 hectáreas que no podía ser expropiado.

El procedimiento normal era cambiar la tierra expropiada en un *asentamiento*, que era un cuerpo colectivo de campesinos elegido con la aprobación de un organismo técnico. El resultado de los asentamientos fue diverso y estuvo infiltrado de presiones políticas de derecha y de izquierda. Mientras el gobierno pudo prestar apoyo moral, técnico y financiero, funcionaron bien, pero la situación económica del gobierno no le permitió extender los asentamientos. Para colaborar con los campesinos se creó el Instituto de Desarrollo Agropecuario (INDAP).

Con el acceso al poder del socialista Salvador Allende, los campesinos vieron acrecentar sus esperanzas, y la reforma comenzó con la expropiación de los grandes fundos, y en algunos casos, se produjeron invasiones de campesinos a propiedades privadas.

Otros países, en vez de la reforma agraria, han iniciado programas más o menos radicales de colonización (Uruguay, Colombia, Venezuela y Ecuador), mediante la compra y subdivisión de propiedades privadas ya cultivadas o la creación de nuevas explotaciones agrícolas y ganaderas, planes básicos de irrigación, drenaje, forestación y otras mejoras de la tierra. Nuevas fórmulas se han propuesto en reemplazo de la reforma agraria. Por ejemplo, algunos economistas sugieren que la reforma podría realizarse gradualmente mediante la aplicación de impuestos progresivos que obligaran a los propietarios a cultivar sus tierras o vender parte de ellas. De esta manera se evitarían las injusticias de la confiscación, la expropiación a precios ínfimos, el alto costo financiero de los programas de redistribución y la entrega a personas o comunidades improductivas.

Las experiencias de Iberoamérica en materia de reforma agraria no son hasta ahora realmente alentadoras. Si bien han satisfecho parcialmente las demandas de los campesinos, no han resuelto en cambio el problema de la baja producción. Todavía hay grandes extensiones para el desarrollo y la colonización en Iberoamérica, pero los programas de mejoramiento de las tierras y los planes de colonización son extremadamente costosos y complejos, y los grandes sostenedores de la teoría de los impuestos progresivos son a su vez los principales opositores a todo otro intento de reforma. El problema es arduo pues implica otorgamiento de créditos a los beneficarios, educación de los campesinos, asistencia técnica y otras ayudas.

La redistribución de la tierra ayudaría a Iberoamérica pero es sumamente difícil de realizar. Sobre este asunto, los políticos están polarizados en dos tendencias: unos se oponen terminantemente a ella, mientras que otros exigen su implantación drástica y urgente aunque sea en forma imperfecta. Si las experiencias realizadas no son alentadoras, la solución puede estar en el estudio e investigación de formas más modernas, justas y productivas. El panorama no es totalmente pesimista, sino que encierra un desafío a la inteligencia y buena voluntad de los iberoamericanos. Debe recordarse que el 1,5% de los propietarios agrícolas posee el 50% de la tierra cultivable, y que el rendimiento no puede elevarse mientras subsista el latifundio improductivo, que significa un desperdicio del suelo.

La industrialización

Los países iberoamericanos consideran a su insuficiente desarrollo industrial como otro factor principal de su atraso económico y el punto débil de su posición internacional. Por ello realizan esfuerzos de todo tipo para lograr un grado de industrialización compatible con las posibilidades de la zona.

El mayor esfuerzo ha tenido lugar en épocas de la Segunda Guerra Mundial a causa de la escasez de barcos y la falta de artículos industriales disponibles en Europa y en Estados Unidos. Los países iberoamericanos comenzaron entonces su conocida política de "sustitución de importaciones" para tratar de abastecer sus necesidades internas. Esta política dio buenos resultados en su momento, pues comenzaron a establecerse las industrias livianas productoras de artículos de consumo, que son más fáciles de instalar y requieren menos capital.

En la actualidad se producen en la región todos estos artículos: automóviles, motocicletas, tractores, camiones, trenes, barcos, aviones livianos, material de guerra (tanques, cañones, armas ligeras), motores, artefactos para el uso doméstico (cocinas, lavarropas, refrigeradoras, acondicionadores de aire), artículos de radio, telefonía, televisión y comunicaciones, y textiles de todas clases.

En la última década se ha intensificado el desarrollo de la industria pesada (hierro y acero, química, petroquímica, cemento, aluminio, etc.). Los países de mayor potencial industrial son Argentina, Brasil y México, a los que se han agregado en estos años Venezuela, Colombia y Chile.

Casi todos los países se encuentran hoy en la etapa de satisfacción de sus necesidades primarias industriales, pero sus precios son caros comparados con los mundiales, debido a que sus mercados internos son limitados y las fábricas no pueden aumentar su producción a un nivel masivo de consumo. Otros problemas abundan. Algunas materias primas como cinc, aluminio, acero y drogas todavía deben importarse; los equipos productivos no son muy modernos; la organización de algunas empresas es inadecuada; falta capital para la expansión.

Por estas razones y para ampliar sus mercados, los países iberoamericanos están en la tarea de estimular el comercio con otros países y de lograr una mayor cuota de importación de sus productos en Estados Unidos.

Según la doctrina del economista W. W. Rostow, hacia 1959 sólo Argentina y México, entre todos los países latinoamericanos, habían entrado en la etapa del "despegue" de su economía, superando así las formas de la sociedad tradicional.

Sin embargo, ni los modernos partidarios de la economía liberal ni la mayoría de los conductores políticos tienen confianza en la vieja receta de sustitución de las importaciones, que ya lleva casi cincuenta años de aplicación y ha dado resultados apenas parciales. Un nuevo realismo parece imponerse: los países subdesarrollados no están en condiciones por sí mismos de acceder a las nuevas tecnologías "de punta" ni de competir en el orden mundial sin la cooperación o asociación con empresas líderes del mundo.

Otros analistas han mostrado su desconfianza incluso por este nuevo criterio, y sostienen que los países subindustrializados no lograrán tampoco la expansión deseada, porque la producción de artículos más tecnificados y más rentables está en poder monopólico de las grandes empresas transnacionales.

Pese a estas premoniciones pesimistas, los hechos parecen demostrar lo contrario, conforme al ejemplo de países del Lejano Oriente, como Taiwan, Corea del Sur y Singapur, que están desarrollando y tecnificando sus producciones y su cuota de participación mundial, en forma casi impresionante.

El comercio

Iberoamérica participa aproximadamente en apenas un 10% del comercio de Occidente, cifra muy reducida en relación con sus recursos naturales y el número de su población. Por supuesto, esta participación es un índice estadístico general, y no se aplica a todas las naciones en la misma proporción: Brasil, México, Argentina,

Chile, Colombia y Venezuela son los países con mayores niveles de exportación en estos años, con tendencia creciente, y en algunos casos con superávit entre importaciones y exportaciones.

Los gobiernos han aprendido varias lecciones rectificatorias de los antiguos criterios. En su forma tradicional, el comercio internacional ha estado organizado sobre la división de países proveedores de materias primas y productos energéticos (petróleo, gas natural y derivados) y países proveedores de artículos industrializados y servicios. Como era natural, las balanzas comerciales resultaban perjudiciales para los países citados en primer término por la diferencia de valor entre unos productos y otros. En esta comprobación fundamentaban, en esencia, su contrariedad los economistas anteriores partidarios de la aplicación de mecanismos estatales y regulatorios que atenuaran las diferencias.

Hoy en día se han puesto en práctica otros métodos que ofrecen mejores perspectivas. Uno es la de agregar valor a los productos agrícolas, ganaderos y minerales mediante una primera etapa de procesamiento (cueros curtidos en lugar de cueros crudos, carnes envasadas en vez de carnes en reses, prendas de algodón en sustitución del algodón en bruto, derivados petrolíferos en cambio de petróleo crudo, etc.).

Un segundo recurso es asociarse con las empresas extranjeras mediante convenios de riesgo compartido (*joint venture*), en el cual cada organización ofrece en calidad de socio la parte más ventajosa de su especialidad: materia prima, tecnología, capital, mercados, gerencia, y otros detalles. De esta manera, se origina un más rentable aprovechamiento de los productos primarios y una ampliación de las ventas, aparte de la creación de nuevas fuentes de mano de obra local.

Para esta finalidad, las empresas deben adaptarse, aceptando que todo cambio implica al mismo tiempo una oportunidad y un riesgo. Este cambio exige rápida adaptación, innovación, información, creatividad, motivación personal, y muy buenas relaciones comerciales, tanto internas como externas. Se comprende, claro está, que todo cambio estructural u operacional provoca temores. Pero se supone que para estas responsabilidades cada nueva empresa deberá contar con los empresarios y gerentes capaces.

Hasta hace unas tres décadas el protagonista de la economía mundial que cargó con los reproches del atraso y estancamiento fue la llamada "multinacional", que era una empresa gigantesca con una casa matriz en una potencia industrializada, y que se manejaba internacionalmente mediante filiales establecidas en diversas partes del mundo. Las decisiones se tomaban en el cuartel central, asentado en el país de origen, a través de un plan centralizado, operado por ciudadanos locales.

Ahora el énfasis se ha trasladado a las firmas constituidas en "transnacionales", al atenuarse los reparos ideológicos. Los nuevos gigantes actúan sin fronteras, establecen su cuartel general donde les resulta más conveniente, los gabinetes y laboratorios de investigación pueden estar en cualquier lugar y la gerencia ha dejado de estar a cargo exclusivamente de los individuos provenientes del país de origen y ha pasado a estar integrada por profesionales de origen múltiple. Se ha operado una descentralización de las decisiones, una adecuación de los artículos a la demanda de los consumidores locales, y el poder central se ha delegado mucho más.

Según los economistas, el petróleo ha pasado al primer plano de la esfera mundial desde 1976–1977. Estados Unidos importa casi un 50% para compensar sus reservas estratégicas. Frente al importante papel en la producción desempeñado por los países del Medio Oriente (Arabia Saudita, Kuwait, Irán, Irak, etc.), los países de América Latina aparecen como fuentes alternativas en materia de precios, confiabilidad del abastecimiento y otras ventajas. México y Venezuela son los más fuertes productores por el momento. Otros países, como Uruguay y Paraguay, carecen en absoluto de esta materia y dependen de la importación para sus necesidades energéticas internas.

PETRÓLEO LATINO (1993)

	PRODUCCIÓN (Miles de barriles diarios)	RESERVAS (Millones de barriles)
México	3.144	49.949
Venezuela	2.335	63.356
Brasil	628	3.624
Argentina	551	1.683
Colombia	440	1.534 (*)
Ecuador	321	1.476
Perú	116	361
Bolivia	23	115
Cuba	19	75
Chile	15	287
Guatemala	6	55

(*) No incluye el yacimiento de Cusiana, cuyas reservas estimadas superan los 2.000 millones de barriles.
Fuente: Organización Latinoamericana de Energía (Olade)

La formación petrolífera más rica de Sudamérica está localizada en el subsuelo del lago Maracaibo, Venezuela. El lago es el más extenso de Sudamérica y se comunica con el mar por un canal que permite el acceso a barcos de ultramar. La fotografía muestra una vista aérea de la zona portuaria de la ciudad de Maracaibo.

La economía ha cobrado así una nueva dimensión que se ha sumado a la clásica; es la *geoeconomía, economía global* o del espacio.

La idea convencional de que sólo la industria crea empleos ha sido también superada por la de que toda industria crea necesariamente servicios adicionales, los cuales se han convertido en una inesperada fuente de ocupación. La productividad en este campo está creciendo significativamente en Iberoamérica.

Finalmente, América Latina se está convirtiendo en una de las zonas petrolíferas más interesantes del mundo. Sus mayores productores son México, Venezuela, Brasil, Argentina y Colombia, en ese orden, siendo las reservas estimadas de Venezuela y México las más grandes de Iberoamérica.

El desarrollo económico

La teoría del desarrollo económico preocupó a los economistas —creadores del vocablo— hacia mediados del siglo. En la actualidad el término ha perdido bastante de su anterior popularidad para ser reemplazado por el de "cambio".

La palabra desarrollo es en sí ambigua y adopta en algunos casos connotación política, y en otros, económica. De esta manera, el tema del desarrollo puede ser enfocado en varias proyecciones. Políticamente, implica simplemente la transformación de la sociedad tradicional con vistas a corregir las deficiencias y desajustes de aquélla. Técnicamente, es un campo de estudio específico de la ciencia económica en busca de un método o procedimiento eficaz para sacar a flote a las comunidades pobres y sin recursos.

No se trata aquí de entrar en el cuestionamiento de uno u otro enfoque del problema, sino de presentar algunos aspectos principales del asunto que favorezcan la comprensión. El desarrollo implica, en primer lugar, un planteamiento total de la situación, y luego una selección de procedimientos disponibles para remediar la situación. En este sentido, se comprende que el desarrollo requiere una posición política o práctica previamente decidida, y a partir de ella, la adopción de las medidas necesarias para llevarlas a ese efecto. Es un proceso gradual y sistemático, que no puede prescindir de la sociedad y sus tradiciones, para impedir una ruptura demasiado violenta con la realidad histórica.

El aspecto social es sólo uno de los ingredientes del desarrollo, pues al mismo tiempo es un proceso cultural, político y económico. América Latina está enfrentando un triple problema en cuanto al asunto: una transformación económica evidente, la integración interna de cada país en una unidad más profunda, y por último, una integración en la totalidad de la economía mundial. En otras palabras, para que haya desarrollo en sentido actual del vocablo, cada nación deberá superar los obstáculos que perturban su unión total, buscar los medios y recursos para producir la modificación de sus economías deterioradas y anticuadas, y decidir si se incorpora o no a la economía globalizada que en la actualidad impera en el mundo.

Tradicionalmente los economistas han considerado que los impedimentos para una modernización, han sido los siguientes:

1. la constitución étnica de cada nación, según sus razas o etnias, que obstaculiza la propagación de las nuevas ideas y la voluntad de adoptarlas.

2. la falta de seguridad jurídica que asegure la continuidad y mantenimiento de las modificaciones que se introduzcan.

3. la mala distribución de la tierra, de los recursos naturales disponibles y del reparto de los beneficios producidos.

4. la antigüedad y criterios educativos necesarios para producir el cambio en los individuos y en los medios de producción.

5. la carencia de producciones alternativas y actualizadas que provoquen una diversificación de las materias primas y productos industriales producidos.

6. la falta de apoyo tecnológico, de mercado y financiero que son indispensables para la transformación.

Es decir, los obstáculos se han considerado como insalvables y los países extranjeros se han mantenido en una posición de expectativa, a la espera de que los propios iberoamericanos tomen la iniciativa por su cuenta, una vez convencidos.

De todos modos, en estos momentos se asiste a una caída de las viejas expectativas que ya han probado su ineficacia para resolver el problema. El estado de los estudios económicos a esta altura del siglo XX difiere notablemente de los tenidos por salvadores hasta mediados del siglo, y que tanta conmoción tuvieron en su momento en boca de los pensadores teóricos, cuando la economía no había logrado el punto de evolución científica en que hoy se encuentra. O sea, que parece terminado el período de las discusiones académicas teóricas para dar paso a un enfoque más técnico y menos retórico de la realidad.

Los años '80 marcan con bastante exactitud el debilitamiento de las viejas teorías sobre desarrollo que tanta vigencia tuvieron apoyadas en el prestigio de la Comisión Económica para la América Latina (CEPAL), y tanto sirvieron también para la proliferación de los partidos políticos y grupos de opinión que imputaban a países extranjeros la culpabilidad de la deteriorada situación de América Latina y otras regiones del mundo.

Los economistas de la CEPAL sostenían que el subdesarrollo económico era producto de la intervención perversa de los países capitalistas que habían relegado al subcontinente al papel de productores de materias primas, sin preocuparse por los otros temas sociales relativos. Es decir, que el capitalismo era el productor del subdesarrollo. Para enfrentarlo, proponían el planeamiento económico por vía estatal, la fijación de precios políticos o sociales, la regulación del comercio internacional para conducirlo por cauces mejores que los de la libertad de comercio, el estrechamiento de las relaciones económicas entre los países latinoamericanos, y la protección de las industrias locales.

Los detractores de la CEPAL la acusaron de crear falsos entusiasmos, a la ideología izquierdista y de haber eludido por conveniencias políticas el tratamiento de otros temas igualmente importantes, como la reforma agraria, la seguridad social y los excesivos gastos militares.

Incertidumbre de las teorías

Pese a que el problema del subdesarrollo parece ser el más dramático y urgente de Latinoamérica, cabrían todavía algunas reflexiones para una comprensión más afinada del problema.

En primer lugar, en los tiempos modernos los países subdesarrollados del mundo representan las tres cuartas partes de la población total, establecida en su mayor parte en el hemisferio sur, de manera que a la clásica división de Oriente y Occidente se ha sumado la del Norte y el Sur, que en forma bastante aproximada deslinda a los países ricos de los países pobres, separados entre sí por una brecha verdaderamente profunda.

Esta simplificación esquemática del problema no debe llamar a engaños, puesto que la riqueza de los países norteños no es idéntica en todas las naciones, ni la pobreza tampoco en los sureños. Iberoamérica, en su integridad, es menos pobre que Asia y África, y en Europa, Grecia es mucho menos rica que Alemania. A su vez, la situación en Iberoamérica tampoco es uniforme. Argentina es mucho más rica que varios países centro y sudamericanos juntos, es sobreabundante en alimentos, tiene estructuras sociales más modernizadas, escasa tasa de natalidad, una clase media altamente mayoritaria y un ingreso anual *per cápita* relativamente satisfactorio. en tiempos anteriores a su crecimiento, hacia mediados de siglo, estuvo considerada junto a Venezuela y Sudáfrica como país semidesarrollado.

Por otra parte, el subdesarrollo no es territorialmente uniforme en cada país, puesto que dentro de ellos hay subregiones pobres y ricas, como sucedió con el sur de Estados Unidos hace décadas y de alguna manera subsiste todavía en el sur de Italia.

Asimismo, el subdesarrollo no implica un estado fatal dentro de cada nación, ya que sube y baja en poco tiempo según la política impuesta por el gobierno de turno, fluctuación que en definitiva sucede en economía como un fenómeno casi normal de crisis y prosperidad circunstancial.

Los indicadores técnicos para medir el subdesarrollo utilizados por los economistas pueden conducir también a engaños: consumo de acero y energía eléctrica, elevada natalidad, estado sanitario defectuoso, débil integración nacional, ingreso anual de los habitantes, industrialización incipiente, deficiencias de la agricultura, subordinación económica a las grandes potencias, etc. Algunos son comunes a toda Iberoamérica, como la hipertrofia del comercio y la industrialización incipiente. Otros fenómenos ocurren en algunos países solamente, como el desempleo y subempleo, la natalidad excesiva, la escasa clase media o el bajo nivel de educación.

Las diversas fórmulas propuestas hasta el presente para modificar este estado de casas han terminado en el desengaño y la ineficacia, quizás debido a la insuficiencia de las teorías formuladas, por lo cual habría que buscar un nuevo "atajo" (Gunnar Myrdal, *Une économie mondiale*). Por ejemplo, es absurdo pensar que mediante contribuciones económicas y financieras de los países industrializados se podría modificar la situación. Los fondos públicos que los gobiernos extranjeros dedican en la actualidad para ayuda son insignificantes comparados con las necesidades reales de los países pobres. Un cálculo técnico estima que se necesitaría un 14% del total del ingreso nacional de los países ricos para cambiar la situación. Esto representaría un esfuerzo muy grande para dichos países, que seguramente ninguno estaría dispuesto a realizar. Las ayudas circunstanciales resuelven emergencias coyunturales pero no resuelven el problema.

Una buena solución, aunque también parcial, lo constituyen las inversiones extranjeras, si bien las experiencias históricas demuestran que además de resultar insuficientes, en algunos casos se acompañan de exigencias monopólicas, privilegios impositivos, sueldos bajos en comparación con los pagados a su personal en el país de origen o algunas otras condiciones onerosas para los consumidores o los gobiernos. Con todo, benefician por el aporte de tecnología, la introducción de modalidades laborales productivas, la sustitución de importaciones, la creación de fuentes de trabajo y otras ventajas.

Los ingresos de un país subdesarrollado por vía de la inversión, son también insuficientes ante la extraordinaria magnitud del capital requerido, por lo que deben estar acompañados por el aporte del ahorro nacional de cada pueblo. Pero los países pobres difícilmente puedan acumular esos ahorros con las escasa renta personal de los habitantes.

Las inversiones a veces se postergan debido a la inseguridad jurídica de los gobiernos y leyes de los países carecientes, y a la comprobación de que los propios capitalistas locales se resisten a efectuarlas y prefieren invertir sus fondos en cuentas seguras en los bancos del exterior.

Estos razonamientos podrían extenderse a otros aspectos de las teorías y experiencias, pero excederían los límites de este libro. En suma, salir de subdesarrollo es un complejo problema que no parece resolverse de una única manera, sino por una conjunción de acciones en varios campos simultáneamente, y en el caso particular de Latinoamérica, está íntimamente relacionado con la marcha de la economía y de la política mundial, variable y contingente a su vez, en cada momento histórico. De todas maneras, la decisión fundamental está en manos de los hombres de cada nación, quienes no pueden eximirse de su responsabilidad pública y transferirla a terceros. En otras palabras, se debe repensar a Iberoamérica.

La economía de mercado. En torno a la década de 1980, fracasada la teoría anterior, se inicia una nueva política económica, caracterizada básicamente por la libertad económica y financiera, y coincidente en el tiempo con la llegada de los gobiernos democráticos. Se la denomina con diferentes nombres, *economía libre*, *economía de mercado*, *economía social de mercado*, etc. En definitiva, no significa otra cosa que una nueva prueba en busca de la cuestión, donde cada individuo, trabajador o empresario, acepte los riesgos y los beneficios de la libertad de decisión en punto a producción, precios, competencia, eficiencia y rentabilidad de su actividad económica, sin esperar la protección ni los privilegios del Estado.

La nueva teoría, cuenta con valiosos pensadores científicos que la respaldan, entre ellos von Mises, Hayek, Friedman y otros muchos seguidores. Filosóficamente parten de la premisa de que la libertad es indivisible, esto es, que un país no puede considerar que vive en libertad si su economía no es libre. Desde este punto de partida, las derivaciones son técnicas y prueban el fracaso de los socialistas y demás regímenes planificadores, aunque en lo político sean democráticos. Se trata entonces de un liberalismo a la moderna, probado en Estados Unidos, Alemania Occidental, Japón y otros países líderes. La puesta en práctica de esta teoría presupone el retiro del Estado de las actividades industriales y comerciales que habían establecido los regímenes proteccionistas, la lucha contra la inflación, la supresión de prácticas discriminatorias en el comercio internacional, la profundización del proceso industrialista, la permanente vigencia de la competitividad, la excelencia como criterio rector y otras particularidades.

En Iberoamérica se ha comenzado desde hace unos pocos años a ponerla en práctica, entre ellos inicialmente Chile, que ha conseguido mejorar su posición en el mundo; Argentina, que ha adoptado el sistema en forma drástica y acelerada (*shock*); México, cuyas condiciones económicas han levantado el nivel del bienestar individual y nacional; Colombia, que se está convirtiendo en uno de los países que más ha evolucionado en este aspecto; Venezuela que se halla en franca transformación, y Brasil, que trata de implantarlo en forma más gradual.

Perspectivas

Cuando se analiza una situación económica, no debe olvidarse que la economía no es una ciencia abstracta y teórica, sino que su objetivo propio es la realidad, y que en esta realidad, operan tanto los números como las personas. Tampoco debe olvidarse que un análisis vale poco si no parte de los hechos correctamente identificados y se comparan al fin con los resultados obtenidos.

La vida de un pueblo presupone un pasado ya sucedido y una realidad presente, y a partir de estos datos puede programarse el futuro. Es inevitable asumir el pasado, pero tampoco quede moverse dentro de estructuras agotadas, estériles, ineficaces o utópicas. La historia de un país no está nunca acabada: es un continuo fluir hacia adelante. A partir de la aceptación de estas premisas, las naciones iberoamericanas pueden predisponerse al cambio y a la innovación, con proyectos y objetivos razonados, sin dejarse abrumar por los defectos o carencias tradicionales, pero tampoco refugiándose en fantasías irrealizables.

Hay tres futuros en la vida de todo individuo y de los pueblos: el probable, o sea el que les espera si no modifican lo sucedido; el preferible, esto es, el más deseado; y el posible, vale decir aquel que dentro de lo deseable, cada nación puede hacer.

Dentro de estas limitaciones impuestas por la naturaleza misma, la historia heredada y voluntad de los hombres, discurre el futuro. Por esta causa, los economistas no descuidan en sus interpretaciones al factor humano y consideran a su ciencia como una ciencia social.

El economista liberal Milton Friedman previene al respecto: "Hoy todo el mundo es economista: muchos de lo que se considera desacuerdo entre economistas se debe a que una gran cantidad de personas que no son economistas (aunque muchos se crean o se den el título de tales), escriben sobre economía con un deplorable nivel." Predecir el futuro económico de Iberoamérica equivale tanto como atreverse a predecir el futuro de la humanidad. Cualquier pronóstico tiene su dosis de probabilidad e improbabilidad, razón por la cual conviene ser cauteloso y lo más objetivo posible. Para el caso se podrían aportar disímiles opiniones, aparentemente incompatibles entre sí.

Los economistas F. Bentham y H. A. Holley, al analizar la zona, pensaban que "por el rápido crecimiento de la población y por su alejamiento de los centros de cualquier conflicto futuro probable, parece indudable que el lugar de América Latina en la economía mundial será cada vez más importante a medida que transcurra el tiempo" *(Introducción a la economía de América Latina)*.

La Comisión Económica para la América Latina (CEPAL), organismo de las Naciones Unidas con sede en Santiago de Chile, opinaba en 1950 a través de su presidente, el argentino Raúl Prebisch en su libro *El desarrollo económico de Latinoamérica y sus principales problemas*, que el atraso de Iberoamérica radicaba en su participación viciosa en el comercio internacional, sobre las bases falsas de la libertad de comercio. Por ello aconsejaba la implantación de políticas públicas deliberadas que permitan regular y orientar el comercio por cauces más adecuados para promover el desarrollo, o sea, la intervención estatal en la economía. Esta política debía planear activamente la sustitución de importaciones, una adecuada distribución de las inversiones de industrias fundamentales, energía y transportes, más inversión y menos consumo, promoción intensiva de las exportaciones hacia mercados tradicionales o nuevos, y la integración económica más estrecha entre los países de Iberoamérica, es decir, un activo mercado común iberoamericano.

PAÍSES RICOS Y PAÍSES POBRES

Las Naciones Unidas, en su Programa para el Desarrollo correspondiente al año 1994, ha dado a conocer el índice de desarrollo de los países del mundo. Dicho índice se obtiene combinando el poder adquisitivo de la población, la esperanza de vida y el nivel de educación. Según estos datos, Canadá ocupa el primer lugar en el mundo y Guinea (Africa), el último. Algunas de las conclusiones del mencionado documento son:

- La pobreza y la riqueza crecen simultáneamente.

- En las tres últimas décadas se han registrado importantes progresos: en 1973 un 73% de la población estaba clasificado en nivel "bajo", y en 1990 sólo un 35%.

- Los fenómenos que determinan el atraso son: desmedidos gastos en armamento, escasez de alimentos, elevado desempleo, salarios en baja, violaciones de los derechos humanos, violencia étnica y crecientes disparidades regionales (La India, uno de los países más pobres, es el mayor importador de armas).

- La diferencia entre la población más pobre y la población más rica, se duplicó entre 1960 y 1990.

- 17 países se encuentran en estado grave o de emergencia, que podrían generar una desintegración (Sudáfrica, el noreste del Brasil y Nigeria son los posibles focos más conflictivos).

- Los países pobres están situados principalmente en el Hemisferio Sur. Según el informe, las posiciones del desarrollo en la América Latina son:

Lugar en el IDH	País
33	Uruguay
37	Argentina
38	Chile
39	Costa Rica
46	Venezuela
47	Panamá
50	Colombia
52	México
63	Brasil
74	Ecuador
77	Santa Lucía
78	Granada
84	Paraguay
89	Cuba
95	Perú
96	Rep. Dominicana
106	Nicaragua
108	Guatemala
112	El Salvador
113	Bolivia
115	Honduras
137	Haití

Temas de conversación

1. ¿Cuál es el carácter distinto de la vida política iberoamericana?
2. ¿Por qué tiene importancia todavía la figura del presidente?
3. ¿Cuáles son los principales partidos existentes?
4. ¿Qué son el APRA, el COPEI y el PRI?
5. ¿En qué consiste la originalidad del PRI?
6. En Iberoamérica, ¿se practica en general el bipartidismo?
7. ¿Cuáles caracteres distinguen al nacionalismo iberoamericano?
8. ¿Cómo ha evolucionado la participación de la Iglesia Católica en la política de este subcontinente?
9. ¿Por qué surgen las guerrillas y qué motivaciones las originan?
10. ¿Cómo es el panorama económico general de Iberoamérica?
11. Explicar las razones de la deuda externa.
12. ¿Qué es el NAFTA?
13. Explicar el proceso de industrialización en el continente.
14. ¿Cómo han sido los intentos de reforma agraria intentados?
15. ¿Qué perspectivas asignan a la economía iberoamericana de los próximos años los especialistas?

Temas especiales de exposición y composición

1. La política en Iberoamérica.
2. Las guerrillas.
3. El presidencialismo iberoamericano.
4. La deuda externa iberoamericana.
5. Perspectivas económicas para los próximos años.
6. La economía de mercado.

CAPÍTULO ONCE

SOCIEDAD Y EDUCACIÓN

La población iberoamericana

El fenómeno del crecimiento mundial de la población ha comenzado a asombrar y preocupar. Los especialistas en demografía estiman que en caso de continuar a este ritmo el crecimiento humano, los problemas sociales, económicos y políticos pueden asumir proporciones alarmantes, a menos que las autoridades responsables encuentren una solución a las urgencias de alimentación, salud, habitación y trabajo para las nacientes generaciones.

Por supuesto, América Latina está incluida en el fenómeno, con la diferencia de que su tasa de crecimiento viene aumentando desde mediados de siglo en mayor grado que la de otros continentes. Aunque resulta técnicamente difícil establecer la tasa real de aumento poblacional, con bastante aproximación se ha afirmado que hacia 1950 fue de un 3%, mientras que anteriormente lo había sido del 2,5% anual.

Una historia de la cultura puede no eximirse de los pormenores demográficos que han conducido a estas comprobaciones, las cuales no son por otra parte uniformes en el continente, pues mientras Brasil y México aumentan con mayor rapidez sus poblaciones (alrededor del 3,1% anual), Chile, Argentina y Uruguay, con poblaciones más "envejecidas", lo hacen a una tasa menor (2,4; 1,8 y 1,3% anual). Es posible que circunstancias imprevisibles modifiquen algo estas tablas estadísticas, pero de ningún modo se producirían diferencias muy sustanciales. Hacia 1950 aproximadamente, todos los países latinoamericanos habían superado el incremento de población de Estados Unidos.

Consideradas las tasas de natalidad y mortalidad, urbana y rural, el Centro Latinoamericano de Investigaciones en Ciencias Sociales con sede en Río de Janeiro, estimaba en 1969 que la "explosión demográfica" era considerable, y además, que la esperanza de vida en América Latina es una de las más bajas del mundo. La diferencia entre las tasas de una nación y otra son consecuencia de la estructura familiar y fenómenos locales.

265

Bella foto postal boliviana, de autor no identificado, que muestra a dos niños indígenas, al borde quizás del Lago Titicaca, con sus vestimentas típicas. El varón ejecuta una melodía en una *quena* (flauta de caña perforada) y la niña hila en un huso primitivo. En la actualidad los indígenas del Altiplano siguen vistiéndose a la manera tradicional.

Según las Naciones Unidas, la población de América Latina constituía apenas un 4% de la población mundial en 1900, mientras que hacia la década del 1970 llegaba a un 8 ó 9%. La mayor densidad demográfica corresponde a México, Guatemala, Nicaragua, El Salvador, Panamá, Colombia y Ecuador, así como a los países del Caribe. La parte menos poblada del continente corresponde a los restantes países. La densidad demográfica es de unos 20 habitantes por kilómetro cuadrado en el planeta, al tiempo que no supera el 10% en Latinoamérica.

En la economía anterior se estimaba que el mejor índice para apreciar el progreso de un país era el aumento de población, criterio descartado hoy en día. Economistas posteriores de Latinoamérica han tratado de relacionar el crecimiento poblacional con el desarrollo, dando por sentado que el aumento de la población dependía de las reservas de alimentos, pero el hambre que ha asolado en varias crisis a las regiones mejor abastecidas se ha encargado de desmentir esa teoría.

Si bien es cierto que ningún pueblo ha progresado sin un aumento de población, también lo es que el crecimiento del contingente humano no es una condición ineludible del bienestar, como lo prueban los casos de Argentina y Uruguay.

En otro aspecto, la población latinoamericana es esencialmente joven, y la estructura por sexos es semejante a la de otros países.

Alcalde indígena aimara, de la actual Bolivia. En tiempos precolombinos sus antepasados formaban parte de la cultura de Tiahuanaco, que floreció contemporáneamente con las de Moche y Nazca, hasta que fueron absorbidos por los incas, y el imperio se dividió en estados o señoríos regionales. Pese a la conquista y las rencillas entre los diferentes dominios, los aimaras han conservado su nombre, su lengua y parte de sus dominios, en las alturas de las montañas.

La estratificación social

En relación con el tema poblacional, pueden considerarse diversos aspectos parciales y propios de Latinoamérica.

Uno de los principales es la división por clases de la sociedad. Como se sabe —y se discute—, la pertenencia a una determinada clase social puede ser objetiva o subjetiva, según que cada individuo permanezca en una de ellas por causas externas irremediables, o por el contrario, se sienta emocional o intelectualmente constitutivo de ella.

Por lo general, en la vieja sociedad había dos estratos sociales, la clase alta, rica y aristocrática, y la clase baja formada por los obreros, empleados de baja categoría y campesinos. En la sociedad actual, en cambio, existe un sistema de estratos más diversificados, con separaciones poco reconocibles, particularmente en las zonas urbanas.

La imprecisión de algunos criterios sociológicos o las presuposiciones políticas ocultas, desfiguran a veces la realidad del fenómeno. A un versado ensayista norteamericano se le ha criticado su "generoso tono optimista" por el futuro de los "sectores medios".

Mucha es la bibliografía en la que se señala a la clase media iberoamericana con un futuro lleno de promesas. Por supuesto, para la literatura izquierdizante, con su concepto del proletariado, al que asigna un papel fundamental en la revolución, este criterio resulta inaceptable políticamente. Este único ejemplo puede servir de estímulo para análisis más serios de la realidad social iberoamericana.

Aspecto característico de una ciudad hispanoamericana de fuerte raigambre colonial. En la actualidad se han transformado en barrios humildes, con supervivencias de la edificación colonial: calles de adoquines, estrechas, rodeadas de casas y negocios de plantas enmarañadas, y situadas en la zona central antigua de la ciudad.
La fotografía permite imaginar una ciudad antigua y se encuentra en El Arco, barriada de Quito, Ecuador, donde los artesanos exhiben sus clásicas mercaderías típicas. Con la urbanización moderna, las personas pudientes abandonan estas zonas y construyen sus residencias en zonas de rigurosa modernidad.

En su forma más típica —por lo menos hasta el presente—, la clase media es la más apta para aprovechar la movilidad vertical existente y cambiar de estrato mediante su eficiencia profesional o la elevación del nivel intelectual. Dentro de este fenómeno, los diversos países del continente se encuentran en diferentes etapas de esta evolución, aunque de una manera general puede decirse que coexisten los dos sistemas de estratificación, uno por nacimiento y otro por movilidad. Argentina, Uruguay, Chile y Costa Rica tienen un mayor porcentaje de clase media (20% o más), con matices culturales, psicológicos y políticos propios. En estas naciones hay una mayor homogeneidad étnica y cultural, y una considerable participación en las distintas esferas, a diferencia de otras. México y Brasil, y en menor grado, Cuba, Venezuela y Colombia, ocupan una posición intermedia (entre un 15 y 20% de clase media), en tanto otras naciones no tienen una clase media importante o significativa.

En algunas zonas la separación de clases es todavía fuerte. Con todo, las fuentes de acceso a la cumbre de la pirámide social se mantienen abiertas para los individuos de probado prestigio profesional y moral.

Un fenómeno apreciable que hace algunos años tiende a desaparecer es el del mestizo no culturalizado, quien en su afán de ascenso se comporta con sumisión excesiva con el patrón blanco y respeta poco derechos de los campesinos e indígenas. Con todo, la situación social del hombre latinoamericano es más fluida que en Asia y África, y bastante menos prejuiciosa.

La primitiva clase aristocrática ha perdido su relevancia colonial y su prestigio al ser reemplazada por los triunfadores en otros campos de actividad, la política, los negocios, las artes y las ciencias, los grados militares, la carrera eclesiástica, los medios de comunicación (cine, radio, televisión) y en algunos países, la actividad sindical.

Los intelectuales siguen constituyendo un grupo social de prestigio y respeto, tal vez por tradición colonial pero más probablemente por una continuación de costumbres del siglo pasado. John P. Gillin ha sostenido que la vida cultural de los grupos medios latinoamericanos "tiene un tono estético que la clase media norteamericana no se permite a sí misma en la actualidad". Y Adolf A. Berle ha remarcado que los intelectuales que componen el cuerpo de profesores de una universidad latinoamericana "no son considerados meros expositores; se supone que ellos tendrán un punto de vista y en asuntos sociales, alegarán por una causa". Una tercera opinión, reafirma las anteriores. Es la de W. Rex Crawford: "Ningún país adjudica más importancia a su minoría intelectual que las repúblicas latinoamericanas".

La situación de los indígenas, allí donde existen en una importante proporción, es al contrario muy diferente. Un analista foráneo (Stephen Clissold), ha observado sin embargo que la condición de indígena en Latinoamérica puede "ser considerada menos como un asunto racial que como un hecho cultural, económico y social". En otras palabras, los antiguos prejuicios sociales están en proceso de extinción. Más aún, el ascenso social es más fácil que en algunos países europeos, porque en Latinoamérica no existen supervivencias monárquicas de realeza y porque el mismo subdesarrollo otorga muy buenas oportunidades a la inteligencia y el trabajo creativo.

Las mujeres

La situación social de la mujer en Iberoamérica varía cada día más. La antigua concepción indígena de la trabajadora doméstica subordinada al imperio del hombre, así como la hispánica colonial que la relegaba al papel de colaboradora del varón responsable del mantenimiento y protección de la familia, tiende a desaparecer. La necesidad del aporte económico femenino para el sostenimiento familiar, la ampliación de la educación a las personas de cualquier sexo, la igualación de los derechos cívicos y profesionales, la conveniencia de no desperdiciar el talento femenino en los programas de desarrollo y las insistentes reclamaciones de las mujeres por una vida más independiente y plena, pueden considerarse como las causas fundamentales del cambio.

En Latinoamérica la discriminación de la mujer en cualquier tipo de actividad es casi inexistente en los centros urbanos, lo mismo en las clases altas que en las medias o bajas. El fenómeno de igualación es sin embargo menos notorio en las zonas rurales, en las comunidades de fuerte herencia indígena y en los países más atrasados económicamente.

Los datos estadísticos existentes demuestran que aunque el elemento femenino tiene ya una significativa importancia en la vida política, la universitaria y la profesional, no ocurre lo mismo con su participación en la fuerza del trabajo. En los censos poblacionales las mujeres de Latinoamérica se declaran en su gran mayoría "amas de casa". Por supuesto que esta situación fluctúa de país a país. La actividad industrial de las mujeres, por ejemplo, era de un 31% de las personas económicamente activas hacia 1970 en Argentina, mientras que esa proporción llegaba en Brasil al 14,9%, en la República Dominicana al 12% y en Bolivia al 7,8%. Por otra parte, la demanda industrial de mano de obra femenina es cada vez más creciente.

Un hecho notable, además, es el aumento sostenido del empleo de las mujeres casadas. Las dificultades en gran número de hogares para sostener los gastos domésticos ante las modernas exigencias de la vida, han motivado que la mujer busque compensación económica en trabajos fuera de la casa y el marido asuma quehaceres que tradicionalmente eran ejecutados por empleadas domésticas.

Es difícil distinguir entre el ascenso natural de la mujer originado en la evolución social misma y el logrado a través de los movimientos de liberación organizados, y cuya base radica en la filosofía del "feminismo", según la cual, las mujeres deben reconocerse como libres para decidir su propio destino.

Los movimientos de liberación de la mujer se desarrollaron ampliamente entre 1960 y 1970 en Estados Unidos, Europa y Japón. A pesar de sus leves diferencias regionales y culturales, esencialmente todos tendían a los mismos objetivos. Las activistas de estas organizaciones se han preocupado por demostrar que la mujer debía ser aceptada en todas las esferas de la vida humana, sin diferenciación de los hombres, y no relegadas a sus funciones tradicionales de amas de casa y madres únicamente.

El feminismo, como tal, intenta suprimir las diferencias de salario en los empleos, los prejuicios sexistas sobre el papel de la mujer en la sociedad actual, la representación en los gobiernos locales y nacionales, la igualdad de derechos legales en relación con los hijos y otras evidentes discriminaciones que aún subsisten. Este tipo de movimientos organizados es mínimo en los países latinoamericanos, quizás debido al carácter poco proclive de las personas a incorporarse a los grupos regimentados, a la peculiaridad psicológica del individuo de esta región, y probablemente a que el feminismo es una posición más propia de las clases intelectualizadas, de las urbanas y de las de buena posición económica.

Algunos extranjeros que visitan Iberoamérica suelen sorprenderse, por ejemplo, de la actitud del padre de familia ante su esposa e hijos, y la consideran, según sus patrones culturales foráneos, como autoritaria. Sin embargo, el varón iberoamericano no se siente a sí mismo como dueño del grupo familiar, aunque tome en muchos casos las decisiones por cuenta propia, sin consulta, y se considere el principal responsable de la familia.

Se ha dicho que las mujeres occidentales, en especial las inglesas y norteamericanas, están cada vez más conscientes de la opresión que soportan las mujeres del Tercer Mundo en beneficio del marido jefe de familia, y que reprochan a los expertos en economía el haber agravado la situación con sus políticas de desarrollo económico. Postulan la supresión del sistema patriarcal, pero no han encontrado todavía una teoría idónea para revertirlo. El rechazo del patriarcalismo tradicional no ha sido acompañado de una propuesta concreta para poner en práctica los nuevos criterios de igualdad.

La urbanización

Un problema que ha adquirido particular significación en el segundo cuarto de este siglo es el urbanismo o concentración creciente de la población en centros urbanos. La demanda de mano de obra en las industrias y el mejor nivel de vida en las ciudades ha producido corrientes de migración interna desde los centros rurales a los centros urbanos.

Los distritos urbanos siguen creciendo a una tasa superior que las zonas rurales. Este fenómeno es más notable en las capitales y ciudades industriales de México, Brasil, Argentina, Venezuela y Colombia, donde una mitad aproximadamente de los habitantes actuales provienen del campo. Las ciudades de México, Río de Janeiro, San Pablo, Buenos Aires, Caracas y Bogotá son ciudades de varios millones de habitantes cada una.

La concentración de personas en torno a las grandes ciudades ha sido estimada como uno de los más serios problemas, dado que el crecimiento de esos aglomerados periurbanos es mucho más rápido que el de la población urbana misma, y en algunas ciudades, se ha agravado todavía más por la inmigración clandestina de extranjeros fronterizos y de sus familiares que llegan posteriormente hasta completar el grupo familiar. En la Argentina, por ejemplo, donde las leyes en esta área son permisivas y las autoridades tolerantes, la afluencia de inmigrantes no documentados procedentes de Chile, Bolivia, Paraguay y Uruguay, por distintas razones en cada caso, es muy alta. Fenómenos análogos pueden comprobarse en otros países.

Si bien la inmigración rural-urbana es un hecho bastante generalizado en todo el mundo, en Latinoamérica ha asumido una magnitud sin precedentes. Esos asentamientos, poblacionales en distintas situaciones de legalidad según las épocas y países, han tomado distintas denominaciones: "villas miserias" en Argentina, "cantegrills" en Uruguay, "favelas" en Brasil, "callampas" en Chile.

Esa radicación es parte de un cambio profundo de tipo social y cultural, por lo que supera a un simple fenómeno demográfico. Los analistas han estudiado en conferencias internacionales la urbanización, comparando la de América Latina con la de Asia. Se discute si los asentamientos marginales son una consecuencia de la industrialización o constituyen un fenómeno independiente, lo cual implicaría un traslado de la pobreza del campo a la ciudad.

En el Seminario sobre Problemas de Urbanización en América Latina, patrocinado por la Organización de las Naciones Unidas (1959), la UNESCO y otras organizaciones mundiales, se ha llegado a la conclusión de que la población urbana es mayor que la que corresponde en relación con la productividad agrícola y no agrícola; que el rápido crecimiento urbano es más bien un resultado de expulsión económica del campo hacia la ciudad, acompañada de una atracción por el mejor género de vida. Es aconsejable, entonces, llegar a un equilibrio urbano-rural y a una mayor armonía entre el crecimiento de las grandes ciudades y otras ciudades menores.

Una extensa serie de fenómenos concomitantes se derivan de esta inmigración. Entre los principales pueden citarse: los obreros procedentes del campo no están en general calificados para el trabajo industrial; las áreas metropolitanas no están en condiciones de atender el aumento de la demanda en agua potable, energía eléctrica, transportes, vivienda, desagües, sanidad y escuelas; con bajos índices de desarrollo económico no pueden brindarse oportunidades de mejoramiento a los inmigrantes.

Los ocho conglomerados urbanos más importantes para el año 2000

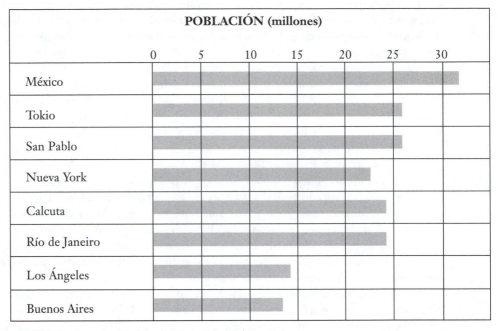

FUENTE: Organización Mundial de la Salud (adaptación)

1) México, San Pablo y Río de Janeiro estarán entre las ciudades más pobladas del mundo.

2) Entre las norteamericanas: Nueva York y Los Ángeles.

3) Según las Naciones Unidas, el crecimiento de la población mundial, estimado para fines de siglo en 7.500 millones de personas, alcanzará sólo a 6.100, un 20% menos del calculado.

En síntesis, únicamente un planeamiento físico, dentro de las posibilidades económico-financieras, puede mitigar este arduo problema, solucionable en el mejor de los casos a mediano o largo plazo.

Las barriadas marginales revisten características propias en cada país. El proceso de este tipo de asentamientos ocurre en la siguiente forma en el Perú: un grupo de familias invaden terrenos baldíos de propiedad del Estado o privados desocupados; dividen el terreno en parcelas de distinto tamaño según la extensión de cada familia; edifican viviendas precarias de adobe, chapas de cinc, tablas o cartón; toman energía eléctrica clandestinamente de las redes públicas; perforan pozos primitivos para proveerse de agua o la traen en cubos de lugares próximos; improvisan letrinas; constituyen sus propias autoridades; instalan un puesto sanitario, una iglesia y una escuela o guardería de niños; no pagan alquiler, y salen a la ciudad en busca del sustento diario, mediante el trabajo, la mendicidad o el robo. En algunos casos, se constituyen en refugio de individuos perseguidos por la justicia o simples delincuentes, que los vecinos se niegan a delatar por temor. Instalan sus propios comercios, intercambian servicios y organizan una "economía informal", a veces superior numéricamente a la formal, y no se paga ninguna clase de tributos. Hernando Soto, un economista peruano, ha publicado un estudio con el objeto de probar que la economía informal en su país equivale a un monto casi igual al de la economía formal.

La solución propuesta por los especialistas consiste en que los gobiernos designen organismos centrales que se ocupen exclusivamente de estos problemas, aprovechen los programas internacionales de asistencia técnica específica, y se analicen a fondo los "estudios de niveles de vida familiar" para tener una visión más completa y fundada a fin de formular concretos programas de acción.

Las ciudades son indudablemente el primordial factor del desarrollo social y económico de la América Latina. La formación de grandes metrópolis es un fenómeno de nuestros tiempos. Durante los últimos cien años el número de habitantes se duplicó, en tanto que la población de las zonas urbanas se quintuplicó. En 1960 había sólo cuatro zonas metropolitanas con más de 2.000.000 de habitantes (Buenos Aires, México, Río de Janeiro y San Pablo). Hacia esa misma época, la población metropolitana de América Latina correspondía a un 21% de la población total. Por regla general, la principal ciudad metropolitana coincide con la capital del país, con la excepción de Ecuador y Brasil. La capital del primero es Quito, pero la zona metropolitana mayor es Guayaquil; la capital del segundo es Brasilia, pero las dos zonas metropolitanas son San Pablo y Río de Janeiro. En su mayor parte las ciudades latinoamericanas de primera categoría se encuentran sobre la costa o zona próxima, con excepción de México y Bogotá, que están situadas en el interior. Las siete grandes metrópolis son las mencionadas, más Santiago, Lima, Caracas y Panamá.

Las comunidades rurales

Iberoamérica es un subcontinente que ha organizado su historia a partir de las ciudades. Ellas monopolizan prácticamente las decisiones políticas, allí radican los centros culturales, desde allí se irradian las artes y las ciencias, en ellas están asentados los centros científicos, en otras palabras, el destino de toda gran idea o de todo personaje valioso se incuba en las grandes ciudades.

Sin embargo, con los años han ido creándose ciudades secundarias que llegaron a constituirse en centros paralelos de igual o parecida importancia. Varias ciudades intermedias de más de 1.000.000 de habitantes existen en casi todos los países.

En el otro extremo están las pequeñas aldeas, pueblecitos o comunidades rurales, los que determinan en una importante medida las características y economías de la nación.

La población rural se caracteriza por su excesiva dispersión en vastos territorios, lo cual provoca un aislamiento que no contribuye al progreso. Por esta razón, las condiciones sanitarias son malas, existen enfermedades endémicas difíciles de desarraigar, situación que se complica por la falta de educación sanitaria, la insuficiencia

Gaucho argentino típico, de principios de este siglo, con su atuendo característico, sin las bombachas o pantalones que comenzó a usar más tarde. El personaje fotografiado fue peón de una estancia del campo bonaerense y en él se inspiró Ricardo Güiraldes para escribir su novela *Don Segundo Sombra*.

de médicos y hospitales, además de la escasez de fármacos. Todavía en algunas zonas se recurre a los curanderos para la cura de ciertas enfermedades y aparecen santones de vez en cuando.

El analfabetismo es grande en las zonas rurales, los medios de comunicación primitivos e insuficientes, los métodos de trabajo rutinarios y ancestrales, la vivienda y las costumbres primitivas y la miseria frecuente.

Los estudios sobre sociología rural iberoamericana son todavía muy escasos y esto hace más difícil los intentos de mejorar la vida del campesino en varios países. El factor fundamental del atraso parece estar en los inadecuados sistemas de explotación de la tierra y de los recursos naturales.

La estratificación en la sociedad rural comprende comúnmente dos clases: la de los grandes propietarios y la de los asalariados y pequeños productores, que en algunos países incorpora también a una corta clase media. La clase alta rural está generalmente compuesta por un pequeñísimo número de personas que tienen un porcentaje enorme de la riqueza. Una característica sobresaliente de esta clase es la de vivir permanentemente o casi permanentemente en las ciudades, aunque sus rentas provengan de la tierra. Su influencia en la política, la economía y la organización social es fuerte, y su comportamiento frente a las situaciones de vida es casi siempre conservador.

Suelen distinguirse tres tipos de clase alta en la sociedad rural: la tradicional, ligada a la hacienda o explotación agrícola; la transicional, ligada al mercado externo de exportación; y la industrial, formada por personas que explotan sus bienes con tecnología moderna y altos niveles de productividad. Estas últimas pagan buenos salarios y aceptan la presencia de los sindicatos; sus actividades tienden en lo político y económico a obtener ventajas en la comercialización o exportación de sus productos, y en algunos países, sobre todo a través del mecanismo de devaluación de la moneda.

Las clases bajas se encuentran en diferentes situaciones según los lugares: algunos son asalariados típicos, es decir, reciben una paga en dinero o en especies por su trabajo. Hay también un grupo de arrendatarios y medieros, que reparten los beneficios de la explotación con el propietario de la tierra. Sin embargo, debe reconocerse que en toda la América Latina la mano de obra es libre, y la base de toda relación es casi siempre el contrato. Su nivel de vida es bajísimo, la participación política es mínima, la agrupación en organizaciones sindicales es débil y la vida familiar muy sólida. La familia es mucho más estable que en las ciudades, el divorcio no existe prácticamente y los hijos mantienen un contacto estrecho con los padres. Sin embargo, es alto el porcentaje de hijos naturales y el abandono de los hogares en busca de mejores perspectivas laborales en los centros urbanos.

La vida en las pequeñas ciudades de entre 50 y 100.000 habitantes es una forma típica de la sociedad iberoamericana. Esta afirmación es válida para Iberoamérica considerada en su generalidad, aunque hay diferencias sustanciales de país a país. La Argentina y el Uruguay tienen un 60 % de población urbana, proporción similar a la de Estados Unidos, mientras que en otros países como Guatemala, Bolivia, Honduras, República Dominicana y El Salvador, esa proporción no llega al 20%.

El narcotráfico

El narcótico es una droga que embota los sentidos, alivia los dolores y causa letargo o estupor. Sus efectos se convierten con el tiempo en letales. Su aplicación se conoce desde los tiempos antiguos, por razones medicinales, rituales o de uso vicioso. Lo conocieron los pueblos del este de Asia (China, Indochina), los habitantes de la India, los indios de las planicies norteamericanas (tabaco), los nahuas en México y los mayas en Guatemala, los incas en el Perú, aunque de distinta naturaleza. Los aztecas anestesiaban a las víctimas de los sacrificios religiosos y los incas masticaban —y siguen haciéndolo en nuestros tiempos— hojas de coca para soportar el frío y el hambre.

El opio es de procedencia asiática, se fuma y se extrae de una planta denominada *adormidera* por el sueño que produce. Se emplea en cantidades mínimas en farmacología en forma elaborada de morfina y codeína. La costumbre de fumarlo y no ingerirlo por otras vías, se considera aprendida de los indígenas fumadores americanos.

La cocaína es un alcaloide extraído por elaboración de laboratorio de la planta de *coca*, cultivada desde tiempos remotos por los indios de Bolivia, Perú y Ecuador. Los médicos distinguen modernamente entre el *cocaísmo* o masticación bucal de la hoja con algunos agregados, tolerada prácticamente por los gobiernos y vendida en los mercados indígenas, y el *cocainismo*, vicio pernicioso e ilegal consistente en la incorporación al cuerpo humano de la cocaína.

Se diferencia también el uso médico del abuso y la adicción. Muchas otras sustancias modernas se han incorporado al empleo ilegítimo de los narcóticos, algunas muy discutidas en círculos científicos, como la *marihuana* o *mariguana*, procedente de un vegetal llamado *cañamo índico*, cuyas hojas fumadas como tabaco producen trastornos físicos y mentales.

La Organización Mundial de la Salud, a la luz de sus investigaciones, recomienda diferenciar los términos "drogadicción" y "droga dependencia". El segundo de ellos consiste en el uso de una droga en forma continuada durante un largo período. Las autoridades de casi todos los países han establecido restricciones legales contra esta práctica. Ya en 1904 el presidente norteamericano Theodore Roosevelt propuso en una reunión realizada en Shangai ante representantes de 13 naciones una investigación sobre el problema del opio, que motivó una resolución en la convención internacional de La Haya de 1912. De allí en más, hasta nuestros días, las decisiones gubernamentales han variado en su filosofía, desde cierta tolerancia para la mariguana hasta la pena de muerte para los traficantes decretada por Komeini en Irán.

En Europa y América el tráfico y consumo de drogas han adquirido caracteres propios, y varios países están considerados como zonas de gran riesgo. Bolivia y Ecuador son países productores de las hojas de coca, difícilmente controlables por los gobiernos, y Colombia es un gran centro elaborador de la cocaína extraída de ellas y vendedor mundial del producto en importante magnitud. Estados Unidos es el mercado de consumo más importante de toda América.

La represión del mercado negro de narcóticos es un tema altamente preocupante para la salud del mundo. Dejando a un lado el caso de Oriente, en Occidente la América Latina es un centro del narcotráfico. Tan complejo problema involucra a indígenas cultivadores de las plantas; correos que trasladan de un lugar a otro los productos; comerciantes inescrupulosos que los negocian en sus propios países y los exportan por el mundo; ricos empresarios que financian las operaciones; bancos que favorecen el "lavado de dólares" y los encubren en cuentas y operaciones inmobiliarias, industriales y financieras; comerciantes y profesionales que obtienen fuentes de riqueza personal negociando con los barones de la droga; gobernantes y burócratas que participan secretamente de las operaciones en beneficio personal; agitadores sociales que se acoplan a ese mundo para obtener recursos económicos para sus actividades; delincuentes comunes que se convierten en guardaespaldas de los magnates y eliminan a los investigadores, jueces y competidores comerciales; hombres y mujeres del pueblo que reciben dádivas y sobornos por su silencio; revendedores y contrabandistas que han encontrado una productiva fuente de trabajo; consumidores interesados en la compra; policías sobornados; legisladores que obstaculizan la sanción de leyes represivas; abogados que los defienden, en fin, una enmarañada madeja de intereses económicos dificilísima de investigar y reprimir.

De una u otra manera, en mayor o menor grado, hechos de esta naturaleza aparecen todos los días denunciados en los diarios. Si un observador sagaz viajara por alguno de esos países, tomaría de inmediato conocimiento de estas afirmaciones.

En Colombia, por ejemplo, los propios habitantes manifiestan sus angustias y preocupaciones por el narcotráfico. Hablan de dos centro principales: el cartel de Cali y el de Medellín. Según ellos, la diferencia entre uno y otro bando radica en que el de Cali es contrario al empleo de las armas y la violencia, mientras que el de Medellín lo es. Hablando en la intimidad, es posible, encontrar personas que se excusan diciendo que ellos no son delincuentes sino simples comerciantes que se dedican a la venta de ese producto como podrían hacerlo con otro cualquiera, y en algunos casos, se quejan de las políticas extranjeras de intromisión en sus países en vez de ocuparse del verdadero problema que son sus propios habitantes consumidores. Los campesinos productores sostienen en varios países que siembran porque los cultivos tradicionales no dejan ganancias y ellos necesitan obtener dinero para su subsistencia.

En síntesis, un gravísimo problema, del que resulta lamentablemente dañada la condición humana.

Perfil psicológico de los iberoamericanos

Si bien es casi imposible demostrar que cada país o grupo étnico tiene un carácter nacional determinado, también es cierto, según los psicólogos, rastrear en el alma de cada pueblo un conjunto de notas espirituales y de comportamiento típicos, que lo distinguen de otros.

El *homo latinoamericanus*, por designarlo con este neologismo, se distingue o define por ciertos rasgos perceptibles que lo denuncian como tal. Dejamos a un lado el análisis de las causas y orígenes de estas modalidades para centrarnos en sus manifestaciones. Viajeros y analistas extranjeros han llenado libros con interpretaciones, y lo mismo han realizado a su vez pensadores naturales de cada región. Mencionaremos unos pocos.

André Siegfried, miembro de la Academia Francesa que visitó varios países en la primera mitad del siglo (*L'Amérique Latine*, 1944), sostuvo haber descubierto un fondo de tristeza, de marca ibérica, en el hombre de estas latitudes, de gran orgullo nacional, confianza en su riqueza, amante del lujo, y proclive a la indolencia y el endeudamiento.

José Ortega y Gasset, el mayor filósofo español de principios de este siglo, que visitó Argentina tres veces (1916, 1928 y 1939), se ha referido al tema en varios libros y artículos. En síntesis, ha visto al hispanoamericano, en particular al argentino, como una persona que vive a la defensiva, que muestra sólo la periferia de su alma, interesado en el prestigio social, de patriotismo insólito y frenético idealismo.

Jules Huret, en 1910, creyó descubrir en el hispanoamericano un hombre orgulloso de su origen humilde, tolerante con sus propios defectos, pero muy sensible a las críticas extranjeras.

El conde de Keyserling, filósofo alemán, elaboró hacia 1910 en sus *Meditaciones sudamericanas* la teoría de la "tristeza india", que no tiene nada de trágica y da indicios de una concepción autónoma y original del universo, diferente de la optimista europea. Anunció para el futuro un renacimiento del espíritu que surgirá de Indoamérica, de más alto valor que el optimismo y el idealismo europeo.

Américo Castro, humanista español que enseñó durante muchos años en Estados Unidos, estimaba que el hispanoamericano es un individuo insatisfecho, propenso a achacar a los extraños los defectos de su país, que es naturalmente de una manera y necesita vivir de otra, con sentimientos de inferioridad y de superioridad al mismo tiempo, con una violenta desarmonía entre sus impulsos y sus razones, en definitiva, un hombre en conflicto consigo mismo.

Dos opiniones de estudiosos norteamericanos pueden mencionarse para finalizar esta visión panorámica: la del historiador J. Fred Rippy, contemporáneo, y la de Samuel Guy Inman, un poco anterior.

Para Rippy los "latinoamericanos prefieren las óperas a las fábricas, la sociedad y la política a los negocios"; tienen "mayor capacidad para gozar del contorno que para su dominio". Es un hombre individualista, atado por fuertes lazos familiares, mayoritariamente católico, aristocrático y humanista, no le atrae el trabajo manual, no ha salido todavía del estado patriarcal y considera a la mujer como una subordinada, y además, es ceremonioso y le gusta la etiqueta.

Inman, otro historiador, ha señalado algunos contrastes entre el hombre iberoamericano y el norteamericano. En su opinión, existen dos mentalidades, la anglosajona y la iberoamericana. Mientras el anglosajón es práctico, amante de las cosas, de la organización de la comunidad y del trabajo efectivo, el iberoamericano es teórico, amante de la discusión, del individualismo y de la amistad.

La ciencia es el dios de los anglosajones, según él, porque ella trae el poder económico y militar, la salud, el bienestar y la riqueza. El iberoamericano, en cambio, se dedica principalmente a las relaciones humanas y es experto en ese campo, pero encuentra poco tiempo para el aislamiento activo en el laboratorio o la ciencia aplicada. Si el anglosajón es práctico, el iberoamericano es legalista.

Los iberoamericanos son "incurablemente intelectuales", ponen excesivo énfasis en el individualismo y demuestran una excesiva inclinación a idealizar. Los ideales anglosajones giran en torno a la moralidad y el éxito, mientras que los ideales iberoamericanos se concentran en la belleza o el brillo intelectual.

Agrega Inman que aunque difícilmente se acudiría a Iberoamérica en busca de dirección democrática, organización, negocios, ciencia o valores morales rígidos, la región tiene algo que aportar al mundo industrial y mecanicista actual: "el valor de lo individual; el lugar de la amistad; el uso del ocio o tiempo libre; el arte de la conversación; los atractivos de lo intelectual; la igualdad de razas; la base jurídica de la vida internacional; el lugar del sufrimiento y de la contemplación; el valor de lo no práctico; la importancia del pueblo por sobre las cosas y las reglas".

Octavio Paz, reciente Premio Nobel de Literatura (1991), en su divulgado ensayo *El laberinto de la soledad*, ha dejado escritas interesantes páginas sobre los norteamericanos y los mexicanos, que en algunos aspectos pueden generalizarse a todos los hispanoamericanos:

"Ellos (los norteamericanos) son crédulos, nosotros creyentes; aman los cuentos de hadas y las historias policíacas, nosotros los mitos y las leyendas. Los mexicanos mienten por fantasía, por desesperación o para superar la vida sórdida; ellos no mienten, pero sustituyen la verdad verdadera, que siempre es desagradable, por una verdad social. Nos emborrachamos para confesarnos; ellos para olvidarse. Son optimistas; nosotros nihilistas —sólo que nuestro nihilismo no es intelectual, sino una reacción instintiva; por lo tanto es irrefutable. Los mexicanos son desconfiados; ellos abiertos. Nosotros somos tristes y sarcásticos; ellos alegres y humoristas.

Los norteamericanos quieren comprender; nosotros contemplar. Son activos; nosotros quietistas; disfrutamos de nuestras llagas como ellos de sus inventos. Creen en la higiene, en la salud, en el trabajo, en la felicidad, que es una embriaguez y un torbellino. En el alarido de la noche de fiestas nuestra voz estalla en luces, y vida y muerte se confunden; su vitalidad se petrifica en una sonrisa; niega la vejez y la muerte, pero inmoviliza la vida."

La educación

La educación, impartida en los tres niveles tradicionales, es uno de los temas más tratados en Latinoamérica y una de las necesidades prioritarias para el progreso y el bienestar de la población.

En su estructura más generalizada comprende los cinco niveles que existen en el mundo actual: preprimaria, primaria, secundaria, universitaria y de postgrado. Y al mismo tiempo, cubre todos los campos que la moderna ciencia de la educación determina: humanidades, ciencias, tecnología y algunas áreas ocasionales propias de ciertas comunidades o regiones.

Se debaten y estudian todos los asuntos o problemas conexos a la enseñanza considerada en sí misma: concepciones, enfoques pedagógicos, política educativa, metodologías, acceso a la educación, objetivos antropológicos y nacionales, régimen estatal y privado, financiación, innovación, y toda una larga serie de aspectos.

Describir las particularidades de cada uno de estos asuntos, así como las modalidades regionales de cada sistema de educación, es tarea específica. No obstante, pueden señalarse ciertas características comunes a la actual educación latinoamericana.

En primer lugar, el sector educacional no es del todo satisfactorio, pues los obstáculos naturales para lograr un sistema ideal se presentan en el continente en forma más aguda: insuficiencia de recursos causada por la pobreza de algunos países; enorme extensión territorial con difíciles vías de acceso y medios de transporte para llegar a la escuela; comunidades indígenas de innumerables etnias, con lenguas históricas que dificultan la comunicación dentro y fuera del aula; necesidades económicas urgentes de algunos hogares que se ven forzados a emplear a los niños y adolescentes en las tareas domésticas o de subsistencia económica; baja remuneración de los maestros y profesores que deben abandonar su vocación para dedicarse a tareas mejor remuneradas; competencia de los medios de comunicación de masas en el interés de los educandos; obstáculos históricos generadores de hábitos arraigados; opiniones contradictorias (cuando no ideológicas) entre los especialistas acerca de los objetivos educativos o de los valores en juego; desinterés de algunos gobernantes ante los problemas de esta naturaleza, y finalmente, escasez de educadores calificados para cubrir el universo de estudiantes.

La alfabetización. Hasta hace pocas décadas el problema que centró la atención fue el de la alfabetización de la masa de la población, y los gobiernos hicieron en esos proyectos ingentes esfuerzos. En la actualidad puede considerarse que a pesar de seguir existiendo analfabetos, se ha logrado bastante éxito en la erradicación de este mal. A medida que lo permiten los recursos los programas se

La Universidad Nacional Autónoma de México (UNAM) es una de las más importantes del Nuevo Mundo y continuación, con una breve interrupción, de la fundada en 1551. Los nuevos edificios de la Ciudad Universitaria están bellamente decorados por Diego Rivera y otros artistas. La inscripción de alumnos hacia los años '70 se estimaba en más de 100.000 estudiantes. Diversos institutos y departamentos especializados gozan de gran reputación en el mundo académico hispanoamericano.

extienden y se confía en que un plazo no muy largo habrá dejado de ser uno de los defectos del continente. En este sentido, los pronósticos son bastante estimulantes.

En todos los países se han lanzado campañas de alfabetización con más o menos éxito. Los países más alfabetizados son la Argentina, Uruguay, Chile, Costa Rica, Panamá y Cuba. Los de mayor porcentaje de analfabetos son Haití, Bolivia y Guatemala, por la abundancia de población indígena. El ritmo de creación de nuevas escuelas primarias es bastante intenso y sostenido, pero prácticamente pasa inadvertido frente al crecimiento aún mayor de la población. En algunas naciones se da el caso contradictorio de que aumenta cada año la matrícula escolar, pero aumenta también el número de analfabetos.

El proceso de alfabetización es entonces lento. Hoy en día los expertos están de acuerdo en que el analfabetismo no puede erradicarse totalmente mientras no mejoren las condiciones económicas y sociales de los distintos países, pues la escuela no puede por sí sola resolver este complejo asunto.

La innovación. Los pedagogos contemporáneos están particularmente preocupados en todas partes por la innovación en materia educativa. Los nuevos criterios son compartidos en general por gobiernos y educadores, y casi no hay país iberoamericano donde no se hayan lanzado medulosos proyectos de toda clase. La innovación, en

Ciudad de Panamá, capital de la República, en la parte de su casco antiguo. La falta de espacio y amplitud de las calles impide en muchísimas ciudades importantes de Hispanoamérica su modernización. Las nuevas residencias se mueven entonces hacia otros distritos.

los países en desarrollo, supone una "transformación fundamental del sistema", y se caracterizan "por exigir tiempo, energía y recursos materiales excesivos y por crear expectativas de rápidas y amplias modificaciones" (R. G. Havelock y A. M. Huberman).

El cambio implica un proceso complejo y no es tarea fácil, como no lo es tampoco para los países occidentales y orientales empeñados en esta tarea. Abarca prácticamente un extenso repertorio de asuntos, que requieren promotores internos y asesores externos en la mayor parte de los casos, que cuenten a su vez con la decisión de los responsables políticos de ponerlos en práctica.

Los organismos internacionales especializados han actuado o actúan en todas las naciones, conformando una vasta red de expertos, que colaboran en los estudios y análisis de casos, y proponen o asesoran proyectos concretos y específicos.

Pese al fracaso o imposibilidad de llevar a buen término todos esos proyectos, los resultados se comienzan a apreciar en escuelas, universidades y otros establecimientos, que sin lugar a dudas deben reputarse como buenos, a pesar del gigantismo de algunas propuestas. Se considera, según un comentarista, que cualquier educación es mejor que ninguna.

Otro adelanto, por lo menos en el ámbito teórico, es haberse logrado consenso de que en Latinoamérica el problema educativo debe ser considerado a la luz de la realidad de países en desarrollo, y de que el regionalismo debe contemplar la realidad económica de cada zona o país.

Otra consideración importante es la paulatina difusión de la idea de la participación de todos los interesados en una comunidad educativa (autoridades, alumnos, padres y vecinos), en contraste con la idea de que actúen sólo los educadores.

El sistema educativo. El sistema educativo sigue en general el modelo europeo. Comienza en la escuela maternal o en el jardín de infancia, y continúa en la escuela primaria, que dura seis o siete años. La enseñanza secundaria se imparte en el bachillerato, de cinco o seis años, que habilita para el ingreso a las universidades. Los planes son de tendencia muy amplia. Otros establecimientos de segunda enseñanza son las escuelas de comercio, de industrias y de artes u oficios.

La enseñanza universitaria dura de cinco a siete años, según la universidad y carrera, al término de los cuales se obtiene un título como, por ejemplo doctor en medicina, leyes, ciencias económicas, filosofía y letras, medicina veterinaria, ingeniero en distintas especialidades, como ingeniería industrial, civil, o agronomía etc. En algunas casas de estudio se extienden títulos intermedios de licenciados. La universidad está dividida en facultades, y cada facultad en divisiones o departamentos. Los educadores de enseñanza primaria se llaman maestros, los de secundaria, profesores, y los de universidad, catedráticos o profesores.

En los últimos años las universidades han ampliado sus programas de estudio para dar cabida a nuevas especialidades. De un modo general, la música, las artes plásticas y el teatro se estudian en institutos superiores especiales que no forman parte de las universidades.

La universidad. La universidad iberoamericana sigue los mismos objetivos de todas las instituciones similares del mundo, a saber: la conservación del patrimonio cultural del país, la investigación científica, técnica y humanística, y la formación de profesionales y especialistas de alto nivel.

Muchas universidades se han dirigido más bien a la formación de profesionales, sobre todo con el advenimiento de nuevas actividades aparecidas en la civilización moderna (gerentes, empresarios, paramédicos y enfermeras, comunicadores sociales, publicistas, redactores periodísticos y de guiones televisivos, etc.), para las cuales no habilitaban las carreras clásicas. Asimismo, han quebrado la tendencia al orgullo institucional y han entrado a formar parte de la red mundial interuniversitaria mediante el intercambio de alumnos, profesores e información de investigaciones, rompiendo así un aislamiento de vieja data.

En casi todas ellas se está creando un nivel posterior de estudios, de última generación, con los estudios y seminarios postuniversitarios que permiten mantener permanentemente actualizados los conocimientos y fomentar la investigación.

Las antiguas orientaciones de constituir una cultura o ciencia de carácter nacional, han dado paso al nuevo criterio de la universalidad del saber, que se ha agregado a los objetivos tradicionales. Otro matiz estrictamente iberoamericano, es la adopción de las sedes universitarias como centros de promoción de la idea de desarrollo nacional, cuando no de la denominada "liberación nacional", tan agitada en las dos pasadas décadas.

Estas concepciones tienen mayor aplicación en las universidades estatales, nacionales o provinciales, ya que las privadas, que han aumentado numéricamente en los años recientes, prefieren mantenerse al margen de toda ideología instrumental o actividad política.

LA CULTURA EN CIFRAS

Los cuadros siguientes muestran comparativamente algunos temas seleccionados de los campos de la cultura y la comunicación. Los números y gráficos han sido extraídos del *Anuario estadístico 1992* de la UNESCO, mientras las interpretaciones son propias.

LIBROS (TÍTULOS)

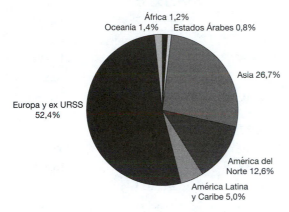

África 1,2%
Oceanía 1,4%   Estados Árabes 0,8%
Asia 26,7%
Europa y ex URSS 52,4%
América del Norte 12,6%
América Latina y Caribe 5,0%

La producción de libros por títulos registrados por la UNESCO es la siguiente:

Total mundial 1990	842.000
América del Norte	106.000
América Latina	42.000

Comparados los datos correspondientes a 1979 (689.000; 112.000 y 33.000 respectivamente), la edición de libros en América Latina ha aumentado proporcionalmente un tercio, mientras que la de América del Norte ha disminuido. La metodología de la UNESCO incluye en América del Norte a Canadá, Estados Unidos, México y América Central. Entre una lista de unos 230 autores universales, clásicos y modernos, más traducidos, se cuentan Gabriel García Márquez (Colombia), Jorge Luis Borges (Argentina), Mario Vargas Llosa (Perú) y Jorge Amado (Brasil).

PERIÓDICOS DIARIOS

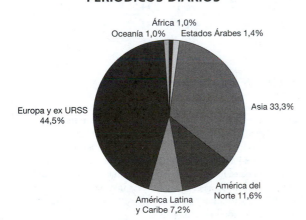

África 1,0%
Oceanía 1,0%   Estados Árabes 1,4%
Asia 33,3%
Europa y ex URSS 44,5%
América del Norte 11,6%
América Latina y Caribe 7,2%

La tirada de periódicos diarios ha disminuido últimamente. De 1979 a 1990, el porcentaje de América Latina ha pasado del 7,5% al 7,2%, y el de América del Norte del 13,9% al 11,6%. Sólo Asia ha subido del 24,1% al 33,3%.

El fenómeno se explica por la desaparición de los pequeños periódicos locales, la fusión de las grandes empresas periodísticas, el precio de los ejemplares y la competencia de la radiodifusión y la televisión. En Iberoamérica se editaban en 1900 unos 869 diarios. El mismo año, Estados Unidos tenía 1.611 en circulación.

La enseñanza en Iberoamérica

País	1er NIVEL Escuelas	1er NIVEL Estudiantes	2do NIVEL Estudiantes	3er NIVEL Estudiantes
Argentina	9.137	798.235	1.862.325	491.473
Bolivia	2.294	121.132	219.232	52.888
Brasil	50.957	3.740.512	3.498.777	1.49.243
Colombia	7.296	342.514	2.377.947	271.630
Chile	4.180	220.396	719.819	145.497
Costa Rica	791	48.635	130.553	50.812
Cuba	-	144.710	1.073.119	151.733
República Dominicana	286	22.237	463.511	-
Ecuador	736	50.819	771.928	269.775
El Salvador	1.054	72.238	95.078	16.838
Guatemala	2.992	144.312	241.053	-
Honduras	766	52.831	179.444	25.825
México	46.736	2.734.054	5.911.816	897.726
Nicaragua	978	63.201	168.888	35.268
Panamá	797	32.046	189.566	31.277
Paraguay	-	34.157	163.734	13.618
Perú	8.611	603.757	1.746.182	306.353
Uruguay	1.141	61.187	243.135	36.298
Venezuela	1.407	570.615	279.742	307.133
EE.UU.		6.745.156	12.583.484	

Estos datos deben interpretarse con las siguientes limitaciones: 1) las fechas de origen no siempre remiten al mes de octubre de 1991, por falta de información de la UNESCO; 2) la inscripción de estudiantes no implica en ninguno de los tres grados que ellos continúen sus estudios; 3) los datos correspondientes al segundo nivel incluyen: la escuela secundaria general, que conduce a un título habilitante para el ingreso a la universidad; las escuelas normales de ese nivel, donde se forman maestros; y la enseñanza técnica y vocacional; 4) las cifras del tercer nivel incluyen: la universidad propiamente dicha, con sus diplomas respectivos; las instituciones con certificados inferiores al primero otorgado por la universidad; los doctorados y los postgrados; 5) las comparaciones y conclusiones deben obtenerse tomando en cuenta la población total de cada país.

FUENTE: *Anuario estadístico de la UNESCO, 1992*

Este fermento ideológico se ha introducido en todos los niveles, estudiantes, profesores y graduados, como puede comprobarse por la actividad política que se registra en los claustros. Los universitarios iberoamericanos se sienten, en mayor o menor grado, comprometidos con las ideas transformistas, progresistas o desarrollistas, y esto los lleva al proselitismo político e ideológico. En algunos casos las universidades han albergado y protegido a personas acusadas de subversión, o han servido de centros de difusión de material de propaganda. Estos hechos antiacadémicos tiene su explicación en las circunstancias económicas, políticas y sociales que imperan en los respectivos países, así como en la renovación universitaria mundial.

El universo de jóvenes universitarios, consultado sobre su institución u otra similar, expresa con cierta frecuencia las objeciones que a su criterio pueden hacerse a las universidades: carreras largas; currículos rígidos con poca o ninguna libertad para incorporar materias optativas; exámenes de ingreso y de evaluación difíciles de superar; escasas oportunidades de investigación en bibliotecas y laboratorios; falta de profesores; pocas ocasiones de trabajos prácticos en grupos reducidos; clases a veces masivas; dificultades para la publicación de trabajos; enseñanza demasiado teórica; instalaciones edilicias insuficientes; obstáculos externos para proveerse de bibliografía extranjera; alto precio de los libros; limitaciones económicas para el intercambio de docentes y alumnos extranjeros, en fin, defectos derivados en su mayor parte de la falta de presupuestos y recursos financieros.

Con todo, en estos últimos años se crean universidades con gran frecuencia y la matriculación de alumnos crece notablemente. En una situación de esta naturaleza, los hechos adquieren una significación más profunda que la obtenida superficialmente en visitas protocolares u opiniones apresuradas. Evidentemente, en pocos casos es posible comparar una universidad europea milenaria con una nueva universidad latinoamericana joven. La realidad económico-social del continente se encarga de recortar las aspiraciones y la voluntad persistente de profesores y alumnos.

Pese a estas características, la universidad es la parte más eficiente de los sistemas educativos nacionales. Cumple con las necesidades puntuales de cada comunidad, aunque es preciso tener en cuenta que su perfeccionamiento sobrepasa las posibilidades reales de directores, docentes y estudiantes.

Temas de conversación

1. ¿Cuál es la tasa promedio de crecimiento de la población en Latinoamérica?
2. ¿Cuáles son los países con mayor índice de clase media?
3. ¿Cómo son considerados los profesores e intelectuales en la región?
4. ¿Por qué razón el fenómeno de la urbanización es tan intenso?
5. ¿Cómo se producen los asentamientos marginales en las grandes ciudades?
6. ¿Cuáles son las grandes metrópolis de Iberoamérica?
7. ¿Cómo es la vida en una pequeña ciudad o comunidad rural?
8. ¿Qué fenómenos graves produce la inmigración rural-urbano en el continente?
9. ¿Cuáles son los obstáculos que dificultan un mejor desarrollo educativo en el subcontinente?
10. ¿Cómo ha sido el proceso de alfabetización?
11. ¿En qué consiste la llamada "innovación" educativa?
12. ¿Cómo está organizado el sistema educacional en Iberoamérica?
13. ¿Qué características tiene la universidad iberoamericana?
14. ¿Cómo es el carácter de los iberoamericanos?
15. ¿Cuáles son los objetivos de una universidad?

Temas especiales de exposición y composición

1. El problema de la alfabetización.
2. El fenómeno de la urbanización en Iberoamérica.
3. Los obstáculos en el desarrollo de la educación.
4. La universidad iberoamericana.
5. La psicología del iberoamericano.

CAPÍTULO DOCE

*L*A LITERATURA

Ordenar en categorías literarias la producción contemporánea de Iberoamérica es, por el momento, sumamente difícil, frente a la notable cantidad de buenas obras que se han publicado desde el modernismo (hacia 1920) hasta nuestros días y a la diversidad de inspiración, temas y técnicas que implican esas obras.

El transcurso del tiempo separará inexorablemente las obras duraderas de sus semejantes meramente exitosas o de moda, y permitirá a los críticos una observación más objetiva y panorámica del mundo literario.

Esto vale tanto para la poesía, como para la narrativa o el teatro.

La lectura de los más autorizados especialistas confirma y refuerza esta afirmación. No es posible obtener un cuadro límpido, seguro y convincente. El criterio varía y las clasificaciones difieren.

El postmodernismo

Al agotarse la ola modernista después del éxito de los grandes maestros y el cambio de los gustos estéticos operados en Europa después de la Primera Guerra Mundial, los poetas encauzan su vocación hacia caminos no frecuentados en Iberoamérica.

Sirven de ejemplo las escuelas llamadas "de vanguardia". Los innovadores europeos encuentran discípulos e imitadores en diversos países, algunos constituyendo grupos o capillas literarias, y otros a título personal. Barroco, neoclasicismo, romanticismo y modernismo se relegan a categoría de "clásicos", en el significado de antiguos, y proliferan las nuevas formas. Dos actitudes son comunes entre los artistas: la destructiva que rechaza el mundo y sus expresiones anteriores y con ella da por cumplida su misión, y la constructiva, que se propone encontrar nuevos ideales para sustituir los vencidos.

Los simbolistas franceses, con su sentido del matiz y lo indefinido (Verlaine, Rimbaud, Mallarmé) ya habían sido conocidos por los modernistas. El futurismo (Marinetti) aporta sin mayores consecuencias su teoría de la integración de la ciencia con la poesía, la reverencia de las máquinas, el automóvil, el espíritu de conquista, el nacionalismo, el imperialismo, el dinamismo, la fuerza, la velocidad, la "imaginación sin hilos", y en lo formal, la destrucción de la sintaxis, la eliminación del adjetivo y el adverbio, el empleo de signos matemáticos y musicales, la supresión de la puntuación, el armado tipográfico de las poesías, y la libertad de palabras.

El expresionismo alemán aporta la tesis de que el artista no debe describir la naturaleza, sino por el contrario, decirle al lector cómo la ve, creando así nuevas representaciones del mundo externo.

El dadaísmo (Tristan Tzara), iniciado en Suiza, propugna descartar de la poesía el lenguaje lógico (del mismo modo que el objeto de la pintura).

Por ello, comienza con el hombre "Dadá", que según Tzara no significa nada, y afirma su protesta contra todo, la abolición de la lógica, "gritar lo contrario de lo que el otro afirma".

Del dadaísmo se deriva el ultraísmo, el surrealismo y su pariente chileno el creacionismo, que tienen de común la idolatría de la imagen y la metáfora.

El surrealismo ingresa en Hispanoamérica a través de España, y es quizás uno de los movimientos literarios y artísticos de mayor significación en el orbe hispánico en el siglo XX. Su creador originario, el francés André Breton, se convierte en una figura clave. Rechaza el idealismo al que califica de mediocre y chato, exalta el ensueño, lo maravilloso, o sea toda manifestación del hombre que no lo eleve por encima de lo pasado. Y como recurso técnico, introduce la técnica del "automatismo psíquico" en la creación, el fluir libre de la conciencia, ya sea en prosa o en verso, que en definitiva es la manera real de funcionamiento del pensamiento.

Las poesías experimentales y herméticas hacen entonces su aparición.

El tránsito a la nueva poesía en sus formas más radicales y contemporáneas no fue, sin embargo, fulminante. Pasó por un período intermedio de evolución y transformación, en el cual deben inscribirse, cuando menos, tres nombres, Gabriela Mistral (chilena), César Vallejo (peruano) y Ramón López Velarde (mexicano).

GABRIELA MISTRAL

EL RUEGO

Señor, Tú sabes cómo, con encendido brío[1],
por los seres extraños mi palabra te invoca.
Vengo ahora a pedirte por uno que era mío[2],
mi vaso de frescura, el panal[3] de mi boca,

cal de mis huesos, dulce razón de la jornada[4],
gorjeo[5] de mi oído, ceñidor[6] de mi veste[7].
Me cuido hasta de aquellos en que no puse nada[8];
¡no tengas ojo torvo[9] si te pido por éste!

Te digo que era bueno, te digo que tenía
el corazón entero a flor de pecho[10], que era
suave de índole, franco como la luz del día,
henchido[11] de milagro como la primavera.

Me replicas, severo, que es de plegaria indigno
el que no untó de presces[12] sus dos labios febriles,
y se fue aquella tarde sin esperar tu signo[13],
trizándose[14] las sienes como vasos sutiles.

Pero yo, mi Señor, te arguyo[15] que he tocado,
de la misma manera que el nardo de su frente,
todo su corazón dulce y atormentado
¡y tenía la seda del capullo naciente[16]!

¡Di el perdón, dilo al fin! Va a esparcir en el viento
la palabra el perfume de cien pomos[17] de olores
al vaciarse: toda agua será deslumbramiento;
el yermo[18] echará flor y el guijarro[19] esplendores.

Se mojarán los ojos oscuros de las fieras,
y, comprendiendo, el monte que de piedra forjaste
llorará por los párpados blancos de sus neveras[20]:
¡toda la tierra tuya sabrá que perdonaste!

(El tala, 1938)

---

1. fuerza, pujanza   2. su novio suicida   3. celdillas de miel de abejas   4. de la vida   5. canto de pájaros
6. faja, cintura   7. vestido, ropa   8. el prójimo desconocido   9. irritado, enojado   10. en todo momento,
ostensible, espontáneo   11. pleno, lleno   12. no mojó con ruegos   13. sin esperar la muerte natural
14. haciendo trizas, despedazándose   15. te argumento   16. flor, incipiente   17. vasos para perfumes
18. campo estéril   19. piedra o canto rodado   20. ventisqueros, cumbres nevadas

En esta composición de cuartetos alejandrinos (14 sílabas), con rima
ABAB, la poetisa ruega a Dios por la salvación del alma de su novio que se
ha suicidado (Romelio Ureta). Se apoya en la teología cristiana según la
cual los suicidas merecen la condenación eterna. Está extraída de su primer
libro de poemas *Tala* (1938), que la lanzó a la fama.

Gabriela Mistral: Premio Nobel 1945

Su verdadero nombre fue Lucila Godoy Alcayaga (1889–1957). Nació en un pueblecito de Chile, siguió los estudios de magisterio, fue maestra rural y profesora en colegios secundarios. Se consagró en su patria a partir de sus primeras poesías, viajó por
varios países europeos y americanos, representó a su país en algunas secciones de la

Gabriela Mistral, poetisa chilena, Premio Nobel de Literatura 1945. La ternura frente a la vida, la tristeza interna de su espíritu y su confianza en las promesas de la religión cristiana, distinguen su inspiración. (Retrato de José María López Mezquita.)

extinguida Liga de las Naciones y posteriormente en las Naciones Unidas. Fue también cónsul de Chile en ciudades norteamericanas y europeas. Su obra está cabalmente representada en tres de sus libros: *Desolación* (1922), *Ternura* (1924) y *Tala* (1938). Fue el primer escritor hispanoamericano en recibir el Premio Nobel.

La poesía de Gabriela Mistral es al mismo tiempo clásica y moderna, y trata los temas de la vida cotidiana: la maternidad, canciones de cuna, la pérdida del ser amados, la esterilidad, la naturaleza, sobre todo la chilena con sus valles, la cordillera y los paisajes patagónicos, y con repetida insistencia, la religión, Cristo, la Virgen, Dios, el Ángel de la Guarda y otros temas de extracción bíblica.

Completa el cuadro temático de la poetisa, el didactismo moral, que con frecuencia surge de su interpretación dignificante y profunda de vida.

El dolor, sobre todo el que trae consigo la vida misma, con su carga de sufrimientos, angustias y búsqueda de la verdad última, subyace, pudoroso en su poesía. Su poesía se caracteriza por la intensidad y precisión del lenguaje, hecho con un vocabulario directo, arcaísmos estudiados, frases y términos del campo. Expresa sentimientos de angustia y temor ante el espectáculo de la vida y de la muerte. Contempla a la humanidad débil y pecaminosa, y pide a Dios protección y ayuda para todos. Hay en su poesía reminiscencias bíblicas y de la mística española.

Otros poetas

César Vallejo. Es uno de los más importantes poetas peruanos de este siglo. Nació en 1892, llevó una vida llena de dificultades, que culminó con su muerte en París (1938). Estudió en las universidades de Trujillo y de San Marcos de Lima, fue profesor de enseñanza secundaria, estuvo preso por participar en un movimiento político en su país, vivió exiliado en la capital francesa y realizó dos viajes por Rusia. Se convirtió al marxismo y fue instructor en tiempos de la guerra civil española.

Si bien la poesía de Vallejo muestra una evolución creciente, el Vallejo esencial está presente desde los primeros poemas *(Los heraldos negros)* : insistencia en su propia vida y destino, concepción dolorista y pesimista de la vida *("el dolor del Vallejo")* , franqueza casi insolente y sin límites.

Con motivo de la guerra civil española, Vallejo escribe *España, aparta de mí ese cáliz*, conjunto de poemas emocionados e ideológicos sobre la lucha fratricida y, sobre todo, los muertos.

Los *Poemas humanos* son la culminación de su arte. Ha dejado los hábitos modernistas iniciales y los contagios dadaístas posteriores, para entregarse abiertamente a su propia inspiración y estilo.

Es un libro muy personal y radical, un volumen casi siempre difícil para el lector, por la forma de aluvión expresivo en que está escrito y su "anarquía poética". Una frase suya lo puede explicar: "Quiero escribir, pero me sale espuma".

La muerte es su tema favorito, junto al de la desdicha, el dolor, la desesperación, la angustia, la pobreza, el hambre y lo social. Es "el poeta más entrañable que le nació al lirismo peruano", ha dicho de él un connacional.

Ramón López Velarde. Puede ser considerado el creador de la nueva poesía en México. López Velarde (1888–1921), pasó por claustros de seminarista y recibió más adelante su título de abogado. Aunque fue partidario de la causa de Madero, no se incorporó a las filas guerreras y falleció a temprana edad. Conoció el éxito instantáneo a partir de sus primeros libros, *La sangre devota* y *Zozobra*, que originaron una secuela de imitadores. Fue un poeta de conflictiva vida espiritual, dentro de la cual se inscriben su amor por una pariente mayor que él, la religiosidad de sus años de adolescente, y una sorprendente mutación posterior, en favor de la resurrección de la carne y de la concupiscencia. Se confesaba a sí mismo como un "sacristán fallido".

El tema de la crisis religiosa se combina con una evocación plácida de la perdida vida provinciana y un exultado amor a la patria. Característico es su potente estilo y la novedad de sus imágenes.

Caracteres de la nueva poesía

Con el objeto de ofrecer una perspectiva orientadora, podrían señalarse algunas características de la poesía de nuestra época:

a. *desprecio por la rima:* verso libre; la rima cede su lugar a la asonancia y a la aliteración.

b. *nuevo esquema rítmico y sonoro:* los acentos se colocan libremente, sin exigencia ninguna.

c. *lenguaje personal, hermético y desconcertante:* las formas de expresión no se someten en lo sucesivo a ninguna consideración gramatical ni estilística: sólo cuenta la inspiración del poeta.

d. *ataque a la retórica:* en lo sucesivo pierden validez todas las reglas y normas retóricas, para dar paso a la ocurrencia pura del poeta.

e. *destrucción del pasado:* el tiempo pasado no interesa más: sólo el presente y el futuro.

f. el símbolo como medio de expresión: como la poesía expresa ahora los contenidos más profundos, ocultos e incomprensibles del alma humana, sólo pueden formalizarse éstos a través de símbolos, que para cada poeta son personales.

g. *hermetismo, imprecisión, divagación, confusión:* el poema se vuelve impreciso, sin sentido neto y claro; su significado debe comprenderse a través de un acto de esfuerzo intelectual; la confusión es deliberada.

h. *incursiones en lo inarticulado:* se prefiere el mundo inconsciente, profundo, oscuro, a la claridad de lo intelectual: por eso el poeta expresa su mundo interior en forma inarticulada, sin preocuparse por el orden lógico, racional, del contenido del poema.

i. *correspondencias sensoriales:* se mezclan y combinan las sensaciones de distinta procedencia: vista, gusto, olfato, etc.

El ultraísmo argentino. El ultraísmo es un movimiento literario de origen español, iniciado para renovar la poesía. El promotor en España fue Cansinos Assens y la eclosión tuvo lugar hacia 1918, inmediatamente después de la Primera Guerra Mundial.

Su nombre deriva de la palabra *ultra (más allá,* en latín). Conforme con esta denominación, la flamante escuela proclamó su deseo de superación de las viejas prácticas poéticas, y contribuyeron en esta aventura, al lado de su creador, el español Ramón Gómez de la Serna, el chileno Vicente Huidobro y el argentino Jorge Luis Borges en su primera época.

En Buenos Aires, Borges inició con otros poetas el ultraísmo en 1921. Los poetas jóvenes se atrevieron a romper con la tradición poética en las páginas de la revista *Prisma* (1921) y otras, y constituyeron simultáneamente el grupo denominado *Martín Fierro.*

Formaban parte del grupo reconocidos autores del momento. En realidad, según declararon con el tiempo los protagonistas del movimiento, el grupo duró pocos años, se desmembró y cada autor siguió su propio camino. La historia literaria ha dejado de hablar de una escuela ultraísta, para considerarla simplemente como una agrupación circunstancial, sin grandes consecuencias para la poesía argentina.

Básicamente se dedicaron a renovar las metáforas, tratando de otorgarles novedad y separándolas de toda tradición:

> *La vaca rumia siglos* (E. González Lanuza)
> *La luna nueva se ha enroscado a su mástil* (Jorge Luis Borges)

El creacionismo en Chile. Vicente Huidobro pasa por ser el fundador del creacionismo en Chile. En lo esencial es un movimiento similar al ultraísmo, basado sobre todo en la metáfora novedosa. La técnica de la metáfora creacionista parte del supuesto de que si dos objetos se asemejan en un aspecto, deben parecerse en todos los otros. De allí surge la novedad: si la luna se parece en lo redondo a un reloj, también tendrá que parecérsele en el sonido:

> *La luna suena como un reloj.*

Vicente Huidobro ha expresado su propia definición del creacionismo con estos términos: "Crear un poema tomando a la vida sus motivos y transformándolos para darle una vida nueva e independiente. Nada anecdótico ni descriptivo. La emoción debe nacer de la sola virtud creadora. Hacer un poema como la naturaleza hace un árbol". Veamos una estrofa de dicho poeta:

> *Estamos sentados alrededor de una voz*
> *Se para sobre tu dedo un pájaro de calor*
> *Mientras los duraznos se inflan sordamente*

Los estridentistas. Los estridentistas en México constituyeron alrededor de 1922 un grupo de vanguardia que hizo la apología del maquinismo, los rascacielos, los aeroplanos y todo el complejo de la civilización mecánica de la época. Su conductor fue el poeta Manuel Maples Arce (n. 1898), que también reivindicó el imperio de la imagen, en modo semejante al ultraísmo argentino y el creacionismo chileno. Su ejemplo no prosperó y pocos autores se sumaron a su innovación.

La poesía negra. La renovación no se redujo a los casos mencionados. Otras voces y propuestas se han levantado aisladamente aquí y allá, con resonancia vaga o escasa.

En los países de las Antillas la población negra es un elemento demográfico importante. Este componente, de primario origen africano, ha ejercido una verdadera y legítima influencia en algunos aspectos de la cultura de los países de esa región, en particular en Cuba.

El interés por el elemento negro y sus expresiones culturales es más bien reciente, y parece haberse originado en los estudios africanos iniciados por los franceses, tanto antropólogos, lingüistas, como los artistas "fauvistas", Gauguin, etc. Este interés se acrecentó con el aumento de la influencia de la población negra en Estados Unidos, el acceso de muchos mulatos a la vida pública en países del Caribe y otros factores.

Algunos artistas antillanos han encontrado en la tradición negra de sus propios países, así como en el folclore, contenidos que podían ser llevados a la literatura, y así nació lo que se denomina un poco genéricamente *poesía negra* (Nicolás Guillén, Luis Palés Matos, etc.).

El verso negro no sólo emplea temas sino también ritmos negros; abandona la cadencia silábica de la poesía castellana; recurre a efectos musicales exclusivamente a base de ritmos; emplea paralelismos, aliteraciones, onomatopeyas, repeticiones insistentes de vocablos, frases o versos; aborda distintos tonos (satírico, evocativo, elegíaco); se inspira en cantos rituales, danzas, y emplea sobre todo elementos sensuales.

En su poema *Majestad negra* escribe Palés Matos:

> *Por la encendida calle antillana*
> *va Tembandumba de la Quimbamba*
> *—Rumba, macumba, candombe, bámbula—*
> *entre dos filas de negras caras.*

La poesía lunfarda. El lunfardo nació como una jerga de los delincuentes de Buenos Aires. Es lo que se llama una "lengua profesional", creada para eludir el espionaje policial. Varios *tangos* de Buenos Aires han empleado este lenguaje en sus letras.

Es un lenguaje o habla pobre, rudimentaria, fugaz, que se basa en asociaciones de palabras más o menos complicadas para reservar su comprensión sólo a los miembros de la cofradía del delito (*sacar carpiendo* por *deshacerse de alguien*); el *vesre* o inversión de las sílabas de algunas palabras (*orre* por *reo*); significación especial atribuida a algunas palabras (*bobo* al *reloj*); extranjerismos (*pastenaca*, por *tonto*, *del napolitano*) y alguna que otra ocurrencia más.

Con este argot por base se creó a principios de siglo en Buenos Aires y sus aledaños una poesía llamada *lunfarda*, escrita por gente culta o semicultas: poetas, sainetistas, letristas de tango, payadores, etc.

Dice en su lengua un cantor:

> *Se l'espiantó (fugó) la chirusa (amante)...*
> *Es cierto que él la cascaba (pegaba).*
> *¿Qué hombre, si ama a su papusa (mujer hermosa),*
> *no le sacude una biaba (paliza)?*

La antipoesía. En Chile surgió en 1954 una nueva forma poética, que durante unos diez años provocó sorpresa entre los lectores, escrita por Nicanor Parra (n. 1914), y divulgada desde la aparición elogiosa de su libro *Poemas y antipoemas* (1954). El ejemplo cundió y muchos jóvenes se lanzaron a la imitación. En la actualidad el movimiento puede considerarse extinguido. La insólita inspiración de Parra aparece íntimamente asociada al estilo de los jóvenes *beatniks* norteamericanos y europeos, a quienes quizás leyó el chileno durante sus años de estudios de mecánica avanzada en Estados Unidos e Inglaterra. En una estrofa dice:

> *Algunos toman por sed*
> *otros por olvidar deudas,*
> *y yo por ver lagartijas*
> *y sapos en las estrellas.*

Pablo Neruda: Premio Nobel 1971

Neftalí Ricardo Reyes, nacido en Chile (1904–1973), adoptó el seudónimo de Pablo Neruda, y así se lo conoce en el mundo literario. Se inició con un famoso libro de poemas, *Veinte poemas de amor y una canción desesperada* (1924), y desde los años de juventud y a través de toda su existencia, fue uno de los poetas más celebrados de Hispanoamérica.

Su criterio estético está resumido en sus propias palabras: "Mi intención es despojar a la poesía de todo lo objetivo y decir lo que tenga que decir en la forma más seria posible. Hasta el nombre propio me parece postizo, elemento extraño a la poesía."

Trabajador incansable, sus libros fueron apareciendo casi sin interrupción en el curso de su vida. Fue cónsul chileno en Rangún, capital de Birmania, y pasó por numerosos destinos diplomáticos en Oriente, Argentina, Europa y México. De regreso

Pablo Neruda (Neftalí Ricardo Reyes), chileno, considerado por algunos críticos como el mayor poeta hispanoamericano del siglo XX. Ganador del Premio Nobel de Literatura 1971 y del Premio Stalin en la misma especialidad.

a su patria fue senador, se afilió al partido comunista, viajó infatigablemente, recibió gran cantidad de distinciones por sus obras, fue miembro de instituciones culturales de todo el mundo y participó en congresos internacionales. En sus años de madurez publicó *Odas elementales* (1954), hermoso poemario sobre la vida simple y natural, después de haber alborotado los ambientes artísticos con su polémico *Canto General* (1950), especie aproximada a un poema épico, aunque constituido por poesías sueltas, todas en relación con la historia de Hispanoamérica, interpretada desde un punto de vista revolucionario y antiespañolista.

Se ha revelado, sobre todo, como un innovador de la poesía. Su renovación ha llegado a los metros, las combinaciones estróficas, el ritmo, el vocabulario, las imágenes, los temas y el tono. Neruda es un asombroso combinador de vocablos. Su riqueza produce un efecto sorpresivo en el lector. La sustantivación, la adjetivación y la verbalización se apartan de todo clisé poético anterior; sus enunciados no incurren tampoco en el alambicamiento de algunos poetas de otras vanguardias y reflejan siempre frescura, naturalidad e ingenio.

Otro matiz llamativo de su estilo son las imágenes y metáforas, siempre brillantes y originales, referidas a objetos inesperados o tradicionalmente desconectados entre sí: *Abandonado como los muelles en el alba; Navegaban todas las cosas; oscuros como piedrecitas; como un océano de cuero; Yo pongo el alma mía donde quiero; Yo no me nutro de papel cansado.*

El tono y los temas de sus poesías cambiaron en el curso de su itinerario poético. Después de los iniciales *Veinte poemas de amor*, el libro más leído del poeta y del que se dice que se vendieron millones de ejemplares, el subjetivismo, vital y melancólico, cede su turno en los volúmenes de *Residencia en la tierra* (entre 1933 y 1937) a una inspiración, más honda relacionada con la muerte y la inestabilidad angustiante de la existencia humana. Neruda se afirma, entra en contacto con los otros seres y reclama derechos para una poesía más atenta a la realidad. Exhibe de modo descarnado una visión penosa del mundo, la anarquía, la descomposición moral, la decadencia, dando nacimiento al "nerudismo" que tantos discípulos y émulos tuvo en las nuevas generaciones. "Esta es la época más dolorosa de mi poesía", recordaría años más tarde en sus memorias. No entronca con la religiosidad, ya que Neruda no fue nunca un espíritu religioso, ni con la filosofía, porque su espíritu no era metafísico. Su dolor se insinúa a través de sus ojos, de lo visto y percibido, y madura en su inteligencia práctica. Por ese entonces ataca a la poesía pura por su carácter elitista y por su separación de la vida concreta e inmediata, acepta que el mundo ha cambiado y que por lo tanto su poesía debe cambiar.

El *Canto General* desarrolla en quince secciones el espectáculo geográfico y la historia de América, desde la naturaleza inicial (I) hasta la confesión autobiográfica y su profesión de fe (XV), haciendo pasar en este desfile a los indígenas, conquistadores, libertadores, dictadores, poetas, artistas y personajes representativos. El canto es un libro épico, literariamente de excepción, muy discutido por los juicios emitidos desde un enfoque ideológico y por las menciones explícitas de políticos contemporáneos. Se ha elogiado en él la síntesis panorámica que ofrece de la historia —más instructiva que las áridas clases de historia, según alguna opinión—, y se lo ha aproximado a las antiguas epopeyas del *Mio Cid* y *Roldán*, aunque se le han formulado reparos por el tono enfático y declamatorio de algunos pasajes.

Otra obra posterior de Neruda ha merecido elogiosos comentarios, las *Odas elementales* (1954–57), referentes a las pequeñas cosas de la realidad "elementales" (la cebolla, el cobre, la castaña, el libro, el pan, la madera), y a los estados de ánimo más universales y simples (la pereza, la soledad, la envidia, la alegría, la esperanza, el amor):

> *Pan, repites*
> *con harina el vientre*
> *agua de la madre,*
> *y fuego equinoccial*
> *te levantas, germinación*
> *Espeso y leve, terrestre.*
> *recostado y redondo,*
> *(Oda al pan)*

Neruda es casi inagotable en su inspiración. No fue un poeta perfecto, pero sí un gran poeta. Aunque no abordó los temas tratados por los líricos clásicos ni su pensamiento se adentró en los grandes temas metafísicos de la naturaleza y el destino humanos, su poesía es el trasunto de un espíritu moderno y universal.

La prosa contemporánea

Como en el caso de la poesía, la prosa actual de Hispanoamérica se inclina hacia varias vertientes. Tampoco existe una clasificación definitiva de la narrativa, y las que se han propuesto tienen sólo un carácter provisional.

Los escritores de los últimos años manifiestan una verdadera vocación hispanoamericana, presente en la cultura desde los tiempos coloniales. Su afán por producir "literatura" está acompañado de una verdadera fertilidad creativa y una resonancia internacional poco conocida hasta ahora. En este sentido, la figura del escritor ha adquirido un prestigio propio en el mundo del arte, desligándose de algunos tradicionales apoyos, como la política, las embajadas, los cargos públicos y las funciones parlamentarias.

Su enfoque de la realidad es entonces más amplio y libre, y podría decirse que el escritor se ha convertido en un profesional específico, con autonomía artística.

El "realismo mágico"

Este es uno de los movimientos más originales de la moderna narrativa. Se empezó a hablar de esta orientación hacia 1950. En síntesis puede ser definido como una mezcla de realismo y fantasía, con sus más remotos antecedentes en la época de la Conquista, cuando los escritores hacían desfilar en sus relaciones, cartas, historias y memorias, reinos de imaginación, animales fabulosos, regiones misteriosas, seres humanos extraños, milagros y misterios. No debe descartarse, sin embargo, que escritores contemporáneos como Dostoievski, Poe, Melville, Strindberg, Proust, Kafka y el pintor italiano De Chirico, con motivos y razones diferentes, puedan haber sido tomados como ejemplos aprovechables.

Sus características son:

a) *realismo y fantasía:* la realidad provee el hecho cotidiano que sirve de argumento o trama a la narración, pero el escritor le agrega de su propia imaginación un ingrediente irreal o ilusorio, que da otro sentido distinto del natural y lógico al hecho, por lo cual el desenlace es imprevisible e inesperado.

b) *encuadre americano de la obra:* la acción se desarrolla siempre en un marco regional americano, y los personajes reflejan el tipismo característico del lugar, las costumbres y usos, que por lo general se extraen del fondo oscuro de la historia, la magia, el "vudú", la aventura, la subversión política, el amor ilícito, el primitivismo cultural, la ignorancia, la ensoñación, el crimen.

c) *despersonalización del autor:* el escritor desaparece totalmente de la obra, no interfiere en ella con sus ideas ni con sus sentimientos, y una vez planteado el caso, lo desarrolla objetivamente hasta sus últimas consecuencias.

d) *perfeccionamiento de la técnica narrativa:* en todos los autores la técnica narrativa es excelente y se apoya en un cuidadoso trabajo de planeamiento de la estructura; la trama es al modo de la literatura detectivesca.

Las más grandes figuras del realismo mágico contemporáneo son Miguel Ángel Asturias (Guatemala) y Alejo Carpentier (Cuba). Algunos críticos discuten la autonomía estética de este movimiento, al que consideran una parte de la literatura fantástica en general.

MIGUEL ÁNGEL ASTURIAS

El Señor Presidente

¡Todo el orbe cante!

Fiesta Nacional...

De las calles ascendía con olor a tierra buena el regocijo[1] del vecindario que echaba la pila[2] por la ventana para que no levantara mucho polvo el paso de las tropas que pasan con el pabellón hacia Palacio, el pabellón oloroso a pañuelo nuevo, ni los carruajes de los señores que se echaban a la calle de punta en blanco[3], doctores con el armario[4] en la leva[5] traspalada[6], generales de uniforme relumbrante hediondo[7] a candelero[8], aquéllos tocados[9] con sombreros de luces[10], éstos con tricornio[11] de plumas, ni el trotecito de los empleados subalternos cuya importancia se medía en lenguaje de buen gobierno por el precio del entierro que algún día les pagaría al Estado.

¡Señor, Señor, llenos están los cielos y la tierra de vuestra gloria[12]!

El Presidente se dejaba ver, agradecido con el pueblo que así correspondía a sus desvelos, aislado de todos, muy lejos, en el grupo de sus íntimos.

—¡Señor, Señor, llenos están los cielos y la tierra de vuestra gloria!

[...]

Cara de Ángel[13], se abrió campo entre los convidados. Era bello y malo como Satán.

—¡El pueblo lo reclama en el balcón, Señor Presidente!

—¿...el pueblo?

[...]

El amo puso en estas dos palabras un bacilo[14] de interrogación. El silencio en torno suyo. Bajo el peso de una gran tristeza que pronto develó[15] con rabia para que no llegara a los ojos, se levantó del asiento y fue al balcón. Lo rodeaba el grupo de los íntimos cuando apareció ante el pueblo: un grupo de mujeres que venía a festejar el feliz aniversario de cuando salvó la vida. La encargada de pronunciar el discurso principió al no más ver al Presidente.

—¡Hijo del pueblo!...

El amo tragó saliva amarga evocando tal vez sus años de estudiante, al lado de su madre sin recursos, en una ciudad empedrada de malas voluntades; pero el favorito que le bailaba el agua[16], atrevió en voz baja:

—Como Jesús, hijo del pueblo...

—Hijo del pueblo —repitió la del discurso—, del pueblo digo: el sol en este día de radiante hermosura el cielo viste, cuida su luz tus ojos y tu vida enseña del trabajo sacrosanto que sucede en la bóveda celeste a la luz la sombra, la sombra de la noche negra y sin perdón de donde saltaron las manos criminales que en lugar de sembrar los campos, como tú, Señor, lo enseñas, sembraron a tu paso una bomba que, a pesar de sus científicas precauciones europeas, te dejó ileso[17].

Un aplauso cerrado ahogó la voz de la Lengua de Vaca[18], como llamaban por mal nombre a la regatona[19] que decía el discurso, y una serie de abanicos de vivas dieron aire al Mandatario y a su séquito:

—¡Viva el Señor Presidente!

—¡Viva el Señor Presidente de la República!

—¡Viva el Señor Presidente Constitucional de la República!

—¡Con una viva que resuene por todos los ámbitos del mundo y no acabe nunca, viva el Señor Presidente Constitucional de la República, benemérito de la Patria, Jefe del Gran Partido Liberal, Liberal de corazón y protector de la Juventud estudiosa!...

---

1. alegría exagerada   2. recipiente de piedra en que se recoge el agua   3. de punta en blanco: impecables, cuidados   4. con la ropa de todo un armario   5. levita (americanismo)   6. cambiada de lugar (del armario al cuerpo)   7. con mal olor   8. candelabro   9. con sus cabezas cubiertas   10. lustrosos, brillantes   11. sombrero formal de tres puntas   12. imitación del estilo bíblico   13. en la novela es el favorito del Presidente   14. imagen: un punto de duda   15. manifestó   16. expresión idiomática: adular   17. indemne, sin daño   18. mujer ignorante del pueblo, llamada así despectivamente, cuyo discurso está plagado de errores y de lugares comunes, sin sentido   19. vendedora al por menor

❦ ❦ ❦

Este fragmento narra una fiesta pública organizada en Guatemala en honor del Señor Presidente. El pasaje tiene tono satírico y es una crítica al dictador Cabrera Estrada y su corte de adulones y seguidores. Fernando Alegría ha considerado a la novela como una de las de "mayor solidez y honestidad artística que se han producido en Centro América". La narración es un ejemplo del estilo febril y el dramatismo que caracterizan a toda la obra, casi alucinante. Sus recursos más habituales son los parlamentos realistas, las descripciones barrocas, la parodia de estilos, las acumulaciones de palabras, la ruptura de la sintaxis, las interpolaciones, la mezcla de personajes reales con figuras legendarias, el vocabulario desorbitado.

Miguel Ángel Asturias: Premio Nobel 1967

Miguel Ángel Asturias (1899–1974) nació en Guatemala y desde niño mostró predilección por la música, la pintura y la literatura. Se graduó de abogado en la Universidad de San Carlos de su país y partió luego para Europa donde permaneció unos diez años y realizó estudios antropológicos relacionados con las primitivas culturas hispanoamericanas en La Sorbona de París.

Miguel Ángel Asturias, guatemalteco, ganador del Premio Nobel de Literatura 1967. El alucinante espectáculo de la mitología maya, las dramáticas circunstancias políticas de su país y el rechazo de todo imperialismo extranjero, le inspiraron una novelística criollista que sirvió de ejemplo a muchísimos escritores posteriores.

Publicó entonces su libro *Leyendas de Guatemala* (1930), que fue inmediatamente traducido al francés y le valió elogios de famosos escritores de la época. Efectuó más tarde viajes por diversos lugares y regresó a su patria donde las condiciones políticas no le fueron favorables. Salió para México y allí editó *El Señor Presidente* (1946), novela ejemplar contra la dictadura, que introduce al lector en un mundo de pesadilla y poesía.

Se radicó con posterioridad en Buenos Aires, donde representó a su país como embajador. Compuso otras novelas denunciando la explotación económica de los pobres y campesinos. Tuvo varios destinos diplomáticos. Falleció en 1974.

La literatura de Asturias se caracteriza fundamentalmente por el extraordinario dominio de la técnica, el manejo excelente del lenguaje y la atracción de sus temas, extraídos de la tradición maya y la realidad económica, política y social de su país. Se le ha reprochado a veces su empecinado encono contra el capitalismo.

El Señor Presidente es un tremendo documento literario y político contra las dictaduras en su país, hábilmente trabajado, donde se combinan lo dramático, lo poético y lo mágico, en el marco de un estilo abigarrado y barroco. Esta novela ha sido calificada "como una de las novelas de mayor solidez y honestidad artística que se han producido en Centro América" (Fernando Alegría). Narra con suspenso policial las perversidades de un presidente guatemalteco, asistido por su favorito Cara de Ángel, para conservar el poder, deshacerse de sus rivales y satisfacer sus delirios de toda especie.

En otra de sus novelas *Hombres de maíz*, Asturias desarrolla su teoría de que la lucha entre el indígena campesino y el criollo se debe a que el primero interpreta que el maíz debe sembrarse como alimento, mientras que el segundo entiende que debe hacérselo como negocio.

Compuso además una trilogía de "novelas bananeras", en que se interna por el mundo de las explotaciones frutales y denuncia los abusos e incongruencias de un sistema de tipo semicolonial, con sus injusticias y falta de libertad.

Alejo Carpentier

Este narrador cubano (1904–1980) es otro típico representante del realismo mágico en Hispanoamérica. Hijo de un arquitecto francés y madre rusa, aprendió en su hogar la lengua francesa que lo introdujo en lo más refinado de la cultura europea. Hizo estudios de arquitectura y de música, e integró estos conocimientos con elementos africanos. Viajó por diversos países, trabajó en la radiodifusión francesa, fundó una empresa publicitaria en Caracas, publicó cuentos y novelas, hasta radicarse definitivamente en Cuba, donde falleció.

Se propuso "expresar el mundo de América", seducido por la idea de descubrir la esencia de este continente. Para ello, ingresa con el aparato de su sólida erudición europea, literaria, artística y musical. Según su teoría, América es el único continente donde coexisten edades diferentes, donde se encuentran todavía hombres contemporáneos y paleolíticos, donde se superponen las edades del Génesis, Babel y el Apocalipsis. En lo étnico, la mezcla de razas es lo fundamental. Económica y políticamente es una región donde existe la industrialización y el mundo agrícola primitivo, ambos a merced de los extranjeros, que la hacen pasar de la prosperidad a la bancarrota. Las condiciones climáticas determinan también a estos lugares, con un espectro total de manifestaciones, desde lo tropical a lo austral. "Yo creo —dice— que la visión del mundo que tiene el intelectual latinoamericano es una de las más vastas, de las más completas, de las más universales que existen... Para mí el continente americano es el mundo más extraordinario de este siglo. Nuestra visión de él debe ser ecuménica."

Escribió ensayos, cuentos y novelas para poner en práctica su teoría y probar que lo maravilloso y lo mágico existen. En Haití tomó contacto cotidiano "con lo que podríamos llamar lo real maravilloso", dice en el prólogo de su famosa novela *El reino de este mundo* (1949), que lo consagró. Refiere en ella la historia de Henri Christophe que ha tomado el poder y se ha proclamado rey. Un mundo prodigioso de increíbles realidades se instaura, donde no falta la construcción de un prodigioso palacio, una corte negra con boato y ceremonias europeas, y la instalación de una república de mulatos.

En otra de sus novelas celebradas, *Los pasos perdidos* (1953), desarrolla el problema del retorno del hombre a sus orígenes, a través del viaje de un músico que remonta el Orinoco, hastiado de la vida culta y civilizada. Es como un regreso al mundo del génesis.

JORGE LUIS BORGES

Los Dos Reyes y Los Dos Laberintos

Cuentan los hombres dignos de fe (pero Alá[1] sabe más) que en los primeros días hubo un rey de las islas de Babilonia[2] que congregó a sus arquitectos y magos y les mandó construir un laberinto tan perplejo[3] y sutil que los varones más prudentes no se aventuraban a entrar, y los que entraban se perdían. Esa obra era un escándalo, porque la confusión y la maravilla son operaciones propias de Dios y no de los hombres. Con el andar del tiempo[4] vino a su corte un rey de los árabes, y el rey de Babilonia (para hacer burla de la simplicidad de su huésped) lo hizo penetrar en el laberinto, donde vagó afrentado[5] y confundido hasta la declinación de la tarde. Entonces imploró socorro divino y dio con la puerta. Sus labios no profirieron ninguna queja, pero le dijo al rey de Babilonia que él en Arabia tenía un laberinto mejor y que, si Dios era servido[6], se lo daría a conocer algún día. Luego regresó a Arabia, juntó sus capitanes y sus alcaides[7] y estragó[8] los reinos de Babilonia con tan venturosa fortuna que derribó sus castillos, rompió sus gentes e hizo cautivo al mismo rey. Lo amarró[9] encima de una camello veloz y lo llevó al desierto. Cabalgaron tres días y le dijo: "¡Oh, rey del tiempo y substancia[10] y cifra[11] del siglo!, en Babilonia me quisiste perder en un laberinto de bronce con muchas escaleras, puertas y muros; ahora el Poderoso ha tenido a bien que te muestre el mío, donde no hay escaleras que subir, ni puertas que forzar, ni fatigosas galerías que recorrer, ni muros que te veden[12] el paso".

Luego le desató las ligaduras y lo abandonó en mitad del desierto, donde murió de hambre y sed. La gloria sea con Aquél que no muere.

(El Aleph, 1949)

---

1 nombre con que los musulmanes designan a su Dios. 2 capital de la antigua Caldea, a orillas del río Eufrates. 3 asombroso. 4 tiempo después. 5 avergonzado. 6 si era voluntad de Dios. 7 guardias, custodias. 8 hizo estragos, devastó. 9 aseguró por medio de cuerdas. 10 esencia. 11 número, es decir, medida. 12 impidan, prohíban

Borges presenta en este breve relato las dos formas que puede tener un hombre de extraviarse en la realidad: en lo complejo y en lo simple, en lo mucho y en la nada. Conforme es habitual en el escritor argentino, lo dice a través de un símbolo literario, el de los dos reyes, uno de Babilonia y otro de Arabia, quienes conciben a su modo dos distintos tipos de laberintos.

Jorge Luis Borges

Jorge Luis Borges (1899–1986) es el escritor argentino que ha gozado de mayor fama internacional en este siglo. Hizo sus estudios secundarios en Suiza, aprendió el ultraísmo en España, y de regreso a Buenos Aires se entregó a la poesía porteña con *Fervor de Buenos Aires* (1923). Este entusiasmo por la forma poética lo habría de acompañar toda la vida. Transitó por el ensayo y el cuento, que llamaron la atención del público por la novedad de los temas, la agudeza de sus razonamientos y el excepcional manejo estilístico. Fue compensado con gran cantidad de premios internacionales, y designado doctor *honoris causa* por la Universidad Nacional de Cuyo (Argentina) y la Universidad de Michigan. Su nombre fue propuesto varias veces para el Premio Nobel, que no logró conseguir por discutidas razones.

Dentro de su línea artística, publicó *Ficciones*, *El Aleph*, *El informe de Brodie*, y otros volúmenes.

Aunque la poesía de Borges es digna de elogio, su fama internacional se debe a sus cuentos y ensayos. Se ha dicho que nadie en lengua española moderna ha creado como él un estilo "tan estilo"(Amado Alonso).

Sus temas son en general de procedencia libresca, en cuanto parecen suscitados por lecturas del autor, quien una vez tomado el asunto en sus manos, le da una perspectiva y una derivación original, y convierte así, esa materia erudita y muerta, en un asunto de vitalidad e interés actual. Hay un trasfondo filosófico en todos ellos, que se refleja en su concepción peculiar del tiempo, el espacio, la muerte, el infinito, la existencia humana y el mundo.

Borges toma el mundo existente y real como si fuera una alucinación o una idealización dentro de la cual vivimos, sin darnos cuenta. La muerte es para él la clave de la vida y cada uno tiene su muerte personal. El destino humano es incomprensible para el ser humano, y la vida se repite con nosotros simétricamente, en un complicado laberinto de destinos: el destino es como otra persona que llevamos dentro de nosotros mismos. Es dudoso para Borges que el mundo tenga sentido. Por eso hay algo de policial en la vida de los hombres, en cuanto resulta imposible o difícil atraparlos en una lógica. El tiempo es un eterno retorno, un regreso hacia el infinito que se repite constantemente. Borges debe toda esta concepción filosófica a su constante lectura de los filósofos, en especial Schopenhauer.

Aún en los casos en que Borges se inspire para sus cuentos en temas porteños o de la vida argentina, los conecta siempre con una interpretación filosófica universal extraída de sus creencias. Esto origina una novedad llamativa en el tratamiento de la materia literaria de procedencia nacional, sin antecedentes en su país, salvo el caso de Macedonio Fernández, en quien se ha inspirado bastante el cuentista.

El sofisticado y teorético mundo de los cuentos de Borges ha llegado a causar cierta sensación en Europa y en Estados Unidos, y ha sorprendido a la crítica con una intelectualización de la realidad que no se esperaba de una literatura considerada hasta entonces como partidaria de lo primitivo, bárbaro y natural.

La erudición de Borges fue proverbial en su momento, aunque algunos comentaristas han sospechado de ella, declarando que "no toda es auténtica; a veces la finge", o que es "un escritor que no tiene nada que decir, pero lo dice más bellamente que nadie".

Jorge Luis Borges. Poeta y prosista, quizás la figura más relevante y sorpresiva de la literatura argentina contemporánea. Maestro en el arte de la prosa, su paradójico mundo de ideas y el impecable dominio de la lengua le granjearon en vida la admiración de sus lectores.

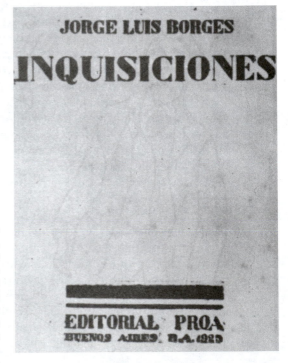

Portada de la primera edición de *Inquisiciones*, de Borges (Bs. As., 1925). La profundidad de sus temas, la novedad de sus razonamientos, la audacia política de su vida y la despreocupación por agradar al público moderno, le han procurado una inusual fama internacional. Candidato varias veces al Premio Nobel de Literatura, no lo logró, y según él, pasó a constituir un tema de la historia sueca. Consideró a los nacionalismos literarios como una "superstición" de los hispanoamericanos.

Técnicamente, es un escrupuloso formalista, sometido a un gran rigor de método. Sus cuentos, como sus relatos y sus poesías, son de una arquitectura estructural muy bien pensada, lógicamente desarrollados, y escritos con una economía de recursos certeramente planeada. Borges ha creado un estilo escueto, preciso y de una maestría inigualada en el uso de los vocablos.

En síntesis, ha hecho una gran contribución a la letras hispanoamericanas: ha asestado un golpe mortal al nacionalismo literario, tanto geográfico como costumbrista; ha roto la veneración tradicional por lo español; ha dejado atrás el facilismo temático, proponiendo el ejemplo de asuntos de larga y enjundiosa meditación; ha quebrado las fronteras de las preocupaciones, internacionalizando los temas, y por último ha despersonalizado la literatura.

Ernesto Sábato

Ernesto Sábato (n. 1914) fue inicialmente un físico argentino que se perfeccionó en el Laboratorio Curie de París, becado por su país. Allí, al margen de sus investigaciones científicas, tomó contacto con los grupos literarios de entonces con cuyas obras de vanguardia se entusiasmó. Estudió también en el Massachussetts Institute of Technology, hasta que imprevistamente un día sorprendió a sus amigos con el abandono de esa disciplina y su consagración a las letras.

Comenzó con ensayos como *Uno y el universo*, *Hombres y engranajes*, y otros más. Su paso a las letras lo justificó el autor con estas palabras: "Muchos pensarán que ésta es una traición a la amistad, cuando es fidelidad a mi condición humana". El escritor se ha lamentado en más de una ocasión de los años gastados en la ciencia. Sus preferencias literarias, según lo ha declarado, fueron los surrealistas franceses y los novelistas Stendhal, Proust, Kafka, Hemingway, Faulkner, y sobre todo, Thomas Mann. En otra oportunidad aclaró: "No, no soy un escritor profesional, en el sentido del vocablo". Y cuando se lo interrogó sobre el "boom" de los nuevos novelistas, se excusó claramente: "Yo estoy en otra cosa".

Sábato es hombre de muchas lecturas, pero su posición intelectual no es propiamente la de un filósofo, sino más bien la de un pensador que busca por sí soluciones a los enigmas. Su pensamiento procede en alguna medida de los contemporáneos, en especial de Berdiaeff, Simmel, Lewis Mumford, y los existencialistas Camus y Kiergegaard.

Se dio a conocer como novelista con *El túnel*. Está considerada como una pieza existencialista, a lo Camus, que expone el proceso interior psicológico de un protagonista acorralado por sí mismo, Juan Pablo Castel, que se enamora de una joven casada con un ciego. Castel asesina al final a su pretendida, después de una relación tormentosa. Se piensa que tiene elementos aprendidos de Freud sobre las neurosis.

Sobre héroes y tumbas (1961), su segunda novela, le granjeó consideración internacional. Esta obra es el resultado de un largo proceso de maduración intelectual. Sábato ha combinado en ella tres asuntos principales: la historia de un amor entre Martín y Alejandra (ficción); la marcha, derrota y muerte del general Lavalle, enemigo de Rosas del siglo pasado (historia), y un descenso al mundo de los ciegos (metafísica), que es una

Ernesto Sábato, prosista argentino contemporáneo, internacionalmente conocido por sus novelas *Sobre héroes y tumbas* (1961) y *Abaddón el Exterminador* (1974), típicos exponentes de una narrativa independiente del *boom*. El mundo novelístico de Sábato combina una visión casi trágica del mundo contemporáneo sobre un fondo de asuntos argentinos.

metáfora para significar la búsqueda de lo absoluto. En la novela reaparecen intensificadas algunas de las constantes preocupaciones del escritor: la oscuridad, los ciegos, la muerte, la soledad, la incomunicación humana, la patria, el destino, que según Sábato "están vinculadas entre sí".

El pasado y el presente se mezclan en la obra, que no tiene una estructura cronológica. El hilo de la trama marcha y retrocede, da vueltas sobre sí, sin una secuencia tradicional, porque este tipo de desarrollo conviene más al propósito del autor de transmitir al lector una emoción antes que una anécdota.

Sábato no es un creador de caracteres sino de mitos. Los personajes son mostrados en su hacer y no en su intimidad anímica. No es un escritor psicologista. Las figuras femeninas son más nítidas y acabadas que las masculinas.

Abaddón el Exterminador (1974) es la última de las novelas publicadas. En esta pieza el autor aparece convertido en protagonista, y en torno a esta convención, Sábato aprovecha la oportunidad para mostrar un mundo desacralizado, desarticulado y caótico, donde el demonio que se infiltra en todo, apura la destrucción final de la civilización. Sin final categórico, la novela conduce al lector a transformarse en testigo de la irracionalidad de la vida contemporánea.

Otros autores

Eduardo Mallea. Es una figura relevante (1903–1982) de la literatura argentina. Proveniente de un hogar provinciano de clase media, desarrolló su obra literaria en Buenos Aires, viajó por varios países europeos, fue consagrado con numerosos premios y distinciones internacionales, y dirigió el suplemento literario del conocido diario *La Nación*.

Se dio a conocer por unos cuentos psicológicos, *Cuentos para una inglesa desesperada* (1926), a los que siguieron más de veinte libros de ensayo, novela y otros cuentos. Entre el vasto repertorio de su obra pueden señalarse *Historia de una pasión argentina*, *Fiesta en Noviembre*, *Todo verdor parecerá*, etc.

Fundamentalmente Mallea es un indagador del alma argentina, sobre todo del hombre urbano y capitalino.

En su primera producción, hasta 1940 aproximadamente, predominan dos temas: la autobiografía y el análisis de la Argentina, particularizado en la psicología profunda de sus habitantes, en especial del hombre de la ciudad de Buenos Aires. La obra capital de este período es *Historia de una pasión argentina* (1937), ensayo donde formula su conocida tesis de las dos Argentinas: la visible y la invisible.

En la etapa posterior, aunque mantiene una identidad de estilo con la anterior, Mallea se revela como gran novelista. Reaparece en otras obras de ficción su invariable propensión a expresar sus reflexiones íntimas sobre el país y la realidad.

Las novelas de Mallea son psicológicas antes que de acción, e intelectuales antes que sentimentales. Todo sucede casi siempre en la Argentina y los personajes son argentinos o extranjeros radicados en nuestro país. Y son también hombres de este siglo.

Mallea no enfoca a la Argentina típica, rural o anecdótica del siglo pasado. Se interesa por la Argentina de estos días, cosmopolita, sometida a influencias extranjeras —sobre todo europeas—, habitada por un pueblo en permanente lucha espiritual, que busca una forma de realización personal y nacional, sin encontrarla todavía. Lo observa y analiza con agudeza, en medio de un sufrimiento moral, caótico, dentro de una intrincada maraña de circunstancias sociales y políticas, medio escéptico y descreído, y solitario al fin.

Pero este análisis del país y sus hombres no se agota en lo nacional. El novelista lo inserta dentro del conflicto de valores de toda la humanidad actual. Esta universalidad del enfoque es lo que ha despertado el interés de los lectores extranjeros. En definitiva, para Mallea la crisis del alma argentina es de alguna manera la crisis del hombre contemporáneo.

Sin embargo, Mallea no es un escritor filosófico ni metafísico. Es ante todo un novelista, un narrador de historias, dotado de una sensible receptividad para lo humano y universal. Su preocupación es profunda y sincera, y no meramente artística. Tampoco es un escritor ideológico. Su posición ante la vida no es la de denuncia o protesta, sino la de un narrador o expositor.

OCTAVIO PAZ

El Laberinto de la Soledad

[La muerte mexicana]

También para el mexicano moderno la muerte carece de significación.

Ha dejado de ser tránsito, acceso a otro vida más vida que la nuestra. Pero la intrascendencia de la muerte no nos lleva a eliminarla de nuestra vida diaria. Para el habitante de Nueva York, París o Londres, la muerte es la palabra que jamás se pronuncia porque quema los labios. El mexicano, en cambio, la frecuenta, la burla, la acaricia, duerme con ella, la festeja, es uno de sus juguetes favoritos y su amor más permanente. Cierto, en su actitud hay quizá tanto miedo como en la de los otros; mas al menos no se esconde ni la esconde; la contempla cara a cara con impaciencia, desdén o ironía: "si me han de matar mañana, que maten de una vez".

La indiferencia del mexicano ante la muerte se nutre de su indiferencia ante la vida. El mexicano no solamente postula la intrascendencia del morir, sino la del vivir. Nuestras canciones, refranes, fiestas y reflexiones populares manifiestan de una manera inequívoca que la muerte no nos asusta porque "la vida nos ha curado de espantos". Morir es natural y hasta deseable; cuando más pronto, mejor. Matamos porque la vida, la nuestra y la ajena, carece de valor. Y es natural que así ocurra: vida y muerte son inseparables y cada vez que la primera pierde significación, la segunda se vuelve intrascendente. La muerte mexicana es el espejo de la vida de los mexicanos.

(Cap. III)

❦ ❦ ❦

El Laberinto de la soledad (1950), pese al tiempo transcurrido desde su aparición, es un ensayo considerado magistral sobre la interpretación de México y sus hombres. Este es uno de sus temas preferidos. Señala el valor de la doble herencia de su país, lo indígena y lo hispánico, y por momentos lo compara con lo norteamericano. Su agudeza psicológica y su nacionalismo objetivo, crítico pero amoroso, lo distinguen de los nacionalistas políticos a ultranza.

Octavio Paz: Premio Nobel 1991

Octavio Paz (1914) es un prestigioso escritor en prosa y en verso de la Hispanoamérica actual. Desde joven intervino en México, su país, en los movimientos de renovación poética. Fundó con algunos compañeros revistas literarias y comenzó desde temprana edad a dar a conocer sus composiciones. Viajó por España y Francia y en esos países tomó conocimiento de las corrientes literarias de vanguardia y publicó varios libros poéticos. Obtuvo en Bélgica en 1963 el Premio Internacional de Poesía, y la Academia Sueca lo galardonó en 1991 con el Premio Nobel.

El autor es un caso de sostenida fidelidad a la poesía. Su volumen *Libertad bajo palabra* (1960) recoge piezas escritas por el autor de 1935 a 1958. Jamás abandonó la poesía que continúa enriqueciendo con nuevos aportes hasta la actualidad. Como tantos otros escritores ha pasado por varias etapas ideológicas y maneras estéticas: superrealismo, budismo y panteísmo. Cultivó también inicialmente la poesía de intención social, aunque más tarde la abandonó para consagrarse a temas permanentes y universales como el amor, el odio, la muerte, la libertad, el paisaje, la solidaridad humana y el recuerdo.

Para Paz la esencia de la poesía es la imagen. Esta imagen es la mejor forma de expresar el pensamiento, "una imagen del hombre que se crea a sí mismo por la imagen". Siempre anduvo detrás de nuevas formas líricas, y en este sentido, algunos de sus poemas son verdaderos "experimentos poéticos".

No menos importante que su poesía es su prosa, de una acabada pulcritud y claridad. Sus libros de ensayo y crítica son ejemplo de hondura conceptual, perspicacia interpretativa y capacidad de observación. Octavio Paz ha hecho de lo mexicano uno de los temas preferidos de su meditación. Ha tratado de señalar los caracteres del hombre mexicano, el sentido de la cultura y la unificación espiritual del país, sobre la idea de un destino común en el mundo contemporáneo. Su ensayo *El laberinto de la soledad* (1950) ha asumido desde mediados del siglo el carácter de una obra clásica. En él aporta su interpretación del hombre mexicano dentro y fuera de su país.

Su caracterología del hombre mexicano trata de rescatar la intimidad espiritual de sus connacionales, cancelando lo muerto y estimulando el futuro. Relaciona los elementos indígenas, hispánicos, republicanos, reformistas, positivistas, liberales y revolucionarios en una síntesis esclarecedora y moderna, que permita una identificación nacional segura y liberada de divisionismos tajantes.

Su amplitud de criterio no retrocede ante ninguna consideración convencional ni dogmática, en procura de la creación de una conciencia colectiva. "Somos, por primera vez en nuestra historia —sostiene—, contemporáneos de todos los hombres".

En *Las peras del olmo* (1957) reunió una serie de artículos críticos sobre literatura —otra de las pasiones de Paz—, cuya primera parte está dedicada a la poesía de su país, y la segunda a temas concernientes a las letras universales, entre éstos uno dedicado a la literatura japonesa, otro al surrealismo, aparte de los varios consagrados a otras áreas culturales, como la pintura de Tamayo o el cine filosófico de Buñuel, demostrativos de la amplísima erudición del escritor.

Otra buena selección de sus ensayos lo constituye el volumen seleccionado por Carlos Fuentes bajo el título de *Los signos en rotación y otros ensayos* (1971), en el que se reproducen los estudios estéticos de Paz sobre la imagen literaria, la historia de la cultura, el encuentro de civilizaciones, el desencanto revolucionario y otros temas referentes al mundo contemporáneo.

En *El ogro filantrópico* (1979) prosigue sus inquisiciones sobre el ser mexicano y extiende sus estudios más hacia el campo político. En este terreno, afirma una vez más su conocida convicción de que el escritor es un marginado de todo sistema, situación que al mismo tiempo que una condenación, es una bendición.

La eminente figura personal de Octavio Paz en el ámbito cultural de Iberoamérica está fuera de toda discusión por la fecundidad de su talento, la independencia de sus reflexiones y la extensión casi enciclopédica de sus inquietudes.

El "boom" de la narrativa

El denominado "boom" literario de la nueva narrativa hispanoamericana fue una eclosión coetánea de un grupo de artistas que merecieron la atención de todo el orbe hispánico, sin excluir a algunos países europeos y a los propios Estados Unidos.

La literatura que produjeron es desde todo punto de vista excepcional. Propiamente no podría determinarse con precisión fundamentada quiénes lo integraron en realidad, porque entre ellos hay componentes de dos generaciones (a los que ahora se intenta agregar los de una tercera que se denominaría *boom junior*).

La coetaneidad de la aparición de obras no implica necesariamente que todas ellas integren un movimiento o una escuela literaria. Nunca ha ocurrido así en la historia de las letras. En la conveniencia de ordenar por razones metodológicas una literatura, necesariamente debe recurrirse a un criterio sistematizador que clarifique y ordene el panorama. Por de pronto escritores como Borges, Sábato, Mallea, Onetti, Asturias, Carpentier y Arguedas, pese a la notoria excelencia creativa y artística de algunos de ellos, no pueden ser incluidos en el conjunto.

Con la desaparición física de algunos de los escritores, la denominación está dejando de usarse, y ha quedado reservada a una cierta cantidad de autores, entre los cuales los más notorios y celebrados son o fueron Julio Cortázar, Carlos Fuentes, Gabriel García Márquez, Mario Vargas Llosa, Juan Rulfo, Augusto Roa Bastos y José Donoso.

En el ámbito del *boom junior*, podrían anotarse los narradores de la nueva generación, entre ellos Fernando del Paso, Severo Sarduy, Alfredo Bryce Echenique, Manuel Puig, Manuel Scorza y algunos más (Donald L. Shaw). Pero es temprano todavía para ver con claridad este panorama y decidir sobre denominaciones provisorias.

Se vuelve muy problemático a esta altura de los tiempos discernir cuánto hay de moda, interés ideológico, conveniencia política, propaganda de editorial, actividades de cenáculos o grupos, jerarquización política de los países, o auténtico valor en esta explosión artística y comercial.

Para algunos historiadores y críticos de las letras los mejores siguen siendo los viejos (Yáñez, Borges, Asturias, Carpentier), mientras que otros se inclinan por Cortázar, Fuentes, Rulfo, Vargas Llosa. Un tercer crítico, Julián Marías, por su parte, se muestra cauteloso frente a este renacimiento de las letras, y afirma que no es lícito unificarlas arbitrariamente con la denominación de "hispanoamericana", puesto que en realidad lo que existe es una literatura argentina, mexicana, peruana, etc.

Julio Cortázar

Este argentino (1914–1984) fue uno de los portavoces del *boom* y uno de sus más activos propagadores. Nacido en Bruselas, Bélgica, mientras su padre era diplomático, vivió y estudió en Buenos Aires, donde ejercitó la enseñanza, hasta trasladarse por último a París en condición de traductor de la UNESCO. En Francia escribió la mayor parte de sus obras. Publicó en sus comienzos libros de cuentos *(Bestiario; Final del juego; y Las armas secretas)*. Le siguieron otras obras no menos difundidas, hasta editar la que se considera su obra maestra, la novela *Rayuela* (1963), a la que siguieron otras publicaciones.

Julio Cortázar. Fue uno de los líderes del *boom* de la nueva narrativa hispanoamericana. Concilió su cultura europeísta con los temas y el lenguaje de la vida argentina y las reminiscencias de su juventud criolla, mientras residía en Europa.

Portada de la primera edición de *Rayuela*. En la mayor parte de sus obras se permitió las más caprichosas innovaciones y transgresiones técnicas y estilísticas en su declarado intento de llegar a una "antiliteratura".

El mismo Cortázar ha declarado las fuentes literarias que influyeron sobre él. Entre los escritores argentinos, Macedonio Fernández, Jorge Luis Borges, Roberto Arlt, Hugo Wast y Lucio V. Mansilla, y entre los extranjeros, Julio Verne, Virginia Woolf, Cocteau, Mallarmé, Poe, Lautréamont y algunos otros. De los clásicos, reconoce su deuda con Homero, Garcilaso, Dickens y Keats.

La crítica ha reparado, a su vez, en otras influencias: la literatura fantástica contemporánea, los escritores superrealistas y la novela de Leopoldo Marechal, *Adán Buenosayres*. Asimismo, son perceptibles en la obra de Cortázar sus preferencias por el absurdo, el lirismo, el jazz y la fotografía.

Probablemente, el mejor Cortázar es el cuentista, y sobre todo el inicial.

Los primeros cuentos son fantásticos, sin trasfondos metafísicos complejos, situados en el mundo social de la clase media, con cierta tendencia a la crítica de la sociedad, reminiscencias de algunos notables narradores contemporáneos, y hábilmente organizados y escritos.

Los cuentos posteriores son ya más elaborados y pretensiosos en su simbología. Cortázar los inscribe dentro de un marco más profundo e intelectual, encierran una meditación o alegoría sobre la vida humana como pasa, por ejemplo, en *Final del juego*, *El perseguidor*, *La autopista del sur*, *Casa tomada*, y otros.

En estas narraciones sobresalen los diálogos, de notable actualidad y efecto comunicativo, y un enfoque novedoso de la realidad. Pese a la fantasía de algunos de los argumentos, todo sucede como en la vida, y la propensión a lo absurdo y contradictorio no perturba el lirismo y el encanto de lo narrado. La destreza casi insólita en el manejo de la lengua (vocabulario, sintaxis y recursos estilísticos) asoma ya en estas prosas con nítida maestría. Excelentes ejemplos de esta primera época de Cortázar son, entre otros, los cuentos *La noche boca arriba*, *Cartas de mamá*, *Las babas del diablo*, etc.

Su novela *Rayuela* es una de las obras de la nueva narrativa que más traducciones y elogios mereció en su momento. En realidad, su argumento es insignificante, más aún, premeditadamente irrelevante, vulgar y casi ridículo, con personajes sin ninguna ejemplaridad ni excepcionalidad, precisamente como quiso escribirla el autor, absurda, trágica y risible al mismo tiempo. Trata de la historia de un argentino exiliado en París, Oliveira, que participa con la Maga en un extraño Club de la Serpiente. Después de la separación de ambos, Oliveira se encuentra en Buenos Aires, adonde ha regresado y se ha unido a su mujer Gekrepten. En una tercera parte, independiente en cierto sentido de las dos anteriores, "capítulos prescindibles" de acuerdo con el autor, incorpora fragmentos de otros autores, transcripciones periodísticas o librescas, otras prosas misceláneas, que deben leerse combinados con los capítulos anteriores, según una tabla de orden insertada al final.

Sin dudas se trata de una obra experimental, una novela o antinovela, en la que ironiza de todo: las clases sociales, el culto del lenguaje, la Argentina y otras naciones, la ridiculez de la vida diaria. Se citan por igual un fragmento de César Bruto (humorista argentino famoso por su lenguaje de ignorante), los de un clérigo de San Cayetano, citas en inglés, en francés o lunfardo porteño, la guía telefónica de Buenos Aires, clásicos, etc.

Cortázar fue escéptico y agnóstico, desprejuiciado y abierto, que lo juntó todo: lo vulgar, lo pornográfico, lo absurdo, lo anárquico, lo erudito, lo burlesco, lo intelectual y lo poético. Fue el experimentalista por antonomasia del *boom*.

GABRIEL GARCÍA MÁRQUEZ

CIEN AÑOS DE SOLEDAD (FRAGMENTO)

[Le peste del insomnio y la máquina de recordar]

Cuando José Arcadio Buendía[1] se dio cuenta de que la peste había invadido el pueblo, reunió a los jefes de familia para explicarles lo que sabía sobre la enfermedad del insomnio, y se acordaron medidas para impedir que el flagelo[2] se propagara a otras poblaciones de la ciénaga[3]. Fue así como se quitaron a los chivos[4] las campanitas que los árabes[5] cambiaban por guacamayos[6], y se pusieron a la entrada del pueblo a disposición de quienes desatendían los consejos y las súplicas de los centinelas e insistían en visitar la población. Todos los forasteros que por aquel tiempo recorrían las calles de Macondo tenían que hacer sonar su campanita para que los enfermos supieran que estaba sano. No se les permitía comer ni beber nada durante su estancia[7], pues no había duda de que la enfermedad sólo se trasmitía por la boca y todas las cosas de comer y beber estaban contaminadas de insomnio. En esa forma se mantuvo la peste circunscripta al perímetro de la población.

Fue Aureliano[8] quien concibió la fórmula que había de defenderlos durante meses de la evasión de la memoria. La descubrió por casualidad. Insomne[9] experto, por haber sido uno de los primeros, había aprendido a la perfección el arte de la platería[10]. Un día estaba buscando el pequeño yunque[11] que utilizaba para laminar los metales, y no recordó su nombre. Su padre se lo dijo:"*tas*"[12]. Aureliano escribió el nombre en un papel que pegó con goma en la base del yunquecito: *tas*. Así estuvo seguro de no olvidarlo en el futuro. No se le ocurrió que fuera aquella la primera manifestación del olvido, porque el objeto tenía un nombre difícil de recordar. Pero pocos días después descubrió que tenía dificultades para recordar casi todas las cosas del laboratorio. Entonces las marcó con el nombre respectivo, de modo que le bastaba leer la inscripción para identificarlas. Cuando su padre le comunicó su alarma por haber olvidado hasta los hechos más impresionantes de su niñez, Aureliano le explicó su método, y José Arcadio Buendía lo puso en práctica en toda la casa y más tarde lo impuso a todo el pueblo. Con un hisopo[13] entintado marcó cada cosa con su nombre: *mesa, silla, reloj, puerta, pared, cama, cacerola*. Fue al corral y los animales y las plantas: *vaca, chivo, puerco, gallina, yuca*[14], *malanga*[15], *guineo*[16]. Poco a poco, estudiando las infinitas posibilidades del olvido, se dio cuenta de que podía llegar el día en que se reconociera las cosas por sus inscripciones, pero no se recordara su utilidad. Entonces fue más explícito. El letrero que colgó en la cerviz[17] de la vaca era una muestra ejemplar de la forma en que los habitantes de Maconda estaban dispuestos a luchar contra el olvido:

Esta es la vaca, hay que ordeñarla todas las mañanas para que produzca leche y a la leche hay que hervirla para mezclarla con el café y hacer café con leche. Así continuaron viviendo en una realidad escurridiza[18], momentáneamente capturada por las palabras, pero que había de fugarse sin remedio cuando olvidaran los valores de la letra escrita.

En la entrada del camino de la ciénaga se había puesto un anuncio que decía *Macondo* y otro más grande en la calle central que decía *Dios existe*.

---

1. *José Arcadio Buendía es el fundador de Macondo y el primero de una estirpe que dura cien años. En el fantástico pueblo aparece una peste de insomnio: los que se enferman dejan de dormir y olvidan el nombre de las cosas, personas y su propia identidad*   2. *calamidad, azote*   3. *lugar lleno de lodazal, Macondo estaba situado en una región de esta naturaleza*   4. *macho cabrío*   5. *comerciantes ambulantes de esa raza que iban de pueblo en pueblo*   6. *especie de papagayos*   7. *estada, permanencia*   8. *Aureliano Buendía, hijo del anterior*   9. *que no duerme*   10. *arte de los plateros*   11. *bloque de hierro para golpear los metales encima, usado por los herreros*   12. *yunque pequeño de los plateros*   13. *brocha para pintar o afeitarse*   14. *mandioca, planta de raíz feculenta comestible*   15. *planta tropical*   16. *especie de plátano pequeño*   17. *cogote, cuello*   18. *huidiza*

❧ ❧ ❧

Muchas obras de García Márquez giran en torno a un supuesto pueblecito antiguo, Macondo, una metáfora detrás de la cual se esconde Colombia. A sus fundadores y habitantes les sucede lo que a toda la humanidad, a lo largo de la historia: amores , negocios, envidias, guerras, locura, altruismo, sacrificios, con la particularidad de que en la novela, la fantasía se mezcla con la realidad, generando un mundo hiperbólico, sin antecedentes en las letras hispanoamericanas. El fragmento anterior, uno de los más celebrados de la novela, muestra las cualidades narrativas del autor, y su impecable dominio de la lengua.

Gabriel García Márquez: Premio Nobel 1983

En la actualidad (1994) Gabriel García Márquez es el narrador más celebrado de Hispanoamérica, en especial por su novela *Cien años de soledad* (1967), considerada una obra maestra de la prosa contemporánea. Nació en un poblado colombiano, Aracataca (1928) donde pasó su infancia y conoció personajes, paisajes y actitudes espirituales de los pobladores que con el tiempo vinieron a servirle como antecedentes para su obra.

Hizo sus estudios secundarios con los jesuitas, abandonó más tarde la carrera de derecho, fue reportero y editorialista en un diario de Bogotá y en Nueva York como agente periodístico de *Prensa Latina*, fundada por la Revolución cubana, y se estableció más tarde en México.

García Márquez es el feliz creador literario de un pueblecito ideal, Macondo, en Colombia, que entre su fundación mísera y la decadencia final tuvo un período de prosperidad en épocas de la Primera Guerra Mundial, cuando se estableció una plantación de bananos. Allí suceden hechos asombrosamente imaginativos y fantásticos, la población se divide por el odio político y las luchas civiles, y en una atmósfera de calor, humedad, chismorreo, sensualidad y vicios de toda especie, la vida transcurre entre el fatalismo, la obsesión, la tragedia, la furia, y, sobre todo, en una asombrosa soledad de los personajes. Esta creación de García Márquez, narrada en un estilo incomparablemente atractivo y pulcro, ha transformado a *Cien años de soledad* en una de las más celebradas novelas escritas en castellano en lo que va del siglo.

Narra la historia de José Arcadio Buendía, casado con su prima Úrsula Iguarán, fundadores de Macondo, y las historias correlacionadas de esa familia, que imponen a sus hijos los nombres repetidos de Arcadio o Aureliano. En general, los Arcadios son impulsivos y trágicos, y los Aurelianos retraídos y lúcidos. En el centro de la familia está Úrsula Iguarán, que muere tatarabuela diciendo: "Dios mío. De modo que esto es la muerte".

Otra novela de gran interés es *El amor en los tiempos del cólera* (1985), una magistral pieza novelística donde se refieren las peripecias amatorias entre Fermina Daza y Florentino Ariza, rechazado en la adolescencia por ella. Más de medio siglo después, fallecido el doctor Juvenal con quien se había casado Fermina, se reanuda el amor en la vejez de ambos personajes. Se reúnen a bordo de un barco en una travesía que permite el reencuentro del amor y el triunfo de esta pasión sobre la muerte. La acción transcurre en una ciudad de la costa colombiana no identificada, con el río Magdalena por escenario en varios pasajes. La conclusión implícita de la novela sugiere que, en última instancia, el deseo amoroso supera a la temporalidad humana, y va y viene por la vida, con los mismos síntomas arrebatadores y resurgentes del cólera.

En *El general y su laberinto* (1989), García Márquez ha reconstruido, imaginativamente, los últimos días de Simón Bolívar en 1830, acosado por el recuerdo de sus intentos políticos en conflicto con las mezquindades humanas.

Otro género en el que ha sobresalido el maestro colombiano es la narración corta y el cuento. Hasta la publicación de *Cien años de soledad* había escrito una serie de obras, cíclicas en cierto sentido porque transcurren en el hipotético pueblecito de Macondo, y algunos de sus habitantes reaparecen en relatos diversos. En *La hojarasca* (1955), su primera novela corta, desarrolla la historia de un médico francés llegado a Macondo, después de retirarse de su profesión, que se niega a curar a los heridos provenientes de una lucha civil. El pueblo jura vengarse y envenenarlo, y tras varias alternativas, el médico se ahorca.

En *El coronel no tiene quien le escriba* (1961) el protagonista vive retirado de las guerras civiles desde hace quince años, a la espera de que el gobierno acceda a una petición suya y le otorgue una pensión. Su hijo ha muerto violentamente y le ha dejado un gallo de riña, en el cual el coronel deposita su última esperanza de salir de la miseria, pues faltan 45 días para una riña que puede proporcionarle mucho dinero.

La mala hora (1962) amplía el panorama de Macondo con otro suceso: la aparición misteriosa de pasquines injuriosos contra habitantes del pueblo. El alcalde llegado para poner orden es un corrupto que sólo se ocupa en enriquecerse, pero ante el clamor del pueblo que le reclama su intervención, el funcionario acusa a un adversario político, lo hace detener y asesinar.

Crónica de una muerte anunciada (1981), mucho posterior, refleja con ejemplaridad las dotes del narrador. En un concentrado relato, reconstruido desde variadas perspectivas personales y tiempos, presenta la vida insospechada de Angela Vicario, que es devuelta la noche de bodas a sus padres por su marido, sintiéndose engañado en cuanto a la virtud de la joven. Los hermanos de la repudiada manifiestan públicamente que matarán al culpable del deshonor familiar y así lo hacen, después de fatigosas averiguaciones provocadas por el silencio de su hermana. La historia impresiona por el clima de tensión y fatalidad que provoca su lectura.

Otros autores

Juan Rulfo. Este escritor mexicano (1918–1986) pasó su vida en su país, retraído en sus tareas, y se caracteriza por la brevedad y notable valor de su prosa. Su primer libro de cuentos, *El llano en llamas* (1953) lo hizo famoso de inmediato. Dos años después, merced a una beca Rockefeller, pudo dar término a su novela *Pedro Páramo*, que lo consagró definitivamente.

Las dos obras lo han revelado como un creador original y vigoroso. Los aspectos más distintivos de su arte son lo nacional y lo emotivo, impregnados de un tono mágico y sugerente. Su mexicanismo continúa y moderniza el tema de la Revolución, a través de ambientes, hechos y personajes.

Un aire vago y misterioso emerge de los cuentos de *El llano en llamas,* en los cuales la muerte, la violencia y el sexo son dominantes. Los hombres son mostrados desde su interioridad, anímicamente desolados, sumidos en la pobreza y fuertemente ligados a la tierra que habitan.

Pedro Páramo es una de las mejores expresiones de la novelística mexicana, y ha merecido el calificativo de "única" por su construcción, tema, estructura y estilo. Cuenta la historia de don Pedro Páramo, un caudillo insaciable, astuto y violento, que se ha apoderado de las tierras de la región, ha matado, ha vejado y se ha casado por interés. Termina sus días acuchillado por su hijastro. Cuando llega el hijo de Páramo, se encuentra ante una terrorífica visión: el pueblo entero ha muerto.

Mezcla lo real con lo ideal, el presente con el pasado, un espacio con otro, mediante una estructura original. La novela comienza cuando ya casi todo ha sucedido. Se pasa sin transiciones ni aclaraciones de un lugar a otro, de un personaje a otro, de un tiempo a otro, y el lector debe ir reconstruyendo en su mente y en forma paulatina, el hilo de los sucesos. Incluso comienza casi por el fin, y el lector va enterándose del pasado y rehaciéndolo por los diálogos de los personajes y otras pocas referencias. La novela comienza cuando ya gran parte de los protagonistas han muerto.

Los actores de este tremendo drama son todos casos de una rara y honda vida interior, pasionales, vitales, enormes, como personajes de una pesadilla. Es un poco la historia de unos fantasmas, casi una nueva versión del tema del descenso a los infiernos de Dante, de fuerte tono épico.

Juan Rulfo, una de las figuras más admiradas de la nueva narrativa hispanoamericana por el original manejo de la técnica de las esturas, la sobriedad contundente de su prosa y la aguda penetración psicológica en los personajes mexicanos de la época posrevolucionaria.

Juan José Arreola. No es mucho lo que ha escrito este excelente narrador (n. 1918), formado sobre la base de lecturas escogidas fuera de los ambientes y claustros universitarios. Constituye un caso muy especial dentro de la narrativa mexicana. Su libro fundamental es *Confabulario*, (1952) editado en varias oportunidades con sucesivos agregados. No es un escritor regionalista ni folclórico; es un maestro del arte de la fantasía y el humor, quizás sus dos cualidades más destacadas y brillantes. Es un artista intelectual, que medita y trabaja mucho sus piezas. Domina la paradoja, la ironía, el buen humor, la sátira, la ficción, la ocurrencia insospechada, la información, el patetismo, el realismo y hasta el capricho, "saltando de lo lógico a lo absurdo". Domina y conoce la realidad, y es capaz de distorsionarla hasta lo inverosímil.

Arreola trae al recuerdo, cuando se lo lee, a los grandes maestros de las letras contemporáneas: Kafka, principalmente, Poe, Gogol, y otros.

Se ha dicho, con acierto, que a pesar de no ser regionalista ni usar un lenguaje local, Arreola es un escritor mexicano, pues lo mexicano no consiste sólo en lo pintoresco, sino también en lo anímico.

Carlos Fuentes. Este importante narrador mexicano (n. 1928) es uno de los líderes más promocionados de la nueva narrativa. Su arte está íntimamente asociado a su mexicanidad, a su disconformidad con el desencanto a que ha llegado la Revolución Mexicana, y a su profundo conocimiento de las literaturas occidentales en sus formas nuevas.

En *La nueva novela hispanoamericana* (1969) interpreta este fenómeno sobre criterios más modernizados que los anteriores, revisa la tradición novelística y anuncia el "advenimiento de una realidad literaria mucho más poderosa".

Fuentes logró notoriedad en un principio con su obra *La región más transparente* (1958), extensa obra por donde desfila la sociedad mexicana en sus más preclaros y típicos ciudadanos, en especial el personaje Federico Robles, espécimen representativo de todo tipo de ambiciones inescrupulosas. Es la novela del egoísmo.

La otra pieza, más corta pero quizás de mayor jerarquía artística, es *La muerte de Artemio Cruz* (1962), con todos los méritos suficientes para ser considerada una obra maestra. Un millonario, en su lecho de muerte, revisa su existencia con figuras que se mueven en torno a su cama: soldado enriquecido, especulador, político voraz, autor culpable de una historia miserable. Fuentes ha continuado su proficua obra narrativa con vocación innegable, y su bibliografía es extensa.

Es un ostensible caso de vocación narrativa, que no da muestras de agotarse. Su fama da inequívocas manifestaciones de consolidación en América y Europa, por vía de sus múltiples actividades relacionadas con la cinematografía, el teatro, colaboración con otros artistas, propuestas culturales y demás. Es un activo promotor del talento hispanoamericano.

Aura (1962), novela corta, es considerada como otra de sus obras maestras, exponente claro de su criterio de que el arte no debe tener por objeto explicar, sino manifestar la multiplicidad de lo real. Plantea el problema del doble, a través de Felipe Montero, un joven historiador contratado por una anciana dama, esposa de un fallecido general francés de Maximiliano, de cuya sobrina se enamora. Este amor resultaría una reviviscencia o reencarnación, fuera del tiempo, del amor de la anciana y su esposo. Un asunto similar se plantea en *Cumpleaños* (1969), en que la identidad de un arquitecto inglés de nuestra época se identifica con la de un teólogo de la Universidad de París de la Edad Media, denunciado como hereje y por ello prófugo en Italia.

La crítica ha querido ver en este tema del doble una similitud con la persistente preocupación de Borges por definir en definitiva quién es uno mismo, un individuo original y único o una repetición de alguien que ya ha existido anteriormente.

Cambio de piel (1967) es otra de las obras distintivas de Carlos Fuentes, en la cual cuatro personajes, dos mexicanos amantes, y la esposa del varón de la pareja y un alemán de antecedentes nazis, se detienen en Cholula, camino de Veracruz, y se internan en las galerías de una pirámide, donde tiene lugar un doble sacrificio ritual. Simbólicamente, la tesis de la obra sería que todas las historias de violencia —la de los protagonistas de la novela y la de los conquistadores—, son una misma violencia.

Otras obras de Fuentes son *Terra Nostra* (1975) y *Cristóbal Nonato* (1987), aparte de muchas otras que exceden las posibilidades de este volumen.

Con todo, y en síntesis, cabría compendiar la novelística del prolífico autor mexicano en algunas afirmaciones: intensivo mexicanismo crítico ("Yo veo a México como Gogol veía a Rusia"); pluralidad de inspiración; concepto de la novela como conjunción de mitos; fondo filosófico; estructura moderna y lenguaje nuevo (experimentalismo), y concepción de la realidad como misterio indescifrable.

Mario Vargas Llosa. Este escritor peruano (n. 1936), es autor de algunas narraciones que marcan un importante hito en la literatura peruana. *La ciudad de los perros* (1962), *La casa verde* (1966) y *Conversación en la Catedral* (1969) se consideran distintivas de su arte. Su producción literaria ha continuado hasta el momento sin reposo. Comparte su creatividad con la docencia universitaria, y últimamente fue candidato a la presidencia de su país, en la que salió derrotado frente a Alberto Fujimori.

Iniciado como cuentista, Vargas Llosa se inclinó más tarde por la novela y se ha convertido en uno de los maestros de este género. Ya desde sus comienzos se reveló como un vigoroso y hábil narrador, inspirado en hechos y experiencias de la vida real, y sin lugar a dudas, en persistentes reminiscencias de su infancia y adolescencia.

El material temático lo extrae Vargas Llosa de la vida social contemporánea de Lima. Es un narrador urbano, capitalino, de las clases media y alta. Se ha desprendido voluntariamente del indigenismo y el *cholismo* de algunos famosos precedentes de su país (Ciro Alegría y José María Arguedas) y del pintoresquismo del gran romántico Ricardo Palma.

Este mundo limeño es descripto a través de la perspectiva de adolescentes en especial, pues los grupos juveniles son uno de los temas más persistentes de su arte, sobre todo de los cuentos iniciales y de su primera novela.

Además, las obras de Vargas Llosa son una denuncia en sí, pero sin una propuesta de cambio, porque en último análisis, lo que intenta mostrar el autor es un mundo tal como lo ven sus actores, sin postular ninguna teoría social en reemplazo de la criticada.

Vargas Llosa revela una insobornable preocupación por la estructura y formas de la narración. En varios de sus cuentos la anécdota es simplemente insignificante o trivial.

La ciudad y los perros (1963), su primera novela, lo lanzó a la fama como novelista después de haberse hecho conocer con cuentos y narraciones breves. Refiere las peripecias de un grupo de cadetes del Colegio Militar Leoncio Prado del Perú ("perros" eran los alumnos del primer año), en las que resulta muerto uno de ellos. La investigación se complica en una maraña de mentiras, delaciones, cobardías e intereses institucionales. La novela causó conmoción en su momento, y se dice que una pila de ellas fue quemada simbólicamente en un acto público en Lima.

Su fama se consolidó tres años más tarde con la publicación de *La casa verde* (1966), que mereció diversas distinciones entre ellas el premio internacional Rómulo Gallegos a "la mejor novela escrita en lengua castellana en el curso de un quinquenio". La obra se desarrolla entre dos ciudades, la selvática de Santa María de Nieva donde se reclutan mujeres por obra de proxenetas entremezclados con individuos marginados de toda especie, y Piura, en la que se instala un prostíbulo, la Casa Verde, antro de perdición.

El conocimiento de la zona amazónica que Vargas Llosa recogió para esta novela le sirvió al autor para otra, *Pantaleón y las visitadoras* (1973), menos afortunada quizás, con algo de burla y sátira, en la cual narra los recursos oficiales para proveer de mujeres a los destacamentos militares de la zona.

Las informaciones recogidas para la producción de un guión cinematográfico, fueron más tarde empleadas por el escritor peruano para escribir *La guerra del fin del mundo* (1981), otra innovación literaria: reescribir una novela anterior de otro escritor, el brasileño Euclides da Cunha, que en 1901 había publicado *Los sertones* con la historia de un extraño personaje del nordeste, medio místico, el Consejero, que encabezó una rebelión en la región.

Otras celebradas novelas de Vargas Llosa son *La tía Julia y el escribidor* (1977), sobre un escritor de folletines a sueldo, la *Historia de Mayta* (1984), y otras varias.

Unas caracterización sintética del arte narrativo de Vargas Llosa, incluiría esta enumeración: variados experimentos de estructura, realismo peruanista total, incorporación a las historias de contenidos autobiográficos disimulados, erotismo, lenguaje sin frenos inhibidores, crítica social sin objetivos políticos, habilidosa construcción de las tramas, innovación permanente.

José Lezama Lima. Es el gran narrador y poeta cubano de los últimos años (1910–1981). Sus poesías iniciales permitieron desde un comienzo identificar en él a un escritor de notable valía. La consagración llegó con su novela *Paradiso*, (1966), reputada como una de las mayores obras literarias, pero que algunos críticos han calificado de estrafalaria y genial al mismo tiempo, lo mismo que a su continuación inconclusa, *Oppiano Licario* (1977), por fallecimiento del escritor.

Paradiso despliega en una prosa sumamente barroca, minuciosa en los detalles descriptivos, complicada en su lectura, la historia central del niño José Cemín, hijo de un coronel cubano que muere prematuramente, y cuyo casamiento emparenta a dos familias, que conforman un universo de seres de compleja psicología. Esta característica se prolonga en el niño, enfermizo, retraído e imaginativo, que poco a poco va constituyendo su entorno con amigos, en particular dos de ellos, Fronesis y Foción, el primero un intelectual y el segundo un homosexual. El lector supone al término de la lectura que Lezama Lima ha querido expresar alegóricamente la búsqueda del infinito por medio de la figura del niño. La segunda de las obras, no agrega lamentablemente nada a la anterior, por no haber sido terminada, aunque sigue la misma línea constructiva, léxica y simbólica.

La serie de escritores hispanoamericanos que han llegado a la maestría narrativa hacia fines de siglo, sería muy extensa para este libro. Pueden adelantarse algunos nombres importantes: Augusto Roa Bastos, paraguayo (n. 1917), con *Hijo de hombre* y *Yo, el Supremo;* Guillermo Cabrera Infante, cubano (n. 1929), con *Tres tristes tigres* (1960); Manuel Puig, argentino (1932–1990), con varias novelas, alguna de ellas llevada a la pantalla; Jorge Edwards, chileno (n. 1931); José Donoso, chileno (n. 1925); Alfredo Bryce Echenique, peruano (n. 1939); Mario Benedetti, uruguayo (n. 1920); Severo Sarduy, cubano (n. 1937–1993), y varios más.

Las mujeres en las letras

Naturalmente, no hay una literatura masculina y una literatura femenina porque el arte es independiente del sexo del autor. El talento artístico no es patrimonio exclusivo ni de unos ni de otros. Sor Juana, en tiempos de la Colonia, fue la mejor poetisa del continente; Santa Rosa de Lima es cronológicamente la primera persona de Hispanoamérica santificada por la Iglesia, como Santa Francisca Javiera Cabrini, popularmente conocida como la Madre Cabrini, que fue la primera persona de Estados Unidos canonizada por el Papa Pío XII en 1946.

Sin embargo, el advenimiento plural del sexo femenino al mundo de la ciencia y las artes es un fenómeno característico del siglo XX. En esta centuria Gabriela Mistral, chilena, mereció el Premio Nobel en 1945 con anterioridad a cualquier hombre; Juana de Ibarbourou (1880–1979), uruguaya, llamada "Juana de América", conoció la gloria en su país al ser coronada por su obra poética en el Palacio Legislativo de Montevideo en 1929 y ser nombrada luego en 1950, presidente de la Academia Uruguaya de Escritores. Así otros nombres más, como por ejemplo el de Victoria Ocampo (1890–1979), argentina, escritora fecunda y universalista, que puso gran parte de su fortuna al servicio de la cultura y las letras.

Pero el auge de la literatura producida por mujeres artistas se produce en la segunda mitad de este siglo, y más propiamente en el campo de la narrativa, ocupado tradicionalmente por escritores varones. La mención de las principales figuras excedería los límites de este volumen, pero la referencia a algunas muy buenas escritoras es inevitable.

Elena Poniatowska, nacida en Francia en 1933, ha introducido nuevas técnicas de *collage* periodístico en la literatura, como acontece con su dramática narración de *La noche de Tlatelolco* (1971). Rosario Castellanos (1925–1974), es autora de relatos indigenistas enriquecidos con sus experiencias personales de etnóloga y antropóloga, como en los cuentos de *Ciudad Real* (1964), antiguo nombre de la ciudad San Cristóbal de las Casas, en el estado de Chiapas; la novela *Balún Canán* (1957) y *Oficio de tinieblas* (1962). La autora desentraña su aguda capacidad de observación unida a una delicada sensibilidad hacia los pobladores indígenas o ladinos de esa región de México. Elena Garro (n. 1920), mexicana, autora alejada del indigenismo y el nativismo, independiente, creadora de un mundo propio, poblado de seres comunes, envueltos en el inevitable destino de la felicidad y la desdicha, con prescindencia de la situación social o racial. Algunas de sus obras son *Los recuerdos del porvenir* (1963) y *La semana de colores* (1964).

En Chile sobresale en estos momentos la personalidad de Isabel Allende (n. 1942), nacida en Lima en el exilio, sobrina del presidente Salvador Allende, y residente por un tiempo en Venezuela. Regionaliza los temas permanentes de la novela a través de la historia de una familia a lo largo de setenta años hasta el derrumbe del gobierno de la Unidad Popular, en su obra *La casa de los espíritus* (1982). Otra de sus novelas, *Eva Luna* (1987), despliega dentro de la corriente de "realismo maravilloso" la vida una mujer de mentalidad primitiva y fabulosa imaginación, con ternura y fluidez estilística. En *El plan infinito* (1991), presenta la historia frustrada de Gregory Reeves en un barrio latino de Los Ángeles.

En la Argentina es recordada la escritora Beatriz Guido (1925–1988) por su colaboración en los guiones con su esposo el director cinematográfico Leopoldo Torre Nilsson, así como por sus novelas centradas en los conflictos de la vida nacional, particularmente en dos de sus novelas, *La casa del ángel* (1954) y *Fin de fiesta* (1958). En *El incendio y las vísperas* (1964), rememora diversos incidentes de la época de la decadencia del peronismo. Otra escritora de relevancia es Silvina Bullrich (n.1915), cuentista, novelista y ensayista, con dos vertientes de inspiración: una de intimismo feminista, *Bodas de cristal* y *Teléfono ocupado*, (1968), y otra de preocupación político-social, manifestada en *Los burgueses* y en *Los salvadores de la patria* (1965). En estas novelas, y más aún quizás en *La creciente*, de la misma época, da escape a su hastío y repugnancia por la corrupta vida política, el deterioro de la moral privada y familiar, y la miseria de quienes se someten a esas instancias del mal.

El ensayo

El ensayo constituye un género muy cultivado en las letras hispanoamericanas desde los tiempos de la Colonia, pero con manifestaciones más consagradas en el siglo pasado. Los autores de la Independencia, el romanticismo y el modernismo se valieron de esta forma literaria para la exposición de sus ideas.

En la centuria actual, en cambio la situación ha cambiado: hay menos ensayistas de valor literario, y en cierto sentido ha sido sustituida esa especie por libros o tratados especializados en determinadas disciplinas. Tres líneas podrían distinguirse en este aspecto: los narradores o poetas que escribieron ensayos en determinadas circunstancias (Borges, Mallea, Alfonso Reyes, Martínez Estrada, Uslar Pietri, etc.); los ensayistas que combinaron el género con la historia literaria (Henríquez Ureña, Mariano Picón Salas, Enrique Anderson Imbert, Luis Alberto Sánchez, Félix Lizaso, Jorge Mañach, José A. Portuondo); y en tercer término, los "pensadores" que adoptaron la forma ensayística para sus ideas filosóficas, sociológicas o de naturaleza similar (Leopoldo Zea, Samuel Ramos, Francisco Romero).

De manera común, todos o casi todos se han preocupado por la "americanización" de su pensamiento, separándose de esta manera de la línea filosófica tradicional de Europa, más preocupada por la metafísica teórica y especulativa, la *philosopia perennis*. Curiosamente, la materia religiosa no ha sido prácticamente cultivada y se ha tratado más bien sobre lo histórico o lo descriptivo.

José Vasconcelos. Fue uno de los escritores más leídos en su época y se lo consideró como un maestro de la juventud (1852–1959). Intervino en la política, llegó a ser ministro de educación de su país, México, y posteriormente candidato a presidente, aunque salió derrotado en las elecciones.

Dio un gran desarrollo a la enseñanza, estimuló el movimiento pictórico de los grandes muralistas de su país y convirtió a México en un centro cultural de Iberoamérica en su época. Su pensamiento básico puede resumirse así: respeto a la raíz hispánica; rectificación de prácticas y prejuicios dañosos en la vida iberoamericana; cristianismo íntimo, de amor y gracia, con poca teología; una filosofía no lógica sino inspirada en las verdades inefables. Pero la parte más espectacular de su pensamiento consiste en su teoría de una quinta raza humana, de tradición hispánica e indígena lograda por el mestizaje.

En el continente americano se habrán de fundir —según Vasconcelos—, étnica y espiritualmente, las gentes de otras cuatro razas (amarilla, roja, blanca y negra), sin predominio ni supremacía de ninguna de ellas, para lo cual es necesario que los iberoamericanos se compenetren de su misión y la acepten como una mística.

Esta raza tendrá su sede en una tierra de promisión, en las zonas cálidas y tropicales, que comprenden hoy al Brasil, Venezuela, Colombia, Ecuador, parte de Perú y de Bolivia, y norte de Argentina. No excluirá a ninguna otra raza, pero deberá comprobar con sus obras que es la más apta de consumar empresas extraordinarias, por estar formada por la fusión de varias razas. Su tipo físico y espiritual será superior a todos los que han existido.

Para cumplir el destino que tiene asignado, esta nueva raza deberá inspirar todas sus obras en el amor y en la belleza, porque si falla en ello, se verá suplantada por otras. Esta obra principal del ensayista mexicano se titula *La raza cósmica* (1925) y refleja su confianza optimista en la evolución social de la humanidad.

Alfonso Reyes. El mexicano Alfonso Reyes (1889–1959) está considerado el humanista más completo de Iberoamérica en el siglo XX. Es el sucesor directo de Andrés Bello, por su amplia erudición, su consagración a los asuntos humanísticos y su preferencia por la literatura. Estudió filología en el Centro de Estudios Históricos de Madrid, bajo la dirección del erudito Ramón Menéndez Pidal, el destacado filólogo y hombre de letras. Fue director de El Colegio de México, y fue propuesto en 1956 para el Premio Nobel. Ocupó varios cargos diplomáticos y fue doctor *honoris causa* de varias universidades, entre ellas Tulane, Harvard y Princeton.

La obra de Alfonso Reyes corona la larga serie de humanistas hispanoamericanos iniciada por Bello en cuanto la literatura y la lengua han ocupado gran parte de su talento, sin descuidar por eso otros ángulos de la cultura en general. Sus admiradores lo llamaron "mexicano universal" por su amplia visión de los hechos y la repercusión de sus obras. Su estilo se caracterizó por la limpieza del vocabulario, la corrección de su sintaxis y la transparencia de los pensamientos incluidos. En el campo literario estricto, son conocidas sus piezas *La experiencia literaria* (1942) y *El deslinde* (1944), aparte de sus estudios sueltos sobre clásicos de la lengua castellana. *Visión de Anáhuac* (1917) es una recreación poética e imaginativa del paisaje y la civilización indígena.

Especial recuerdo merece su famoso discurso de 1936 en la VII Convención del Instituto Internacional de Cooperación Intelectual, titulado *Notas sobre la inteligencia americana*, en el que además de analizar y criticar la indiferencia extranjera por lo americano y lo latino, resalta la fatalidad de haber nacido en una sucursal del mundo, un orbe de segunda clase, según sus expresiones. Proclamó, entonces, la hora de la inteligencia americana.

Arturo Uslar Pietri. Es el ensayista venezolano (n. 1906) más conocido en el exterior. Su nombre se registra tanto en el ensayo como en la novela (*Las lanzas coloradas*, (1931), un clásico de las letras. En *Letras y hombres de Venezuela* (1948) pasa revista a las grandes figuras del país. Uno de sus buenos trabajos ensayísticos es *En busca del Nuevo Mundo* (1969), que incluye estudios sobre personajes de la cultura y sobre la historia del continente.

Germán Arciniegas. En Colombia sobresale la obra de Germán Arciniegas (n. 1900), más conocido por su libro *América, Tierra Firme*, (1937), una colección de breves bocetos en los que se sobrepone a lo meramente histórico del tema y convierte a los hechos referidos en espléndidas estampas de la vida hispánica en América. Su volumen *El continente de los siete colores* (1965) es una atractiva y muy documentada historia de la civilización de Hispanoamérica.

Ezequiel Martínez Estrada. Argentino por nacimiento y formación (1895–1964), levantó en su momento encontradas polémicas por su *Radiografía de la Pampa* (1933), el libro más despiadado escrito contra el país, producto quizás de su temperamento cáustico y sus ideas políticas. Pese a ello, la obra se reedita continuamente por la sutileza de sus hallazgos y la amenidad de su prosa. En *La cabeza de Goliat* (1940) enfrenta el tema de la megalópolis que es Buenos Aires y reedita los antiguos asuntos del puerto y el campo, tan constantemente discutidos por los habitantes de esa nación. Su obra en dos volúmenes, *Muerte y transfiguración de Martín Fierro* (1948), al lado de *El payador* del modernista Leopoldo Lugones, son los clásicos inexcusables en el estudio de la cultura gauchesca o "civilización del cuero", en el decir de Martínez Estrada.

Otros autores. Hispanoamérica es un universo cultural donde la prosa de ideas ha interesado en todo momento. Al lado de los citados ensayistas, habría que mencionar a Mariano Picón Salas (Venezuela, n. 1901), Ricardo Rojas (Argentina, 1882–1957), Pedro Heríquez Ureña (Santo Domingo, 1884–1946), Leopoldo Zea (México, n. 1912), José Ingenieros (Argentina, 1877–1925) y muchos más.

Como característica común de los ensayistas debe mencionarse el tema de la "americanidad" y de la cultura, que los separa netamente de los ensayistas europeos, ocupados en asuntos de naturaleza más psicológica o filosófica.

Lengua española en América

El español de Hispanoamérica tiene, según los países y regiones, algunas leves diferencias con el castellano de España. Son modalidades que no alteran el fondo de la lengua. Se las denomina según el diccionario de la Real Academia Española de la Lengua, mexicanismos *(recámara* por *dormitorio)*; argentinismos *(saco* por *chaqueta)*; venezolanismos *(catire* por *rubio)*, y así análogamente en los demás casos. Pero como en cada país o región esas modalidades son diferentes, su sistematización general es prácticamente imposible. Básicamente, los fenómenos diferenciales han sido:

Indigenización: (náhuatl, maya, quechua, aimará, guaraní, araucano, arahuaco, etc.), notables principalmente en la pronunciación de algunos sonidos, pero sobre todo, en el léxico.

Andalucismo: el español que hablaban los españoles que vinieron a América era ya en su tiempo algo diferente del hablado en Castilla. Se sostiene aunque sin unanimidad entre los lingüistas, que el español que vino a América era el del sur de España, particularmente andaluz (el *seseo*, por ejemplo).

El español de América ha sufrido la influencia de lenguas extranjeras *(bárbaras)* en su fonética, su morfología, su sintaxis y su vocabulario, sobre todo del inglés *(estándar* de *standard)*.

Las diferencias fonéticas principales con el español peninsular son el *seseo* o pronunciación indiferenciada entre la *c, s* y *z (casa, caza; zona, sopa; cedo, seto)*, y el *yeísmo* o pronunciación igual de la *y* y la *ll (llego, yema)*.

En Argentina, Uruguay, algunas zonas altas del Perú y Centroamérica se emplea el pronombre *vos* en lugar de *tú*, con formas verbales anómalas *(vos tenés, vos decís)*, en el tratamiento familiar y amistoso.

En Hispanoamérica se usan los pronombres *usted* y *ustedes* en vez de *vosotros*, en el trato formal *(¿Cómo está usted?, Ustedes pueden venir)*.

No deja por eso de ser castellano, pues un castellano único no existe en ninguna parte, ni siquiera en España. Toda lengua está sometida a un natural proceso de diferenciación, geográfica e histórica, según las regiones y el tiempo. Más aún, varía también dentro de un mismo país de región a región, de ciudad a ciudad y aún de distrito a distrito, aparte de variar también según los distintos grupos sociales y culturales que la hablan o escriben.

Tampoco hay un castellano mejor que otro: hay sólo idiomas diferenciados, que tienen desde el punto de vista lingüístico igual valor uno como otro. Se dice que el castellano hablado en una región es más o menos puro, en relación con el castellano hablado en Castilla, España.

La Academia Española acepta por supuesto que el fenómeno lingüístico es así. Pero reconoce y registra como válidas las alteraciones cuando no son de grado tan extremo, que modifiquen la naturaleza de la lengua.

Las academias nacionales de la lengua

La Real Academia Española es una institución, con sede en España, fundada en 1714 por los reyes Borbones, a imitación de la Academia Francesa, con el objeto de velar por la pureza y la conservación de la lengua. Su lema es: "Limpia, fija y da esplendor". Está constituida por un grupo limitado y escogido de escritores y eruditos, que ocupan sus sillones en forma vitalicia.

La Academia viene editando desde 1780 un *Diccionario de la lengua española*, de uso indispensable como guía idiomática, que registra todas las palabras aceptadas del idioma. Este diccionario contiene los vocablos usados no sólo en España, sino en todo el orbe lingüístico hispánico. Cada tanto aparecen nuevas ediciones de dicho diccionario, que actualizan permanentemente la información. La última edición es del año 1992.

La Academia Española tiene relación con academias de los países hispánicos, que periódicamente realizan congresos internacionales donde se discuten temas referentes a la lengua común.

En algunos momentos de la historia cultural de Hispanoamérica ciertos escritores y especialistas han propugnado la constitución de un "idioma nacional", de fondo español, pero independiente de la gramática y el diccionario codificados por la Real Academia Española.

El criterio más aceptado por los lingüistas, gramáticos, profesores y escritores, es de que si bien cada país debe tener la libertad de expresarse a través de su propio lenguaje regional, esto debe hacerse dentro de ciertas normas de corrección, y sin romper la unidad idiomática de las naciones, por las grandes ventajas que representa esta vasta comunidad lingüística.

CUADRO SINÓPTICO DE LA LITERATURA HISPANOAMERICANA

	MOVIMIENTO	GÉNEROS	AUTORES REPRESENTATIVOS
Siglo XVI	LITERATURA COLONIAL	Crónica e historia Épica Teatro	Díaz del Castillo, Cortés. Cronistas, historiadores, anticuarios. Ercilla. González de Eslava.
Siglos XVII y XVIII	BARROCO Y GONGORISMO	Poesía Prosa Teatro	Sor Juana Inés de la Cruz. Inca Garcilaso de la Vega, Juan de Caviedes. Juan Ruiz de Alarcón.
Siglo XIX (h. 1830)	PERÍODO DE LA INDEPENDENCIA: NEOCLASICISMO E ILUSTRACIÓN	Poesía Prosa revolucionaria Novela	Olmedo, Heredia, Bello. Teresa de Mier, Sigüenza y Góngora. Lizardi.
	ROMANTICISMO (1er período)	Poesía Liter. gauchesca Novela	Echeverría, Mármol. Hernández. Mármol. Mera.
	ROMANTICISMO (2do período)	Poesía Novela y cuento Ensayo Prosa	Acuña, Andrade, Zorrilla de San Martín. Palma, Blest Gana, Altamirano, Isaacs. Montalvo, Sierra, Hostos. Sarmiento.
Siglo XX	REALISMO Y NATURALISMO	Novela y cuento Teatro	Realistas: Lillo, Carrasquilla. Naturalistas: Cambeceres, Gamboa. Florencio Sánchez. Sainete rioplatense.
	MODERNISMO	Poesía Novela y cuento Ensayo	Gutiérrez Nájera, Martí, Darío, Silva, Lugones, Nervo, Chocano, Herrera y Reissig. Larreta. Rodó, Vasconcelos, Blanco Fombona.
	REGIONALISMO CRIOLLISTA	Novela y cuento	Rivera, Güiraldes, Quiroga, Gallegos, Ciro Alegría. Realismo mágico: Asturias, Carpentier. Grupo de Guayaquil: de la Cuadra, Aguilera Malta. Novela Revol. Mexicana: Azuela, Guzmán, López y Fuentes, Romero.
	POESÍA CONTEMPORÁNEA	Ultraísmo Creacionismo Estridentismo "Contemporáneos" Independientes Poesía negra Antipoesía	Borges. Huidobro. Maples Arce. Pellicer, Gorostiza, Villaurrutia, Novo. Vallejo, Mistral, Neruda, López Velarde, Paz. Guillén, Palés Matos. Nicanor Parra.
	NUEVA NARRATIVA	Independientes El "boom" Nueva generación	Borges, Mallea, Carpentier, Onetti, Sábato, Lezama Lima. García Márquez, Cortázar, Rulfo, Vargas Llosa, Fuentes, Lezama Lima, Roa Bastos, Cabrera Infante, Donoso, Arreola. Cabrera Infante, Puig, Bryce Echenique, Sarduy, Benedetti.
	ENSAYO		Henríquez Ureña, Reyes, Uslar Pietri, Picón Salas, Arciniegas, Rojas, Martínez Estrada, Leopoldo Zea.
	TEATRO		Eichelbaum, Nalé Roxlo, Usigli, Gorostiza.

Temas de conversación

1. ¿Cómo es la poesía de Gabriela Mistral?
2. ¿Qué notas caracterizan a la nueva poesía de Hispanoamérica?
3. ¿Cuáles son las características del ultraísmo?
4. ¿En qué se asemejan el ultraísmo argentino y el creacionismo chileno?
5. Caracterizar la poesía de Pablo Neruda.
6. ¿Cómo es la prosa contemporánea?
7. ¿En qué consiste el realismo mágico?
8. ¿Por qué se distingue la novela *El Señor Presidente?*
9. ¿Qué opina Alejo Carpentier de lo maravilloso americano?
10. ¿Cuáles son algunas de las ideas expresadas por Jorge Luis Borges en su obra?
11. Comparar la literatura de Sábato con la de Cortázar.
12. ¿Cómo es la poesía de Octavio Paz?
13. ¿En qué consiste el "boom" de la narrativa contemporánea?
14. Caracterizar la novelística de Gabriel García Márquez.
15. ¿Sobre qué tratan preferentemente los ensayistas hispanoamericanos?

Temas especiales de exposición y composición

1. La nueva poesía.
2. La prosa narrativa contemporánea.
3. Escoger un autor novelista y analizarlo.
4. Tomar un tema de la ensayística y profundizarlo.
5. El español de Hispanoamérica.

CAPÍTULO TRECE

*L*AS ARTES

Comienzos de la modernidad

A través de la historia el iberoamericano ha revelado su particularidad creativa, las letras y las artes y, en menor grado, las ideas. Es temerario, sin embargo, suponer que la única posibilidad productiva radique en esas áreas. Toda creación espiritual se genera dentro de una determinada circunstancia del autor.

En materia de artes contemporáneas, Iberoamérica sobresale en pintura y arquitectura, y algo menos en otras áreas. La pintura, desde el siglo pasado hasta el actual, repitió con mayor o menor excelencia, los ejemplos europeos del neoclasicismo y del romanticismo. Fue entonces un arte de imitación técnica, con diferencias casi exclusivas en los temas, ya que los paisajes y protagonistas de los cuadros eran típicos de estas regiones, según el ejemplo brindado por los artistas europeos viajeros, entre ellos Juan Moritz Rugendas (1802–1858), el principal y más importante.

En el norte y el sur del continente se desarrolló un arte relativamente propio dentro de esa línea, con sus centros principales en México y el Río de la Plata, constituido por pintores criollistas y populares que se afiliaron a esa tendencia. En México sobresalieron los cuadros de José María Velasco, maestro de Diego Rivera, y marcan la culminación de la pintura paisajista en dicho país.

En el Río de la Plata, sus congéneres fueron el argentino Prilidiano Pueyrredón, que dejó en sus telas una completa reproducción de la sociedad argentina y sus paisajes de entorno, así como el uruguayo Juan Manuel Blanes, un extraordinario ejemplo de la maestría europea puesta al servicio de los temas criollos.

La novedad se produjo años más tarde con la irrupción del impresionismo, producida no por influencia de artistas viajeros, sino por el aprendizaje cumplido en Europa por los artistas enviados allí a perfeccionar sus estudios.

El impresionismo. Según los tratadistas, la pintura moderna comienza con el impresionismo en Europa. El pintor impresionista se distingue porque aborda temas del mundo externo y, sobre todo, porque pone el énfasis en los fenómenos luminosos y atmosféricos. En esta escuela cuyo principal promotor es el francés Claude Monet (1840–1926), el artista no se preocupa tanto por el objeto en sí, sino que lo reduce a la impresión que el mismo produce en la retina del observador. Este efecto visual se produce cuando la figura aparece cambiante e imprecisa por efecto de la luminosidad y la atmósfera que la rodean. Los artistas recurren a los colores puros para traducir los fenómenos luminosos: los colores cálidos para las partes iluminadas y los colores fríos para las sombras.

Según este criterio, aplican las leyes de complementaridad de los colores, por la cual el rojo y el verde, el naranja y el azul, el amarillo y el violeta, contrastan cuando se ponen uno al lado del otro, de manera que en el ojo del observador producen un efecto peculiar. A veces el color no es plano, y se compone de puntos o bastones pequeños que a la distancia se ven como un color solo, mezcla de ellos.

Pedro Figari. En Iberoamérica surgen algunos pintores impresionistas a principios de siglo, entre ellos el franco-argentino Fernando Fader que estudió en Europa y aplicó la técnica de los impresionistas alemanes. En la misma línea podrían mencionarse otros pintores. Pero aquel que más fama alcanzó fue el uruguayo Pedro Figari (1861–1938), cuyas obras representan escenas de la vida criolla rioplatense. Figari fue un curioso ejemplar de artista que cultivó al mismo tiempo la abogacía, la política y la enseñanza, y que según refiere la tradición, comenzó a pintar después de cumplidos los cincuenta años. El tratamiento de sus temas es rudo, primitivo e ingenuo, mezcla de los grotesco y lo refinado. Pero este primitivismo, ese estado de inocencia con que parecía pintar, fue el producto de una honda meditación sobre su oficio.

Los muralistas mexicanos

El muralismo mexicano nació con la revolución de 1910 y llegó a constituir con el tiempo el movimiento artístico más original de la pintura iberoamericana de este siglo, en el sentir de los especialistas.

Su origen se remonta a la iniciativa cultural de un artista que acababa de regresar de Europa, imbuido de las maravillas plásticas de ese continente. Adoptó un seudónimo artístico, Dr. Atl, en sustitución de su nombre originario (Gerardo Murillo), que en lengua náhuatl significa "agua".

Inventó el "atl-color", a base de una mezcla de cera, resina y petróleo, realizó una exposición exitosa de sus cuadros, días antes del estallido dirigido por Madero, sacó al conocimiento público el Centro Artístico y difundió sus anhelos nacionalistas.

Para ese entonces el filósofo Vasconcelos, secretario de educación de la nación, solicitó a Diego Rivera que pintara los muros del claustro de la Escuela Nacional Preparatoria, volcando en ellos la voluntad mexicana de construir un nuevo arte opuesto al tradicional. Casi simultáneamente, el pintor Siqueiros redactó una *Declaración social, política y estética* en conjunto con otros artistas, en la que expresaban el rechazo de la pintura de caballete y cualquier otra inspiración o manifestación aristocrática e intelectual.

Las bases del movimiento muralista eran, sintéticamente expuestas, un realismo sin ninguna concesión a lo imaginativo o poético, personajes pobres, explotados y desgarrados, escenas trágicas y dolorosas, técnicas al alcance de la comprensión del público y libertad absoluta para los artistas. Siqueiros, que había conocido a Rivera en París, comienza su gigantesca tarea de pintar muros acompañando a su amigo. En distintos edificios se pintan murales con infatigable ardor. El movimiento se relacionó con el marxismo a través de Siqueiros, quien participó en Barcelona en actos proselitistas y en algún momento conoció la cárcel. Sus disensiones con Rivera datan de esos años.

Diego Rivera. El movimiento logró su máxima expresión en tres conductores: Diego Rivera (1887–1957), David Alfaro Siqueiros (1898–1949) y José Clemente Orozco (1883–1949), geniales quizás los tres, pero diferentes en sus temas, inspiración y estilos.

Rivera, pintor detallista y colorista, es académico y el más conservador de la trilogía. Antes de pintar efectuaba meticulosos estudios históricos sobre los asuntos, y los entregaba en los muros al conocimiento del público, sin dejar prácticamente detalle alguno fuera de la comprensión de todos. Puede comparárselo a un historiador por sus imágenes, un divulgador popular de la vida de su patria. Se ha dicho que el mundo indígena-colonial por él representado es dialéctico en el sentido de que los buenos son siempre los indios y los malos los españoles. Suyos son murales del Palacio Nacional de la Ciudad de México, que le llevaron años de labor. Cultivó también la pintura de caballete, hizo algunos intentos escultóricos con piedra y azulejos y participó en la decoración de la Ciudad Universitaria. Es famoso su fresco *Tianguis en Tenochtitlán*.

David Alfaro Siqueiros. El pintor era conocido entre sus amigos con el apodo de "El Coronelazo", porque había ascendido a ese grado militar en la Guerra Civil Española. Psicológicamente era el más exaltado de los tres, y bastante comprometido con sus ideas políticas que deja translucir en sus obras. Era un ortodoxo político, que vivía en la búsqueda incansable de nuevos materiales, técnicas e instrumental idóneo, y en ciertas circunstancias, contradictorio. Dejó inconclusos varios de sus enormes murales algunos de los cuales han desaparecido. Su pintura de caballete es inferior a la mural.

Su técnica se caracteriza por el gigantismo de sus murales, la delineación precisa de las figuras y objetos, los colores fuertes y contrastado, los múltiples puntos de vista desde los que son vistos los objetos en las escenas, el recurso a la emocionalidad primaria, y el horror que le producen las escenas violentas, de muerte, tortura y guerra que pinta. En definitiva, un mundo de cruel realismo y fantasmagoría. En los círculos plásticos internacionales se lo considera el gran renovador de la pintura-mural contemporánea.

José Clemente Orozco. En opinión de casi todos los críticos es el exponente más universal de la plástica mexicana contemporánea. Es acaso el más iconoclasta de los tres, capaz de destruir una obra propia una vez terminada si no le satisface. Respetó las drásticas consignas del *Manifiesto* y en cada obra suya late su ideal revolucionario, pero sin sometimiento alguno a consignas preestablecidas. Su arte puede diferenciarse a simple vista de los anteriores. A la serenidad y escrupulosidad narrativa de Rivera, y a la ideología impetuosa de Siqueiros, Orozco opone una visión apocalíptica del mundo, casi de tono profético, fatalista en cierto aspecto, pero siempre apasionada y violenta.

Diego Rivera (1886–1957), el tercer integrante del grupo de los muralistas mexicanos, se considera como un continuador de la obra de José Guadalupe Posada. Rivera es un pintor narrativo de la Conquista de México. Describe pictóricamente en sus frescos el pasado de su país con una franca repulsa de los actores de la Conquista, expresada principalmente mediante los rostros deformados de los españoles, los horrores de la lucha y la codicia y ferocidad de los recién llegados. El carácter monumental de los frescos de Rivera, expresado en los edificios públicos, sobre todo en el Palacio Nacional, inauguran una intensidad dramática de las imágenes no conocidas hasta entonces en el arte hispanoamericano.

Unió el arcaísmo mexicanista a un lenguaje exagerado y deformado, creando una perspectiva simbólica del porvenir, cargado de patetismo y angustia. "No importan las equivocaciones ni las exageraciones. Lo que vale es el valor de pensar en voz alta", explicaba a un amigo. Estudió en la Academia Nacional de Bellas Artes de la Ciudad de México, absorbido por preocupaciones civiles y políticas, y mostró su inigualado genio en la Exposición de Pintura Mexicana que el Dr. Atl organizó en las galerías de esa escuela con motivo de los festejos del Centenario de la Independencia en 1910. Colaboró junto a Rivera y Siqueiros en la pintura de los famosos frescos de la Escuela Nacional Preparatoria, hizo pintura de caballete y dibujos, mientras proseguía con el muralismo. Expuso en París, en Estados Unidos y otros sitios. Su primer fresco en el país del Norte lo hizo en 1930 para el Pomona College de Claremont *(Prometeo)*.

Viajó por Inglaterra, España, Francia e Italia en misión de estudios. A su regreso pintó el mural para el Palacio de Bellas Artes *(Katharsis)* y otras instituciones gubernamentales. Con el curso del tiempo hizo más patente su visión prometeica del hombre —rasgo característico de Orozco—, en obras como *Cristo destruyendo la cruz* y *La lucha del hombre contra la naturaleza*.

La observación analítica de las obras de Orozco permite descifrar de inmediato su pesimismo natural: al hombre no le queda otra alternativa que luchar contra el propio destino, y ese destino termina siempre en la opresión humana. Rechazó la idea de que el artista deba expresar convicciones políticas, y mucho menos profesarla. Su obra, entonces, saca a la vista las contradicciones de la historia y su odio contra el poder, la burocracia, los tribunales, la pobreza, desgracias en las cuales todo el mundo está complicado.

Como siempre ocurre, los juicios sobre su arte no coinciden unánimemente, si bien nadie le ha negado grandeza y originalidad.

Movimientos extranjeros influyentes

Recoger o clasificar los movimientos artísticos ocurridos en lo que va del siglo en Iberoamérica y aun en Europa, es tarea casi inalcanzable debido a la multiplicidad de fenómenos ocurridos, sin concordancia temporal en el complejo geográfico de una veintena de países, la interrelación frecuente entre escuelas, la independencia creativa de los artistas, y la intrincada maraña de temas, estilos, recursos técnicos, materiales, combinación de unas artes con otras, influencias o imitaciones de unos plásticos y otros, y finalmente, la denominación regional que determinados grupos de artistas se adjudican a sí mismos. Estas limitaciones son comprobables con facilidad en las historias del arte disponibles.

Agrupar a los artistas y sus obras por su origen nacional, es un error, porque una escuela artística, el cubismo o el arte abstracto, por ejemplo, no implica de ninguna manera una expresión de un determinado segmento planetario, sino la manifestación en esa nación, de un círculo o artista individual, cuya caracterización geográfica poco o nada tiene que ver con su arte y personalidad. Esto equivaldría a dividir la plástica europea en polaca o suiza, lo cual resultaría un absurdo cultural. Lo posible y razonable, en tal caso, es tomar las figuras artísticas más relevantes, estudiarlas en su individualidad y encuadrarlas en un marco nacional convencional.

Es común constatar en la historia del arte su organización en tres partes: a) la época de los precursores, anterior al año inicial de la Primera Guerra Mundial (1914), en el curso de la cual se producen las revoluciones estéticas principales: cubismo, expresionismo, futurismo, arte abstracto; b) el período entre las dos guerras mundiales (de 1914 a 1939), mucho menos efervescente y agitado, en el cual se producen reacciones contra las innovaciones y los artistas no se someten a las consignas de escuela; c) la época de 1940 en adelante, que decididamente encara todo tipo de audacias y se distingue por su común actitud antirrealista y gran variedad de movimientos.

Esta última época es la que logra el mayor número de adherentes. Opera sobre todo en las formas casi infinitas del arte abstracto, ajeno a toda reproducción representativa del mundo exterior (personas y objetos), explora las posibilidades que puede ofrecer el arte mediante nuevas experiencias, con tal ardor, que podría decirse que lo único importante es innovar en todo momento, a cualquier precio, y según el decir de un historiador, con igual ritmo que en las costumbres, las vestimentas y los automóviles, en que cada año se espera un nuevo modelo.

Ante tal panorama, parece sensato adoptar algún criterio expositivo, por más que ninguno ofrezca una garantía cierta. Con los años el gusto cambia, y no sería de extrañar que figuras en un momento genéricamente aplaudidas, no lo sean más adelante.

El cubismo. Entre los movimientos anteriores a 1914 han ejercido particular influencia en los artistas iberoamericanos el cubismo y el expresionismo.

La fecha de 1908 se considera capital en el triunfo de estos movimientos europeos. El cubismo se caracteriza por despreciar sobre todo la forma con que se presentan los objetos en la naturaleza, para lo cual los geometriza, esto es, les otorga formas encuadradas en elementos cúbicos o análogos, de formas rectas, y los integra en una composición que no se construye de acuerdo con las normas antiguas: no hay más línea de horizonte, los trazos del cuadro no convergen hacia un punto de vista único, las figuras en vez de separarse para poder ser vistas con distinción se agrupan y se amontonan unas con otras, o se escalonan o se superponen. Un mismo rostro aparece con sus elementos vistos desde distintos ángulos, el follaje de un árbol se confunde con el tronco, las casas no muestran más aberturas ni puertas, y así otras combinaciones, de manera que no hay fondo en los paisajes y desaparece de las telas la profundidad construida por el Renacimiento. Georges Braque (1882–1963), francés, está considerado como el promotor del cubismo, junto al español Pablo Picasso (1881–1973). En la evolución de la pintura, cada uno de los maestros adoptará su estilo personal.

El expresionismo. El expresionismo de origen germánico ha contribuido también en gran medida a conformar el nuevo arte. En Francia encontró adherentes, Georges Rouault (1871–1958), entre ellos. La nómina de expresionistas famosos incluye a pintores de diversas naciones, cada uno de los cuales tiene su particularidad, y aun dentro de ellas, diversas maneras sucesivas de estilo por la evolución de su estética. Al expresionismo se deben, sin precisar nombres, algunas innovaciones: ausencia de sensualidad en los temas, rostros deformados y estúpidos, con gestos de amargura, cabezas macizas y al mismo tiempo grotescas y feroces, con más animalidad que humanidad, cuerpos fláccidos o entumecidos, colores sin vehemencia, más bien mezclas de gris azulado o rojos blanquecinos, a menudo ligeros y transparentes. Son obras con entes ruinosos, decaídos, triviales, aunque sin llegar a la vulgaridad.

Futurismo y dadaísmo. Se registraron antes de 1940 un futurismo y un dadaísmo, que dejaron también sus marcas en las letras del primer tercio del siglo. Los futuristas propugnaron un arte heroico, glorificando la guerra como la "única higiene del mundo" y llevando soldados, máquinas y objetos cotidianos de la civilización a sus telas. Los dadaístas, por su lado, encabezados en lo literario por el escritor rumano Tristan Tzara, a partir de su cuartel general en Suiza, apuntaron su espíritu agresivo contra las mentiras civilizadas, contra la ciencia y la técnica: se burlaron de la razón, ridiculizaron el maquinismo, y curiosamente denigraron la pintura y toda distinción entre el arte y las cosas normales de la vida. Fue la glorificación del absurdo.

El surrealismo. El surrealismo fue el más influyente de los movimientos y tomó caracteres de escuela con el célebre *Manifiesto* publicado en 1924 por André Breton. En ese documento el autor lo define como un "automatismo psíquico por el cual una persona se propone expresar, sea verbalmente, sea por escrito, sea de cualquier otra manera, el funcionamiento real del pensamiento, excluyendo completamente la intervención de la razón". El creador debe amar los estados hipnóticos, la alucinación, lo insólito, lo enigmático, concebir construcciones imaginarias, complicadas y absurdas, componer lo extraño con figuras de la realidad, incluso obras metafísicas, en forma disparatada si es necesario, de manera que una imagen nueva sea una reunión de elementos sorpresiva.

Se unen a estos conceptos estéticos nuevas modalidades técnicas, cualquiera sea, con tal de que constituyan una imagen novedosa. Se pintan visiones que surgen en el inconsciente, deseos y obsesiones reprimidos, árboles calcinados, ciudades petrificadas, hordas amenazantes y un sinfín de ocurrencias personales.

Para simplificar el panorama a través de un caso particular, se puede citar al pintor español Salvador Dalí (1904–1989), que triunfa mundialmente con sus deformaciones corporales, monstruosidades, paisajes desolados y escenas de pesadilla, en una ruptura total con todo lo académico. El espíritu surrealista ha sido claramente identificado, en Iberoamérica, en las obras del pintor cubano Wifredo Lam.

El arte abstracto. Hasta aquí, cualquiera sea el movimiento estudiado, la pintura ha representado, en mil y una maneras según cada autor, la realidad existente, verazmente, exageradamente, geometrizada, deformada o como se quiera, pero toda esta pintura ha tomado lo real como motivo, ha puesto la mirada en la persona, su paisaje y sus escenas. Debido a esta razón tales movimientos se denominan *arte figurativo*, en oposición al *arte no figurativo*, o *arte abstracto*, que empieza a afirmarse a partir de 1940 aproximadamente en Occidente. Se produce entonces el tránsito de la figuración a la no figuración. En lo sucesivo, el artista dejará de referirse al mundo exterior.

En el arte abstracto, el artista procura por todos los medios deslindar sus temas de lo externo. Este proceso se logra por medio de la abstracción, vale decir, de la reducción del estado de inspiración a una figura no observable en la vida. El abstraccionismo toma ímpetus a partir de los años '50, y continúa en nuestros días, lo que no implica que este movimiento ha reemplazado o sustituido en todo tiempo y en todo lugar a los artistas figurativos, quienes prosiguen cada uno por su lado la orientación de su talento.

Uno de los primeros pasos para lograr lo no representativo fue la geometralización, en virtud de la cual el autor crea figuras o combinaciones de líneas, colores y formas a discreción, para lograr un efecto de agrado en el observador, sin explicación realista alguna. El argentino Emilio Pettorutti (1895–1971) ha empleado la abstracción geométrica en algunos momentos de su historia artística.

La abstracción geométrica ocupó una posición fundamental a mediados de siglo. Poco a poco dio lugar a la *abstracción lírica* que en forma global es el arte informal, hecho a base de manchas.

Otras derivaciones posteriores fueron la *pintura matérica*, en la que además de los colores se agregaron al cuadro otros elementos exóticos, como pedazos de telas, maderas pegadas, metales, etc, la *action painting*, que se caracteriza porque el espectador no ve elemento figurativo alguno; el *espacialismo* con sus cuadros perforados o cortados; el *pop art* que incluye en los cuadros elementos de la sociedad de consumo, latas de cerveza, corchos, etc.

Los grandes pintores

Con los elementos mencionados, es posible enfrentar el estudio a grandes trazos de la pintura iberoamericana contemporánea. Las notas características comunes a los autores y grupos son dos: a) la independencia de un movimiento único en todo el continente, de modo que cada pintor ha tomado su camino propio sin aceptar las limitaciones de una estética grupal, ni siquiera dentro de cada país; b) la asimilación, en variada medida y con las adaptaciones necesarias en cada caso, de las tendencias de vanguardia, a partir aproximadamente de los años '20, una vez debilitado el movimiento original de los muralistas mexicanos.

La presentación de los artistas considerados más talentosos y representativos, aunque en esta galería se haga por naciones, no implica una conjunción o asociación entre ellos, sino una mera intención didáctica.

La pintura argentina y uruguaya, exenta de compromisos históricos de raza, culturas aborígenes o connivencias políticas, se distingue desde sus comienzos por su adhesión a las grandes corrientes del arte occidental.

Emilio Pettorutti (1895–1971). Se inscribe en la línea cubista, geometraliza con rigor sus composiciones y lo destaca con una paleta de vivo cromatismo. Sus figuras se concentran en planos aplastados que se superponen unos con otros para producir un efecto de desmaterialización de la realidad y una impresión de relieve al ojo. Sus colores pasan de una extrema claridad a una penumbra aterciopelada. Emplea superficies lisas, nítidas, conjugadas en armonía y con delicadeza.

Pettorutti había residido y trabajado durante muchos años en Italia, y había cultivado la relación con Juan Gris, promotor del cubismo sintético, y de los futuristas italianos. En Florencia, Italia, cuando inauguró su primera exposición individual, los expertos lo tomaron por futurista. Se dedicó con constancia al arte abstracto, lo profundizó y logró crear un mundo de notable geometrismo, que le ha valido una segura posición internacional.

Lino Eneas Spilimbergo (1896–1964). Conjuntamente con Pettorutti, Horacio Butler, Antonio Berni y Raquel Forner, entre otros varios, contribuyó a afianzar en la Argentina las corrientes de las escuelas europeas de vanguardia. Pero su arte se diferencia porque recoge varias influencias, en aparente contradicción, sobre todo del Renacimiento. Su composición es ardua e intrincada, como un arabesco, pero todo ensamblado en orden y con equilibrio. Sus figuras humanas carecen de emotividad y se muestran impasibles.

Raúl Soldi (1905–1994). Aunque utiliza también la fantasía para crear sus cuadros, se refugia en un mundo de ensueño empleando figuras o escenas en actitudes emocionales serenas y simbólicas. El ingrediente emocional de sus temas, la ausencia de abstraccionismo, la delicadeza de su paleta y la placidez de sus telas, lo separan con nitidez de su grupo generacional, y lo han convertido en un artista de gran interés público, que no reclama la condición de técnico al observador. En síntesis, su evasión de la realidad no se hace a expensas de la no figuración, sino del tratamiento de las figuras y las escenas, sostenidas por un delicado y atrayente colorido.

Joaquín Torres García (1874–1949). Es el plástico uruguayo que a la par de su connacional del siglo anterior, Juan Manuel Blanes, ha llevado el nombre de su país a un nivel de repercusión internacional. Su figura es clave en la pintura contemporánea de Iberoamérica. Después de una exitosa carrera en Europa, entre la cual se cita la fundación de una revista en francés *(Cercle et Carré)* y la organización de una exposición internacional de artistas abstractos en París en la que participan Kandinsky, Léger, Le Corbusier entre otros, regresa a Montevideo, su ciudad natal, y se dedica a una sistemática búsqueda entre la pintura y la representación de la realidad, distinta de las conocidas. Crea así su teoría del *universalismo constructivo* o *constructivismo*, analiza concienzudamente el arte americano antiguo e inventa un lenguaje pictórico novedoso que le granjea fama internacional. Básicamente transpone la naturaleza en un cuadro sin perspectiva, con figuras yuxtapuestas en un solo plano como mosaico, de colores planos, sin claroscuros, con dibujos esquemáticos y simbólicos. De su forma de pintar se ha dicho que es un arte de regla y compás.

José Sabogal (1888–1956). Es el más reputado representante de una línea "indigenista" que en Perú se propuso combinar lo estético con lo social, un arte propio fundado en la realidad humana del país, y rescatar al nativo del olvido y la injusticia. Este grupo corría paralelo a la literatura en boga en ese país, de profunda raigambre indigenista. (el grupo Amauta, José Mariátegui, González Prada, José María Arguedas). Este indigenismo, promovido y estimulado desde la Escuela de Bellas Artes, consiguió seguidores en varios países hispanoamericanos, en especial en Ecuador y Bolivia.

Fernando de Szyszlo. De estirpe europea, es el artista que ha logrado mayor difusión en Perú en estos últimos años como exponente también de un indigenismo nacional, pero con una técnica no representativa, de manera que sus obras, sin recurrir a personas, escenas ni paisajes, producen la impresión esencial de la cultura peruana ancestral que se desea salvar, mediante formas irreales y contenidos cromáticos. Es un abstracto puro, que a fuerza de colores simboliza el mundo mágico.

Roberto Matta (n. 1911). De origen chileno, es como Wifredo Lam, cubano, un caso de pintor entregado a los recursos surrealistas. Llegó a su país y se entregó a la tarea de crear una obra pictórica desligada de toda carga precolombina, africana o asiática, introduciendo técnicas y formas no practicadas hasta entonces, para trasuntar el espacio, la energía universal, la luz, con prescindencia de toda figura natural. Se ha dicho de él que de todos los pintores hispanoamericanos de nuestros tiempos es el más obsesionado por lograr una expresión plástica radicalmente diferente a cualquier otra, tomando como temas de sus obras el espacio puro, en un caos equilibrado de luz, como tendido en el vacío. Mereció reconocimiento internacional, participó en la creación de la Escuela de Nueva York y volvió a radicarse en Francia. Entre sus hallazgos se cuenta la manera de pintar el infinito, la ausencia total de seres y objetos, lo cósmico en estado de pureza.

Wifredo Lam (n. 1902). De origen cubano, proviene originariamente del surrealismo y representa una de las figuras más sorprendentes en estas latitudes. Radicado varios años en España, se identificó con las ideas de André Bretón y luego con las de Picasso, y aparece vinculado también a la herencia afrocubana. La crítica ha detectado en sus cuadros resabios de religiones fetichistas y animistas, y una influencia de la selva.

Osvaldo Guayasamín (n. 1918). Es un pintor ecuatoriano que funde el indigenismo con el expresionismo, con gran fuerza pictórica y un terrible patetismo de sus figuras humanas. Puede emparentárselo con la herencia del muralismo mexicano, en especial de Orozco, por su fuerza conceptiva, la rotundidad de las formas, la exageración de rostros y gestos, en otras palabras, por el patetismo indígena envuelto en recursos del expresionismo moderno. En su país y en el extranjero se han generado polémicas por esta simbiosis y su velada dependencia de Picasso.

Alejandro Otero (n. 1921). Este venezolano es el creador de los *colorritmos*, método que ha eliminado totalmente de sus piezas la concepción convencional del color, la forma y sujeto. Están realizados en paneles regulares de madera pintadas con aerógrafos y pintura duco, que encierran la idea de producir el efecto de espacio multidimensional.

Jesús Soto (n. 1923). Venezolano también, es un artista óptico, que trata de perfeccionar las abstracciones inventadas hasta ahora con la impresión del movimiento. Debe entenderse su arte como una liberación completa del arte figurativo. Logra sus efectos procurando un espacio multidimensional mediante movimientos no mecánicos, sino visuales, ópticos, para lo cual emplea un universo de cuerpos geométricos superpuestos sobre fondos estriados. De gran repercusión internacional, sus obras ocupan un lugar destacado en los museos.

Fernando Botero (n. 1932). De origen colombiano, es otro ejemplo de pintor y escultor excepcional. Es celebrado por su concepción del ser humano y la realidad satírica en que vive, que representa a través de sus personajes gordos y burlescos. Proveniente de lo cotidiano y del legado del arte popular, enfoca a las personas con estilo sarcástico a través de las enormes cabezas que les adjudica y la gordura de sus cuerpos, aparte de las posturas y gestos convencionales que les otorga, para provocar elegantemente la burla y quizás la compasión del espectador. Sus obras son altamente cotizadas en la actualidad por coleccionistas y museos.

Rufino Tamayo (1899–1991). Mexicano, amigo y coparticipante de las ideas de los muralistas, buscó un camino propio en la pintura de su país y se interno por los caminos del surrealismo, con la intención de lograr una vía más universal que la historicista y realista. Se le advierte una psicología de angustia mexicana que busca expresar de manera no regionalista ni tradicional. Abrumado por su opinión de que lo típico mexicano debe arraigar en los hombres, su sufrimiento y la tierra, cree descubrir esta esencialidad en la intelectualización de esos temas, despojándolos de lo anecdótico y típico. Por eso, como de algún escritor famoso de su país, se ha llegado a decir que es "el más universal" de los pintores mexicanos.

Su manera de expresarse es inconfundible, y en distintas etapas de su evolución, recurre al cambio de paleta, de formas, y descubre un estilo propio, pero cuyo fondo oculto es siempre el ser humano.

Las obras de los pintores latinoamericanos están presentes en los principales museos del mundo y han ingresado en los mercados internacionales. La mayoría de los grandes plásticos actuales han residido en Europa o Estados Unidos, han efectuado exposiciones individuales o colectivas, y han comenzado a interesar a los grandes emporios de subastas y *marchands*. La diversidad de tendencias y estilos se hace evidente en las exposiciones y ventas. Se menciona, por ejemplo, la exposición itinerante "Artistas latinoamericanos del siglo XX", que ha recorrido las grandes capitales europeas y americanas. Del arte hispanoamericano se prefieren a Diego Rivera y Rufino Tamayo, aunque en las últimas subastas se han cotizado en grandes cifras Wifredo Lam y Fernando Botero, y de la escuela del sur, el uruguayo Torres García. Una revista especializada comenta que en 1991 se cotizó en Sotheby's en 2.400.000 dólares la obra *Valle de México* de José María Velasco, y un Fernando Botero se vendió en la misma velada en 1.045.000 dólares.

La arquitectura

La arquitectura iberoamericana ha logrado en este siglo sus más bellas expresiones en las grandes construcciones públicas, con algunas características propias en todas ellas.

En primer lugar, debe señalarse que el criterio inicial ha sido comúnmente el nacionalismo arquitectónico, es decir, construir las obras que signifiquen la aplicación de una conciencia artística lo más representativa posible del espíritu americano o regional, no como en el indigenismo literario o pictórico de los años anteriores, sino más bien como una voluntad firme de dar expresión al talento innovador de los artistas.

Una segunda nota distintiva ha consistido en procurar un arte donde se complementen en armonía la belleza con la funcionalidad, en forma tal, que esta aspiración constante hacia la perfección resuelva simultáneamente las finalidades concretas perseguidas.

Otra nota común de los arquitectos ha sido la grandiosidad de las construcciones, de modo que su magnificencia se convierta en un factor de asombro y estímulo para el pueblo, que por una vía fiscal u otra, debe aportar los recursos financieros requeridos, no en un sentido demagógico o político, sino emocional y reconfortante.

Una última condición, no menos importante, ha sido la de integrar la edificación en un paisaje natural acogedor y estimulante, lo más amplio y abierto posible, que facilite una perspectiva visual complementaria, como si fuera un componente más de la construcción.

Otras facetas que podrían agregarse ya no pertenecen únicamente al talento o voluntad de los creadores, sino a las imposiciones reales de las circunstancias: empleo de materiales regionales; adaptación a las condiciones naturales de la temperatura y luminosidad; acceso vial; posibilidades financieras. Pero sobre todo una importantísima desde el punto de vista creativo: la colaboración de arquitectos, decoradores y técnicos de otras partes del mundo, europeos y norteamericanos, cada uno en su peculiaridad descollante, con el objeto de alcanzar el mejor nivel artístico posible. Con decisión, la obra arquitectónica se convierte en algún grado en una construcción colectiva, internacionalizada y menos personal.

En síntesis, la arquitectura monumental pública, y también la pequeña privada, configuran en un edificio la fusión de lo estético con lo técnico.

No puede afirmarse entonces que en este tipo de construcciones haya operado una determinada escuela o modalidad, ni que su arte esté basado en la inspiración de un artista único, sino de muchos. Los grandes maestros de la arquitectura internacional, Le Corbusier, Van der Rohe, Gropius, Frank Lloyd Wright y algunos más, han participado con ideas, diseños y hasta con su actividad personal en muchísimas de esas obras, sin dejar una marca estrictamente propia en algunas de ellas.

Wright, el más famoso arquitecto internacional, fundó su escuela arquitectural sobre la base de que la forma y los detalles debían confluir en un acuerdo natural. Su arquitectura consideraba el sitio, la región, la estructura y los materiales, y evitaba toda reminiscencia histórica. A partir del plan y las características espaciales del tema, cada edificio debía tener externamente una forma escultural.

El alemán Walter Gropius concibió de otra manera la obra arquitectónica: el objeto de la arquitectura como arte visual es crear un completo espacio homogéneo físico, dentro del cual todas las artes tengan su lugar: arquitectos, escultores, proveedores de materiales, artesanos y pintores deben estar familiarizados con las técnicas y fines de la construcción para resolver los problemas que cada obra implica, incluso los industriales, el empleo de metales, ladrillos, cemento, vidrios y todo otro material compatible con el objetivo fijado.

El franco-suizo Le Corbusier dio a la arquitectura genéricamente denominada "estilo internacional" nuevos fundamentos y prestó especial atención a los problemas de vivienda y modelos urbanos, y su participación fue muy solicitada en construcciones de esta naturaleza. En sus años de mayor prestigio se inspiró en el cubismo pictórico, que lo llevó a las formas geométricas, un juego de paralelepípedos espaciales gobernados por planos horizontales.

México y Sudamérica recogieron valiosas contribuciones de estos arquitectos internacionales, que rompieron sus lazos con los restos de la arquitectura española, portuguesa y francesa, para lanzarse a las innovaciones de la nueva arquitectura. Le Corbusier influyó notablemente en el arquitecto brasileño Oscar Niemeyer en la construcción del edificio del Ministerio de Educación de Río de Janeiro, lo mismo que en Lucio Costa y su equipo para la construcción de la nueva capital, Brasilia. En México se interpreta que tuvo también influencia en Juan O'Gorman y otros en la construcción de la monumental Ciudad Universitaria , caso repetido en el venezolano Carlos Raúl Villanueva, responsable de la Ciudad Universitaria de Caracas.

Ludwig Mies van der Rohe, constituyó con Wright, Le Corbusier y Gropius el núcleo más destacado de la moderna arquitectura. La contribución de van der Rohe, que juntó su experiencia de albañil y de arquitecto, consistió en la tendencia a la elegancia y el ordenamiento preciso de la obra, y en el empleo conveniente del ladrillo, acero, vidrio y cemento, hábilmente dispuestos, en la edificación de casas de departamentos, grandes edificios de oficinas y fábricas. Culminó con el empleo de grandes planos de mármol decorados con columnas de acero cromado, de general aceptación.

Con estos ejemplos y una voluntad de innovación y combinación propios, los arquitectos iberoamericanos se embarcan con firmeza en sus innovadores proyectos. Por todas las principales ciudades del continente, sobre todo en las capitales, puede el visitante encontrarse con construcciones bellas, funcionales y monumentales, edificios de oficinas, sedes universitarias, complejos habitacionales, iglesias, estadios deportivos, y hasta residencias privadas, que despiertan admiración y dan muestra fehaciente del talento de los nuevos arquitectos.

El Teatro Nacional de Costa Rica, inaugurado en 1897, figura entre los más hermosos de toda Iberoamérica. Fue construido a todo lujo, con escaleras y balconadas de mármol, y decorado con esculturas y murales de artistas europeos. De estilo neoclásico, no ofrece ningún vestigio de la arquitectura indigenista. Costa Rica, de población predominantemente caucásica, es uno de los países más culturalizados, en el sentido moderno del vocablo, de Hispanoamérica.

Las ciudades universitarias. Un buen ejemplo de esta línea constructiva lo ofrecen las ciudades universitarias de la ciudad de México y de Caracas. La Universidad de México, que costó unos 50 millones de dólares y reunió el talento de 156 arquitectos, pintores, escultores y muralistas mexicanos, funde insólitamente sustratos indígenas con los más audaces avances de la arquitectura moderna, en una extensión de varias hectáreas. Es una obra en la que perduran, contrariamente a la de Caracas, tres elementos señalados por los especialistas: la integración de las artes, la persistencia de los ornamentos decorativos y la amplitud de los espacios abiertos. Está considerada como un caso original en la arquitectura hispanoamericana, compuesto de tres áreas, una propiamente académica, otra de recreación y deportes y una tercera residencial.

El llamativo edificio destinado a biblioteca, lo más original de la obra, está cubierto con mosaicos por los cuatro lados, ejecutado por el arquitecto O'Gorman. En el conjunto se pueden apreciar murales de Siqueiros y de Diego Rivera, y otras decoraciones de distintos materiales. La construcción de la obra duró tres años en su parte principal. Los arquitectos trabajaron con libertad, a partir de un plan primario, razón por la cual los edificios responden a diferentes estilos, el nuevo internacional y el indigenista, sin

La Biblioteca Nacional de Buenos Aires, recientemente inaugurada, obra de arquitectos argentinos de las nuevas escuelas de vanguardia.

quebrar la perspectiva unitaria del conjunto, impresionante a la vista sobre todo por el "toltequismo" de sus murales y adornos, y la amplitud de sus enormes muros y frontones. En la actualidad se consideran superadas ya en México estas experiencias reivindicatorias de lo antiguo, y gran número de arquitectos se ha incorporado decididamente en la internacionalización de numerosas construcciones.

La Universidad de Caracas tiene características sin resabios indios, y todo es modernidad e innovación en ella. Está considerada como la expresión más importante de la arquitectura venezolana contemporánea, y en ella se invirtieron sumas cuantiosas de origen gubernamental. El responsable del plan de la ciudad fue el arquitecto Carlos Raúl Villanueva (n. 1900), oriundo de Londres y educado profesionalmente en París; se afincó en Venezuela en 1929, consagrándose enteramente a crear una escuela venezolana de arquitectura y colaborar en la solución de los problemas urbanísticos que creaba la rápida expansión de la ciudad y la consiguiente afluencia de poblaciones marginales. La planificación tiene una plaza central de la cual irradia el resto. Se destacan en ella la Piscina Olímpica, el Estadio Olímpico, el Museo, la Biblioteca, la Plaza Central, y sobre todo, su afamada Aula Magna, de peculiar concepción, con techo y móviles de colores vivos, realizados por el propio Calder. Es una obra que condensa el pensamiento esencial del arte de Villanueva: la integración en una misma unidad de todas las artes visuales.

Otras edificaciones. Este idealismo constructivo consistente en considerar a la arquitectura al mismo tiempo como una obra técnica y estética conciliadas, tiene también aplicación en otros tipos de obras, sobre todo en edificios de oficinas, grandes hoteles, aeropuertos, estadios deportivos, monumentos conmemorativos, cines, torres habitacionales, teatros, iglesias, bibliotecas públicas, museos, etc. Casi no hay capital ni ciudad importante que no cuente con ejemplares constructivos internacionalizados.

Alfred Métraux, antropólogo de la UNESCO, ha puntualizado al respecto que "la región latinoamericana se afirma como tierra nueva aunque sea antigua". En las ciudades, a diferencia de las europeas que se han conservado casi intactas en varios países, el reciente urbanismo han suscitado problemas, como lo es de ampliar y embellecer el monótono trazado de la parte central mediante la suntuosidad de los edificios públicos y la abundancia de plazas y parques.

Cada ciudad tiene motivos particulares de orgullo, contrastantes con la pobreza de los tugurios marginales, la precariedad de los servicios, la estrechez de las calles y otras carencias. Métraux ha observado que "en Caracas, en Río de Janeiro o en México, el viajero venido de Europa se siente verdaderamente en tierra extraña, porque en medio de esos audaces rascacielos tiene la sensación de verse transportado fuera del tiempo y el espacio que le corresponden". La arquitectura del Río de la Plata y Chile se encuentran en otra situación. Buenos Aires, por ejemplo, sede de prestigiosos arquitectos, se ha preocupado poco por lograr audacias y un estilo determinado, y se ha acomodado a los requerimientos de la situación. Más bien se ha dedicado a los interiores de muy buen gusto, con sobriedad de materiales, aprovechamiento de los pocos y reducidos espacios disponibles en las zonas centrales o distritos, o al reciclamiento de los fastuosos edificios levantados en tiempos de la prosperidad económica.

La escultura

La escultura iberoamericana no se ha sustraído a las dos tendencias primordiales de la arquitectura y de la pintura, el indigenismo figurativo y el internacionalismo abstracto. Por su condición, la escultura está sometida a presiones exteriores que de alguna manera la arrastran a contingencias insuperables. De modo general, se dice que la escultura de los países atlánticos, Venezuela, Uruguay y Argentina, mira a Europa ante todo, mientras que los países de la cuenca del Pacífico, de gran tradición indígena, no se han podido liberar del todo de su historicismo indigenista. Esta afirmación parece demasiado rotunda para ser tomada categóricamente, dado que existen en una y otra costa escultores comprometidos en una u otra línea.

También circula en ciertos círculos artísticos la opinión de que la escultura es la hermana pobre de la arquitectura y de la pintura. En verdad, en cualquier país latinoamericano por lo menos el número de escultores es netamente inferior al de los pintores.

Pesan también sobre la escultura la falta de adquirentes interesados, sea por la carencia de recursos financieros de los gobiernos para encargar obras de gran envergadura, sea por la reducción de espacio físico para instalarlas, con excepción, claro está, de las piezas pequeñas. Gran parte de obras producidas por los escultores permanecen inéditas. Algunos artistas se han orientado hacia la monumentalidad de la escultura arquitectural, en lugares donde el patrocinio oficial estaba asegurado. Otros, por el contrario, han encauzado su arte con vistas al patrocinio privado o comercial. Este último tipo de mecenazgo indirecto es muy reciente en la América Latina, en la que hace unas pocas décadas han pasado las obras a adornar edificios de construcción civil o a interesar a las casas subastadoras.

Una encuesta llevada a cabo en Toronto por el Consejo Internacional de Museos, con la colaboración de la UNESCO (1969), referida a la opinión del público sobre el arte moderno, permitió recoger algunas impresiones sobre la pintura, que en gran parte pueden aplicarse a la escultura. La prueba reveló que el público no especializado se inclinaba en favor de las obras menos revolucionarias; que las referencias a los problemas sociales les parecen fuera de lugar; que el público prefiere aquellas obras que le resultan entendibles y que su gusto se orienta hacia las obras que muestran comprensiblemente la realidad más que la subjetividad del autor.

Las tendencias constructivistas parecen perder terreno paulatinamente, así como toda una serie de experimentaciones consistentes en amontonamientos heteróclitos de materiales u objetos conocidos por todos (fotografías, trozos de afiches, *collages*, etc.) y cosas por el estilo, que difícilmente pueden considerarse a nivel artístico. Se ha dicho que con la elementalidad de estos recursos, se ha producido una inflación de artistas, que en definitiva esconden un culto de lo inédito y un alarde de experimentación. Hay como un cansancio y un desagrado por la acumulación de extravagancias, sumadas a un fenómeno característico de nuestra época: el éxito mercantil.

Por supuesto, estos sucesos no invalidan en modo alguno el genio o el talento de los auténticos artistas creadores. Hay críticos que pronostican un próximo retorno a la figuración y que la tendencia a lo informal ha comenzado a pasar de moda.

Una gran figura de la escultura moderna es el peruano Joaquín Roca Rey (n. 1923), seleccionado en varias oportunidades para obras significativas, como el friso *Al prisionero político desconocido* en Panamá, que complementa un monumento histórico con quince grandes figuras dispuestas en un coro danzante a ambos lados de un prisionero atado. Roca Rey ha orientado desde un comienzo su estilo hacia el internacionalismo, sin preocuparse por alegatos indigenistas. Últimamente ha volcado sus técnicas hacia el uso de metales, acero, bronce y aluminio. Aparentemente simples, sus figuras humanas se manifiestan en actitudes de movimiento dentro de espacios libres y descongestionados, con particular elegancia. El ejemplo de Roca Rey ha servido por su modernidad y talento a jóvenes escultores de esta época.

En Argentina a mediados del siglo había imperado un academicismo clasicista, hasta la aparición de Rogelio Yrurtia (1879–1950), que desde su historicismo estatuario pasó a inspirarse en el francés Auguste Rodin, y realizar numerosas obras para plazas públicas como su monumental bronce *Canto al trabajo*.

Insistir en los nombres de tantos escultores como trabajan en Latinoamérica sería agobiante. Bastaría con decir que prácticamente no hay movimiento europeo o norteamericano que no se haya tenido en cuenta, y por otra parte, que el informalismo experimental está presente en todo país; móviles, arte cinético, tótems, pop art, formas liberadas de significación, abstracciones rítmicas, máquinas estéticas, diseños industriales, terracotas policromadas, fundiciones y todo cuanto la imaginación pueda concebir.

El Cristo más grande del mundo, o Cristo de la Concordia, de 34,20 metros de altura, sin pedestal. Obra del escultor boliviano César Terrazas Pardo, levantada sobre una montaña al lado de la ciudad de Cochabamba, Bolivia. Por su gran monumentalidad, fue construido por partes y armado sobre la montaña, a la que se accede por un camino. Su interior permite la circulación de los visitantes.

En apoyo de esta actividad, así como de la pintura, deberían recordarse los nombres de instituciones, oficiales y privadas, dedicadas a la formación de los nuevos artistas y a la presentación de sus productos culturales. No hay país, por pequeño que sea, que no tenga más de una institución del género.

El arte popular

Cada pueblo tiene su arte popular que lo expresa parcialmente y en ciertos casos lo diferencia de otros. El arte suele clasificarse tradicionalmente en arte mayor y arte menor, y en arte culto y arte popular, denominaciones que se emplean para discernir valores, importancia, esfuerzos requeridos, tiempo de realización, consecuencias culturales y sociales, y alguna otra particularidad. Los términos culto y popular pueden motivar admiración y reverencia por la forma culta y desprecio por la popular, o viceversa.

El arte popular, sin entrar en juicios valorativos, tiene características propias que lo tipifican, de acuerdo con el sentir de los especialistas. Es intencional (cubre una

La muerte tiene un sentido particular en el arte mexicano y, según se dice, proviene de una doble tradición: la precolombina con los cráneos tallados y el rostro de calavera de la diosa Coatlicue, y la hispánica, difundida a través del barroco, de los esqueletos de las danzas macabras de la Edad Media y la literatura mística. Las calaveras (también se ofrecen en las artesanías) se convierten en el arte popular de Posada en parejas de novios, mariachis, charros, etc. La muerte como imagen y tema folclórico está presente en toda Latinoamérica, pero en forma insistente de calavera sólo en México.

necesidad); individual (elaborado personalmente por un artista); único (no se produce por industrialización); universal (se realiza para toda clase de público), y finalmente, simbólico (expresa sintéticamente una idea más amplia).

Entendido dentro de estas reservas, el arte popular es parte de la cultura de la sociedad en que se cumple. Resume en algunos aspectos la conciencia de un pueblo o comunidad, y forma parte de la vida artística nacional.

Los riesgos del arte popular moderno son la estereotipia y la industrialización. Para ser considerado válido un objeto de arte popular no debe ser el resultado de un proceso de industrialización sino de la mano de obra artesanal y, si es posible, no haber caído en la serialización o repetición uniforme con el paso de los años.

El artista popular tiene nombre y apellido, elabora productos regionales que la tradición lugareña le ha transmitido, pero lo hace con nivel artístico. Su trabajo es un arte con técnicas, temas y materiales propios, pero hace de su producto un artículo distintivo, personalizado y de nivel estético, como son los de ciertos músicos por ejemplo. Lo otro es artesanía anónima y popular, y forma parte más bien del quehacer folclórico.

En cada sitio se elaboran los objetos con los materiales de la zona, hilos, alambres, cuero, barro, metales, fibras vegetales, maderas pintadas o no, y demás. Cuando los españoles y portugueses llegaron al continente, encontraron miles de artesanos individuales o grupos artesanales que conservaban residuos precolombinos de distinta procedencia, adaptados o modificados.

Típica carreta costarricense, producto de la artesanía campesina, sin antecedentes en el continente americano. Pintada de vivos colores, se desconoce su auténtico origen aunque se supone que esta artesanía fue traída al país por inmigrantes italianos, probablemente sicilianos. La decoración combina toda clase de colores y cubre las ruedas, los paneles laterales y la lanza, con motivos geométricos combinados con hojas, flores y vegetales.

El arte popular comprende una incontable cantidad de especialidades: herrería, orfebrería, tejidos, cerámica, tallas, vidriería, joyería, vestimenta, artículos de uso doméstico o laboral, etc. Algunos productos son de origen indígena y otros mestizos con aportes hispánicos, europeos y hasta asiáticos.

En Iberoamérica hay millones de personas dedicadas a este tipo de actividad, y sólo para México se ha calculado que más de un millón de jefes de familia se consagran a ella.

Algunos artesanos han logrado inscribir sus nombres en la historia por su talento de ejecución. De la época colonial queda el nombre del indio Capiscara, siendo su verdadero nombre Manuel Chili, de la segunda mitad del siglo XVIII, famoso por la pulcritud y belleza de sus piezas de imaginería religiosa en Quito. Perfeccionó sus técnicas y gusto con fuentes españolas e italianas, y trabajó grupos escultóricos e imágenes en madera pintada o con ropaje.

En este siglo, el ejemplo más representativo es sin duda el de José Guadalupe Posada (1851–1913), famoso por sus grabados de "calaveras" (designación mexicana de los esqueletos completos), cuyo tema central es la muerte. Sus piezas se caracterizan por el espíritu crítico que esas figuras muestran, asociada a la idea autóctona de la muerte en su país. En la mano de Posada la muerte y la sátira se convierten en una constante incluida en la tradición de ese país, según la cual la muerte *(la pelona)*, no es espantosa en sí, sino al fin y al cabo una necesidad cósmica para que la vida planetaria continúe y se produzca la resurrección. La calavera, en su simbolismo, quizá deba relacionarse con las famosas danzas de la muerte de la cultura medieval europea.

Cada país tiene su arte popular propio. Brasil mezcla los elementos portugueses, amerindios y afronegros en *ex votos*, maderas talladas y policromadas, pequeños oratorios transportables, nacimientos o belenes, retablos familiares, tejidos de algodón, y la llamativa *literatura de cordel*, consistente en piezas de literatura popular, impresas en forma de folletos y que se venden colgados de un hilo en las tiendas.

En Argentina existen auténticos artesanos en la fabricación de todo tipo de enseres de cuero y de metal, cuchillos campestres, cinturones *(rastras)* tachonados de moneda; en Paraguay los tejidos de finísimas hebras bordadas *(ñandutí)*, en Bolivia toda clase de objetos de platería, lo mismo que en Perú, donde son muy reclamados los retablos triples de madera pintada, los cuadros en relieve, etc.; en Ecuador las figuras hechas con migas de pan; en Guatemala los atrayentes vestidos, camisas y blusas femeninas con bordados mayas y llamativos colores.

Aunque externa al marco de Iberoamérica, es oportuno señalar toda una escuela haitiana de pintura *naïve*, que alcanzó prestigio internacional y se expandió rápidamente por Estados Unidos, cuyos principales museos adquirieron cuadros de esta procedencia. Iniciada como una artesanía, en la que descollaron una bordadora y luego un telegrafista y peluquero (José Antonio Velázquez), alcanzó a constituirse en una particularidad de Haití, donde se fundó el *Centre d'art* en la capital, por iniciativa de un profesor norteamericano, DeWitt Peters, que abandonó su profesión para convertirse en pintor.

Artes y espectáculos

Éste es un tema polémico, pues no existe un criterio propiamente definitorio para trazar la línea divisoria. No todo espectáculo es artístico, ni tampoco cada arte tiene asegurado un lugar de presentación o exhibición pública. Ya existe una sobreabundante bibliografía para informarse y tomar una decisión personal: Umberto Eco, Gilbert Seldes, Edmund Carpenter, Gino Dorfles, Theodor W. Adorno, Marshall McLuhan, Ernest van den Haag y muchos más. El problema radica en definitiva en la clarificación de la esencia del arte, tema que desde la antigüedad no ha sido resuelto. Desde la pesimista definición de Freud de que el arte es "un contraste con la realidad" y en definitiva una "gratificación sustitutiva", hasta la moderna de Adorno de que la "industria cultural" ha sustituido al verdadero arte, constituyendo al público como definidor de los tipos de cultura, los puntos de vista son incalculables. Los auténticos artistas, por su parte, se resisten a ser confundidos con los practicantes de espectáculos.

Cuanta forma del supuesto "arte popular" o "arte de masas" que se practican en Europa y Estados Unidos también cuenta con manifestaciones semejantes o iguales en Latinoamérica.

Según Dwight Mac Donald *(Industria cultural y sociedad de masas)* podría distinguirse entre una cultura superior, una cultura media *(midcult)* y una cultura de masas *(masscult)*. Dentro de esta última caerían los cómicos, la música rock, los espectáculos al aire libre, y otros; y dentro de la segunda, la más peligrosa de las tres, habría que incluir las manifestaciones que aparentan ser cultura cuando en verdad son adulteraciones engañosas y fraudulentas con fines utilitarios.

Teatro Colón de Buenos Aires. Inaugurado en 1908, obra monumental para su época, de 43 metros de altura, con siete pisos y una capacidad para casi 4.000 personas, fue desde su fundación una escuela de arte lírico y coreográfico. En un principio intervenían conjuntos de ópera europeos especialmente contratados. Años más tarde, radicados los artistas extranjeros y formados los nacionales, se convirtió en un centro artístico de gran importancia.

Las llamadas "artes del espectáculo" (por darles algún nombre para entendernos), tienen por lo general sus expresiones más contundentes en los medios de comunicación tecnológica o masiva, cine, radio y televisión.

Estimaciones aproximadas de la UNESCO indicaban que hacia mediados de siglo existían 3.000 emisoras radiales en América Latina, y que la acelerada expansión se debía al rápido crecimiento de los auditorios, y sobre todo, a que pueden ser alcanzadas por las masas analfabetas. Hacia esos mismos años, se contaban unos 52 oyentes por cada 1.000 habitantes en Brasil, 92 en Argentina y 566 en Estados Unidos.

Con la televisión ha ocurrido un fenómeno más o menos similar, aunque algo diferente numéricamente por el precio de los aparatos. Había unas 82 estaciones, que a fines del siglo XX pueden fácilmente multiplicarse por tres o por cinco. En gran parte irradian programas propios e importados, a tal punto que un viajero puede ver en la ciudad de San José de Costa Rica, Bogotá o Montevideo, los mismos programas norteamericanos traducidos, "doblados", o en su lengua original.

En cuanto al cine, a mediados de siglo los centros de producción eran México, Argentina y Brasil, pero en la actualidad casi todos los países, exceptuados los de menor capacidad económica, producen por su cuenta o por el sistema de coproducción, películas, que se presentan en los certámenes internacionales de Cannes (Francia), San Sebastián (España), Hollywood, Berlín, incluso Oriente. Una película argentina, *La historia oficial*, obtuvo recientemente el premio Óscar a la mejor película extranjera.

La música

La música es una de las artes más cultivadas en Iberoamérica. Su extensísimo repertorio ha trascendido en los últimos tiempos los límites regionales adquiriendo prestigio internacional, sobre todo en sus manifestaciones populares y folclóricas.

Cuatro elementos esenciales condicionan la música latinoamericana: el indígena, el hispánico, el africano y el europeo. El sustrato de procedencia indígena fue de gran importancia en México y en Perú principalmente, y fue prácticamente inexistente en el Río de La Plata. El hispánico se le superpuso con la llegada de los conquistadores y colonizadores; fue bastante homogéneo en todas las regiones y abarcó casi todas las tierras descubiertas. La contribución africana suplantó de manera casi radical a la aborigen y se expandió sobre todo en Cuba, y zonas costeras de Venezuela y norte de Brasil. En cuanto al elemento europeo fue aportado de modo principal a partir del siglo pasado y llegó al continente con la inmigración, ampliando y transformando el panorama de la expresión musical. Ejerció un fecundo impacto en esa arte y le permitió una diversidad de expresiones estéticas y formas.

El elemento indígena. Es poco lo que se sabe de la música indígena precolombina, y los conocimientos que se tienen de ella han sido en gran parte reconstruidos gracias a la contribución de otras disciplinas como la antropología, la arqueología, la etnografía, la historia y el folclore. La primitiva música americana estuvo centrada en dos imperios, el mexicano y el peruano. La mexicana estuvo menos desarrollada que la peruana y empleaba con preponderancia instrumentos de percusión (idiófonos y membranófonos), con escasa posibilidades melódicas. Se piensa que fue bastante primitiva y prácticamente desapareció con la corriente de la Conquista, mestizándose en los principales centros de poblados, muy a menudo en torno a las escuelas religiosas, los templos y las casas de los misioneros. La peruana fue mas rica en melodías y se sirvió de instrumentos propios de uso melódico (trompetas, flautas).

El elemento hispánico. La llegada de los españoles enriqueció notablemente la situación, en todos su niveles, desde las formas populares practicadas por soldados y colonizadores de escasa cultura artística, hasta los artistas de las cortes virreinales, gobernaciones y capitanías.

Se recurrió con asiduidad a la música en las festividades, laicas y religiosas, como una manifestación de fasto, y paralelamente, como recurso complementario en las misiones de pacificación y de evangelización. Por estas razones los restos históricos de la influencia musical española se encuentran en los archivos de las iglesias coloniales.

En México se adoptan las formas españolas a partir de la llegada del franciscano Pedro de Gante (1527) y sus compañeros. Años después se establece allí una imprenta musical (1556) y continúa el arribo de nuevos músicos. En Guatemala y Caracas se produce algo más tarde un fenómeno similar. Lo mismo acontece en Perú, que años más tarde cuenta ya con compositores europeos.

Las tierras del sur fueron menos afortunadas por su naturaleza territorial y condición política subalterna: zonas inexploradas todavía, selva poblada por tribus salvajes, ausencia de escritura, atraso en la construcción de instrumentos.

No faltó, tampoco, la música profana, que se desarrolló al lado de la religiosa, beneficiada por formas cantadas, coplas, romances, danzas y bailes de España. Este mestizaje de la música bailable es uno de los temas más controvertidos en la materia, pues resulta muy complicado determinar cuáles formas coreográficas son americanas o españolas. Algunas piezas son con toda evidencia hispánicas hasta por sus denominacies iguales a las usadas en la Península (*pasacalle, chacona, zarabanda*), mientras sobre otras hay dudas acerca de su origen americano, que todavía no se ha logrado dilucidar.

El elemento africano. Los negros, procedentes de varias regiones de África, comenzaron a llegar al Caribe en virtud de autorizaciones reales especificadas inicialmente en las *Instrucciones* de 1501 y con posterioridad en contratos esporádicos, con el fin de cubrir las necesidades de mano de obra en Santo Domingo, Cuba y otras islas, cuya población indígena había sido diezmada en las luchas de la Conquista.

Con ellos llegó el contagio cultural tan perceptible —incluso en la actualidad— de vocablos, religiones, usos y costumbres, bailes y música.

El aporte cultural y musical de los negros resultó de particular influencia en la citada zona y en Brasil. Sus ritmos y danzas, al son de los tambores peculiares (*bongó*) se expandieron rápidamente junto con sus deidades originarias y sus cultos. Cada uno de los pueblos tribales venidos a las nuevas tierras trajo su propia música y sus instrumentos de percusión, hasta que finalmente la nación de Dahomey logró mayor preponderancia.

El arte musical de origen africano está integrado a danzas y ritos que persisten en mayor o menor grado en la actualidad, sobre todo en Haití, caracterizada por el culto *vudú*. Danzas y canciones están íntimamente asociadas al alma negra y sus restos pueden advertirse en la música popular posterior. Los tambores de varios tipos, consistentes, en cilindros de madera excavados con su cubierta de cuero en la parte superior, así como la *marimba* a base de listones de madera como el xilófono, fueron valiosos elementos en esta arte. Por toda Latinoamérica pueden encontrarse supervivencias de este tipo, aunque se disipan a medida que se desciende al sur del continente.

En Cuba la influencia negra fue tan intensa y duradera, que prácticamente el elemento hispánico resulta a veces irreconocible. Un ejemplo típico es la *conga* de Carnaval, donde activos grupos de danzantes circulan por las calles de las ciudades ejecutando melodías y bailes acompañados de instrumentos típicos.

La *rumba* registra igual origen africano, y su principal característica reside en el ritmo, diestramente encubierto en una melodía que le sirve de cubierta.

En Brasil, el país del continente latinoamericano más rico en variedad musical, su pueblo ha conseguido en el transcurso de los años producir obras donde confluyen según los casos los elementos africanos combinados con los indígenas y portugueses, con marcada preponderancia del ingrediente negro. Sus famosas *sambas* actuales son un ejemplo de esta influencia tradicional.

El elemento europeo. Pero la música latinoamericana se enriqueció también con los aportes introducidos por los compositores europeos o asimilados por los locales. A una primera época europeísta colonial, se le sumó en el siglo XIX, a partir de la Independencia, una nueva corriente transoceánica traída por los inmigrantes que venían a radicarse en el continente. Las expresiones iniciales fueron las canciones nacionales o *canciones patrióticas* compuestas para apoyar las luchas por la libertad, que culminan en los *himnos* propios de cada país, lo mismo en sus letras, que en sus ritmos, melodías e instrumentación.

En la segunda mitad del siglo se produce el arribo de las oleadas inmigratorias que dejan una profunda huella artística. Sobresalen las contribuciones de la música italiana, en especial en la región del Plata, con la difusión de la *ópera*, en el área culta, y de las *canzonetas* populares. De España provienen las *zarzuelas*, muy llevadas al escenario hacia fines del siglo. En México el corto período imperial francés agregó algunos matices a su música regional, en muchísimo menor grado que en la Luisiana norteamericana. La música de los mariachis es un caso de esa influencia.

Al lado de esta influencia en la música popular, la enseñanza de Europa fue recogida por compositores locales en la llamada "música culta". Importantes maestros se formaron en los nacientes países estudiando allí o inspirándose en los modelos de ultramar.

Entre estos maestros los hay quienes han buscado rescatar los elementos tradicionales, indígenas o folclóricos, en sus composiciones, dentro de una línea nacionalista, como el mexicano Carlos Chávez (n. 1899), que consiguió combinar magistralmente elementos autóctonos con técnicas modernas. Al regresar en 1928 de Europa, adonde había ido en procura de nuevos rumbos para su arte, emprendió la ardua tarea de crear una música nueva en su tierra natal. Compuso ballet, sinfonías, música de concierto y obras de variada especies, convirtiéndose en el faro artístico del mexicanismo, como los muralistas Rivera, Siqueiros y Orozco en la plástica, y Vasconcelos en filosofía y el ensayo. La música de Chávez es inconfundiblemente mexicana en sus líneas melódicas y en sus inflexiones rítmicas, y su caso en la historia artística mexicana está considerado excepcional.

Una tarea análoga cumplió en Brasil el maestro Heitor Villa-Lobos (1887–1959), donde se lo considera unánimemente como el fundador de un arte típico americano a partir de elementos folclóricos. Como en el caso de su colega Chávez, supera el pintoresquismo simple y elemental. Interpretaba que la mera "estilización del folclore" estaba vencida y agonizante, y que los elementos melódicos y rítmicos sólo podían utilizarse como bases para una propia invención. La historia lo registra como el primer compositor latinoamericano que alcanzó un reconocimiento internacional por su acierto en la combinación de folclore regional y técnica moderna. Se ha dicho que tanto uno como otro fueron a Europa no a estudiar, sino a demostrar lo que podía producir el genio latinoamericano apoyado en sus raíces culturales.

No todos los autores latinoamericanos comparten los principios estéticos de los anteriores, y han optado por una línea de inspiración cosmopolita o internacional, entre ellos el argentino Alberto Ginastera (1916–1983), en cuya opinión la era del folclorismo había terminado y propició una redefinición del compositor en el Nuevo Mundo. En su obra se refleja cabalmente su criterio universalista, al que llegó después de practicar el folclorismo en ballets y piezas de conciertos iniciales. Reclamó una música desprendida de los compromisos folclóricos del país, que se inscribiera en los valores universales de las ideas y sentimientos. El nombre de Ginastera se cita con frecuencia al lado de los de Chávez y Villa-Lobos, como los tres más grandes maestro latinoamericanos.

La musicóloga Isabel Aretz ha sostenido la opinión de que el mundo latinoamericano, por razones diversas pero principalmente geográficas, "tuvo siempre gran dificultad en hacer que Europa reconociera sus valores musicales" (*América Latina en su música*, UNESCO). Esta afirmación tan rotunda sólo puede ser apreciada por los especialistas, aunque es comprobables para el hombre culto común a través de los programas impresos. No están en la misma situación los ejecutantes y concertistas, quienes son fácilmente evaluados por su destreza instrumental.

Pese a todo, compositores y ejecutantes prosiguen con paciencia y muchas veces en silencio o en el anonimato, su vocación musical inconmovible, como el lógico suponer y sucede en todo el orbe. Dentro de esta finalidad, existen en todos los países salas de concierto, conservatorios de formación, festivales, concursos y otras instituciones de estímulo y convención. Los maestros latinoamericanos, en especial lo jóvenes, han trasladado la meta de su búsqueda de consagración de Europa a Estados Unidos, donde han encontrado iguales o aun mejores posibilidades para encauzar su profesión, y donde pudieron frecuentar a maestros como Aarón Copland o Randall Thompson, al lado de un Darius Milhaud o un Stephan Wolpe. En el intermedio entre las dos guerras mundiales, la oportunidad de un nuevo rumbo adquirió sus mayores manifestaciones, apoyada en la fertilidad creativa de los nuevos maestros estadounidenses y en el creciente interés norteamericano por la música culta.

En Washington se fundó el Consejo Interamericano de Música (CIDEM) que organizó festivales interamericanos y se constituyó la Unidad Técnica de Música y Folclore de la Unión de Estados Americanos, aparte de numerosas organizaciones privadas dedicadas a acontecimientos de esta naturaleza.

Música folclórica y música popular. En toda Latinoamérica se conservan expresiones musicales de tipo folclórico y de tipo popular, que conviene distinguir. La música folclórica, por definición, es anónima y se transmite de generación en generación por individuos que la aprenden y repiten sin análisis, incapaces de añadir en el canto o en la ejecución instrumental, modificaciones temáticas o técnicas. Se hereda desde el fondo de los tiempos por tradición y así se difunde a través de los años, en forma instintiva y natural.

En cada país existe un folclore musical regional, que los artistas y críticos se esfuerzan por conservar dado su carácter nacionalista y la resonancia que esta especie artística suscita en los pobladores. En algunas circunstancias se continúa ejecutándola con los primitivos instrumentos de época. En la región andina es donde pueden recogerse más supervivencias de esta índole, debido a que el centro del imperio incaico, Cuzco, era de difícil acceso, estaba alejado de las costas en una región montañosa, y a que los primitivos indígenas se cerraron al mestizaje con los españoles.

En México, en cambio, el caso es algo distinto puesto que la acción de los conquistadores fue mucho más rigurosa, y la música y los instrumentos aborígenes fueron prohibidos por su relación con los ritos y usos paganos. En ciertos lugares mayas las ordenanzas llegaron a estipular que los indios no tocasen sus tambores de noche, y en caso de hacerlo de día en sus festividades, no lo hiciesen en los momentos de la misa o sermón ni portando insignias en sus bailes y canciones.

Mexicanos y peruanos poseían un variado repertorio de instrumentos, algunos de los cuales han sobrevivido hasta nuestros días: tambores, cascabeles, címbalos, maracas, raspadores, flautas de la más ricas variedades, etc., fabricados con huesos, cueros, madera natural, metales, terracota, frutos vegetales, conchas marinas y otros materiales. No obstante seguir empleándose en algunas comunidades indígenas de nuestros días, en general los compositores se han mostrado renuentes a utilizarlos en su equipo instrumental.

Este tipo de música era cultivado en entierros, velatorios, ritos religiosos y mágicos, curas medicinales, invocaciones a los dioses en las tareas agrícolas, festejos populares y hasta en celebraciones humorísticas o eróticas.

El arte popular revela otras características diferentes. Está compuesto por un artista de nombre conocido, que ha profesionalizado en alguna medida su destreza, recoge melodías o inspiración de la tradición auditiva, y adopta los aportes de la instrumentología europea. Puede ser un artista improvisado, que ejecuta "de oído", o que conoce la notación musical moderna. No emplea básicamente los recursos primitivos y se vale de la guitarra traída por los españoles y europeos, el guitarrón, la caja, el bombo, el arpa e incluso el piano y el violín, olvidándose a conciencia de los instrumentos indígenas en la mayoría de los casos. La conservación de lo tradicional linda a veces con el patriotismo y la defensa de la identidad nacional.

La serie de especies populares de esta música es extensísima de mencionar. Puede decirse que cada país iberoamericano tiene la suya propia, por más que en algunos casos sea compartida con un país vecino, como el *vals* criollo o el *pasacalle*. Los más divulgados o conocidos internacionalmente son la *cueca* en Chile; el *joropo* en Venezuela; la *chacarera*, la *milonga* y el *tango* en Argentina; el *pericón* en Argentina y *Uruguay*; la *marinera* y el *vals* en Perú; el *huaino* en Perú y Bolivia; la *polca* y la *galopa* en Paraguay; el *tamborito* en Panamá; el *sanjuanito* en Ecuador; el *son*, el *guapango*, el *corrido* y el *bolero* en México; el *son*, el *bolero*, la *rumba* y la *conga* en Cuba; el *bambuco* en Colombia; el *merengue* en la República Dominicana; el *calipso* en las Antillas; el *batuque* y la *samba* en Brasil, y así otras numerosas formas musicales más, a las que se agregan día a día nuevas creaciones, como la *salsa* y la *lambada*, manifestaciones modernas que amplían el repertorio de modo impredecible, según sean aceptadas por los pueblos bajo las presiones de la industria del espectáculo.

Entre los musicólogos es unánime la convicción de que Brasil es el país que ostenta mayor riqueza en este arte, como consecuencia de su enorme extensión territorial y su complejidad racial. El elemento de origen negro es el predominante. Sus compositores se cuentan entre los más productivos y nacionalistas de América.

No existe un patrón único en la música latinoamericana debido a la peculiaridad histórica y humana de cada país. Lo que parece ser una condición común a todos ellos, en esta materia, es la incesante búsqueda de formas nuevas y originales, y el ejercicio de una libertad creativa.

Temas de conversación

1. ¿Qué escuelas artísticas europeas han influido en la pintura latinoamericana?
2. ¿En qué consistió el muralismo mexicano y cuáles fueron sus mayores exponentes?
3. Explicar el arte de Diego Rivera.
4. ¿En qué consiste el arte abstracto?
5. ¿Qué diferencia existe entre la pintura de Diego Rivera y la de José Clemente Orozco?
6. ¿Qué dos grandes orientaciones estéticas ha tenido la arquitectura latinoamericana en los últimos años?
7. ¿Cuáles fueron los maestros de la arquitectura extranjera que más influencia ejercieron sobre los arquitectos iberoamericanos?
8. ¿Cuáles son las características de la Ciudad Universitaria de México?
9. ¿Qué caracteriza a la escultura latinoamericana actual?
10. ¿En qué consiste el arte llamado "arte popular"?
11. ¿Por qué se caracteriza el arte de José Guadalupe Posada?
12. ¿Qué artes populares de otros países conoce? Explicar.
13. ¿Qué diferencia existe entre arte popular y arte de masas?
14. ¿Cuáles son los elemento indígenas, hispánicos y africanos de la música iberoamericana?

Temas especiales de exposición y composición

1. El muralismo mexicano.
2. Las principales escuelas artísticas europeas del siglo XX.
3. El arte popular de Iberoamérica.
4. Analizar a un pintor iberoamericano contemporáneo y su obra.
5. Caracterizar la arquitectura contemporánea de Iberoamérica.

CAPÍTULO CATORCE

BRASIL IMPERIAL Y BRASIL REPUBLICANO

Siglo XIX

Brasil fue el único país latinoamericano cuyo proceso de liberación política se diferenció de los demás: no se rebeló ni entró en guerra contra la Metrópoli y la evolución hacia una república liberal se realizó como un fenómeno interno con escasa relación con Portugal.

La corte portuguesa en Río

Cuando se produjo la invasión napoleónica a la península ibérica (1807), la Corte portuguesa se puso de acuerdo con Inglaterra con el objeto de que le prestara su ayuda para trasladarse al Brasil. La Corte, escoltada por naves inglesas, se embarcó en Lisboa cuando las tropas napoleónicas habían ingresado ya al reino. Era la primera vez que un monarca europeo establecía su sede gubernamental en América, en este caso Río de Janeiro (1808).

Al mes siguiente el príncipe regente decretó la apertura de los puertos brasileños al comercio de las naciones amigas y celebró dos tratados con Inglaterra. El príncipe regente ejerció un gobierno prudente y fecundo, mientras el heredero del trono cumplía su mayoría de edad.

Gobernó con tolerancia, asistido por un gabinete progresista, y dictó leyes que favorecieron la economía y la cultura del país. Fundó el Jardín Botánico, la Biblioteca Nacional, la Imprenta Regia, la Academia de Bellas Artes y el primer Banco del Brasil.

La pequeña ciudad colonial de diez mil habitantes se convirtió pronto en una activa ciudad y se imprimió el primer diario, *A Gazeta do Brasil*.

El reino del Brasil

Derrotado Napoleón Bonaparte en Waterloo y evacuada por sus tropas la Península, se reunió el Congreso de Viena (1815). En esa oportunidad el diplomático francés Talleyrand aconsejó a los portugueses que elevasen al Brasil a la categoría de reino, con el soberano en Río y el primogénito en Lisboa. El príncipe regente compartió la sugerencia y emitió entonces una cédula creando el Reino Unido.

La decisión no conformó a todos los brasileños ni a todos los portugueses, quienes no veían con agrado que la Corte estuviera al otro lado del Atlántico. Los brasileños, por su parte, tampoco estaban del todo satisfechos por la apertura de los puertos, que no había provocado el aumento esperado del comercio. Hubo movimientos separatistas internos, sobre todo en Pernambuco, que fueron sofocados.

A la muerte de la reina de Portugal, su hijo Don Juan fue proclamado rey de Portugal y Brasil. En materia de política exterior, ocupó la Guayana Francesa (1809), como represalia contra Francia, y el Uruguay (1821) que siete años más tarde proclamó su independencia con el nombre de República Oriental del Uruguay.

En 1821 decidió volver a Portugal, llamado por las Cortes de Lisboa, y esto a pesar de que brasileños y portugueses lo instaron repetidamente a quedarse. Al partir, dejó a su hijo Don Pedro como regente del país.

Al año siguiente, en 1822, se dio orden desde Portugal a Don Pedro para que regresase, y se le enviaron los nombramientos de los nuevos gobernadores, con lo cual se hacía volver a Brasil al régimen colonial.

El presidente del Senado, acompañado del pueblo, se dirigió entonces al palacio del príncipe y le requirió que se quedara en el país, desoyendo las instrucciones de Portugal.

Después de escuchar el discurso, el príncipe Don Pedro contestó categóricamente que se quedaba, por cuanto se trataba del bien del pueblo y la felicidad de la nación. Este día se hizo célebre con el nombre de "Día do Fico", por la respuesta del príncipe: "Fico" *(Me quedo)*.

A Don Pedro se le concedió el título de "Defensor Perpetuo" del Brasil.

Don Pedro I, emperador

Don Pedro había dado con su actitud los primeros pasos hacia la independencia. A los pocos meses, encontrándose a orillas del pequeño río de Ipiranga, entre San Pablo y Santos, declaró la separación absoluta del Brasil y Portugal (7 de septiembre de 1822), con el famoso grito de "¡Independencia o muerte!" Días después, Don Pedro fue proclamado y coronado emperador del Brasil en Río de Janeiro. Poco después, una asamblea constituyente redactaba la constitución, y quedaba así constituido el Imperio del Brasil.

El gran inspirador del movimiento de independencia fue un gran patriota y hombre de ciencia, el popularísimo don José Bonifacio de Andrada e Silva, que ocupó un ministerio y fue director espiritual del naciente país. Este preclaro hombre, poeta y sabio, es el patriarca de la independencia brasileña.

El emperador constitucional Don Pedro I, llamado el Rey Caballero por uno de sus biógrafos, tuvo una vida activísima, y por momentos, romántica, y realizó un gobierno ilustrado, patriótico y honrado. Portugal, por mediación de Inglaterra, reconoció la independencia del Brasil en 1825.

Don Pedro II

Sin embargo, ciertos fracasos en la política exterior, su relación estrecha con los portugueses, y el desacuerdo de algunos miembros del gabinete obligaron al monarca a abdicar (1831) y dejar el gobierno a su hijo de cinco años, bajo la tutela de José Bonifacio de Andrada e Silva.

Después de cuatro regencias, asumió el gobierno ya mayor de edad, con el nombre de Pedro II, en momentos en que comenzaban a extenderse las ideas republicanas y liberales.

Don Pedro II fue un gobernante honesto, apasionado por las ciencias y las artes, de una bondad patriarcal y una gran reputación internacional. Viajó varias veces por el mundo y llegó a ser una de las figuras más respetadas en Europa y América. Desarrolló la industria y el comercio y favoreció la inmigración. En su época se colonizó bastante el país y comenzó la explotación del caucho. Abolió la esclavitud, en contra de los intereses de los *fazendeiros* o dueños de explotaciones agrícolo-ganaderas.

La República

En 1889, el mariscal Deodoro de Fonseca, apoyado por fuerzas militares, se hizo eco de algunas protestas contra el gobierno y, sobre todo, de la difusión de las ideas positivistas que desde la Escuela Militar difundía el profesor de matemáticas y filósofo Benjamín Constant, adoctrinador de los republicanos. Declaró depuesto al emperador, desfiló con sus tropas por las calles en medio de aclamaciones y festejos, y organizó un gobierno provisional, presidido por él mismo, que gobernó hasta 1891. El Brasil se había convertido en República.

Se inició así una serie de gobiernos republicanos, con sus diferentes alternativas políticas y conflictos de poder, incluso una sublevación de la marina en Porto Alegre, un decreto de amnistía, la solución de los problemas de límites con Argentina, la ascensión del arzobispado de Río a la categoría de cardenalato, la reunión de una Conferencia Panamericana en Río (1906), la gran Exposición Nacional de Río con motivo del centenario de la libertad de comercio (1910), inconvenientes económicos por la baja del precio del café en la época de la Gran Depresión (1929–1930), y otras cuestiones.

SIGLO XX

La Segunda República: Getulio Vargas

En octubre de 1930 estalló un movimiento revolucionario presidido por el doctor Getulio Vargas, gobernador del estado de Río Grande del Sur y candidato a la presidencia de la nación. El movimiento triunfó y asumió el poder una junta provisional, que luego pasó el gobierno a Vargas. Una asamblea constituyente lo eligió más tarde presidente por el período 1934–1938. La revolución, que tenía profundas raíces sociales y económicas, estableció un gobierno favorable a las clases pobres, y promulgó leyes de trabajo y bienestar social.

La revolución de Getulio Dornelles Vargas puso fin al período denominado de la República Vieja y comenzó el de la Segunda República o *Estado Novo*. La gestión de Vargas fue fundamentalmente económica, con la finalidad de industrializar el país, para lo cual modificó varias leyes y gobernó autoritariamente. Su política ha sido muy discutida, con argumentos favorables y desfavorables, al punto de que en algunos textos se lo incluyó dentro de los cinco más importantes dictadores de la segunda mitad del siglo XX, el único civil junto a los nombres de Juan Domingo Perón (Argentina), Manuel Odría (Perú), Gustavo Rojas Pinilla (Colombia), y Marcos Pérez Jiménez (Venezuela).

Según la opinión adversa al mandatario brasileño, su Estado Nuevo no habría sido otra cosa que la versión brasileña del fascismo y el corporativismo europeo y Vargas el primer presidente "populista" del continente. Fue presidente constitucional elegido por cinco años. Después de haber sido desalojado del poder por la fuerza y su política económica un fracaso, Vargas se suicidó. Sus partidarios le reconocen brillantez y habilidad política, un poder fuerte pero no abusivo de los derechos del pueblo, una devoción firme por el desarrollo de su país, una vida personal sin exhibicionismos y una honestidad incorruptible en el ejercicio de su mando.

La nueva capital: Brasilia

Después de la primera capital en la época de la Colonia, Bahía, y de la segunda, Río de Janeiro, donde se estableció la Corte portuguesa, Brasil tuvo una tercera capital federal, Brasilia, único caso en el hemisferio.

En 1960 Río de Janeiro dejó de ser la capital de Brasil, y fue reemplazada por Brasilia, construida a 600 millas de la costa, en el corazón mismo de un *sertão* inculto. De esta manera se cumplió un antiguo sueño de muchos estadistas que deseaban una capital interior para promover un desarrollo más igualitario del país, ya que su historia había sido eminentemente litoraleña.

La construcción de la nueva ciudad significó un tremendo esfuerzo financiero para el país y sus habitantes, por la inversión, la falta de buenas comunicaciones, y el alejamiento de las comodidades de la espléndida Río de Janeiro. En Brasilia reside el gobierno y la administración nacional, y por su construcción, es la capital más moderna del mundo.

La Operación Panamericana: Kubitschek

[manuscript annotation: → casa inflación, una casas economía]

En 1958, el presidente Juscelino Kubitschek propuso un plan de desarrollo económico y financiero de la América ibérica, y una política de efectiva ayuda norteamericana a los países. El proyecto se denominó "Operación Panamericana" y fue uno de los antecedentes del plan "Alianza para el Progreso" de Estados Unidos.

La administración de Kubitschek fue cuestionada de corrupción y, además, castigada por una inflación de hasta el 80% anual por causa de la costosa construcción de Brasilia y la política de "marcha hacia el oeste", o sea la incorporación al dominio efectivo del país de las vastas zonas alejadas de la costa. Por otra parte, aumentó enormemente el endeudamiento del Brasil con los acreedores extranjeros.

Asumió más tarde (1960) el gobierno Janio Quadros, un profesor de portugués y ex gobernador del estado de San Pablo, que usó como símbolo de su programa político una escoba y prometió limpiar la vida pública brasileña de sus vicios. Pero debió renunciar antes de cumplir un año de presidencia. Lo sucedió el vicepresidente João Goulart, o "Jango", bastante hostil a Estados Unidos, con simpatías ostensibles hacia Cuba, al punto de entregar la más alta condecoración del Brasil a Ernesto "Che" Guevara. Fue destituido (1964) por una revolución militar y así comenzó un nuevo régimen político.

El "milagro brasileño"

El gobierno pasó en 1964 a manos de las fuerzas armadas, que se atribuyeron a sí mismas el carácter de "guardián de la constitución", y establecieron su centro de operaciones en la Escuela Superior de Guerra, a la que el pueblo denominaba La Sorbona por sus actividades intelectuales. Allí se efectuaron estudios sobre el desarrollo y la seguridad nacional, y las teorías elaboradas por ese grupo de oficiales superiores, asistido por técnicos civiles, fueron puestas en práctica y controladas por el gobierno. Gran número de políticos e intelectuales de la vieja tradición tuvieron que exiliarse, entre ellos Kubitschek.

El general Humberto Castelo Branco asumió la presidencia con un golpe militar y los partidos políticos fueron disueltos. El gobierno favoreció abiertamente más tarde la formación de dos únicos partidos, el oficialista, la Alianza Renovadora Nacional (ARENA), y el Movimiento Democrático Brasileño (MDB), opositor. Se realizaron nuevas elecciones (1967) y ganó el candidato oficialista, el general Arturo da Costa e Silva, que instauró una política conservadora, consolidó el valor de la moneda, disminuyó el ritmo de inflación, liquidó la autonomía universitaria, controló las actividades de los políticos y comenzó a aplicar las teorías económicas y sociales de la Escuela Superior de Guerra. Arturo da Costa e Silva murió inesperadamente de una hemiplejia (1969) y asumió entonces el mando el general Emilio Garrastazú Médici.

El gobierno militar dejó prácticamente aparte la política castrense y se comprometió en un meditado plan de desarrollo económico. Expandió la industria, los inversionistas extranjeros comenzaron a recobrar la confianza en la estabilidad del país, el

San Pablo, Brasil, ciudad de excepcional desarrollo industrial, situada en una región del sudeste, rica en minerales y producción agrícola. Fundada en 1554 por los jesuitas en sus misiones de evangelización de los indios, es en la actualidad una de las ciudades de más rápida expansión en Iberoamérica, junto a la Ciudad de México. Su riqueza comenzó con el café y alberga una población en gran parte proveniente de Europa, italiana en especial.

producto bruto nacional creció a un ritmo del 10% anual, con lo que se colocó a la par del crecimiento de Japón en esos años; introdujo mejoras sociales, el pueblo comenzó a salir de su descreimiento y el Brasil mostró empuje para enfrentar la evolución. A este fenómeno, de los años '60 la prensa lo denominó el "milagro brasileño".

El proceso de industrialización fue muy grande y gran parte del potencial productivo del país se originó por aquel tiempo, si bien no exclusivamente, pues continuó con los siguientes gobiernos. Algunos observadores políticos reprocharon a las autoridades el elevado costo social que implicaba la nueva política, el excesivo endeudamiento externo del que no se ha recuperado todavía —el mayor de América Latina—y el sometimiento a la política norteamericana, sobre todo a partir de la administración del presidente Nixon, a quien se atribuye haber declarado que adonde vaya el Brasil, irá el resto de Latinoamérica. En esos años, la ayuda económica y técnica prestada por Estados Unidos al Brasil superó a la ayuda prestada a los demás países del continente juntos.

Con el intervalo de la presidencia de Janio Quadros (1960–1961), un político bien intencionado, acompañado en su fórmula por el izquierdista João Goulart (1961–1964), que lo sucedió después de la inesperada renuncia del titular, una serie de presidentes de extracción militar gobernó el país.

A ellos los sucedieron los civiles Tancredo Neves (1985), quien falleció y fue sucedido por su vicepresidente José Sarney (1985), quien prometió proseguir los planes de su antecesor.

El gobierno de Sarney tuvo que enfrentar complejos problemas internos derivados de huelgas, corrupción administrativa, caída de los precios internacionales del café, la oposición de los católicos inscriptos en la "teología de la liberación" (rechazada por el Papa Juan Pablo II), el cambio de la moneda tradicional *cruceiro* por el *cruzado* para mitigar la inflación galopante desatada, y sobre todo, la dificultad para el cumplimiento de la deuda externa. Sarney anunció drásticamente que no pagaría la deuda al costo de la recesión económica, el desempleo y el hambre. Un implacable "mercado negro" se desató en el país, con sus conocidas consecuencias.

Brasil se debate en una crisis en los últimos años, dificilísima de resolver por los cambios en la política y la economía mundial, y por el exagerado monto del importe adeudado. Sin embargo, sus exportaciones aumentaron. Finalmente, Fernando Collor de Melo, gobernador del pequeño estado de Alagoas en el norte del país, fue electo presidente (1989), pero debió ser separado del gobierno por las graves acusaciones de corrupción de los políticos, burócratas y allegados en el manejo de los fondos públicos (1992).

La situación de Brasil aparece así confusa. Un publicista americano ha escrito: *"The economic problems of Brazil have no solution"*.

Es ingenua toda profecía política en Latinoamérica. Sin embargo, los analistas independientes extranjeros, no ligados a intereses sectoriales, y la propia opinión de los habitantes del Brasil, pese a su escepticismo político, merecen tenerse en cuenta. Según la opinión generalizada, Brasil está destinado a una grandeza futura, por la extensión de su territorio, las reservas de materiales estratégicos y vitales para la economía mundial, el número de habitantes, la notoria vocación de grandeza nacional que lucen y quizás por algo del pensamiento mágico que forma parte del su psicología. Las fuerzas armadas, por su parte, pese a haber dejado abierto el camino a los partidos políticos democráticos, se mantienen en permanente estado de alerta ante cualquier desvío de los gobiernos, el ansia de poder, el enriquecimiento ilícito personal y otros defectos. No debe olvidarse que aun en los peores momentos de su economía, el Brasil tiene uno de los mayores índices de crecimiento económico en el mundo, ambiciosos planes de industrialización, apertura de carreteras, construcciones habitacionales intensas, y apoyo al bienestar social, particularmente a la educación. Los militares, se dice, confían en mantenerse en el centro de las disputas, hasta que sus planes sean irreversibles para los gobiernos civiles futuros.

La literatura del siglo XIX

El romanticismo. Brasil, como los demás países de Iberoamérica, tuvo una etapa romántica en su literatura, de imitación europea, aunque integrada con elementos regionales: el sentimiento nacionalista, la incorporación de la naturaleza americana y el indianismo. El más alto representante de la poesía romántica brasileña fue Antonio Gonçalves Días (1823–1864), cuyos temas preferidos fueron las tradiciones indígenas, la patria, el amor y la naturaleza del país.

En el mismo período sobresalió José Martiniano de Alençar (1829–1877), poeta y prosista famoso, sobre todo por ser el creador de la novela histórica con su obra *El guaraní*. Logró un gran dominio de la lengua y elevó el tema indígena a un excelente nivel.

El romanticismo brasileño, en cuanto movimiento interesado por el país y sus peculiaridades, debe ser visto como una imitación de las letras europeas, pero al mismo tiempo como la culminación de un largo proceso histórico incubado desde siempre en el alma local.

Uno de los hechos más característicos de esa literatura es la aparición del público, inexistente en los primeros tiempos. Otro lo es el irrenunciable nacionalismo de la nueva raza, con su exaltación de la naturaleza patria, el retorno del pasado histórico y el culto del héroe (en este caso el indio). Estos elementos, unidos al sentimentalismo y al individualismo, completan el panorama. Una ingeniosa frase del poeta Oswald de Andrade, referida al movimiento romántico de su país, puede dar una idea del matiz local de romanticismo: *Tupy or not Tupy, that is the Question*. La explicaba así: "Esta es la cuestión: ser o no ser indio... Inicialmente, es importante hacer notar que el indio no surgió o desapareció con el romanticismo... Sólo que con diferentes connotaciones acompañando la ideología de cada estética".

En el romanticismo brasileño se distinguen tres generaciones que van de 1836 a 1881: a) la primera generación o indianista; b) la segunda o del "mal del siglo", influenciada por la poesía de Lord Byron y de Musset; c) la generación "condoreira", llamada así por el símbolo del cóndor adoptado por los románticos libertarios y sociales de los últimos años, más proclives a incluir en sus piezas las motivaciones sociales.

El realismo. Hacia fines de 1860 la literatura preanunciaba ya el fin del romanticismo. En Brasil existe un acuerdo en tomar el año 1881 como el año inicial del realismo, influido ostensiblemente por el coetáneo movimiento en Europa, el auge de las novelas de Emilio Zola, las teorías del positivismo y del evolucionismo. Se considera a la Academia Brasileña de Letras como el templo del realismo (1897), por la calidad de las obras de sus miembros y la audacia de dar paso a las nuevas ideas artísticas. En Brasil, además, el realismo dura hasta 1922, y vive paralelamente a los escritores parnasianos y simbolistas. El fin de estos tres movimientos ocurre en 1922, con la famosa Semana del Arte Moderno.

El realismo refleja las profundas transformaciones sociales, económicas, políticas y culturales de la nación. La novela realista sirve de vehículo a las nuevas ideas de transformación aparecidas en el mundo, el socialismo, el evolucionismo y el positivismo, en sus distintas variantes.

Joaquim Machado de Assis. Tres grandes figuras de la novelística brasileña, las tres de repercusión internacional, se inscriben en este movimiento: Joaquim María Machado de Assis (1839–1908), Euclides da Cunha (1866–1909), y José Pereira da Graça Aranha (1868–1931).

Machado de Assis es el novelista más importante del siglo pasado y tal vez el más famoso de toda la literatura brasileña. Está considerado como el escritor de más perfecto estilo en su país. Cultivó con preferencia la novela, con un realismo entre irónico y pesimista. Tres de sus novelas constituyen la trilogía básica de su

Joaquim María Machado de Assis, novelista y cuentista brasileño, considerado el más universal de los escritores de su país. Retrató la sociedad burguesa de su época en Río de Janeiro, logró una prosa equilibrada y renovó la técnica narrativa. Sus personajes son ejemplares sin grandeza heroica, sin odio ni amor, movidos por la sociedad y las fuerzas internas inexplicables.

fama internacional: *Memorias póstumas de Blas Cubas* (1881), *Quincas Borba* (1891) y *Don Casmurro* (1900).

Machado de Assis nació cerca de Río de Janeiro, hijo de un mulato pintor de paredes y de una lavandera portuguesa. Estudió las primeras letras en la escuela pública, aprendió tipografía, luego fue corrector y por fin entró decididamente en la creación literaria. Con el tiempo pasó a desempeñar cargos burocráticos que le permitieron llevar una vida tranquila, y en 1897 fue designado director de la recién fundada Academia Brasileña de Letras, que suele conocerse popularmente como Casa de Machado de Assis. A la muerte de su esposa se recluyó en su domicilio aquejado de epilepsia y problemas de salud nerviosa.

Las memorias póstumas de Blas Cubas, además de ser la primera novela realista, es una obra innovadora, de análisis psicológico, supuestamente escrita por un muerto. Con el pretexto de vivir en la ultratumba, el difunto autor, un hombre rico, infeliz en el amor, de sentir epicúreo y materialista, finge narrar sus frustradas experiencias en todos los ámbitos con la exposición de ideas que en el fondo comportan una crítica a la sociedad de la época. Por este procedimiento Machado de Assis se emparenta a las letras de Pirandello, France y Kierkegaard. Se mezclan en ella impresiones de la vida pasada, recuerdos, pensamientos y fantasías, con destreza literaria, las que sirven de catarsis a una tumultuosa experiencia vital. Es un libro de lectura amena, que respira un aire de humorismo, ironía, pesimismo y serena aceptación del destino.

Don Casmurro es un documento humano sorpresivo. Narra la historia de un individuo que soporta los más dolorosos sucesos que la vida le impone, incluso el adulterio de su esposa con un amigo de la infancia, que lo convierte en padre. No obstante, sufre los hechos como si no fueran tan graves como son, y cuando la oportunidad se le ofrece, se solaza con pantagruélico espíritu.

Quincas Borba reedita en algún aspecto la extraña psicología del personaje que da su nombre al libro. Hijo de ricos, es una extraña mezcla de filosofastro y bohemio, de naturaleza ambigua que pierde su fortuna, se rehabilita con una oportuna herencia, y se propone escribir un libro con ideas de valor universal, que denomina Humanitismo. Muere loco, después de haber quemado el manuscrito. La crítica ha relacionado la concepción de este libro con el *Cándido* de Voltaire y las experiencias alucinatorias del escritor por su enfermedad.

Machado de Assis fue también un delicado poeta, en este caso tocado de reminiscencias románticas de la última época.

Euclides da Cunha. Este autor puede ser asociado más con el determinismo filosófico. Nació también cerca de Río, fue huérfano y criado en Bahía por unas tías. Allí hizo estudios en una escuela politécnica, se inscribió después en la Escuela Militar de Río de Janeiro, y tuvo algunos contratiempos por sus ideas republicanas. Se desligó definitivamente del ejército y se fue a vivir a San Pablo. Como corresponsal del diario *O Estado de São Paulo*, fue enviado a Canudos, un sitio del sector nordeste, con motivo del alzamiento del líder Antonio Consejero, donde recogió los elementos históricos, geográficos y biográficos que utilizaría después en la redacción de su famosa novela *Los sertones*. Murió asesinado en Río de Janeiro.

Los sertones debió haber sido en un principio una crónica de la rebelión, pero terminado el conflicto, el corresponsal aprovechó los materiales recogidos, los amplió y les dio forma novelesca. Además de lo literario puro, es un documento antropológico y social de la vida de esa olvidada región, adonde no había llegado todavía la civilización de la casa y de la calle, y estaba habitada por *sertanejos*, un ejemplar humano donde se funden tres razas, la blanca, la negra y la mulata, seminómade, impregnado de primitivismo y propensa al misticismo. El Consejero, el profético líder de la revuelta, anacoreta, es una extraña personalidad violenta y santa, que transita por los inhóspitos lugares, atraviesa pueblos y choca contra las autoridades religiosas que lo consideran un propagador de herejías. Termina sus días ultimado por las tropas enviadas a sofocar los sucesos.

El novelista peruano Vargas Llosa retomó el argumento en su novela *La guerra del fin del mundo* (1981), dedicada "A Euclides de Cunha en el otro mundo".

Graça Aranha. Este autor interesa sobre todo por una de sus novelas, *Canaán*, donde retrata la vida de una colonia de inmigrantes europeos en Espíritu Santo. La trama gira en torno a dos inmigrantes alemanes, Lenz establecido con negocios desde hace años, y Milkau, que llega en busca de una nueva tierra prometida o Canaán. Ambos protagonistas tienen una distinta visión de la realidad: mientras Lenz no se ha adaptado a la realidad brasileña imbuido de su superioridad racial de origen germánico, Milkau confía en ella. En síntesis, es una oposición entre el racismo y el universalismo, entre la ley de la fuerza y el amor.

Graça Aranha nació en Marañón, estudió leyes y fue juez en Río. Fue curiosamente uno de los fundadores de la Academia Brasileña de Letras, sin haber escrito todavía un libro. Su aparición en el horizonte artístico ocurrió en 1922, cuando pronunció la conferencia inaugural en la Semana de Arte Moderno.

El modernismo: La Semana de Arte Moderno (1922). Este acontecimiento marcó en el Brasil el nacimiento de la nueva literatura denominada "modernismo", que no tiene ninguna relación con el modernismo literario hispanoamericano de Rubén Darío y sus seguidores. Modernismo, en Brasil, era toda literatura nueva.

Los ecos de la Semana se extendieron hasta 1930 aproximadamente, y el período se distinguió por los manifiestos y revistas de todo género que se publicaron como consecuencia. El movimiento "modernista", en cambio perduró hasta los años '40.

La Semana recogió las peripecias político-partidistas de esos tiempos, y el impacto de la aparición del Partido Comunista, entre cuyos fundadores había varios talentosos artistas, entre ellos Mario Andrade.

En lo esencial, el movimiento modernista se definía como un "rompimiento de todas las estructuras del pasado". Este sentido nihilista se proyectaba en tres direcciones, según Andrade: 1) el derecho permanente a una investigación estética; 2) una actualización de la conciencia artística; 3) el establecimiento de una conciencia creadora nacional.

Al mismo tiempo se procuraba un nacionalismo cultural con dos vertientes: por una parte, un nacionalismo crítico de denuncia de la realidad brasileña, identificado políticamente con las izquierdas; por otra, un nacionalismo triunfalista, utópico, identificado con las derechas.

El movimiento literario fue intenso y fecundo, y en los grupos se destacaron los nombres del citado Mario Andrade, Manuel Bandeira, considerado el mejor poeta de la generación, Oswald de Andrade, etc.

La revista *Klaxon-Mensario de Arte Moderno* (1922–1923) fue el primer periódico modernista y publicó ocho números. *Klaxon* fue innovadora en todo sentido: su diseño gráfico, tanto de las portadas como de las páginas interiores; la incorporación de publicidad dentro del volumen; la permanente oposición entre lo viejo y lo nuevo; la tipografía, etc.

Salieron a la luz también diversos manifiestos, entre los cuales se destacaron *Pau Brasil* (Palo Brasil) escrito por Oswald de Andrade (1924), quien proponía una literatura extremadamente vinculada a la realidad brasileña, a partir de un redescubrimiento del país. Sostenía, por ejemplo, que la poesía sólo existe en los hechos; que la lengua literaria no debe recurrir a los arcaísmos ni a la erudición; que el artista debe presentarse tal como es, como habla, como actúa.

Otra revista representó al grupo *Verde-Amarelismo*, que criticaba el "nacionalismo afrancesado" de Oswald. *La Revista de Antropofagia* apareció algo después en respuesta al anterior, proponiendo un nacionalismo antropofágico consistente en abandonar los conceptos antiguos de urbano, suburbano, fronterizo y continental, arrasar el viejo mundo de ideas cadaverizadas, injusticias clásicas, injusticias románticas, en fin, el alumbramiento de un nuevo Brasil con felicidad.

Los poetas. La pléyade de poetas aparecidos con motivo de estos movimientos es muy extensa, pero algunos nombres han merecido fama continental. Uno de ellos —para algunos críticos el más meritorio— es Manuel Bandeira (1886–1968). Acometido desde su infancia por una enfermedad pulmonar que lo llevó a peregrinar por climas y clínicas. En el término de cuatro años perdió a su padre, su madre y su hermana. Vivió en soledad en lucha contra su propia muerte, a pesar de sus tareas en la Academia Brasileña de Letras y de tener obligaciones culturales en diversos círculos. Estas lamentables circunstancias parecen haber gravitado en la inspiración del poeta, cuyo libro de poemas Libertinagem está considerado como una de las más importantes obras de las letras nacionales. Buscó en su propia vida los motivos para sus poemas: en un aspecto, la familia, la muerte, la infancia; y en otro, la constante observación de la calle, con sus mendigos, niños, prostitutas, cargadores.

Otra gran figura es Mario de Andrade (1893–1945), llamado "el Papa del modernismo". Se inició con críticas de arte en revistas y diarios hasta descubrir su auténtica vocación de poeta. En un principio reveló diversas influencias anteriores a la Semana, pero luego fue internándose por una poesía más auténtica, libre y modernista. Manifestó una preferencia categórica por la lengua brasileña próxima al habla del pueblo y al folclore, sin dejar de aludir negativamente a la alta burguesía y a los desvíos sociales. Su obra *Macunaíma, herói sem nenhum caráter* es tal vez la más lograda expresión del poeta. Macunaíma es un antihéroe, de pensamiento salvaje y origen amazónico, que choca contra la tradición europea en la ciudad de San Pablo. En este personaje simboliza Andrade a la gente de su país.

Otros poetas merecedores de elogio se podrían agregar, hasta la eclosión de los representantes de la siguiente generación, que conformaron una profundización del movimiento modernista anterior, se entusiasmaron por el verso libre o poesía sintética y cuestionaron no sólo sus exploraciones e interpretaciones de su existencia en el mundo, sino también su papel de artistas, de todo lo cual resulta una literatura más constructiva y politizada.

Fue el momento del cuestionamiento de las relaciones del individuo con todo el mundo, de toma de conciencia de la importancia del yo. El período que va de 1930 a 1945, es tal vez el de mayores transformaciones del siglo actual.

La figura de Vinicius de Moraes (1913–1980) representa la expresión de una corriente espiritualista y de renovación católica en la poesía. Contrapone en ella el placer de los sentidos a la inclinación religiosa, y de ella saca una constante en sus versos: la felicidad y la infelicidad:

> *E melhor ser alegre que ser triste*
> *A alegria é a melhor coisa que existe*
> *E assim como a luz no coraçao.*
> *(Samba da Bençao)*

Sin embargo, la temática de Vinicius de Moraes no se agota allí: composiciones sobre el amor y los temas sociales no están excluidos de sus libros. Finalmente, cabría señalar la participación de este poeta en la evolución de la música popular, muchos de cuyos versos han sido llevados a canciones populares. Otros poetas de esta generación son Jorge de Lima (1895–1953) y Carlos Drummond de Andrade (n. 1902), estimado por algunos como el mayor nombre de la poesía contemporánea.

Los prosistas. Por la misma época la prosa brasileña no queda a la zaga de la poesía y se consagra con nombres de repercusión continental y aún internacional. La novela asume la denuncia de los hechos públicos, cuestiona a las tradiciones oligárquicas, enfrenta la crisis económica mundial y saca a luz los choques ideológicos. Uno de los líderes de la nueva tendencia, José Lins do Rego, señalaba en una conferencia la necesidad del reencuentro del artista con el pueblo: "Nosotros, en Brasil, queremos, por sobre todo, encontrarnos con el pueblo, que ha estado perdido. Y podemos decir que hemos encontrado a este pueblo fabuloso, esparcido pero no distante de nuestra tierra". Una vez más el regionalismo o nativismo gana importancia en las letras.

Graciliano Ramos (1892–1953) está considerado por gran parte de la crítica como el mejor novelista moderno de la literatura brasileña. Llevó una vida de tensiones, viajes y prisiones por su actividad política, emparentada con el Partido Comunista Brasileño. Sus temas fueron las relaciones del hombre con su ambiente natural y social, con algunos pasajes autobiográficos de su prisión. Las novelas de este diestro escritor pasan a menudo de la ficción a la realidad, y describen las humillaciones sufridas por los prisioneros políticos en un estado sin derecho.

Jorge Amado (n. 1912) es también el caso de un escritor víctima de sus ideas políticas, afiliado también al comunismo de su país. Perseguido por sus ideas, residió por algún tiempo en Argentina, donde sus obras gozan de particular popularidad. Representa al regionalismo de Bahía, de las zonas rurales del cacao tanto como de las urbanas. Sus novelas están marcadas por el lenguaje popular, por el lirismo y por el trasfondo ideológico. En los últimos tiempos ha cobrado singular fama su libro *Doña Flor e seus dois maridos*, que ha sido llevado al cine.

Otros difundidos prosistas son José Lins do Rego (1957), Erico Veríssimo (1905–1975), representante del gaucho meridional, etc.

En el ensayo la gran figura de la segunda mitad del siglo XX es el sociólogo Gilberto Freyre (n. 1900), escritor de profundo y elaborado estilo, que convierte sus estudios sobre Brasil en verdaderas obras de prosa literaria. En su afamada obra *Casa Grande y Senzala*, expone la vida social y doméstica de los grandes hacendados y plantadores de antaño, como en un fresco histórico y desprejuiciado, ajeno a los politicismos puestos después de moda. En *Interpretación del Brasil*, analiza el desarrollo de la sociedad brasileña. En ambas obras, su tesis fundamental es que la cultura hispano-tropical, aplicable tanto a Brasil como a Hispanoamérica, debe ser considerada en relación con otros pueblos americanos, de África y de Oriente. Su situación cultural es intermedia entre el llamado genéricamente Occidente, África y el Oriente.

La experiencia de un Brasil independiente desde hace varios siglos, ha convertido a su país en una civilización moderna, democrática y mestiza: "Con una arquitectura, con una música, con una pintura, con una culinaria, con un cristianismo, con un estilo democrático de convivencia, con una higiene, con un *foot-ball* tan dionisíaco como una samba, con lo cual se expresa un tipo de civilización nueva" (*Interpretación del Brasil, Introducción*, 1963).

La arquitectura

El Brasil ocupa un lugar de privilegio en la arquitectura mundial contemporánea, por la audacia de las formas y el empleo de recursos técnicos originales.

Los brasileños han resuelto con originalidad y maestría el difícil problema de adaptar la moderna arquitectura al clima tórrido del país y han desarrollado, además, en forma notable, el arte de los jardines como complemento de la construcción. Han logrado formas imposibles para la arquitectura clásica mediante el empleo del hierro, acero, aluminio, cemento y vidrio, prestando especial atención a la iluminación y la ventilación. El problema del calor lo han resuelto con persianas de los más diversos tipos y con otros recursos. Como ornamento han desarrollado la aplicación de murales y azulejos. Un excelente ejemplo de construcción brasileña es el edificio del Ministerio de Educación y Salud, en Río de Janeiro. Este trabajo, obra de Lucio Costa, Niemeyer y asociados, se considera el principio de la nueva arquitectura (1937–1943) y un monumento de la arquitectura contemporánea.

Se distinguieron con el tiempo dos líneas diferenciadas, la línea *carioca*, más lírica y con cierta afinidad con el pasado colonial, y la línea *paulista*, más entroncada con criterios urbanísticos modernos, concitados por los profesores de la Escuela de Arquitectura de San Pablo. Al recorrer el país, el observador puede encontrar en los más diversos sitios edificaciones llamativas y de extrema modernidad, que no dejan lugar a dudas sobre el talento y voluntad creativas de los nuevos profesionales.

Oscar Niemeyer. Gran cantidad de arquitectos brasileños trabajan actualmente dentro de estas nuevas tendencias, pero el más famoso de todos es Oscar Niemeyer, autor de magníficos proyectos, a veces en colaboración con otros artistas. Se destacan entre sus obras el edificio citado anteriormente, realizado en colaboración con Lucio Costa y Le Corbusier como consultor, y la iglesia de Pampulha, en Belo Horizonte, con la colaboración del pintor Cándido Portinari. El empleo del vidrio para muros, practicado en el Ministerio de Educación y Salud, es precursor de la técnica aplicada en el edificio de las Naciones Unidas en Nueva York, proyecto en el cual colaboró también Niemeyer.

El nombre de este arquitecto está también íntimamente ligado a las obras de Brasilia, cuyo plan piloto fue realizado por el arquitecto Lucio Costa. Su arte está vinculado a la escuela carioca, afín con su criterio del urbanismo contemporáneo. Para el maestro no hay contradicción entre forma y función, y ambas cualidades deben asociarse. Economiza medios expresivos y meramente decorativos, para unir la simplicidad espectacular con la utilidad.

Un valioso aporte a la arquitectura brasileña de Niemeyer ha sido la Iglesia de San Francisco de Assis, en Pampulha, estado de Minas Gerais. Pampulha es un suburbio de Belo Horizonte. La iglesia es el ejemplo más logrado de integración plástica de las artes en la construcción, en la que sobresalen las bóvedas curvas e irregulares, y los muros decorados espléndidamente con azulejos coloreados y murales del pintor Cándido Portinari. El proyecto fue confeccionado por el arquitecto a solicitud de Juscelino Kubitschek, entonces intendente de Belo Horizonte.

Oscar Niemeyer (n. 1907), representó a Brasil en el planeamiento del edificio de las Naciones Unidas en Nueva York.

Brasilia, Palacio da Alvorada o Palacio Presidencial, obra del arquitecto Oscar Niemeyer. Se le ha reprochado el diseño demasiado exagerado de los arbotantes. Niemeyer trabajó durante varios años en la construcción de la nueva capital, junto a otros reputados colegas. Su más elogiada concepción es el Grupo del Congreso.

Brasilia, despacho del presidente de la nación.

Brasilia, torres de las dependencias administrativas. El conjunto principal de la nueva capital lo constituye la Plaza de los Tres Poderes, rodeada del Palacio Presidencial (poder ejecutivo), la Suprema Corte de Justicia (poder judicial) y el edificio del Congreso (poder legislativo). Los edificios de la administración completan el conjunto.

Lucio Costa. Este arquitecto (n. 1902) es mundialmente conocido por ser el creador del plan maestro de Brasilia. Después de algunas controversias políticas en el país, fue designado para planificar a Brasilia, con un equipo que incluía al arquitecto francés Le Corbusier como consultor. El plan de Lucio Costa fue seleccionado en un concurso.

La nueva ciudad adoptó la forma de una avenida central recta con edificios administrativos, intersectada por calles laterales curvas de bloques residenciales y casas. La ciudad, inaugurada en 1960, cuenta en la actualidad con un millón de habitantes. Un inmenso lago artificial rodea a la ciudad. En un extremo del eje constructivo se encuentra la Plaza de los Tres Poderes, rodeada de la presidencia, los palacios legislativos y la corte judicial. El Congreso está formado por dos torres gemelas (diputados y senadores) con formas de plato hondo colocadas sobre plataformas de concreto. Su catedral está conceptuada uno de los más bellos logros de Niemeyer.

Roberto Burle Marx. Es la tercera figura internacional de la moderna arquitectura del Brasil. Su personalidad artística radica fundamentalmente en el diseño de jardines, que no se practicaba en ningún lugar con la intensidad brasileña, desde los tiempos de las culturas asiáticas antiguas y de los árabes. Este extraordinario artista (1909–1994), paulistano, es asociado internacionalmente con la realización de parques y jardines, aunque su espectro artístico cubre la pintura, el diseño de tapices, murales en fresco o azulejos de color, y otras tareas adicionales. Su maestría consiste en la distribución de plantas de distintos colores para el arreglo, frescura y decoración de los jardines, con la perspectiva de un pintor. Dos botánicos amigos lo han asesorado en los aspectos científicos de sus obras, y con ellos ha producido ejemplares híbridos de características específicas y cultivado veintiocho especies de heliconias.

Por supuesto, la serie de nombres contemporáneos que han dado fama internacional a Brasil en arquitectura, excede estos nombres.

La pintura

La pintura brasileña es también una de las principales de América. Los artistas plásticos actuales de Brasil están reputados entre los mejores del mundo, sobre todo en lo que se denomina, de un modo genérico, "arte de vanguardia".

Varios centros artísticos se disputan en estos tiempos la primacía dentro de Brasil. Los pintores brasileños han expuesto colectiva e individualmente sus obras en Europa varias veces, y sus cuadros figuran en los grandes museos contemporáneos.

El Museo de Arte Moderno de San Pablo, creado en 1949, es uno de los mejores del mundo en su tipo, comparable al New York Museum of Modern Art, que colaboró en su fundación. A los dos años de su creación, organizó una exposición internacional que ha sido considerada la más grande aventura internacional en la historia del arte moderno de Brasil. A partir de entonces, las exposiciones bienales de San Pablo tienen, en pintura moderna, la misma importancia que las de Venecia y el Carnegie International.

El Museo de Arte Moderno de Río de Janeiro fue fundado en 1948 y está colocado en importancia después del Museo de San Pablo.

Cándido Portinari. Cándido Portinari (1903–1962) es uno de los más grandes dibujantes del siglo. Sus murales se encuentran en varios sitios de Brasil y del exterior. Son famosos sus estudios para varios paneles del edificio de las Naciones Unidas.

Sus trabajos son analíticos, pero dotados de una emoción particular. Gran cantidad de sus obras se encuentran en colecciones privadas, museos e instituciones de varios países, incluso en Estados Unidos. Muy elogiados son sus murales para el edificio del Ministerio de Educación y Salud de Río de Janeiro. Es el más conocido internacionalmente de los pintores brasileños.

Fue hijo de inmigrantes italianos y las escenas regionales son el tema de muchos de sus cuadros. Desde los inicios hasta su famoso panel sobre la guerra y la paz en el edificio de las Naciones Unidas en Nueva York, su paleta ha evolucionado. Es un exquisito analista de los planos, la composición, el dibujo, la luz y los colores de cada obra. El impacto de sus murales ha sido comparado al de los grandes muralistas mexicanos, especialidad que constituyó la segunda etapa de su pintura. Los críticos han señalado su buen gusto y técnica para usar los colores fríos, especialmente el ultramarino y el esmeralda para los fondos, reservando los colores cálidos para los planos primeros, en los que el contraste con las sombras le permite efectos especiales.

Emiliano di Cavalcanti. Es otro de los grandes pintores contemporáneos (n. 1897). Su arte es más sensual, complaciente en el uso del color y entusiasta de un país alegre y vital. En sus dibujos y litografías su trazo es más suelto y dinámico que en sus telas al óleo, pero sin embargo, sus personajes bahianos, especímenes de toda clase popular, sugieren una tristeza de fondo.

Otros pintores modernos son Alfredo Volpi, Ademir Martins, Marcelo Grassman (ganador de un premio en la bienal de Venecia) y el hijo de inmigrantes japoneses, Manabu Mabe, quien una vez desligado de compromisos étnicos, se entregó en principio a una pintura admirativa del Lejano Este, y evolucionó más tarde hacia un brasileñismo moderno.

La música

La música y la danza forman parte del alma brasileña, tanto la popular como la culta. Cualquier manifestación social brasileña cuenta con ella como elemento esencial.

Heitor Villa Lobos es el más sobresaliente de los músicos brasileños y uno de los mayores creadores del mundo contemporáneo occidental. Sus composiciones superan el número de 1.400 y se escalonan desde simples melodías folclóricas hasta piezas orquestales. En algunas de ellas emplea exóticos instrumentos de procedencia indígena, principalmente amazónica. Se distingue por su gran amor a la cultura nacional, que ha contribuido a formar en gran parte.

Temas de conversación

1. ¿En qué consistió el traslado de la Corte portuguesa a Brasil en 1807?
2. ¿Cómo fue el gobierno del rey Don Juan en Brasil?
3. ¿Cómo se constituyó el Imperio de Don Pedro I?
4. ¿Cómo fue el gobierno de Don Pedro II?
5. ¿Cómo se transformó en república el país?
6. ¿Qué juicios ha merecido el gobierno de Getulio Vargas?
7. Explicar el denominado "milagro brasileño" de la década de los '60.
8. ¿Qué características tuvo el romanticismo brasileño?
9. ¿Y el realismo?
10. ¿Cuáles son las tres novelas principales de Machado de Assis y de qué tratan?
11. ¿De qué trata la novela *Los sertones* de Euclides da Cunha y qué novelista de la nueva narrativa hispanoamericana retomó el tema?
12. Caracterizar la Semana de Arte Moderno en Brasil.
13. Describir la arquitectura de Oscar Niemeyer.
14. ¿Por qué se distingue la pintura de Cándido Portinari?
15. ¿En qué consistió la innovación de Roberto Burle Max?

Temas especiales de exposición y composición

1. La economía brasileña actual.
2. Brasilia, la nueva capital.
3. La Semana de Arte Moderno de San Pablo y sus repercusiones.
4. Lectura y análisis de una de las novelas más significativas del Brasil.
5. Las artes contemporáneas en Brasil.

ÍNDICE

CRÉDITOS FOTOGRÁFICOS

Capítulo 1

pág. **12,** Chilean Nitrate Photographic Services
pág. **13,** Direción de Turismo, Panamá
pág. **14,** Compañia Shell de Venezuela
pág. **16,** Departmento de Turismo, México

Capítulo. 3

pág. **56,** Dirección General de Turismo, España

Capítulo 5

pág. **108,** S.A. La Nación
pág. **111,** Centro guatemalteco de Turismo

Capítulo 6

pág. **131,** S.A. La Nación

Capítulo 7

págs. **139, 141,** S.A. La Nación
págs. **140, 150,** Compañía Shell de Venezuela

Capítulo 8

págs. **161, 163,** S.A. La Nación

Capítulo 9

pág. **207,** Courtesy of United Fruit Company
pág. **209,** S.A. La Nación

Capítulo 10

pág. **250,** Consulado General de Chile, Nueva York
pág. **256,** Compañía Shell de Venezuela

Capítulo 11

pág. **268,** PANAGRA
pág. **280,** Photo by Robert Frerck, Odyssey Productions, Chicago
pág. **281,** Oliver Rebbot, Stock Boston

Capítulo 12

pág. **290,** The Hispanic Society of America
págs. **295, 300, 304 arriba, 306, 311 arriba, 317,** S.A. La Nación

Capítulo 13

págs. **332, 346,** Peter Menzel
pág. **341,** Instituto costarricense de Turismo
pág. **342,** S.A. La Nación

Capítulo 14

pág. **362,** Comstock, Inc., New York
págs. **371 arriba, 371 medio,** Brazilian Government Trade Bureau, New York
pág. **371,** Cabajo, Moore-McCormack Lines